마이클 월저의
사회사상과 철학적 깨달음

마이클 월저의
사회사상과
철학적 깨달음

: 복합평등, 철학의 여신, 마방진

박정순 지음

철학과 현실사

평생의 반려자 아내에게

차 례

[그림 목록]

서 문

저자는 학부 4학년 시절 본격적으로 철학을 공부하기로 마음먹고, 석사과정에서 학위논문으로 『사회정의의 윤리학적 기초: John Rawls 의 정의론과 공리주의의 대비』(서울: 연세대학교 대학원 석사학위논문, 1983)를 쓰고 졸업하였다. 석사과정을 졸업하고 박사과정에 진학하기 이전에 시간이 있었으므로 서양의 정의론들을 살펴보았다. 이미 존 롤스(John Rawls)의 정의론에 비견할 만한 이론으로서 로버트 노직(Robert Nozick)의 자유지상주의적 최소국가론이 있다는 것을 알았다. 노직은 그러한 자신의 입장을 『아나키, 국가, 그리고 유토피아(*Anarchy, State, and Utopia*)』(New York: Basic Books, 1974)로 출간하였다.1) 그때 노직을 공부하면서 우연히 그가 마이클 월저(Michael Walzer)와 같이 1971년부터 하버드대학교에서 매년 학기 공동으로 "자본주의와 사회주의"라는 제명의 수업을 한다는 것을 알았다. 노직 교수는 자본주의 쪽을, 월저 교수는 사회주의 쪽을 맡아 강의했다.2) 노직은 자본주의의 사유재산권을 옹호하며 자유지상주의적 최소국가론을 피력하는 자신의 입장을 책으로 출간하여 자유민주주의적 평등에 기반한 롤스의 분배정의론을 비판하였다. 그런데 월저는 1983년에서야 자신의 입장을 『정의의 영역들: 다원주의와 평등의 옹호(*Spheres of Justice: A Defence of Pluralism and Equality*)』(New York: Basic Books, 1983)로 출간했음을 알게 되었다.3) 이 책은 사회적 가치들에 대한 공동체주의적 이해에 기반하여 여러 분배 영역들과 그것들 속에 내재한 분배원칙들을 도출하여, 여러 분배 영역들에서의 자율성을 확보함으로써 궁극적으로 복합평등을 추구하였다. 월저는 롤스의 정의론이 지닌 자유주의적 개인주의를 공동체주의적 방법론의 관점에서 비판했지만 종국적으로는 롤스가 옹호하는 분배정의론과 복지국가를 사회민주주의적인 복합평등을 통해서 옹호하였다. 이것이 저자가 월저의 정의론을 처음 학문적으로 알게 된 때였으나 본격적으로 책을 입수해서 공부하지는 못했다. 다만 월저의 분배정의론에서 복합평등론이 중추적 개념임을 파악하고는 있었다. 물론 월저의 전 세계적인 성가를 드높인 첫 저서 『정의로운 전쟁과 부정의한 전쟁: 역사적 사례를 통한 도덕적 논증(*Just and Unjust Wars: A Moral Argument with Historical Illustrations*)』(New York: Basic Books, 1977)에 대해서도 *The Philosopher's Index*(철학자 색인)를 통해서 알고는 있었지만 본격적으로 공부하지는 못했다.4)

나중에 월저의 『정의의 영역들』을 공부하고, 복합평등론을 비판적으로 고찰한 연후에야 저자가 분배정의론에 관련하여 알고 있었던 동서양의 두 가지 천상의 도를 비판적으로 섭렵할 수 있었다. 그 첫째는 『신약성경』, 「마태복음」, 20장 1-15절에 나오는 포도원 품꾼과 품삯 이야기이다. 포도원 주인은 한 데나리온씩을 품삯으로 주기로 하고 아침부터 품꾼들에게 일을 시킨다. 그러나 나중에 보니 일감을 얻지 못한 품꾼들이 있어서 일을 시켰고, 일이 끝난 뒤에 일찍 와서 일한 품꾼들에게나 늦게 와서 일한 품꾼들에게나 모두 동일하게 한 데나리온씩을 주었다. 그러자 일찍 온 품꾼들이 자신들은 오랜 시간 수고와 더위를 견디며 일했는데 늦게 와서 일한 품꾼들과 동일한 품삯을 주는 것은 불공정하다고 원망하였다. 그러자 포도원 주인은 자기는 잘못한 것이 없다고 하며, 애초에 일찍 온 품꾼들에게 한 데나리온씩을 주기로 약속했다는 것이다. 그리고 자기 것을 가지고 늦게 와서 일한 품꾼들에게 한 데나리온씩을 주는 것은 자기 뜻대로 능히 할 수 있는 것이라고 밝힌다. 결론적으로 "내 것을 가지고 내 뜻대로 할 것이 아니냐. 내가 선하므로 네가 악하게 보느냐. 이와 같이 나중 된 자로서 먼저 되고, 먼저 된 자로 나중 되리라."(15-16절) 포도원 주인은 품삯에서 절대적 평등, 혹은 단순평등을 추구하고 있다. 포도원 주인이 아무리 나중 된 자가 먼저 되고, 먼저 된 자가 나중 된다는 근거에서 동일한 삯을 주었다고 해도, 그것은 먼저 온 자들의 원망을 완전히 불식시키기 어려울 것이다. 먼저 온 자들과 나중에 온 자들이 동일할 수 없는 것은, 먼저 온 자들이 종일 수고와 더위를 견디면서 일했다는 사실과 맨 나중에 온 자들은 시원할 때 한 시간만 일하고 동일한 삯을 받는다는 것에 근거한다. 그렇다면 포도원 주인의 품삯은 분배적 정의의 관점에서 보면 천국의 도이지 지상의 도는 아닐 것으로 생각된다. 물론 1절에는 "천국은 마치 품꾼을 얻어 포도원에 들여보내려고 이른 아침에 나간 집주인과 같으니"라는 구절이 있다.

월저의 복합평등론의 관점에서 보면 포도원 품삯은 한 사회의 지배적인 가치, 즉 재화와 재산과 권력을 모두에게 동일하게 분배하는 단순평등(simple equality)으로 보인다. 단순평등은 공산주의나 천상의 도로서 실현될 수 있으나, 인간세계에서는 각 분배 영역에서 각 사람의 분배의 몫은 분배 영역마다 다르다는 복합평등이 적용되어야 할 것이다. 월저의 입장을 조금 더 구체화하면 포도원 품삯의 영역은 '돈과 상품의 영역'이므로 먼저 와서 일한 품꾼과 늦게 와서 일한 품꾼 사이에는 품삯이 차등적으로, 비례적으로(예를 들어, 시간당 한 데나리온씩) 지불되어야 한다. 다만 나중 된 자들, 즉 일할 기회를 잡지 못한 품꾼이나 장애인이나 노인 등은 '안전과 복지'의 영역에서 처리되어야 한다.5) 월저의 복합평등론은 기본적으로 각 분배 영역에서의 비례적 평등이 결과적으로 일종의 평등 상태인 복합평등으로 귀착된다는 이론이다.

포도원 주인은 불평등한 것을 평등하게 대했기 때문에 지상에서 통용되는 정의의 원칙을 어긴 것으로 보인다. 다시 말해, 아리스토텔레스가 『니코마코스 윤리학』에서 정식화한 정의의 형식적 원칙, 즉 "평등한 것을 평등하게 대하고, 불평등한 것을 불평등하게 대하라"를 어긴 것으로 보인다.6) 보다 엄밀하게 보면, 포도원 주인은 아리스토텔레스가 같은 책에서 제시한 기하학적 비례에 근거한 분배적 정의의 원칙을 위배한 것으로 보인다. 기하학적 비례는 A : B = C : D로 정식화되는데, A와 B는 관계되는 두 사람을 나타내고, C와 D는 분배되는 대상물이다.7) 일찍 온 품꾼들이 포도원 주인에게 불평하는 것은 포도원 주인이 지상의 도인 비례적 균등을 어겼기 때문이다. 포도원 주인은 아침부터 열심히 땡볕에서 일한 사람들과 해가 저물기 한두 시간 전에 와서 일한 사람들에게 모두 한 데나리온씩을 주었다. 천국이라면 내일도 그러한 품삯 지불 방식으로 포도원에서 품꾼들에게 일을 시킬 수 있을 것이다. 그러나 속세라면 유인(誘因) 효과로 볼 때 모두 일이 끝나기 한두 시간 전에 와서 일하지, 일찍 와서 일하는 사람은 없을 것이다. 지상의 도로 보면 포도원 주인의 유토피아적 실험은 단 하루에 그치고 말 것이다.

둘째는 『장자(莊子)』 외편(外篇), 「천지(天地)」에 나오는 국경을 수비하는 벼슬아치인 봉인(封人)의 이야기이다. 요(堯)임금이 화주(華州)라는 고장을 여행할 때 봉인이 요임금에게 세 가지 축원을 한다. 즉, 오

14

래 사는 것, 부유해지는 것, 아들을 많이 얻는 것을 축원한다. 그러나 요임금은 그러한 세 가지 축원을 사절한다. 그 이유는 아들이 많아지면 근심이 많고, 부유해지면 귀찮은 일이 많아지고, 오래 살면 욕된 일이 많아진다는 것이다. 그러자 그 봉인은 요임금을 성인이라고 생각했으나 군자 정도에 지나지 않는다고 폄하한다. 그 이유는 하늘이 만민을 낳으면 반드시 그들에게 합당한 직무를 내리는 법이라는 것이다. 아들이 많다고 해도 그들에게 각자의 직분이 주어지므로 아무런 걱정이 없다는 것이다. 그리고 부자가 된다고 해도 사람들에게 재산을 나누어 준다면 귀찮은 일이 없다는 것이다. 그리고 무릇 성인이란 새가 자유롭게 날아다니듯 자취를 남기지 않고, 천하에 올바른 도가 행해지면 만물과 함께 번영을 누리지만, 그렇지 않으면 각기 본래의 덕을 닦으며 고요한 삶을 누린다는 것이다. 천년을 살다가 세상이 싫어지면 속세를 떠나 신선이 되어 천제가 있는 곳으로 가고, 앞의 세 가지 환난에 시달리지 않고 몸에는 아무런 해가 없으니 욕된 일도 없다는 것이다. 요임금이 이 말을 듣고 가르침을 청하려 하자 봉인은 "물러나시오" 하면서 떠나고 만다.8)

요임금은 유교에서 순(舜)임금과 함께 이상적 제왕으로 숭배되었다. 봉인이 말하는 수(壽), 부(富), 다남자(多男子)는 그 당시 중국인들이 세속적으로 볼 때 많이 갖기를 원하던 것들이었다. 그러나 유교적 성인의 반열에 오른 요임금은 수, 부, 다남자 따위의 세속적 행복에 집착하는 것은 도의 경지는 아니라고 보고 세속적 행복의 반면을 지적한다. 즉, 근심이 많아지는 다구(多懼), 번잡한 일이 많아지는 다사(多事), 욕된 일이 많아지는 다욕(多辱)이 그것들이다. 이렇게 본다면 일반 사람들의 세속적 욕망을 부정하는 요임금의 태도가 성인에 가까운 듯하다. 그러나 구태여 세속적 행복을 피하려고 하는 요임금의 그러한 태도는 실은 자연스럽지 못한 또 하나의 집착이므로 성인이라고 할 수 없다는 도가의 관점도 있다.9) 그래서 봉인은 세 가지 세속적 행복을 가졌다고 하더라도 하늘이 아들들에게 다 합당한 직무를 내리고, 돈이 많더라도 나누어 갖고, 오래 살더라도 자연에 순응하고 편안하게 살 수 있다면 요임금이 앞에서 말한 세 가지 환난을 피할 수 있으리라고 요임금에게 말한다. 그러나 봉인의 말은 세속적 행복을 높은 차원에서 긍정하는 것이기는 하지만, 이것이 장자의 본래의 사상인가 하는 것은 많은 문제가 있다. 새처럼 자유롭게 살고, 천년을 사는 신선이 되어 천제가 있는 곳으로 간다는 말은 어쩌면 황당할 수도 있는 신선 사상으로 후세 신선가들에 의해서 쓰인 것으로 보인다.10)

요임금의 사내아이들을 많이 두면 걱정이 많아진다는 이야기, 즉 "무자식이 상팔자"라는 식견에 관한 전설이 있다. 전설에 따르면 요임금에게 아들이 있었는데 그 이름은 단주였다고 한다. 그 아들은 성품이 오만하고 욕심이 많아서 제대로 훈육할 수 없었는데, 이로 인해 요임금이 근심이 많아지는 다구(多懼)를 말한 것 같다는 설도 있다.11) 요임금과 같이 자식이 많으면 근심이 많아진다고 하는 이야기는 보에티우스의 『철학의 위안』, 제2권 "운명에 대하여"에서 인간의 행불행이 변화무쌍하다는 운명의 여신의 지혜를 받아들이고 복잡하게 착종된 운명의 양면을 강조하여 보에티우스를 위안하는 철학의 여신의 위안의 기제에도 나온다.12)

"어느 면에서든 자기의 상태에 불만이 없을 정도로 그렇게 완전하게 행복한 사람은 없다. 불안과 근심으로 가득 찬 것이 인간사의 본질인 것이다. 인간사는 결코 모든 것이 완벽하게 잘되어 가지는 않는 법이며, 또한 항상 변함없이 머물러 있는 일도 없다. **어떤 사람의 경우는 부유하기는 하되 천민 태생임을 수치로 여겨 불만이며, 또 어떤 사람은 태생은 고귀하되 자기 가문의 가난함 때문에 널리 알려지는 것을 달가워하지 않는다. 어떤 사람들은 부와 고귀한 태생의 축복을 받았지만 아내**

가 없기 때문에 불행하고, 또 어떤 사람들은 행복한 결혼을 했지만 자식이 없으므로 자기의 핏줄이 아닌 상속자를 위해 그들의 돈을 절약하는 셈이 되며, 또 어떤 사람은 자식을 두는 축복을 받았지만 자식들의 나쁜 행위 때문에 눈물을 흘린다. 운명의 여신이 자기에게 내려준 운명을 받아들이기란 누구에게 있어서나 용이한 일은 아니다."

철학의 여신이 말하고 있는 것은 세속적 행복의 반면 혹은 양면만이 아니라 우리 인생은 모든 면에서 다 행복할 수 없다는 교훈과 그에 따른 위안을 준다.13)

한 가지 재능이 출중하면 다른 재능은 그렇지 못하다는 관점에서 세속적 행복의 반면을 지적하고, 우리는 모든 면에서 세속적 행복을 다 가질 수 없다는 주장은 월저도 제시한 바 있다. "어떤 사회적 가치도 [그것을 가졌다고] 다른 가치들을 잇달아 갖게 하는 법은 없다."14) 다시 말하면 "부나 권력이나 가족의 명성과 같은 하나의 재화를 소유한다고 해서 다른 모든 재화들을 연속해서 갖지 못한다."15) 그리고 "어떤 일단의 사람들이 모든 분배 영역에 걸쳐 지배적일 수 없다."16) 월저는 인간의 다양한 재능의 광범위한 분산이야말로 복합평등론을 가능케 하는 사회학적 사실이라고 다음과 같이 주장한다.17)

"복합평등은 (사회적 가치의 상이성뿐만 아니라 또한) 인간의 상이성과 아울러 인간들 사이의 다양한 자질, 관심, 능력 등의 상이성에 대응한다. … 그러한 자질, 관심, 그리고 능력의 범위는 매우 넓으므로 특정한 개인들에게 그러한 것들의 어떤 긍정적인 혹은 부정적인 집합만이 극단적으로 편향해서 나타나는 증거를 — 물론 나 자신의 경험이 어떤 증거를 제시하지는 못하겠지만 — 나는 발견하지 못했다. 이 탁월한 수학자는 정치적 숙맥이고, 이 재능 있는 음악가는 다른 사람들과 어떻게 지내야 하는지에 대해서는 도무지 감이 없고, 이 능란하고 자상한 부모는 사업적 재능은 전무하고, 이 도전적이고 성공한 실업가는 도덕적 비겁자이고, 이 거리에서 구걸하는 거지 혹은 저 감옥의 죄수는 솜씨 있는 장인이거나 아무도 모르는 시인이거나 혹은 멋진 웅변가일지도 모른다."

월저의 복합평등과 철학의 여신의 위안의 기제 사이의 연결고리는 (제4장 2절에서 보는 것처럼) 두 인용구에 나오는 인간의 행불행의 착종과 인간 재능의 착종이라는 동일성을 통해서 이 책 전체를 통해 가장 중요한 논제를 이끌어 가는 견인차의 역할을 하고 있다.

마이클 월저(Michael Walzer) 교수는 1935년 3월 3일 뉴욕의 유대인 가정에서 출생했다. 1956년 브랜다이스대학교(Brandeis University)에서 역사 전공으로 학사학위를 취득했다.18) 이후 풀브라이트 장학금(Fulbright Fellowship)을 받고 영국 케임브리지대학교(Cambridge University)에서 1956-1957년 동안 수학했으며, 1961년 하버드대학교(Harvard University) 정치학과(Department of Government)에서 박사학위를 취득했다. 1962-1966년 프린스턴대학교(Princeton University) 정치학과에서 교편을 잡았고, 1966-1980년 하버드대학교 정치학과로 옮겨 교편을 잡았다. 1980년 이후 그는 세계적으로 저명한 미국 뉴저지주 프린스턴시 소재 고등학술연구소(Institute for Advanced Study, 프린스턴 고등학술연구소) 사회과학부(School of Social Science) UPS 재단 종신 석좌교수(Permanent Faculty Member)로 재직하였으며, 2007년 7월에 퇴임하여 현재는 명예교수(Professor Emeritus)로 있다.

주지하다시피 프린스턴 고등학술연구소는 알버트 아인슈타인(Albert Einstein)이 말년(1933-1955)에 연구교수로 참여하였고, 그 이후 다수의 노벨상 수상자들이 연구교수로 참여하였거나, 혹은 연구소 연구교수들이나 방문 연구교수들이 노벨상을 수상하여 세계적으로 저명한 연구소로서의 명망을 이어 오고 있는 곳이다. 2015년 기준으로 총 33명의 노벨상 수상자들이 연구소와 관련이 있는 것으로 집계되었다. 또한 노벨상이 없는 학문 분야들에서의 세계적인 학자들도 연구교수로 재직하거나, 혹은 방문 연구교수들로서 연구에 참여하고 있으므로 아울러 명망이 높다. 수학의 노벨상으로 불리는 필즈상(Fields Medal)은 2015년 기준으로 지금까지 총 수상자 56명 중 41명이 연구소와 관련이 있는 것으로 집계되었다.19)

마이클 월저는 미국의 저명한 정치철학자이면서 동시에 정치평론을 통해 현실에 참여하고 사회적 문제에 대해서 비판적 의견을 제시하는 공공적 지성인(public intellectual)의 한 전형임을 여실히 보여주고 있다.20) 그는 사람들이 편한 마음으로 인생을 논하는 자리에서 알아듣기 쉬운 말로 보통 사람들에게 인생과 인간사회의 정도(正道)를 설파할 줄 아는 소박한 철학자(cracker-barrel philosopher)의 측면도 가지고 있다. 월저는 정치이론과 도덕철학에 관한 왕성한 학문적 활동을 전개함과 아울러 1976년부터 사회민주주의적 좌파 정치평론지인 『디센트(Dissent)』지의 공동 편집인과 기고인을, 1977년부터 자유주의적 시사평론지인 『뉴 리퍼블릭(New Republic)』지의 편집인과 기고인을 동시에 맡으면서 많은 정치 칼럼과 소논문들도 발표하고 있다. 이 두 잡지에서 현실정치 현장과 밀접하게 연관된 정치평론을 통해서 자신의 철학적 입장과 사회사상을 현실적으로 피력하고 있는 그는 미국 최고의 정치이론가이자 정치철학자의 반열에 드는 학자이다.

월저는 브랜다이스대학교에서 어빙 하우(Irving Howe)와 맺은 인연으로 1956년부터 하우가 편집하고 있는 『디센트』지의 기고가로서 활동하였다. 월저는 1960년 봄 『디센트』지의 특파원으로 더럼(Durham)에 있는 노스캐롤라이나대학교의 농성 데모에 참석한 이후부터 인권 문제에 관심을 갖기 시작했다. 그 후 베트남 전쟁에 반대하는 반전운동을 주도하였고, 이 운동의 영향으로 나중에『정의로운 전쟁과 부정의한 전쟁』을 출간하게 된다. 월저는 1980년대 이후에는 공동체주의론과 다문화주의 등을 전개하면서, 그의 독특한 사회민주주의 혹은 민주사회주의 노선을 발전시켜 나갔다. 월저는 브랜다이스대학교에서 학부를 마친 후 하우와 루이스 코저(Louis Coser)의 연구조교로서『미국공산당사』의 집필에 관여하였다. 그 후 하버드대학교로 가서 대학원 과정을 밟게 되었고, 이와 때를 같이하여『디센트』지에 기고하기 시작했다. 1959년에는 드디어『디센트』지의 편집위원의 한 사람이 되었다. 그가『디센트』지에 처음으로 기고한 글은 1956년 가을호에 실린「미국 공산주의자들의 시련(The Travail of the U.S. Communist)」이었다.[21] 그 당시 소련은 흐루시초프가 스탈린 격하 운동을 벌이고 있었고, 폴란드에는 노동자 폭동이 발발했으며, 미국의 공산당도 노선 갈등으로 당내 대립이 격화되어 당의 분열과 해체가 논란이 되고 있는 위기의 시기였다.[22] 이러한 시대적 상황을 계기로 월저는 점점 더 구좌파를 비판하고 신좌파로 자리 잡았다. 나중에는 사회민주주의 혹은 민주사회주의 입장을 공고히 했다. 월저의 복합평등은 마르크스주의적 단순평등을 극복하려고 한다. 즉, 복합평등은 분배의 대상이 되는 여러 사회적 가치들을 다원적으로 영역화하여 각 영역들의 자율성을 고수하는데, 이러한 여러 영역들의 분배적 상황을 전체적으로 보면 모든 개인들 간에서 복합평등이 나타난다는 것이다.

또한 월저는 *Philosophy and Public Affairs* 와 *Political Theory* 의 편집위원회 이사로도 활동하여 왔다. 그는 정의전쟁론과 복합평등론과 그 외 주제들을 학술잡지, 시사평론지, 그리고 여러 신문들에 기고하고 있을 뿐만 아니라 미국과 전 세계적으로 많은 강연도 하고 있다. 특히 그는 포스트모던적인 지적인 오만을 부리지 않고 고도의 정치이론과 도덕철학에 관한 다양한 주제들을 평이하면서도 설득력 있는 문체로서 개진하고 있는 점으로도 널리 알려져 있다. 그가 다루고 있는 주제는 청교도 혁명, 정치적 의무, 정의로운 전쟁론, 민족주의, 시민사회, 분배정의론과 복지국가, 자유주의와 공동체주의, 그리고 해석과 사회비판, 유대교와 그 종교철학 등에 걸쳐 있는 광범위한 것이다. 그는 실천적이고 실질적인 문제 중심의 윤리학의 부활과 정치적 도덕적 삶에서 다원주의적 접근방식의 발전에 중대한 역할을 한 것으로 널리 인정되고 있다. 최근에 그는 다문화적 세계에서의 공통적 규범의 확립과 관용의 문제를 다루는 국제적 정의와 다원주의적 차이의 정치와 민족주의적 해방의 성공과 실패와 새로운 형태의 복지에 관심을 집중함과 아울러 유대 정치 사상사를 집대성하고 있다.

월저의 사회사상은 공동체주의적 사회민주주의에 근거하고 있으며, 복지국가도 그러한 관점에서 중앙집권이 아니라 중간 단계의 공동체가 기반이 되는 지역화와 세분화를 추구한다. 월저의 복합평등론은 정치적 권력을 11가지의 분배 영역 중 하나로만 취급하고 있으며 다른 모든 영역을 통괄하는 최고 영역으로 간주하지는 않는다. 사회민주주의는 보통선거나 의회를 통한 정치적 평등뿐만이 아니라 경제적 평등을 지향하는 정치체제로서 민주주의와 사회주의를 결합한 형태이다. 물론 사회민주주의에서도 국가가 시장과 시민사회에 부분적으로 개입함으로써 실질적인 평등과 공정성을 추구하려고 한다.[23] 이 책 제1장 4절 2)항, 그리고 제2장 4절에서 보는 것처럼, 월저도 나중에 복합평등을 실현하기 위해서는 국가의 간섭과 개입이 더 필요함을 인정하게 된다.

월저는 1980년 이후 전개된 '자유주의 대 공동체주의 논쟁'에서 등장한 알래스데어 매킨타이어(Alasdair MacIntyre), 찰스 테일러(Charles Taylor), 마이클 샌델(Michael Sandel)과 함께 공동체주의 4대 사상가 중의 한 사람으로서 인정되고 있다. 비록 그는 공동체주의자라는 낙인을 싫어하고, 4대 사상가 중에서 자유주의에 가장 친화적이지만(본서

제2장 2절 참조), 정치이론과 사회사상은 특정한 사회의 전통과 문화에 기반해야만 한다고 생각하며 따라서 과도한 추상화와 보편화를 반대하고 있는 점에서 공동체주의자임이 틀림없다.

프린스턴 고등학술연구소 사회과학부 웹사이트에 나와 있는 그의 이력서를 살펴보면, 저서는 총 36권(자신의 저서 30권, 편집서 6권), 논문(학술, 시사평론, 서평 포함)은 총 445편이고, 월저의 사상에 대한 저서는 전 세계적으로 총 13권이다. 강연 이력은 나와 있지 않지만 미국과 전 세계적으로 많은 강연을 하는 것으로 알려져 있다. 이렇게 고도의 광범위한 학문적 업적과 성취를 달성했을 뿐만 아니라 자신의 전공 영역에서 다른 학자들의 관심을 유발시켜 자신에 대한 연구서를 쓰도록 하는 것은 결코 쉽지 않을 것으로 사료된다. 월저의 학문적 끈기와 집중력, 그리고 그 깊이와 넓이는 가히 타의 추종을 불허한다고 말해도 과언이 아닐 것이다. 공동체주의 4대 사상가 중 한 사람으로 꼽히는 월저의 이러한 학문적 업적과 성취는 나머지 공동체주의 4대 사상가들, 즉 알래스데어 매킨타이어, 찰스 테일러, 마이클 샌델과 비교해 볼 때도 비등하거나 월등하지 않을까 짐작해 본다. 이 책은 월저를 한 권의 책에서 본격적으로 다룬 우리나라 최초의 단행본으로서, 월저의 사상에 대한 저서로서는 전 세계적으로 14번째의 책이 되는 영광을 누리게 될 것이다. 월저의 학문적 위상으로 볼 때, 저자의 책도 늦었지만 월저에 대한 후학들의 연구서가 우리나라 학계에서 많이 나왔으면 하는 바람이 간절하다.

이미 언급한 것처럼, 월저의 사회사상은 공동체주의와 아울러 사회민주주의를 배경으로 하고 있다. 그래서 소련과 동구권 공산주의의 몰락 이후 월저의 복합평등 사상은 롤스의 정의론 못지않게 유럽 여러 나라에서 공산주의의 한 대안으로서 큰 관심을 불러일으켰다. 특히 사민당(社民黨, Social Democratic Party of Germany)의 역사가 깊은 독일 학자들과 일반 대중들은 더 큰 관심을 보였다. 사민당은 "사회정의와 개인의 자유를 바탕으로 하는 민주주의를 최고의 가치로 삼는다. 기본 강령은 모든 차별 철폐와 완전고용, 경제민주주의의 실현이다."[24] 그래서 월저에 관한 13권의 책 중 유럽에서 발간된 책이 총 11권이며, 그중 독일에서 발간된 책이 4권이라는 점은 우연이 아니다.

그의 두 대표작은 『정의로운 전쟁과 부정의한 전쟁: 역사적 사례를 통한 도덕적 논증(Just and Unjust Wars: A Moral Argument with Historical Illustrations)』(1977)과 『정의의 영역들: 다원주의와 평등의 옹호(Spheres of Justice: A Defense of Pluralism and Equality)』(1983)이다. 미국의 베트남 전쟁 반대 운동에 참가했던 자신의 입장에 입각해서 저술했던 『정의로운 전쟁과 부정의한 전쟁』은 9 · 11 테러 이후 미국이 전개한 '테러와의 전쟁'에 관련해서 다시 한 번 새로운 주목과 각광을 받고 있다. 그리고 전 세계에서 테러리즘의 공포가 휩쓸고 있는 작금의 상황에서 월저의 책은 매우 중요하게 다루어진다.[25] 국내에서 『정의와 다원적 평등: 정의의 영역들』(1999)이라는 제목으로 번역된 두 번째 저서는 다원적 정의의 원칙들이 적용되는 다양한 분배 영역들 속에서의 사회정의의 문제를 자유주의적 공동체주의와 사회민주주의에 입각한 복합평등론을 통해서 해결하려고 시도한 역작이다.[26]

저자가 월저 교수를 처음 만난 것은 한국철학회의 제3회 '다산기념 철학강좌'(1999. 10. 25-10. 31)에 월저 교수가 초빙되어 한국에 왔을 때이다. 당시 저자는 '다산기념 철학강좌' 운영위원회 위원으로서 한국철학회 회장 이초식 교수님과 '다산기념 철학강좌' 운영위원장 이삼열 교수님의 지시로 월저 교수를 강좌에 초빙하는 실무를 담당하였다. 제3회 '다산기념 철학강좌'인 『자유주의를 넘어서: 자유주의의 한계와 그 보완의 과제』에서 월저 교수는 네 번의 강연을 서울대학교, 동국대학교, 이화여자대학교, 프레스 센터에서 실시했다. 강연의 주제는 "자유주의와 자연 공동체", "토론정치와 그 한계", "정치와 이성, 그리고 열정", "다문화주의와 문화 권리"였다. 저자는 네 번의 강연 모두에서 사회도 보고 통역도 담당하였으므로 모든 강연에서 월저 교수의 일거수일투족을 볼 수 있어 큰 공부가 되었고, 개인적 친밀감도 높일 수 있었다. 강연이 없는 날은 월저 교수를 모시고 한국의 집 전통 공연도 가고, 용인 한국 민속촌도 구경하였다. 그리고 10월 30일 프레스 센터에서 네 번째 강연이 끝나자 인근 호텔에서 저녁도 먹고 모든 강연이 잘 끝난 것을 축하하였다. 마침 그 다음 날이 할로윈데이라서 호텔 식당이 온통 할로윈데이 파티 장식을 해놓아서 분위기도 고조되어 즐거운 시간을 가졌던 것이 기억에 생생하다.

한국철학회의 세계 석학 초빙 강연인 '다산기념 철학강좌'는 1997년부터 2007년까지 10년 동안 총 10회에 걸쳐 실시되었다. 저자는 '다산기념 철학강좌' 운영위원회 소속 운영위원으로 5년간, 운영위원장으로 5년간 맡아 봉사했는데, 그간 운영위원회에 소속되어 한국철학회 발전을 위해서 노력하신 모든 운영위원장님들과 운영위원님들에게 커다란 감사를 드린다. 그리고 명경의료재단을 통해서 '다산기념 철학강좌'에 거금을 희사하신 당시 서울대학교 철학과에 계셨던 황경식 명예교수님과 명경의료재단 이사장님께 말로 다할 수 없는 큰 감사를 드린다.

이와 같은 '다산기념 철학강좌'의 인연으로 저자는 월저 교수가 종신교수로 있는 프린스턴 고등학술연구소 사회과학부의 방문 연구원(Visiting Fellow)에 응모하게 되었고, 롤스 교수와 월저 교수를 비교 연구하는 연구제안서가 채택되어 2001-2002년 1년 동안 그곳에 체류하게 되었다. 저자는 1999년 10월 '다산기념 철학강좌'를 통해 월저 교수를 만난 뒤 학교에서 미리 그 기간 동안 연구년 허가를 받아 놓았고, 연구제안서를 2년 동안 공들여 만들어 놓았다. 그리고 미국에서 이미 출간한 책, *Contractarian Liberal Ethics and the Theory of Rational*

Choice(New York: Peter Lang Publishing Inc., 1992)도 있었기 때문에 응모 준비에서 최소한의 기본은 갖추었다고 생각했다. 방문 연구원 시절에 대한 자세한 이야기는 다시 재론될 것이다.

제3회 '다산기념 철학강좌' 기간인 1999년 10월 29일에는 특별대담을 실시하였고, 대담록 「미국의 정치철학자 마이클 왈쩌 교수, 자유주의의 공동체주의적 보완과 다원적 평등사회로의 철학적 선도」는 『철학과 현실』(통권 제45호, 2000년 여름호)에 수록되었다. 그리고 월저 교수의 10월 방한을 대비하여 기고한 저자의 논문, 「마이클 왈쩌의 공동체주의」(『철학과 현실』, 통권 제41호, 1999년 여름호)도 있었다. 이 논문은 제3회 '다산기념 철학강좌' 강연집인 『자유주의를 넘어서: 자유주의의 한계와 그 보완의 과제』(김용환·박정순·윤형식·정원섭 옮김, 서울: 철학과현실사, 2001)에도 수록되었다. 저자는 이 책에서 제4강연을 번역하였고, 특별대담을 한 대담록도 함께 수록하였다. 이 논문과 대담록은 한국 철학계로 볼 때 월저 교수에 관한 최초의 본격적인 연구 성과라고 할 수 있을 것이다.

이 책은 저자가 그동안 써 온 월저 교수의 사회사상에 관련된 논문들과 인터뷰들을 한 권의 책으로 묶은 것이다. 비록 기존에 발표된 논문들을 묶은 책이기는 하지만 이 책의 중추가 되는 제4장 "복합평등의 철학적 기원"과 부록 "The Philosophical Origins of Complex Equality"는 수정 증보하여 수록하였다. 이 영어 논문은 제4장의 모태가 되는 논문이다. 제5장에는 저자가 월저 교수와 진행한 두 번의 대담이 실려 있다. 이어서 후주와 참고문헌, 찾아보기가 수록되어 있다. 권말에는 10개의 그림들이 수록되어 있다. 이 그림들은 월저의 사회사상의 지평을 그 철학적 기원들과 우주론과 현대 과학이론들과의 관련성을 통해서 크게 넓혔다고 생각된다.

복합평등론은 제1장과 제2장에서도 다루고 있고, 제5장의 대담 1에서도 다루고 있으므로, 이 책을 관통하는 가장 중요한 주제이다. 비록 월저의 정의전쟁론과 복합평등론에 관한 두 주저와 다른 저서 네 권이 번역되어 있기는 하지만, 월저의 사상에 관해서 자세하고도 종합적인 논의를 전개한 저서가 단 한 권도 없는 우리나라의 실정에서 이 책의 출간은 그 나름대로의 의의를 찾을 수 있을 것이다.

이와 같이 이 책은 다른 학술잡지들에 수록된 저자의 논문들과 대담들로 구성되어 있는데, 원래의 논문들에서 각주를 후주로 정리하고 참고문헌을 권말에 통합적으로 수록하였다. 이 책에서의 제목과 아울러 원제목과 출처 및 재수록 출처는 다음과 같다.

제1장 마이클 월저의 공동체주의

-- 박정순, 「마이클 왈쩌의 공동체주의」, 『철학과 현실』(통권 제41호, 1999년 여름호, pp.175-198). 철학문화연구소의 수록 허가에 의하여 전재.

-- 『현대철학 특강』(엄정식 외 편, 서울: 철학과현실사, 1999, pp.295-313)에 전재.

-- 『자유주의를 넘어서: 자유주의의 한계와 그 보완의 과제』(김용환·박정순·윤형식·정원섭 옮김, 서울: 철학과현실사, 2001, pp.271-292)에 재수록.

제2장 공동체주의적 사회비판의 가능성: 마이클 월저의 논의를 중심으로

-- 박정순, 「공동체주의적 사회비판의 가능성: 마이클 왈쩌의 논의를 중심으로」, 『범한철학』(제30집, 2003년 가을호, pp.211-247). 범한철학회가 소유한 저작권 이양과 수록 허가에 의하여 전재.

제3장 마이클 월저의 정의전쟁론: 그 이론적 구성 체계와 한계에 대한 비판적 고찰

-- 박정순, 「마이클 왈쩌의 정의전쟁론: 그 이론적 구성 체계와 한계에 대한 비판적 고찰」, 『철학연구』(제68권, 2005년 봄, pp.77-142). 철학연구회의 수록 허가에 의하여 전재.

-- 『정의로운 전쟁은 가능한가』(철학연구회 엮음, 서울: 철학과현실사, 2006, pp.113-182)에 전재.

-- 2006년 6월 6일 일본 동경대학교 대학원 인문사회계연구과 사생학(死生學) 연구소 주최 학회에서 발표. 이 발표 논문은 일본어와 한국어가 병용된 『전쟁과 전몰자를 둘러싼 사생학』(동경: 생활서원, 2010, pp.195-207)에 수록.

논평 1. 마이클 월저의 정의전쟁론에 대한 논평(박상혁 교수)
논평 2. 마이클 월저의 정의전쟁론에 대한 논평(정대성 교수)

-- 박상혁, 「마이클 왈쩌의 정의전쟁론에 대한 논평」; 정대성, 「마이클 왈쩌의 정의전쟁론에 대한 논평」, 『철학연구』(제68권, 2005년 봄, 각각 pp.132-136; pp.137-142). 철학연구회의 수록 허가와 박상혁 교수와 정대성 교수의 수록 승인에 의하여 전재.

-- 『정의로운 전쟁은 가능한가』(pp.193-198; pp.199-206)에 전재.

제4장 복합평등의 철학적 기원

-- 박정순, 「복합평등의 철학적 기원」, 『철학연구』(제76권, 2007, pp.93-117). 철학연구회의 수록 허가에 의하여 전재.

-- 연세대학교 매지학술연구소, 한국자유주의연구학회, 한국윤리학회, 율곡평생교육원에서 발표.

제5장 마이클 월저와의 특별대담

특별대담 1. 미국 정치철학자 마이클 월저 교수: 자유주의의 공동체주의적 보완과 다원적 평등사회로의 철학적 선도

-- 박정순, 「특별대담: 미국 정치철학자 마이클 왈쩌 교수, 자유주의의 공동체주의적 보완과 다원적 평등사회로의 철학적 선도」, 『철학과 현실』(통권 제45호, 2000년 여름호, pp.136-179). 철학문화연구소의 수록 허가에 의하여 전재.

-- 『자유주의를 넘어서: 자유주의의 한계와 그 보완의 과제』(김용환·박정순·윤형식·정원섭 옮김, 서울: 철학과현실사, 2001, pp.233-270)에 재수록.

특별대담 2. '정의로운 전쟁론'의 대가 마이클 월저 교수: 테러와의 전쟁과 정의로운 전쟁론

-- 박정순, 「9·11 테러 사건 1주년에 즈음한 '정의로운 전쟁론'의 대가 마이클 월쩌 교수와의 특별대담: '테러와의 전쟁'과 '정의로운 전쟁론', 그리고 미국 좌파의 향방」, 『철학연구』(제68권, 2005년 봄, pp.121-127). 철학연구회의 수록 허가에 의하여 전재.

-- 이 인터뷰의 축약본은 『중앙일보』의 특집기사로 수록. "9·11 테러 1년: 뉴욕 출신 세계 석학 2인에 듣는다", "마이클 왈처: 美 고통은 왜 망각. 연세대 철학 박정순 교수 이메일 인터뷰"(『중앙일보』, 2002년 9월 11일자, 국제면).

-- 『정의로운 전쟁은 가능한가』(철학연구회 엮음, 서울: 철학과현실사, 2006, pp.183-192)에 전재.

부록(Appendix) The Philosophical Origins of Complex Equality

-- Jung Soon Park, "Ch. 12. The Philosophical Origins of Complex

Equality." *Philosophy and Culture*, Vol. 4, *Practical Philosophy* (Seoul: Seoul National University Press, 2008, pp.135-160). 한국철학회(The Korean Philosophical Association)의 수록 허가에 의하여 전재.

이 책에 저자의 논문들과 대담들을 전재하도록 허가해 준 이상의 여러 철학 관련 단체들에게 큰 감사를 드리고 싶다. 그리고 제3장 "마이클 월저의 정의전쟁론"에 대한 논평을 이 책에 전재하도록 수락해 준 동아대학교 철학생명의료학과 박상혁 교수와 연세대학교 언어정보연구원 HK연구교수인 정대성 교수에게 큰 고마움을 표하고 싶다.

그리고 이 책의 초고를 자세히 교정을 보고, 졸저에 대한 여러 좋은 의견을 제시해 준 한양대 이양수 교수에게 감사를 드린다. 권말 그림의 프랑스어 번역에 관한 자상한 도움을 준 연세대학교 원주캠퍼스 윤지선 박사에게도 감사를 드린다.

작년의 졸저 『마이클 샌델의 정의론, 무엇이 문제인가』(2016)에 이어서 금년에는 본서를 기꺼이 출간해 주신 철학과현실사 전춘호 사장님께 심심한 사의를 표하는 바이다. 그리고 본서가 출판되기까지 전 과정에 걸쳐 노고를 아끼지 않은 김호정 편집부장님과 편집부에도 큰 감사를 드린다.

이 책의 내용을 각 장별로 요약하면 다음과 같다.

제1장 "마이클 월저의 공동체주의"는 '자유주의 대 공동체주의 논쟁'에서 등장하는 공동체주의자로서의 월저의 입장을 상세히 밝히고 있다. 우선 월저의 학문적 이력과 사상 편력이 소개되는데, 그는 정의전쟁론, 복합평등론, 공동체주의적 사회비판, 관용, 시민사회, 국가론, 민족주의, 국제사회와 세계화 등을 주요한 연구 분야로 삼고 있다. 그는 이론적 연구만이 아니라 현실 참여도 중시하는 대중적 철학자로서

정치평론도 많이 쓰고 있다. 이어서 월저의 공동체주의적인 학문적 방법론이 논의된다. 그는 자유주의의 방법론적 개체주의와 권리준거적 방법론을 거부하고 가치의 사회적 의미와 그 공동 이해에 방법론적 준거점을 설정하고 있다.

따라서 월저는 분배 영역에서의 분배는 그 영역에 속하는 분배 대상으로서의 가치의 사회적 의미와 공동 이해에 의거하여 도출된 내재적 분배 원칙에 따라 행해져야 한다고 주장한다. 그래서 각각의 분배 영역은 그 고유한 분배 기준만이 적용되어야 하므로 다른 영역과 그 분배 기준에 영향을 받아서는 안 된다. 월저의 이러한 가치론과 영역론은 총 11가지의 분배 영역에서의 자율성으로 이어지고, 결국 11가지의 분배 영역에서 모든 사람들의 입지를 종합하면 모든 사람은 처지는 동일하다는 복합평등론으로 귀착된다. 그러나 이러한 월저의 공동체주의적 가치론과 방법론은 상대주의에 빠진다는 비판이 제기되었다. 그리고 복합평등론에 대해서 그것은 한 영역에서의 독점을 허용하므로 복합평등이 평등을 담보할 있는 어떤 방책도 없다고 비판된다. 이러한 반론에 대해서 월저는 사회적 문제에 대한 올바른 해석을 통한 공동체주의적인 근본적 사회비판이 가능하다고 주장한다. 그리고 복합평등에 대해서는 개인의 자질과 능력은 모든 영역들에서 아주 근본적으로 분산되어 있으므로 복합평등론은 현실적 가능성을 가지고 있다고 반박한다.

제2장 "공동체주의적 사회비판의 가능성"의 내용은 아래와 같다.

롤즈의 자유주의적 정의론의 공동체주의적 대안으로서 제시된 월저의 정의론은 '자유주의 대 공동체주의 논쟁'에서 주요한 쟁점 사항이다. 자유주의적 정의론은 불편부당한 추상적 관점에서 개인주의적 합의를 통해 도출된 보편적인 도덕원칙에 의거하여 인간사회를 객관적으로 비판할 수 있다는 것이다. 이러한 자유주의적 보편주의를 거부하는 월저의 정의론은 가치의 공유된 사회적 의미 기준과 그러한 기준에 따른 분배 영역의 자율성을 추구하는 복합평등론이 요체이다. 월저는 가치의 공유된 의미와 분배 영역의 자율성을 훼손하는 것이 부정의이므로 자신의 정의론이 사회비판적 원칙으로 작동할 수 있다고 역설한다.

그러나 자유주의자들은 월저의 정의론이 특수한 공동체의 공유된 사회적 의미에 의존하므로 상대주의적이고 보수주의적이며, 도덕적 불일치를 무시하며, 또한 복합평등론이 각 분배 영역 내의 불평등을 방치한다고 논박한다. 월저는 가치의 공유된 사회적 의미 기준은 최소한의 보편적인 도덕규범을 전제하므로 상대주의가 아니며, 현존 도덕에 대한 해석을 통한 내재적 비판이 가능하므로 보수수주의가 아니며, 도덕적 불일치는 포괄적인 해석적 평결을 통해서 상당한 정도 해소되며, 복합평등론은 분산된 인간의 재능이 다양한 분배 영역에서 발휘되도록 하므로 각 영역 내의 불평등이 전반적인 평등으로 해소될 수 있다고 대응한다.

월저의 공동체주의적 정의론과 사회비판 가능성 입론을 둘러싸고 전개되는 이러한 논쟁의 해명과 평가를 통해서, 한국사회에 대한 타산지석으로서 현대 서구 규범철학의 현재 성과와 향후 과제가 판정되고 적시된다.

제3장 "마이클 월저의 정의전쟁론"은 그의 정의전쟁론의 이론적 구성 체계와 그 한계에 대한 비판적 고찰을 시도하고 있다.

정의전쟁론은 정의와 평화를 회복하기 위한 최후의 수단으로서 전쟁에 호소하는 것이 필수불가결할 뿐만 아니라 전쟁의 정의 여부에 대한 판단도 도덕적으로 정당화될 수 있다고 보는 입장이다. 월저의 『정의로운 전쟁과 부정의한 전쟁』(1977)은 정의전쟁론의 현대적 부흥에 가장 중요한 이론적 기반이 되었다. 월저의 정의전쟁론은 사례중심적 결의론을 채택하며, 모든 전쟁을 부정하는 평화주의와 모든 전쟁이 정당화된다고 보는 현실주의를 모두 배격하여, 전쟁은 때에 따라 필수불가결할 뿐만 아니라 전쟁의 정의 여부도 도덕적으로 판정될 수 있다고 주장한다. 또한 그의 정의전쟁론은 전쟁에 대한 도덕적 논증은 개인의 생명과 재산의 권리에 대한 참조로 이루어진다는 권리준거적 이론에 기반하고 있다. 따라서 권리에 대한 원리적 침해 가능성이 있는 공리주의도 배척한다. 월저의 정의전쟁론의 이론적 구성 체계는 3부 체계로서, 전쟁 자체 혹은 개시의 정의, 전쟁 수행의 정의, 전쟁 종결의 정의로 이루어져 있음이 논의되고 있다. 이어서 현실 전쟁에 대한 월저의 진단과 평가를 9 · 11 테러와 이라크 전쟁을 중심으로 살펴보았다. 최종적으로 월저의 정의전쟁론의 공헌과 한계를 밝히고, 이에 따른 미래 과제를 파악함으로써 세계평화를 위한 하나의 시사점을 제시했다.

제4장 "복합평등의 철학적 기원"의 내용은 아래와 같다.

월저의 저서 『정의의 영역들: 다원주의와 평등의 옹호』(1983)는 롤스의 『정의론』(1971)에서 개진된 자유주의적 평등주의 이후 평등에 관한 가장 중요한 현대적 접근 방식의 하나로 간주되어 왔다. 그는 각 사회적 가치는 그 가치가 지니는 공유된 사회적 의미에 의거한 독자적인 분배 원칙이 작동하는 그 자체의 영역을 구성한다고 주장한다. 정의에 의해서 요구되는 이러한 각 분배 영역에서의 자율성은 결국 상이한 사회적 가치들이 상이한 근거에 의해서, 상이한 절차에 따라서, 상이한 주체들에 의해서, 상이한 사람들에게 분배됨으로써 복합평등 혹은 다원평등(complex equality)으로 귀착된다. 그렇다면 복합평등은 광범위하게 분산된 불평등으로부터 발생하는 이차적인 평등이다.

복합평등은 그 근원적인 철학적 의미로 보아 보에티우스의 『철학의 위안』에서의 철학의 여신의 위안의 기제로 소급될 수 있으며, 더 나아가서 피타고라스의 우주적 정의(cosmic justice)의 개념에 이르게 된다. 복합평등에 관한 하나의 상징적 해석은 그것을 마방진(magic square)과도 연계시킨다. 우리는 복합평등에 대한 마방진적 해석을 통해 오랫

동안 신비적 형상만으로 남아 있던 마방진의 원형인 중국의 낙서(洛書)가 지닌 분배정의론적 함축성을 밝힐 수 있을 것이다. 물론 복합평등을 마방진으로 해석하는 것은 기수적인 개인 간 비교를 전제한다는 점에서 문제가 없지는 않지만, 마방진적 해석은 복합평등이 하나의 실질적 평등이라는 점을 담보하기 위한 일종의 상징체계로 해석될 수 있을 것이다. 복합평등의 철학적 기원 탐구는 인류의 과거 정신사의 미래 함축성에 관한 또 하나의 흥미진진한 사례를 발견하게 해줄 것이다. 따라서 복합평등의 연결고리는 철학의 여신과 마방진 사이의 삼각 연결고리라고 할 수 있을 것이다.

복합평등에 대한 마방진적 해석은 관찰자가 우주의 어느 위치에 있더라도 우주 내에서 존재하는 성좌들을 비롯한 천체는 밀도로 볼 때 국부적으로는 불균일하지만 전체적으로 보면 균일하게 분포하고 있다는 우주의 균일성 원리(homogeneity principle of the universe theory)와 연계될 수 있을 것이다. 또한 관찰자가 우주를 어느 방향이나 관찰 각도에서 보더라도 같은 물리법칙들이 지배하는 동일한 우주를 보게 된다는 우주의 등방성 원리(isotropy principle of the universe theory)와도 연계될 수 있을 것이다. 그리고 월저의 복합평등론은 다양한 분배 영역에서의 일차적인 카오스적인 불평등 상태에서 복합평등이라는 일정한 이차적인 규칙성이 창발(emergence)하는 사회현상에서의 복잡계 이론(complex system theory)으로도 간주될 수 있을 것이다. 이렇게 본다면, 복합평등의 연결고리는 앞의 삼각 연결고리에서 우주론의 두 원리와 복잡계 이론 둘을 더해 오각 연결고리라고 할 수 있을 것이다. 이부분은 제4장 3절에서 논의되고 있으며 새로 증보한 것이다.

제5장은 저자가 월저 교수와 행한 두 개의 대담이 수록되어 있다. 그 첫째는 '자유주의의 공동체주의적 보완과 다원적 평등사회로의 철학적 선도'를 주제로 한 것이다. 그 둘째는 '테러와의 전쟁과 정의전쟁론'을

주제로 한 것이다. 이슬람국가(IS)와 관련되어 있거나, 아니면 중동 출신의 자생적인 개인적 테러리스트들과 난민 신청이 거부된 중동 난민들로 인하여 빈발하는 테러의 공포에 유럽을 비롯한 전 세계가 떨고 있는 작금의 상황에서 테러리즘에 대한 월저의 견해는 주목할 만하다.

부록인 영어 논문, "The Philosophical Origins of Complex Equality"는 전반적으로 수정 증보하여 수록하였다. 특히 4절 첨단과학 이론들과 복합평등의 연계성 부분은 심혈을 기울여 수정 증보하였다. 이 영어 논문은 제4장 "복합평등의 철학적 기원"을 읽으면 거의 다 이해할 수 있다. 제4장은 이 영어 논문의 축약본이라고 할 수 있다.

10개의 권말 그림은 월저 교수의 복합평등론의 지평을 그 철학적 기원들과 우주론과 첨단과학 이론들과의 관련성을 통해서 크게 넓힌 것으로 생각된다. 보에티우스의 『철학의 위안』(524)에 나오는 철학의 여신에 관련된 그림들은 대부분 우리 철학계에서 아직까지 한 번도 제대로 소개된 적이 없는 것으로 아는데, 동료 철학자들과 독자들이 흥미롭게 보게 되기를 기대하는 바이다.

부록인 영어 논문, "The Philosophical Origins of Complex Equality"는 여러 제목으로 미국과 중국에서 발표되었다. 이 영어 논문은 월저의 복합평등론과 보에티우스의 『철학의 위안』에 등장하는 철학의 여신, 그리고 피타고라스와 낙서(洛書)의 마방진 사이의 삼각 연결고리의 모태가 되는 논문이며, 또한 제4장 "복합평등의 철학적 기원"의 선구적 논문이다.

이 영어 논문의 시작은 프린스턴 고등학술연구소 사회과학부의 방문 연구원이었던 시절로 거슬러 올라간다.27) 저자는 2001월 9월부터 2002년 8월까지 1년 동안 프린스턴 고등학술연구소 사회과학부의 방문 연구원으로 연구하였다. 그러나 저자가 고등학술연구소로 가는 길은 순탄치 못했다. 저자는 2001년 9월 11일 인천공항을 떠났는데, 뉴욕에서 9·11 테러가 발생하여 3일 동안 미니애폴리스에 강제 착륙당하여 잡혀 있었고, 그 후 워싱턴 DC로 가는 저자의 일정도 역경의 연속이었으며, 우여곡절 끝에 겨우 도착하였다.

프린스턴 고등학술연구소에서의 연구 주제는 "Distributive Justice in the Liberal-Communitarian Debate: Ralws vs. Walzer(자유주의 대 공동체주의 논쟁에서 분배적 정의: 롤스 대 월저)"였다. 구체적인 연구 내용은 "Rawls vs. Walzer on Distributive Justice: Comparison in a Three-Stage Sequence"으로서 두 사람의 주저들을 3단계로 나누어 상호 비교하는 것이었다. (1) *A Theory of Justice* vs. *Spheres of Justice*, (2) *Political Liberalism* vs. *Interpretation and Social Criticism and The Company of Critics*, (3) *Law of Peoples* vs. *Thick and Thin*. 롤스와 월저를 상호 비교하는 연구를 하면서도 저자는 월저의 복합평등의 진정한 정체를 파헤치기 위한 노력도 경주하였다.

저자는 프린스턴 고등학술연구소 사회과학부의 종신교수로 있는 월저 교수에게 사사했고, 토론하고 연구하면서 그의 복합평등론을 천착했고, 2002년 4월 4일 열두 시 기라성 같은 학자들 앞에서 최종 발표를 하였다. 최종 발표가 있기 전까지, 점심시간이나 오후 네 시에 연구소 캠퍼스 중앙에 자리 잡은 풀드홀(Fuld Hall)에서 시작되는 다과 방담 시간(high tea time)에 월저 교수를 자주 만나 같이 식사도 하고, 차도 마시고, 캠퍼스를 산보하면서 대담하고 토론하였던 것은 매우 유익하였고 잊을 수 없는 귀중했던 시간들이었다. 때로는 나 홀로 조그만 연못이 있는 캠퍼스를 거닐거나 캠퍼스 앞에 방대하게 펼쳐져 있는 울창한 숲과 샛강 주위를 거닐면서 마치 세상에서 절연된 듯한 처절한 고독감과 아울러 복합평등에 대한 심층적 상상력을 드높인 것도 잊을 수 없는 순간들이었다. 그 당시 저자는 가족과 떨어져 혼자 연구소에서 1년 동안 생활하였기 때문에 그러한 고독감과 심층적 상상력은 그 정도가 매우 강력하였다. 그런 가운데 뉴욕까지 한 시간 정도 걸리는 뉴저지 트랜짓(transit)을 타고 가서 가끔 뉴욕에 있는 여러 대학들과 관광 명소들을 도보로 둘러보았던 것은 잊을 수 없는 휴가였다.

저자가 다과 방담 시간에 사회과학자, 수학자, 천체물리학자, 천문학자와 복합평등의 사회과학적 자연과학적 함축성에 관해서 토론했던 것은 연구에 큰 도움이 되었다. 2001년 미국에서 개봉된 영화 「뷰티풀 마인드(A Beautiful Mind)」의 실제 인물이고, 게임이론으로 1994년 노벨 경제학상을 공동 수상한 존 내쉬(John Nash)를 만나 볼 수 있었던 것도 영광이었다.

풀드홀에서 전개된 상이한 전공 학자들 간의 대화는 나중에 공동 연구로 이어져 커다란 학문적 성과를 낸 바 있다. 특히 수학과 천체물리학, 수학과 컴퓨터 과학, 수학과 경제학 사이, 그리고 게임이론과 진화생물학 사이, 그리고 카오스와 사회과학 이론, 복잡계와 사회과학 이론 사이의 공동 연구는 대표적 사례들이었고, 또한 천문학의 발달이 인문학에 미친 영향도 중요한 공동 연구 성과 중의 하나였다.

저자는 인근 프린스턴대학교에서 열리는 철학 강좌에 열심히 참가하였다. 특히 당시 프린스턴대학교 철학과에 있었던 피터 싱어(Peter Singer) 교수의 강연은 빠짐없이 참여하였다. 그 당시 프린스턴대학교 철학과에 방문교수로 와 있었던 고려대학교 철학과 하종호 교수는 저자를 여기저기 잘 구경시켜 주었다. 그리고 그 당시 철학과 박사과정에 있었던 현재 서울대학교 철학과 강상훈 교수와 이화여자대학교 철학과 이영환 교수도 가끔 만나 식사하고 우리말로 실컷 철학 이야기를 나누었다. 또한 프린스턴대학교 정치학과에 방문교수로 온 연세대학교 원주 캠퍼스 이인성 교수도 만나서 정치학 강연도 가끔 참가하였다. 프린스턴 고등학술연구소 방문 연구원은 프린스턴대학교 도서관과 체육 시설을 이용할 수 있어서 연구와 휴식에 참으로 큰 도움이 되었다. 이런

가운데 저자는 월저 교수의 복합평등론을 모교인 연세대학교 학교 신문에 기고하였다.28)

복합평등과 보에티우스의 『철학의 위안』에 나오는 철학의 여신의 위안의 기제 사이의 상호 연결(interface)은 1999년 3월 이 책 제1장 "마이클 월저의 공동체주의"의 5절을 쓰면서 발견했다.29) 그리고 제4장 "복합평등의 철학적 기원"에서 언급된 철학의 여신의 위안의 기제에 상응하는 것으로서, 월저의 복합평등에 관련된 인간 재능의 광범위한 분산에 관한 구절이 나오는 논문, "Exclusion, Injustice, and Democratic State"(*Dissent*, 1993)는 2002년 1월 연구소 도서관에서 공부하면서 발견했다.30) 물론 이 논문은 이전에 읽었으나 그 구절은 기억하지 못하고 있었다. 복합평등과 철학의 여신과 피타고라스의 마방진, 그리고 마방진의 선구인 중국의 낙서(洛書) 사이의 관계는 2001년 11월에 숙소에서 연구하는 동안 발견하였다. 2002년 초에 출간된 프랭크 스웨츠(Frank J. Swetz)의 저서, *Legacy of the Luoshu: The 4,000 Year Search for the Meaning of the Magic Square of Order Three*(Chicago: Open Court, 2002)는 저자의 연구에 대한 결정적인 논증을 제공하며 많은 도움을 주었다.

복합평등과 여러 현대 과학이론들 사이의 관계는 역시 2002년 1월이 책 부록으로 삽입된 영어 논문 4절, "Complex Equality and the Supreme Principles of the Universe: Interface Between Microcosm and Macrocosm, Homogeneity and Isotropy of the Universe, Complex Systems Theory, Chaos, and Emergence(복합평등과 우주의 궁극적 원리들: 미시세계와 인간세계와 거대우주의 상호 연결과 우주의 균일성과 등방성 원리, 복잡계 이론, 카오스, 창발)"를 쓰기 위한 자료를 연구소 도서관에서 조사하면서 발견하게 되었다. 이 4절은 원래 영어 논문에만 있었고, 제4장 "복합평등의 철학적 기원"에는 없었다. 이 책을 쓰면서 영어 논문의 4절을 수정 보완하였으며, 이 부분을 번역하고 축약하여 제4장 3절에 수록하였다. 따라서 엄밀히 말하면 이 책은 복합평등의 삼각 연결고리에 기반하는 것이 아니라 오각 연결고리에 기반하고 있다고 해야 할 것이다.

이상의 이야기들은 모두 제4장 "복합평등의 철학적 기원"을 읽으면 자연히 알게 될 것이다. 삼각 연결고리에서 가장 중요한 첫 번째 연결고리, 즉 월저의 복합평등과 보에티우스의 『철학의 위안』에 나오는 철학의 여신 사이의 유사성은 복합평등을 가능케 하는 인간 재능의 광범위한 분산과 재상에서 사형수로 전락한 보에티우스에 대한 철학의 여신의 위안인 인간의 행복과 불행의 광범위한 착종에서 찾았다. 이러한 최초의 실마리는 마치 크레타 섬의 미노스왕의 딸인 아리아드네가 영웅 테세우스가 미궁 속의 괴물을 퇴치하고 귀환할 수 있도록 건네준 아리아드네의 실(Ariadne's thread)과 같은 소중한 것이었다.

저자는 그 당시 인간 지성사에서 개념상 혹은 관념상 연결될 것 같지 않은 것들을 연결시켜 어떤 의미를 발견하거나 창조해 내는 교묘한 조합인 연합의 원리(the principle of association)가 매우 중요한 것임을 자각하고 있었다. 저자의 연합의 원리는 동일성과 유비추리에 근거하고 있으며 복합평등의 삼각 연결고리에 단적으로 나타나 있다. 흄(David Hume), 헤겔(Georg Hegel), 후설(Edmund Husserl) 등이 '관념연합의 원리'에 대해서 논의하였던 것을 저자는 익히 알고 있었다.31) 또한 서로 다른 이질적 요소들을 접합시켜 상호 연결하는 인터페이스(interface)도 창의적인 학문적 활동에서 중요한 것으로 인식하고 있었다.

학생들을 가르칠 수업과 학교 행정과 잡무의 부담 없이, 그리고 외부의 간섭이나 평가도 없이, 또 기한 내에 논저를 출판해야 할 의무도 없이, 오로지 자신의 호기심과 학문적 열정을 통해 연구에만 몰두하도록 하는 프린스턴 고등학술연구소의 방침은 이상적인 연구 환경을 제공하는 것으로 유명하다. 이러한 연구 환경 아래 학자들은 충만한 지적 자극을 통해 새로운 아이디어를 창출해 내고, 다양한 학문 영역의 학자들끼리의 상호 이해에 기반한 치열한 토론과 비판을 전개한다. 다양하고도 새로운 시도가 권장되므로 어떤 시도가 실패로 판정이 났다고 하더라도 다음 시도를 위한 유의미한 디딤돌로 인정된다. 그리고 학문적 목표도 실증적이라기보다는 순수학문의 이론적 연구와 원리적인 이해에 치중하도록 되어 있다.32) 다만 고등학술연구소의 모든 방문 연구원들은 소속 학부에서 연구 기간 중 연구 결과에 대해서 런천 세미나(luncheon seminar) 형식으로 한 번의 발표를 해야 한다. 그리고 고등학술연구소는 상당한 연구 지원금도 제공한다. 통상적으로 방문 연구원의 소속 대학이나 연구기관에서의 연봉에 대한 매칭 펀드가 제공된다. 이러한 분위기 속에서 평생을 연구한다면 얼마나 좋을까마는, 그래도 저자는 1년 동안이라도 그러한 분위기 속에서 연구한 것을 큰 영광으로 생각하고 싶다. 같은 사회과학부 방문 연구원들의 발표와 연구소 전체를 대상으로 하는 세계 석학들의 발표에도 빠지지 않고 참석하였는데 매우 유익하였다.

프린스턴 고등학술연구소 사회과학부에서 저자의 발표일은 2002년 4월 4일로 책정되었다. 그래서 그때까지 깨달은 복합평등의 오각 연결 고리에 대한 발표 준비를 세 달 동안의 여유를 가지고 충실히 준비할 수 있었다. 발표 제목은 "A Philosophical Entertainment: Walzer, The Virgin Sophia, and The Pythagorean Magic Square(철학적 오락: 월저, 지혜의 처녀, 피타고라스의 마방진)"로 발표 자료의 분량은 총 16장이었다. 이 축약된 발표의 원본이 되는 영어 논문은 촘촘히 쓴 총 54장으로 방대한 분량이었다. 발표 전에 저자는 이 원본 논문을 월저 교수에게 전달하였다. 발표 시작 초두에, 복합평등의 현실적 발현으로서 비틀

즈의 "Can't Buy Me Love(사랑은 돈으로 살 수 없어)"를 틀었는데, 단한 곡을 위한 사운드 시스템이 너무 크고 웅장해서 잠시 당황했던 기억이 난다.

저자의 발표를 들은 월저 교수와 여러 저명한 학자들은 월저 교수의 복합평등이 그렇게 심원한 궁극적 원리로 해석될 수 있는지에 대해서 약간은 의아해하면서도 대체로 수긍하는 눈치였다. 월저 교수도 일견 황당무계한 것으로 보일 수 있는 저자의 발표에 약간은 반신반의하였지만 복합평등이 원리적으로 여러 철학적 기원들을 가지고 있으며, 또한 우주의 균일성과 등방성 원리, 복잡계 이론, 카오스, 창발 등 현대 과학이론들과 관련이 있다는 점에서 저자의 발표를 자신의 복합평등의 지평을 확대한 견해로 인정하였던 바 있다. 어떤 학자는 복합평등에 대한 저자의 발표가 인문, 사회, 자연과학적 상상력을 총동원하여 그것들을 상호 연결(interface)하고 종합한 놀라운 발표였다고 강평하였다. 그리고 저자와 같이 사회과학부 방문 연구원으로 연구하고 있었던 중국 북경대학교 철학계 청롄(程煉) 교수는 절묘한 발상이라고 극찬을 아끼지 않았다. 청롄 교수는 방문 연구원 임기를 끝내고 귀국한 뒤 2002년 10월 북경대학교 국제철학회 발표에 저자가 공식 초청되도록 주선하였다. 물론 발표는 월저 교수의 복합평등론이었다.

저자의 발표를 들은 당시 사회과학부 에릭 매스킨(Eric Maskin) 종신교수는 경제학과 게임이론에서의 메커니즘 디자인 혹은 시스템 디자인 분야에서 세계적인 학자였다. 그는 2007년 노벨 경제학상을 수상하게 되며, 2011년 이후 하버드대학교로 옮겨 갔다. 그는 저자의 발표에 대해서 복합평등의 철학적 기원들도 중요하고, 현대 과학이론들과의 연계성도 중요하지만 복합평등 사회를 어떻게 건설할 것인지에 대한 구체적인 메커니즘 디자인 혹은 시스템 디자인이 없다면 복합평등론은 사상누각에 불과할 수 있다는 비판을 한 것으로 기억된다.[33] 저자는 수학적 공리나 공준, 혹은 방정식으로 정식화할 수 있는 경제학적 게임 이론적 메커니즘을 제시할 수는 없지만 복합평등에 대한 인문학적 사회과학적 메커니즘이나 시스템을 디자인할 수는 있을 것이라고 답변하였다. 답변의 요지는 복합평등을 실현하기 위한 월저의 교수의 여러 제안들을 충실히 대변하는 것이었고, 마지막에는 월저 교수의 제안들에 대한 저자의 비판적 견해를 피력했다. 저자는 아래와 같이 답변하였는데 아직도 기억에 생생하다.

현대 다원주의 사회에서 상이한 가치를 상이한 이유에 따라서 분배하고, 분배되는 가치들의 사회적 의미가 독특하게 구별될 때, 정의로운 분배는 사회적 가치들과 그 고유한 분배 기준이 적용되는 영역의 자율성을 보장하는 것이다. 이것이 바로 월저의 성가를 드높이고 있는 복합평등론 혹은 다원평등론(complex equality theory)이다. 복합평등론은 상이한 사회적 가치들이 단일한 방식에 의해서가 아니라 그러한 사회적 가치들의 다양성과 그것들에 부착되어 있는 의미들을 반영하는 다원적 영역들의 기준들에 의해서 분배되도록 요구한다. 월저는 총 11가지의 분배 영역을 제시하고 있으며, 각 분배 영역은 분배 대상이 되는 가치에 대한 공유된 의미 이해에 의거한 내재적 분배 원칙에 따라 분배가 결정되어야 한다고 주장한다. 11가지의 분배 영역은 공동체 구성원의 자격, 안전과 복지, 돈과 상품, 공직, 힘든 노동, 자유시간, 교육, 친족관계와 사랑, 신의 은총, 사회적 인정, 그리고 정치적 권력이다. 이러한 각 영역들의 내재적 분배 원칙을 개략하면, 공동체 구성원의 자격은 기본적으로 공동체 구성원들의 합의에 의해서, 안전과 복지는 필요에 의해서, 공직은 공적에 의해서, 돈과 상품은 자유교환에 의해서, 힘든 노동은 엄격한 평등에 의해서, 자유시간은 자유로운 선택과 필요에 의해서, 기본교육은 엄격한 평등에 의하고 고등교육은 시장과 공적에 의해서, 친족관계와 사랑은 이타주의와 상호적 애정에 의해서, 신의 은

총은 자유로운 종교적 추구와 헌신에 의해서, 사회적 인정은 자유롭고 자발적인 상호 인정의 교환에 의해서, 정치적 권력은 민주주의적 설득력과 시민의 지지에 의해서 분배되어야 한다는 것이다.

복합평등은 돈, 권력 등 지배적인 사회적 재화와 가치를 동일하게 나누려는 단순평등(simple equality)의 근시안성과 전체주의적 함축성을 경계한다. 복합평등을 이해하기 위해서는 어떤 사회적 가치나 재화의 대부분을 소유하는 '독점(monopoly)'과 어떤 영역의 가치가 다른 영역의 가치를 잠식하는 '지배(dominance)'의 구분이 중요하다. 월저는 독점의 문제보다 지배의 문제에 주안점을 두고, 돈과 권력 등 지배적인 가치가 다른 가치들과 교환(exchange)되거나 전환(conversion)되는 것을 방지하는 복합평등을 추구한다. 복합평등 사회는 상이한 가치들이 독점적으로 소유될 수 있지만, 특정한 가치가 다른 가치로 '전환'되지 않는 사회이다. 각 분배 영역 안에서는 어느 정도의 독점이 있어 '많은 조그마한 불평등'이 용인되기는 하지만, 그것이 영역 간의 전환 과정을 통해서 '지배'로 변환되지 않는다. 또한 각 분배 영역에 내재하는 고유한 원리를 무시하여 어떤 한 영역이 다른 영역을 침범하는 '전제(tyranny)'도 사라지게 된다.

월저 교수는 가치에 대한 공유된 사회적 의미와 그에 따른 분배 영역의 상대적 자율성을 보장하는 복합평등론이야말로 사회정의를 위한 '비판적 원칙'이라고 역설한다. 그래서 월저는 충실한 영역 방어야말로 사회를 정의롭게 만드는 관건이라고 지적한다. 충실한 영역 방어는 가장 큰 부정의의 두 가지 사례인 자본의 지배(dominance)와 정치적 권력의 전제(tyranny)를 방지하기 위한 교환과 사용의 봉쇄(blocked exchanges and uses)에 집중되어 있다.34)

정치적 문제들에 대한 월저의 실질적 견해는 평등주의적이고도 민주주의적인 가치들에 대한 헌신을 반영한다. 월저는 그러한 가치들을 사회민주주의적 전통에 입각해서 논하면서 현재 미국사회에서의 권력과 자본의 구조를 비판하고 있다. 『정의의 영역들』이 거의 끝날 즈음, 월저는 복합평등을 실현시킬 수 있는 사회체제에 대해 다음과 같이 상술한다.35)

"나는 우리 사회의 적절한 사회적 구성방식이 탈중앙화된 민주적 사회주의라고 생각한다. 적어도 부분적으로는 지역 아마추어 관리들에 의해서 경영되는 강한 복지국가, 제한된 시장, 개방되고 계몽된 시민적 서비스, 독립적인 공립학교들, 근면과 여가의 공유, 종교적 가족적 삶의 보호, 사회적 직위와 계층의 고려로부터 독립한 공공적 명예와 불명예의 체제, 회사와 공장의 노동자 통제, 복수정당, 사회운동, 회합, 그리고 공공적 토론의 정치."

월저 교수의 복합평등론에 대한 저자의 비판적 입장은, 11가지의 분배 영역들 사이의 구분과 경계의 문제도 중요하지만 분배 영역들 사이의 관련성과 영향력의 문제도 논의해야 한다는 점이었다. 월저가 강조한 것처럼 제1 분배 영역인 공동체 구성원의 자격은 다른 분배 영역들에 대해서 상당한 영향을 미친다. 그리고 교육과 직장과 직위는 상호 연관성이 강하며, 이 둘은 모두 다른 영역들에 대해서 커다란 영향을 미친다. 그리고 월저가 다른 분배 영역들에의 영향력을 제거하려고 하는 부와 정치적 권력에서의 영향력을 제거하기는 쉽지 않을 것이다. 월저 교수는 매스킨의 질문에 대한 저자의 답변이 자신의 입장을 잘 대변했다고 강평했으며, 분배 영역들 사이의 관련성과 영향력의 문제는 복합평등에 대한 중대한 비판 가운데 하나이며, 또한 풀어야 할 중대한 숙제 중의 하나라고 자인하였다.36)

발표의 배경 자료인 총 54장의 영어 논문은 논문 발표에 적합하게 총 20장으로 축약하고 각주와 참고문헌을 달았다. 축약된 논문은 중국 북경대학교 외국철학연구소 국제심포지엄, 중국 낙양(洛陽) 하락문화국제연토회(河洛文化國際硏討會), 중국가치학회, 중국 인민대학교 철학연구소에서 총 네 번 발표되었다. 발표를 주선해 준 북경대학교 철학계 청롄(程錬) 교수와 인민대학교 철학계 린지엔(林堅) 교수에게 감사를 드린다. 그리고 두 번째와 세 번째 학회에 자신의 발표를 위해 동행했던 안양대학교 교양대학 중국철학 담당 손흥철 교수에게도 고마움을 표하고 싶다. 발표 제목은 상황에 맞게 변경하였으며, 변경할 때마다 논문을 수정 보완하였다. 2002년 10월 20일 북경대학교에서는 중국적 상황에 걸맞게 제목을 "A Symbolic Meaning of Complex Equality and Its Silk Road to the *Luo Shu*(복합평등의 상징적 의미와 낙서[洛書]에로의 비단길)"로 변경하여 발표하였다. 낙양 하락문화국제연토회에서는 2006년 4월 28일에 동일한 제목으로 발표하였다.37) "가치다원적 화계사회"를 주제로 열린 중국가치학회에서는 2006년 11월 4일 제목을 "Michael Walzer's Complex Equality: A Harmonious Equality Emerged from the Pluralistic Distributive Spheres(마이클 월저의 복합평등: 다원적 분배 영역들로부터 창출된 조화로운 평등)"로 변경하여 발표하였다. 학회의 주제에 부합하게 복합평등의 가치다원주의적 측면과 조화적 측면을 강조하여 발표하였다. 이 발표 논문은 문병주(文兵主) 주편(主編), 이용(李勇) 부주편(副主編), 『가치다원적 화계사회(價值多元的 和階社會)』(북경: 중국정법대학출판사, 2007)에 중국 정법대학 철학계 장려청(張麗淸) 교수에 의해 중국어로 번역되어 수록되었다. 화계사회는 조화로운 계층사회라는 뜻으로, 그 당시 중국의 지도자였던 후진타오 국가주석이 하나의 국시(國是)로서 내세웠던 것이다. 인민대학교 강좌 윤리학 논단(論壇)에서는 "The Philosophical Origins of Complex Equality"라는 변경된 제목으로 2011년 6월 20일 발표하였다. 이 논문은 같은 제목으로 우리나라에서 *Philosophy and Culture*, Vol. 4, *Practical Philosophy*(Seoul: Seoul National University Press, 2008)에 수록되었다.

중국에서의 네 번의 발표는 모두 큰 호평을 받았다. 그럴 수밖에 없는 것이, 현대 정의론에서 가장 고차적인 이론 중의 하나인 월저의 복합평등론이 중국의 마방진인 낙서(洛書)로까지 소급됨을 밝히고, 오늘날까지 모호하게 남아 있던 낙서의 분배정의적 함축성을 명백히 밝힌 것은 중국의 학자들과 청중들에게 큰 호소력을 가질 수 있었기 때문이다. 또한 저자의 발표 논문은 과거로만 소급되는 것이 아니라 복합평등론과 낙서가 가진 현대 과학의 여러 최첨단 이론들(우주의 균일성과 등방성 원리, 복잡계 이론, 카오스, 창발)과의 연계성을 밝힘으로써 더욱 큰 호소력을 가질 수 있었기 때문이다.

이 책은 월저 교수의 사회사상을 통해서 인간세계와 우주를 관통하는 궁극적 원리 속에 숨겨져 있는 '의미의 보편적 추구(the universal search for meaning)'를 지향하여 철학적 깨달음을 얻으려는 거창한 시도이다.38) 이 시도가 과연 성공했는지는 동료 철학자들과 일반 독자들의 판단에 맡긴다. 저자는 월저 교수의 복합평등이 일종의 '신들이 숨겨 놓은 인간세상과 우주의 설계도'가 아닌가 생각한다. 진작 나왔어야 할 이 책이 이제야 나온 것은 저자의 게으름과 천학비재 때문이라고 아니 할 수 없다. 이 책은 방대한 책도, 모두 새롭게 쓴 책도 아니지만, 모든 논문들을 하나하나 정성을 다해서 썼고, 특히 부록의 영어 논문과 제4장 "복합평등의 철학적 기원"은 저자가 십 수 년 이상 공을 들여 재고하고 또 재고하여, 퇴고하고 또 퇴고하여, 각고면려(刻苦勉勵)를 다해 주도면밀(周到綿密)하게 쓴 절차탁마(切磋琢磨), 대기만성(大器晚成)이라고 감히 말하고 싶다.

월저 교수가 꿈꾸는 다원적인 복합평등 사회에서 우리의 삶은 어떠한 모습일까? 비록 그 사회는 모든 사람의 행복과 불행이 공동체 전체에 의해서 공유되는 정도까지는 아니지만, 기본적으로 우리의 행복과 불행은 여러 종류와 방식으로 존재한다는 다원주의적 인식에 따른 상호 존중과 자존감이 풍만한 사회가 될 것이다. 상호 존중과 공유된 자존감은 복합평등의 심층적 원동력이다. 이러한 가치들은 다시 복합평등을 지속 가능케 하는 원천이 될 것이다. 복합평등은 하나의 도덕적 결속이다. 그것은 강자와 약자, 운이 좋은 사람과 불운한 사람, 부자와 빈자를 결합하여 모든 이익의 차이를 초월하는 연합을 창출할 것이다. 따라서 복합평등은 삶의 승리에 대해서 겸손하게 할 뿐만 아니라 삶의 실패에 대해서도 위안을 줄 것이다. 복합평등은 자만과 계급적 특권의식을 감소시킬 뿐만 아니라 자기비하와 모멸감, 그리고 압제적 명령과 그에 따른 맹종도 사라지게 할 것이다. 따라서 복합평등은 절대적 불평등만이 아니라 상대적 박탈감도 아울러 감소시킬 것이다.39)

월저 교수가 추구하는 이러한 다원적인 복합평등 사회가 우리 한국사회에서 진정으로 실현된다면, 우리 한국사회의 평등지수와 행복지수를 높이는 데 커다란 기여를 할 것으로 기대해 본다.

청송관 연구실에서

제 1 장

마이클 월저의 공동체주의

1. 학문적 이력과 사상적 편력

마이클 월저(Michael Walzer)의 공동체주의 사상은 1980년 초반 이후 영미 윤리학 및 정치철학의 주요 쟁점으로 부각된 '자유주의 대 공동체주의 논쟁'의 맥락 속에서 등장한다. 월저는 매킨타이어(Alasdair MacIntyre), 테일러(Charles Taylor), 샌델(Michael Sandel), 바버 (Benjamin Barber), 웅거(Roberto Unger), 에치오니(Amitai Etzioni), 벨라(Robert Bellah) 등과 함께 공동체주의자로 분류된다. 그러나 다른 공동체주의자와는 달리 그는 자유주의를 전면적으로 거부하지는 않는다. 물론 그도 자유주의의 방법론적 기초인 개인주의, 도덕적 보편주의, 권리준거적 의무론, 가치중립성을 거부하지만, 자유주의의 전통적 이념인 자유와 평등이 공동체주의적 가치론과 분배정의론을 통해서 진정으로 실현될 수 있다고 주장하는 점에서 자유주의에 친화적이다.[1]

월저는 매킨타이어, 테일러, 샌델과 함께 공동체주의의 4대 사상가

중 한 사람으로 널리 인정되고 있다. 그의 간단한 학문적 이력을 알아 보도록 하자. 월저의 학문적 행로는 어떤 의미에서 미국 동부 좌파 유대 지식인의 한 전형이라고 볼 수 있다. 월저는 프린스턴대학교와 하버드대학교 교수를 역임한 뒤 1980년 이후 현재까지 미국 뉴저지주 프린스턴시 소재 고등학술연구소(Institute for Advanced Study) 사회과학부 종신 석좌교수로 재직하고 있다. 그리고 사회민주주의적 좌파 정치평론지인 『디센트(*Dissent*)』지의 공동 편집인과 기고인과 아울러 신자유주의적인 경향을 깔면서 친이스라엘적인 태도를 견지하고 있는 시사평론지 『뉴 리퍼블릭(*The New Republic*)』지의 편집인과 기고인도 맡고 있다.2) 그는 1950년대 중반부터 『디센트』지와 『뉴 리퍼블릭』지에 많은 정치평론을 써 오고 있고 지금도 쓰고 있다. 그의 정치사상은 이러한 현실적 정치현장과 밀접하게 연관된 정치비평에 근거해서 이룩된 것이다.3) 이러한 일련의 비평을 통해서 그는 윤리학에 근거한 현실적 정치학의 부활과 정치적 도덕적 삶에서 다원주의적 접근방식의 부활에 큰 일조를 한다. 그는 정치이론과 도덕철학에 관한 다양한 주제를 다루어 왔다. 즉, 정치적 의무, 급진주의, 정의로운 전쟁론, 민족주의와 국가론, 국제관계, 경제정의론과 사회민주주의적 복지국가, 그리고 자유주의와 공동체주의, 해석과 사회비판 등이 그것들이다. 그는 최근에는 최소한의 보편적 도덕규범의 수립 문제, 그리고 다문화적 세계에서 국가의 지위와 관용의 문제를 다루는 '차이의 정치'에 관심을 집중하고 있다.4) 이렇게 월저는 1956년 이후 수많은 평론과 논문과 저서를 통해 비록 아주 체계적이지는 않지만 느슨하게나마 사상적 단편들을 어우르는 포괄적인 사유 구조를 이룩한다. 월저 사상의 이러한 다양성과 포괄성을 볼 때, 그가 자유주의자로, 공동체주의자로, 공동체주의적 자유주의자로, 자유주의적 공동체주의자로, 사회민주주의자로, 민주사회주의자로, 그리고 '원리적 급진주의자'로, '재구성 불가능한 민주주의자'로

48

다양하게 명명된 것은 당연한 일일 것이다.5)

월저가 자유주의에 대한 공동체주의의 비판의 조류 속에서 커다란 주목을 받기 시작한 것은 그의 대작 『정의의 영역들: 다원주의와 평등의 옹호』(1983)가 출간된 이후이다.6) 우리는 『정의의 영역들』을 중심으로 해서 월저의 공동체주의 사상을 둘러싼 철학적 쟁점들을 파악하고, 그것들을 비판적으로 평가해 보려고 한다.

2. 공동체주의적 방법론: 가치의 사회적 의미와 그 공동 이해

월저는 자신의 정의관을 피력하고 있는 『정의의 영역들』에서 자유주의를 비판하고 공동체주의의 주요한 측면을 수용한다. 그는 정의관을 구축함에 있어서 개인들의 이익 혹은 권리 개념에 호소하는 자유주의의 방법론적 개체주의와 권리 준거성을 거부한다.7) 그리고 정당성을 구체적 선과 가치에 우선시키는 의무론적 자유주의와 시민이 향유하는 선과 가치에 대한 자유주의 국가의 반완전주의적 중립성도 거부한다. 또한 그는 모든 사회와 제도의 정의 여부를 평가하기 위한 보편적 정의 원칙을 수립하려는 자유주의적 보편주의도 비판한다. 월저의 견해에 따르면, "공동체 자체가 분배해야 할 가장 중요한 가치"이다.8) 따라서 공동체 사회의 구성원 자격, 특히 민주시민의 자격은 기본적 가치가 된다. 왜냐하면 공동체 자체와 그 구성원 자격은 사회적 가치에 대한 우리의 민주적 이해를 형성하고, 우리가 특수하고도 구체적인 정의관을 갖게 되는 출발점이기 때문이다.9) 월저는 소위 보편적이고도 영원한 진리를 발견하기 위해서 공동체와의 모든 유대를 끊고 자신이 속한 "동굴을 걸어 나와서 … 산 위에 올라가" 고민하는 유형의 철학적 추론에 대해서 반대한다.10) 이러한 철학적 추상성을 시민들의 현실적이고 구체적인 합의보다 우선시키는 것은 비민주적인 것으로 민주시민들의 의견을 진지하게 경청하고 고려하지 못하게 만든다.11) 또한 이러한 추상성은 구체적으로 적용될 수 있는 현실성도 결여하고 있다. 우리에게 필요한 것은 보편적이고도 영원한 진리로서의 정의가 아니라 "지금 여기서의 정의"이다.12)

월저는, 진정한 공동체는 정의의 원칙에 의해서 규제될 필요가 없고 정의의 강조는 공동체와 양립 가능하지 않다는 다른 공동체주의자들(특히 매킨타이어와 샌델 등)과 달리, 정의의 가치와 공동체는 완전히 양립 가능할 뿐만 아니라 상호 보완적이라고 주장한다. 그리고 정의의 실현은 자유와 평등의 제도화로 이루어진다는 자유주의 정의론의 선구자인 롤스의 견해에 대해서도 동조한다.13) 그러나 각자가 자신의 특수한 가치관과 사회적 위치를 모르는 무지의 장막 아래서 선택할 수밖에 없는 원초적 입장에서 도출된 정의 원칙을 보편적 원칙으로 정당화하려는 롤스의 도덕철학적 방법론을 거부한다.14) 따라서 월저는 정의 원칙 도출의 방법론과 분배 대상에 관한 가치론을 다원적이고도 특수적인 관점에서 제시한다. 즉, "정의 원칙들 자체는 그 형식에서 다원적이다. 상이한 사회적 선 혹은 가치(social goods)는 상이한 이유에 따라서, 상이한 절차에 따라서, 그리고 상이한 주체에 의해서 분배되어야 한다. 이러한 차이는 사회적 가치 자체에 대한 상이한 이해로부터 유래한다. 이러한 상이한 이해는 역사적이고 문화적인 특수성의 필연적 산물이다."15) 이러한 월저의 주장은 분배적 정의 원칙들이 '선-특수적(good-specific)'이고 '문화-특수적(culture-specific)'이어야 한다는 것으로 해석된다.16) 사회적 가치들의 정의로운 분배는 사회구성원들이 그러한 가치들의 '사회적 의미'에 대해서 가지고 있는 공유된 '사회적 이해'에 달려 있다.17) 따라서 "정의는 사회적 의미에 상대적이다."18) 분배적 정의의 원칙은 가치에 대한 사회적 의미의 문화 의존성에 충실해야 한다. "분배의 기준과 방식은 가치 그 자체가 아니라 사회적 가치에 내재해 있다. 그 가치가 어떤 것이고, 그것이 사람들에게 어떠한 의미를 갖는 것인지를 이해한다면 그것이 어떻게, 누구에 의해서, 어떤 이유에 따라서 분배되어야 하는가를 이해할 수 있게 된다. 모든 분배는 가치의 사회적 의미에 상응하여 정의 여부가 결정된다."19)

월저는 이러한 자신의 공동체주의적 방법론과 가치론을 다음 6단계로 요약하고 실질적 정의론인 복합평등론으로 나아갈 길을 마련한다.20) (1) 분배적 정의와 관련된 모든 가치들은 사회적 가치들이다. (2) 사람들은 사회적 가치들을 이해하고, 창출하고, 소유하고, 사용하는 바로 그 방식을 통해서 자신들의 구체적 정체성을 갖는다. (3) 모든 도덕적 물질적 세계를 망라해서 생각할 수 있는 기본적 가치의 목록은 없다. (4) 가치들의 사회적 이동, 즉 어떤 가치가 분배되는 방식 혹은 한 가치가 다른 가치를 통해서 획득되는 것이 허용되거나 거부되는 것은 그 가치들의 의미에 달려 있다. (5) 가치의 사회적 의미는 그 특성상 역사적이다. 따라서 분배 방식의 정의 여부도 시간에 따라 변화한다. (6) 가치의 사회적 의미가 뚜렷이 구별될 때, 분배는 각 영역에서 독립적이고 자율적이어야 한다. 즉, "각각의 사회적 가치 혹은 일련의 가치는 오직 어떤 분배적 기준 혹은 방식만이 적합한 분배 영역(distributive sphere)을 구성한다."21) 이러한 각각의 분배 영역은 그 고유한 분배 기준만이 적용되어야 하므로 다른 영역과 그 분배 기준에 영향을 받아서는 안 된다.

월저는 이러한 가치론, 특히 가치의 사회적 의미와 분배 영역의 상대적 자율성이야말로 사회정의를 위한 '합당성의 원칙'이고, '비판적 원칙'이며, 또한 근본적인 사회비판을 위한 '급진적 원칙'이라고 역설한다.22) 왜냐하면, 가치의 사회적 의미가 훼손되고, 독립적이고 자율적인 영역들이 타 영역에 의해서 침해되고, 분배 기준들이 위배될 때, 사회적 부정의는 인식되고 비판될 수 있기 때문이다.23) 월저의 이러한 공동체주의적 방법론과 가치론은 분배 영역의 상대적 자율성을 사회제도를 통해서 구현하는 실질적 정의론인 복합평등론으로 귀결된다. 월저는 비록 보편적이고 추상적인 정의의 기준은 없지만, 특수하고 구체적인 사회와 공동체의 정의 여부를 평가할 수 있는 실질적 기준은 있다고 생각한다. 그러한 실질적 기준이 바로 그의 철학적 성가를 높이고 있는 복합평등론이다.

3. 실질적 정의론: 사회민주주의적 복합평등론

상이한 가치를 상이한 이유에 따라서 분배하고, 분배되는 가치들의 사회적 의미가 독특하게 구별될 때, 정의로운 분배는 사회적 가치들과 그 고유한 분배 기준이 적용되는 분배 영역의 자율성을 보장하는 것이다. 가령 성직은 성직자의 부가 아니라 종교적 지식과 신앙적 경건성에 의해서 할당되어야 한다는 것은 성직 매매를 거부하는 중대한 이유가 된다.24) 따라서 의미가 서로 구별되는 두 개의 영역에서 가치들이 서로 교환되는 일이 발생한다면 이는 그러한 가치들의 사회적 의미를 훼손하는 일이 되므로, 별개의 영역에서의 가치의 상호 교환을 방지하는 것이 중요하다. 자본주의 사회의 가장 중대한 문제는 돈의 불평등한 분배만이 아니라 돈을 소유하고 있는 사람에게 모든 것이 집중되어 다른 가치들을 지배하게 된다는 것이다. 이러한 부정의의 해결은 어떻게 '복합평등(complex equality)'을 실현할 수 있느냐에 달려 있다.25) 복합평등의 개념을 이해하기 위해서는 우선 어떤 가치를 다른 사람이 차지하지 못하도록 대부분을 소유하는 '독점(monopoly)'과 어떤 영역의 가치가 다른 영역의 가치를 잠식하는 '지배(dominance)'의 구분이 필요하다.26) 월저는 독점의 문제보다 지배의 문제에 주안점을 두고, 지배적인 가치가 다른 가치들과 교환되는 것을 방지하는 복합평등을 추구한다.

즉, 어떤 지배적 가치가 다른 영역의 가치를 침해하는 교환을 봉쇄함으로써 독점의 심각성을 약화시키겠다는 것이 그 요점이다.27)

이러한 복합평등은 엄밀한 평등주의와 자유지상주의의 딜레마를 피해 가려는 그의 원대한 목표에 달려 있다. 공산주의 등 엄밀한 평등주의는 한 사회의 지배적 가치에 대한 '단순평등(simple equality)'을 추구하는데, 결과적으로 지배적 가치의 획일화가 이루어진다. 단순평등은 어느 한 사회의 독점적인 가치를 보다 평등하게 분배하도록 하여 지배를 막는 것이다. 그러나 이러한 단순평등을 계속적으로 유지하기 위해서는 국가의 강력한 개입이 필요하게 되므로 관료주의적인 정치적 권력이 새로운 지배적 가치가 되어 또다시 투쟁의 대상이 되는 현상이 발생하게 된다.28) 그러나 반면에 최소국가를 주장하는 노직(Robert Nozick)식의 자유지상주의는 모든 것을 시장에서의 자발적이고 자유로운 거래에 내맡김으로써 돈의 지배를 허용하여 불평등을 심화시키게 된다.29)

월저의 복합평등론은 상이한 사회적 가치들이 단일한 방식에 의해서가 아니라 그러한 사회적 가치들의 다양성과 그것들에 부착되어 있는 의미들을 반영하는 다양한 영역적 기준들에 의해서 분배되도록 요구한다.30) "어떤 사회적 가치 X도, 어떤 사람들이 다른 사회적 가치 Y를 소유했다는 이유 때문에 X의 사회적 의미와는 아무런 연관 없이, Y를 소유한 사람들에게 분배되어서는 안 된다." 월저는 11가지의 분배 영역을 제시하고 있다. 즉, 공동체 구성원의 자격, 안전과 복지, 돈과 상품, 공직, 힘든 노동, 자유시간, 교육, 친족관계와 사랑, 신의 은총, 사회적 인정, 그리고 정치적 권력이 그것들이다. 이러한 각 영역들의 분배 기준을 간략히 요약하면, 공동체 구성원의 자격은 기본적으로 공동체 구성원들의 합의에 의해서, 안전과 복지는 필요에 의해서, 공직은 공적에 의해서, 돈과 상품은 자유교환에 의해서, 힘든 노동은 엄격한 평등에 의해서, 자유시간은 자유로운 선택과 필요에 의해서, 기본교육은 엄격한 평등에 의하고 고등교육은 시장과 공적에 의해서, 친족관계와 사랑은 이타주의와 상호적 애정에 의해서, 신의 은총은 자유로운 종교적 추구와 헌신에 의해서, 사회적 인정은 자유롭고 자발적인 상호 인정의 교환에 의해서, 정치적 권력은 민주주의적 설득력과 시민의 지지에 의해서 분배되어야 한다는 것이다.

복합평등 사회는 상이한 가치들이 독점적으로 소유될 수 있지만, 특정한 가치가 다른 가치로 '전환'되지 않는 사회이다. 각 분배 영역 안에서는 어느 정도의 독점이 있어 '많은 조그마한 불평등'이 용인되기는 하지만 그것이 영역 간의 전환 과정을 통해서 '지배'로 확장되지 않는다.31) 또한 각 분배 영역에 내재하는 고유한 원리를 무시하는 정치적 권력의 행사인 '전제(tyranny)'도 사라지게 된다.32) 우호적으로 해석하면, 복합평등은 절대적 불평등을 감소시킬 뿐만 아니라 상대적 박탈감을 완화시킬 수 있다. 또한 그것은 거대국가의 개입과 최소국가의 방임 사이의 딜레마를 피해 갈 수 있는 중요한 현실적 책략이 된다. 즉, 우리는 거대국가에서 향유할 수 없었던 자유와 최소국가에서 달성할 수 없었던 평등을 동시에 실현시키며 조화시킬 수 있게 된다.33)

월저의 실질적 정의론인 복합평등론은 평등주의적이고도 민주주의적인 가치들에 대한 헌신을 반영한다. 이러한 복합평등론은 월저 자신도 인정하고 있듯이 자유주의 전통을 더 급진화한 것이다. 즉, 교회와 국가, 정치와 경제, 그리고 사적 영역과 공적 영역의 구분은 근대 자유주의의 공헌이며 유산이다.34) 월저는 이러한 복합평등론을 다양한 역사적 인류학적 사례를 통해서 예증하면서, 현재 미국 사회를 다양한 관점에서 비판하고 있다. 『정의의 영역들』이 거의 끝날 즈음, 월저는 복합평등론을 실현시킬 수 있는 사회체제에 대해서 다음과 같이 요약한다.35)

"나는 우리 사회의 적절한 사회적 구성방식이 탈중앙화된 민주적 사회주의라고 생각한다. 적어도 부분적으로는 지역 아마추어 관리들에 의해서 경영되는 강한 복지국가, 제한된 시장, 개방되고 계몽된 시민적 서비스, 독립적인 공립학교들, 근면과 여가의 공유, 종교적 가족적 삶의 보호, 사회적 직위와 계층의 고려로부터 독립한 공공적 명예와 불명예의 체제, 회사와 공장의 노동자 통제, 복수정당, 사회운동, 회합, 그리고 공공적 토론의 정치."

월저에 의하면, 모든 국가 혹은 정치 공동체는 원리적으로 복지국가이어야만 한다.36) 그런데 그는 자본주의적 복지국가에서 머무르지 않고 사회민주주의적인 복지국가를 지향한다.37) 이상의 논의를 통해서, 우리는 월저의 정의관을 사회민주주의를 위한 평등주의적인 다원론적 정의관이라고 요약할 수 있다.38) 월저의 이러한 실질적 정의론은 민중민주주의, 참여민주주의, 사회민주주의의 요소를 골고루 포함하면서 사회개혁의 실현 가능성을 믿는 혁신자유주의(reform liberalism)를 견지하고 있다.39)

4. 월저의 공동체주의 정의론: 철학적 쟁점과 비판적 평가

1) 공동체주의적 방법론에 대한 비판: 동굴 속에서 거울 보기

월저의 공동체주의적 방법론과 복합평등론에 대해서는 많은 비판이 전개되고 있고, 월저는 그러한 비판에 대해서 응답을 하고 있으므로 그 논쟁의 전말을 따라가 보기로 하자. 월저에 대한 가장 큰 비판의 주류는 가치의 사회적 의미에 대한 공유된 이해에 기반하는 공동체주의적 방법론이 상대주의적이고 보수주의적인 입장을 함축한다는 것이다. 따라서 이러한 입장은 카스트 제도를 부정의한 것으로 비판하지 못하게 만든다는 것이다. 이러한 비판의 조류는 다음과 같이 세분된다. (1) 공동체의 구성원들이 그러한 사회적 의미를 공유하지 않을 경우가 많다. (2) 설령 그러한 사회적 의미가 존재할 경우에도, 월저의 해석은 '자의적이고 편향적'이다. (3) 특정한 사회에 의거한 사회적 의미는 비판적 원칙이나 급진적인 원칙으로 작용할 수 없다.40) 특히 드워킨은 사회정의의 실현은 우리의 비판을 통해서 달성되지, 현 사회의 단순한 반영인 거울로는 안 된다고 조롱한다. "정의는 우리의 비판이지 거울이 아니다." 또한 현 사회에서의 부정의를 비판하기 위해서는 공동체의 "동굴을 떠나서" 보편적인 관점에서 비판해야 한다는 것이다. 이제 월저는 "동굴 속에서 거울만 바라보는 음울한 철학자"가 된 셈이다.41)

또 다른 비판의 주류는 월저 자신도 암묵적으로 보편주의를 가정하고 있다는 것이다. 월저가 강조하는 민주주의 시민의 자격과 타자의 의견 존중과 같은 가치는 그의 상대주의와 양립 가능하지 않다.42) 그리고 복합평등 개념 자체도 적어도 카스트 제도가 존재하지 않는 서구의 근대 자유주의 이후의 분화된 사회를 평가하는 보편적 기준이라고 생각될 수 있다.43) 이러한 관점에서 월저의 입장은 '상황적 보편주의'라고 명명되기도 한다.44)

이러한 두 가지 비판의 조류는 하나로 합쳐져서, 월저의 공동체주의적 방법론과 그의 실질적인 사회민주주의적 관점 사이의 비정합성을 지적하는 것으로 나타난다.45) 예를 들면 의료 혜택이 전적으로 필요에 근거해야 한다는 주장, 노동자 자주관리제도와 같은 주장, 시장에 대한 광범위한 제약을 포함하는 교환과 사용의 봉쇄에 관한 주장들은 현재 미국의 상황에 대한 급진적인 사회민주주의적 비판이 되는데, 이것은 현재 미국의 상황으로 볼 때 결코 의료와 노동과 시장에 대한 공유된 이해에 근거하고 있지 않으므로 자의적이고 편향적이 된다.46) 다른 한편으로, 공직은 그 사회적 의미로 보아 지식과 재능과 공적에 근거하고 있으므로 인종이나 성차에 근거하는 역차별 정책이나 할당 제도는 개인의 권리를 침해한다는 월저의 입장은 자유주의적 평등주의자들과 사회민주주의자들에게도 호응을 얻기 어려운 보수주의적인 것으로 보인다.47) 따라서 사회적 가치의 의미가 그것의 정당한 분배 기준을 결정한다는 월저의 주장은 의문시된다. 분배 기준이 사회적 가치의 의미에 내재해 있다는 월저의 주장은 사랑과 신의 은총 같은 본질적 가치들의 경우에는 자유로운 교환과 종교적 헌신과 같은 분배 기준을 직접적으로 도출할 수 있으나, 다른 사회적 가치인 의료, 교육, 공직, 노동, 시장과 같은 경우에는 그러한 직접적인 도출은 불가능하다.48) 킴리카는 사회적으로 많은 논란과 갈등을 함축하고 있는 가치들의 경우에는, 그러한 상충하는 의미를 평가하기 위해서 지도적 원리로서 일반적이고 보편적인 정의의 개념이 필요하다고 주장한다. 비록 월저처럼 우리가 지역적이고 특수적인 의미로부터 출발하더라도, 그러한 갈등의 존재와 비판적 숙고에의 요구는 우리를 더 일반적이고 덜 지역적인 관점으로 나아가게 한다는 것이다.49)

이러한 월저의 공동체주의적 방법론과 실질적 결론 사이의 비정합성에 대한 비판은 철학적 방법론의 정교한 난제로 재구성된다. 즉, '해석학적 순환'의 문제와 '단순 공동체주의자의 딜레마'가 그것이다. 사회적 의미에 대한 상충된 해석들이 존재할 경우, 이데올로기적 허위의식을 배제하고 진정한 해석만을 추려 내서 평가하는 기준은 '해석학적 순환(the hermeneutical circle)'을 피할 수 없다. 다양한 해석들은 오직 총체적인 해석틀 안에서만 의미를 갖고 평가될 수 있다. 하지만 그러한 총체적인 해석틀은 다시 다양한 해석들에 의거하지 않고서는 산출될 수 없다.50) '단순 공동체주의자의 딜레마(the simple communitarian dilemma)'는 만약 가치에 대한 사회적 의미가 현재 공동체가 가지고 있는 분배적 관행과 제도에 의거하고 있다면, 그러한 사회적 의미는 보수적인 것으로 비판적 원칙으로 작동할 수 없다. 만약 가치에 대한 사회적 의미가 공동체의 현재 관행과 제도에 의거하지 않고 그러한 의미를 통해서 현재 관행과 제도를 비판할 수 있다면, 그러한 가치가 옳다는 것을 공동체주의적 가치론에 의해서 어떻게 알 수 있는가?51)

2) 복합평등론에 대한 비판: 비현실성과 불평등의 존속

상이한 가치들이 상이한 이유에 따라서 분배되어야 한다는 생각, 그리고 서로 구별되는 의미를 갖는 가치들 사이의 전환을 방지해야 한다는 생각은 굉장한 설득력을 가지고 있는 것이 사실이다. 월저의 다원주의적 복합평등론은 일견 현대사회에는 보편적 가치에 대한 합의가 없기 때문에 각 분배 영역에서 각 개인이 자신의 자원을 가지고 무엇을 할 것인가를 최대한 허용하는 자유주의적인 중립적 다원론인 것처럼 보인다. 그러나 상이한 가치들 사이의 전환에 대한 금지는 각 개인이 자신의 자원을 시장 속에서 자유롭게 운영할 수 있는 자유를 침해하고, 성인들 사이의 자발적인 동의에 따른 거래도 금지하므로, 궁극적으로는 시장의 효율성을 감소시킨다.52) 월저는 11가지의 분배 영역을 제시하고 있는데, 그것이 분배 영역에 관한 결정적이고 완벽한 목록이라는 것을 믿을 만한 근거는 없다.53)

그리고 복합평등을 실현하기 위해서는 단순평등의 유지 못지않은 국가의 간섭과 개입이 필요하다는 것을 월저는 자각하지 못하고 있다.54) 지배의 문제는 결코 독점의 문제를 해결하지 않고서는 원천적으로 처리될 수 없다. 지배하려는 것은 결국 독점이 가능하기 때문이며, 독점을 허용하면서 지배를 못하게 하는 것은 많은 사회적 비용이 많이 드는 어려운 일이다. 따라서 월저는 단순평등과 복합평등을 구분하기 위해서 현대 평등주의를 지나치게 희화화한 감이 있다. 그가 생각하는 것처럼, 최소 수혜자의 기대치를 최대로 하라는 롤스의 차등의 원칙은 결코 복지에 관한 단순평등의 원칙은 아니다.[55] 그것은 정치적 영역에 적용되는 최대의 평등한 자유의 원칙과 사회적 직책과 직위에 관련된 실질적 기회균등의 원칙과 함께 작용하는 다원적 원칙들의 일환인 것이다. 롤스의 사회적 기본가치들의 목록은 이러한 다원적 영역들을 반영하고 있으며, 차등의 원칙은 돈의 지배에 대한 가장 효과적인 방지책이다.[56]

복합평등론 자체도 충분히 평등주의적이지 못하다는 비판도 제기된다. 즉, 복합평등론은 사회적 가치의 지배와 전환의 방지에 주안점을 두기 때문에 그것의 독점은 방치하고 있는 셈이다. 그러한 독점이 '많은 작은 불평등'이 된다는 보장은 결코 없다.[57] 가치의 전환이 금지되므로 어떤 한 영역에서의 불평등이 더욱 심화될 가능성이 있다. 또한 어떤 가치의 독점이 다른 영역의 가치를 지배하지 않더라도, 그러한 가치의 독점 자체도 부정의한 것으로 비난받아야 한다.[58] 복합평등이 실현된 이후에도 여전히 불평등은 심화될 수 있다. 이제 돈으로 정치적 권력을 살 수는 없지만, 정치적 설득력은 교육적 혜택으로부터 나오고, 그 교육적 혜택은 가족의 경제적 배경으로부터 나온다는 것은 여전한 사실이다. 또한 정치선거에서 후보자들은 경제적 능력을 통해 직접적으로 투표자들을 매수할 수는 없더라도, TV 광고 시간의 구매를 통해 간접적으로 선거에 커다란 영향을 미칠 수 있다.[59] 더 나아가서 복합평등의 실현은 모든 분배 영역에서의 실패자들의 집단이 존재한다는 사실과 병존할 수 있다. 미국에서 집 없이 떠도는 부랑자들은 단적으로 그러한 예이다.[60]

3) 월저의 응답: 근본적 사회비판과 다원적 평등사회의 가능성

월저는 최근의 두 저작 『해석과 사회비판』과 『비판가 집단』에서 해석적 사회비판은 상대주의나 보수주의를 함축할 필요가 없다고 응수한다. 그는 일단 자유주의적 보편주의자들의 비판에 조금은 양보한다. 도덕성은 '최소한의 보편적 도덕률(the minimal and universal moral code)'을 갖는다는 것이다.61) 그러나 이러한 최소한의 규범 이상 구체적이고 특수한 기준은 결코 동굴을 벗어날 수 없다. 무비판적인 사람들은 거울 속에서 자기들이 원하는 것만을 보려고 하나, 비평가들은 그 나머지를 보고 지적해 준다. 동굴 속에서 거울을 보는 것이 결코 상대주의와 보수주의를 함축하지 않는다.62) 사회비판은 공동체의 문화와 역사에 '내재적인' 혹은 '연관된' 비판이어야지, 그 문화와 역사와 아주 동떨어진 외래적이고 보편적인 관점에서 나와서는 안 된다. 이러한 주장의 배경에는 다음 두 가지 관점이 보충해 주고 있다.63) 첫째, 어떠한 지배적인 이데올로기도 최종 승리자는 아니며, 새로운 이데올로기에 의해서 경질당하는 것처럼 역사는 순환한다. 따라서 기존의 이데올로기에 대한 분노와 반항을 대변하는 '이의(dissent)' 제기자가 항상 존재한다.64) 둘째, 정치이론은 사회적 의미의 해석이며, 그러한 해석을 통해서 근본적인 사회비판이 가능하다. 마르크스의 말대로 사회적 의미가 지배계급의 이데올로기라고 할지라도 거기에는 비판의 여지가 있다.65) 모든 지배계급은 통상적으로 자신들의 이익을 지키기 위해서 그 것이 보편적 이익이라고 위장하지 않으면 안 된다. 그러나 이러한 위장은 실제적으로 구현될 수 없는 보편성이므로, 사회비판가는 이러한 보편적 위장의 자기 전복적 요소와 모순을 적나라하게 밝혀내고, 또한 잠재적인 근본적인 사회적 의미들을 드러낼 수 있다.66) 그러나 이러한 월저의 주장에도 문제는 여전히 존재한다. 그렇다면 변호적 해석과 비판적 해석 등 다양한 상충하는 해석들 중 진정한 해석을 어떻게 가려낼 수 있는가? 이상적인 사회비판가는 결국 "억압받고, 착취당하고, 피폐화되고, 망각된" 사람들에게 충실하여, 그들의 역경을 "국민적 역사와 문화의 구조" 안에서 바라보고 그 해결책을 제시하는 사람들이다.67) 이러한 월저의 주장은 사회비판가들이 최소 수혜자의 기대치를 최대로 하라는 롤스의 차등의 원칙에 따라서 (그것이 문화내재적인 원칙이든지, 아니면 통문화적인 원칙이든지 간에) 사회비판을 행한다고 해석될 수 있다. 이러한 사회적 이해와 해석, 상대주의, 그리고 근본적 비판 가능성에 관련된 문제들은 롤스의 『정치적 자유주의』에서의 중첩적 합의론, 로티(Richard Rorty)의 연대성의 개념, 매킨타이어의 도덕적 전통에의 호소 등과 다양하게 얽히고 '현대철학의 해석학적 전환'과 맞물려서 일파만파로 번져 나가고 있으므로 추후 충실한 논의가 필요할 것이다.68)

월저는 복합평등의 근간이 되는 분배 영역은 하나의 메타포로서, 그것의 도식이나 규정적 범위를 제공할 수는 없으며, 자신의 11가지 영역도 결코 완벽하게 철저하고 총망라한 것은 아니라고 시인한다.69) 그리고 복합평등 사회의 실질적 모습은 최소한 모든 사람에게 민주시민으로서의 '신분의 평등(equality of status)'이 확보된 사회라는 것 이상으로 묘사하기가 어렵다는 것도 인정한다. 따라서 월저는 복합평등 사회의 부정적인 측면에 대해서 더 확신을 갖는다. 자본주의 사회에서의 승자의 계급적 특권의식과 패자의 자기모멸감이 감소될 것이 틀림없다는 것이다.70) 월저는 또한 단순평등과 복합평등 사이의 구별도 엄밀한 것이 아니라고 인정한다. 즉, 지배는 하나의 단일한 가치의 다중적 전환을 통해서만 형성되는 것이 아니고 대부분의 중요한 가치들의 독점적 소유에서도 발생한다는 것이다. 또한 월저는 복합적 평등을 유지하기 위해서는 각 분배 영역들 내부와 그 관계에서 국가의 더 큰 역할이 필요하다는 것도 인정한다. 또한 월저는 모든 영역에 걸친 성공자와 실패자의 집단이 존재할 가능성도 인정한다. 그러나 월저는 인류 역사와 일상적 삶을 통해 볼 때 개인의 자질과 능력은 모든 영역에 아주 근본적으로 분산되어 있다고 믿는 것이 더 타당할 것이라고 생각한다. 이렇게 월저는 복합평등의 실현 가능성은 충분히 실제적이라고 여전히 자신의 주장을 굽히지 않고 있다.71)

5. 결론: 다원적 평등사회에서의 삶과 그 실현의 과제

월저가 꿈꾸는 다원적인 복합평등 사회에서 우리의 삶은 어떠한 모습일까?72) 비록 그 사회는 "모든 사람의 행복과 불행이 공동체 전체에 의해서 공유"되는 정도까지는 아니지만,73) 기본적으로 우리의 행복과 불행은 여러 종류와 방식으로 존재한다는 다원주의적 인식에 따른 상호 존중과 자존감이 풍만한 사회가 될 것이다. "상호 존중과 공유된 자존감은 복합평등의 심층적 원동력이다. 이러한 가치들은 다시 복합평등을 지속 가능케 하는 원천이 될 것이다."74) 복합평등은 삶의 승리에 대해서 겸손하게 할 뿐만 아니라 삶의 실패에 대해서도 위안을 줄 것이다. 보에티우스는 『철학의 위안』에서 일찍이 복잡하게 착종된 운명의 양면을 갈파하고, "자기의 상태에 불만이 전혀 없을 정도로 그렇게 완전하게 행복한 사람은 하나도 없다"고 말한 바 있다.75) 복합평등은 자만과 계급적 특권의식을 감소시킬 뿐만 아니라 자기비하와 모멸감, 그리고 압제적 명령과 그에 따른 맹종도 사라지게 할 것이다.76) 그러나 복합평등 사회의 대가는 '중앙집권적 국가의 감시(surveillance of the central state)'가 아니라,77) 시민 모두가 분배 영역들이 침범당하지 않도록 지키고 상이한 가치들 사이의 전환을 봉쇄하기 위한 '영원한 감시(eternal vigilance)'의 눈초리를 번득이고78) 끊임없이 불만과 개선 가능성을 토로해야 하는 정치 '훈수꾼(kibitzer)'이 되어야 한다는 것이다.79) 아마도 복합평등 사회는 팔방미인도 없고, 굼벵이처럼 꿈틀하는 재주도 없는 지지리 못난 사람도 없는 그러한 사회일 것이다. 한국 사람들은 그러한 사회는 뻐기는 재미도 없고, 억울하면 출세해서 세도 부리는 재미도 없는 신명나지 않은 정체된 사회라고 생각할 것인가? 아마도 복합평등 사회에서는 사회계층적 상향 이동 욕구(upward mobility)가 그렇게 크지 않을 것이다. 모두들 자신의 영역에서 최선을 다하는 것으로 만족하고 살아갈 것이다. 이것은 "각자에게 자신의 몫을(to each his/her own, *suum cuique*)"이라는 고대로부터의 정의관의 기본 신조를 현대적으로 실현하는 한 가지 길이 될 것이다. 그러나 정말로 영역 간의 가치의 교환을 봉쇄당하고 사는 삶은 혹자가 조롱한 것처럼 '심리적 금욕주의자'에게나 가능한 것일까?80)

월저의 공동체주의적 복합평등론은 무한경쟁 속에서 승자독식 시장(winner-take-all market)의 지배를 당연시하는, 거역할 수 없는 거대한 물결인 신자유주의적 경향에 역행하는 초라한 반동주의적 몸짓에 불과한가? 아니면, 그것은 공동체의 사회적 분화와 가치의 파편화가 심화된 모던 혹은 포스트모던 시대에서 자유와 평등을 조화하여 사회정의를 실현할 수 있는 유일한 현실적 철학적 대안인가?81) 현대 복지국가는 효율성의 저하와 정부의 과도한 간섭 등 그 모든 문제점들을 극복하고 월저의 희망대로 자유와 평등과 정의가 서로 어우러지는 진정하고도 완전한 복지국가로 재가동될 수 있을 것인가?82)

우리 한국사회는 황금만능주의와 천민자본주의, 정경유착의 끊임없는 부패의 고리, 공직자의 이권 개입, 공과 사를 구분할 줄 모르는 사회 지도층의 각종 영향력 행사, 공공기관에 전문성이 없는 사람을 임명해서 내려 보내는 낙하산 인사, 문어발식 선단식 기업구조를 가진 재벌, 족벌 경영체제에 따른 소유와 경영의 미분리, 권력과 금력을 이용한 군복무 면제, '유전무죄 무전유죄'라고 빈정대는 사회적 냉소주의, 그리고 금수저와 흙수저로 패러디되는 사회계층에 대한 또 다른 냉소주의, 사회적 직책의 배분에서의 지연, 학연, 혈연이라는 뿌리 깊은 연고주의, 학벌 위주의 사회, 가족적 배경과 교육혜택의 독점 등으로 말미암아 각 방면에서의 사회적 분화가 진행되지 않아서 월저가 말하는 사회적 가치와 재화에 대한 독점과 지배와 전제가 횡행하는 전근대적인 사회의 모습을 아직도 많이 간직하고 있다. 우리의 과거도 전통적인 오복 (五福)의 개념에 대한 분석에서 알 수 있는 것처럼 "모든 좋은 것을 선별 없이 다 갖추어 대는 일종의 망라주의, 나열주의"가 지배적인 것이었다면,[83] 월저의 복합평등 개념은 우리의 과거와 현재의 반면교사가 될 것이다. 우리 사회가 아직 대학에서의 기여입학제를 수용하지 못하고 있는 것은 교육 분배 영역에 속하는 대학 입학은 가족의 경제적 기여나 사회적 기여에 의해서가 아니라 수험생 개개인의 성적과 재능에 따른 업적주의에 근거해야 한다는 월저의 복합평등주의적 신념이 자리 잡고 있기 때문일 것이다. 현 정권의 화두가 되어 있는 '민주주의와 시장경제의 병행 발전'이 꿈으로 끝나지 않으려면, 우리는 월저의 산업민주주의와 복합평등론에 주목해야 할 것이다.[84] 그러나 이러한 산업민주주의와 복합평등론이 시장경제의 효율성을 해치고 않고 그 목적을 달성할 수 있을 것인지는 앞으로의 중대한 과제가 될 것이다.[85] 이러한 과제의 해결은 쉽지 않을 것이다. 헌팅턴(S. Huntington)의 지적처럼 모든 정치에서 가장 어려운 과제는 '진정한 개혁'일 것이다.[86] 그러나 월저의 개혁이 성공할 수 없다면, 아마도 어떠한 개혁도 성공할 수 없을 것이다.[87]

월저의 사회사상은 자유주의적 보편주의 대 공동체주의적 특수주의, 철학하는 방법, 사회비판가의 임무, 자유와 평등의 의미, 분배적 정의, 복지국가의 실현, 관용사회의 실현 등과 관련된 풍부한 철학적 논쟁거리를 제공해 주고 있으므로, 그는 우리가 좀 더 관심을 기울여야 할 정치사상가요 철학자이다.[88] 그 실현 가능성 여부를 떠나서, 월저의 사회사상은 과거와 현재를 착종하는 다양한 역사적 인류학적 논의라는 타임머신을 통해 우리의 공동적 삶과 그 운명에 대한 철학적 회고와 미래 전망을 제공하고 있으므로 그 의미가 자못 크다고 하겠다.

제 2 장

공동체주의적 사회비판의 가능성:

마이클 월저의 논의를 중심으로

1. 서론: '자유주의 대 공동체주의 논쟁'에서 사회비판의 방법론적 쟁점

사회비판의 역사는 인류 사회의 시작과 맥락을 같이하지만, 소크라테스가 자신을 나른해진 거대한 마소를 자극하는 등에(gadfly)로 비유하면서 이데아론에 기반한 정의론을 통해 당시 그리스 사회를 비판했던 것은 그 결정적 단초였다. 사회비판의 면면한 역사에서, 자유주의의 전근대적 사회에 대한 비판, 공산주의의 자본주의 비판, 그리고 독일 비판이론의 현대사회 비판을 감안해 볼 때, 철학은 항상 중심적인 위치를 차지해 온 것이 사실이다. 이러한 철학의 유구한 사회비판 기능은 '자유주의 대 공동체주의 논쟁'에서 또다시 핵심적인 주제로 부각되고 있다.[1]

'자유주의 대 공동체주의 논쟁'은 1980년대 이후 서구사회에서 주도적인 위치를 차지해 왔던 자유주의적 사회제도와 관행의 부적합성과 그 이론적 한계에 대한 비판을 공동체주의가 제기함으로써 촉발되었다. 공동체주의가 비판의 표적으로 삼는 자유주의는 존 롤스(John Rawls), 로버트 노직(Robert Nozick), 로널드 드워킨(Ronald Dworkin), 데이비드 고티에(David Gauthier), 조지프 라즈(Joseph Laz), 윌 킴리카(Will Kymlicka) 등에 의해 발전된 새로운 유형의 자유주의이다. 그러한 새로운 유형의 자유주의는 롤스가 그의 『정의론』(1971)을 통해 주창한 권리준거적인 개인주의적 합의 혹은 협상에 기반한 보편주의적 자유주의이다. 따라서 자유주의자들은 도덕원칙이 보편적으로 적용될수 있다고 믿는다. 그들은 특정한 사회의 전통과 문화에서 추상된 보편적 관점이나 불편부당한 상황으로부터 도출된 도덕원칙을 통해서 한사회의 규범적 기준과 사회적 관행을 객관적으로 비판하고 평가할 수있다고 주장한다. 또한 도덕적 개인주의에 기반한 자유주의는 "인간속에는 그가 속한 사회에 전적으로 노예가 되지 않는 그 무엇이 있다'는 신념으로 개인의 전(前) 사회적 혹은 사회 이전(presocial)의 비판적 자율성을 강조하고 있다.2) 반면에 월저를 위시한 매킨타이어, 샌델, 테일러 등 공동체주의자들은 그러한 보편적인 도덕원칙과 추상적인 객관적 관점과 전(前) 사회적인 개인의 비판적 자율성이 존재한다는 것을 부인한다.3) 매킨타이어는 모든 도덕적 정치적 논의는 특정한 공동체의 전통 속에서 사회적 관행과 개인의 서사(敍事)적 질서를 배경으로 이루어지므로 보편적인 도덕적 관점이나 원칙은 없다고 설파한다. 인간의 정체성은 소속 공동체에 의해서 구성되므로 우리는 "적어도 소속 공동체의 근본적 구조들에 대해서는 비판을 면제해야만 한다"는 것이다.4) 그래서 공동체주의자 웅거(Roberto Unger)가 공동체주의는 기본적으로 '집단적 결속과 비판적 교육' 사이의 딜레마에 봉착하고 있음을 시인한 것도 우연이 아니다.5)

  마이클 월저의 사회사상이 자유주의에 대한 공동체주의의 비판의 조류 속에서 커다란 주목을 받기 시작한 것은 롤스의 『정의론』에 비견될 수 있는 그의 『정의의 영역들: 다원주의와 평등의 옹호』(1983)가 출간된 이후이다.6) 월저는 『정의의 영역들』에서 분배적 정의의 문제에 주목하고, 사회적 가치는 그것이 특정한 사회에서 가지는 공유된 사회적 의미에 가장 충실하게 분배되어야 한다고 주장한다. 따라서 정의의 원칙은 모든 사회적 가치들에 일률적으로 적용되는 것이 아니고, 그러한 사회적 가치들이 자리 잡고 있는 각 분배 영역에 타당한 다원적인 원칙들로 구성된다. 월저는 이러한 원칙들이 부정의에 대항할 사회비판의 원칙으로 작동할 수 있다고 역설한다.7)

그러나 도덕원칙의 보편성을 거부하는 공동체주의적 방법론의 가장 심각한 문제는 상대주의와 보수주의를 함축한다는 것이다. 상대주의와 보수주의가 문제가 되는 것은, 비록 공동체주의가 자유주의적 개인주의의 폐해를 보완하여 공동체의 통합을 달성하고 사회적 안정을 유지시킬 수 있는 유효한 철학임이 인정된다고 하더라도, 만약 공동체주의가 상대주의적이고 보수주의적이라면, 그것은 사회적 자기비판 능력을 결여하여 자기교정의 기회를 상실함으로써 공동체주의적 사회는 종국적으로 그 역동성을 쇠진하여 폐쇄적이고 정체된 사회로 전락하고 말 것이기 때문이다.8) 월저는 공동체주의자들 중에서 공동체주의가 가진 이러한 문제점을 철저히 인식하여 대응하고 있다. 월저는 최근 일련의 세 저작 『해석과 사회비판』(1987), 『비판가 집단』(1988), 『본격적 도덕과 기초적 도덕』(1994)과 후속 논문들을 통해서 공동체주의적 사회비판은 상대주의나 보수주의를 결코 함축하지 않는다고 응수한다. 그는 모든 정치이론은 가치와 정당성이 지닌 사회적 의미에 대한 해석이며, 그러한 해석을 통한 '내재적 비판(immanent criticism)'으로 근본적인 사회비판이 가능하다고 주장한다.9)

이렇게 월저에 의해서 제시된 공동체주의적 사회비판의 가능성 입론은 자유주의 대 공동체주의, 가치의 사회적 이해와 해석, 상대주의와 보편주의, 보수주의와 급진주의, 그리고 현대 정의론과 다원주의에 관련되고, 또 '현대철학의 해석학적 전환'과 맞물려서 크게 논란의 대상이 되고 있는 실정이다.10) 우리는 월저의 공동체주의적 사회비판 가능성 입론을 둘러싸고 전개된 '자유주의 대 공동체주의 논쟁'의 전말을 상대주의, 보수주의, 도덕적 불일치, 그리고 불평등이라는 네 가지의 논쟁점을 통해서 비판적으로 해명할 것이다. 이러한 해명을 통해서 한국사회에 대한 타산지석으로서 현대 서구 규범철학의 현재 성과와 향후 과제를 평가하고 적시할 것이다.

2. 월저의 정의론과 사회비판: 보편주의적 자유주의 정의론 비판

월저의 공동체주의 사상은 1980년 초반 이후 영미 윤리학 및 정치철학의 주요 쟁점으로 부각된 '자유주의 대 공동체주의 논쟁'의 맥락 속에서 등장한다.11) 흔히 월저는 매킨타이어, 샌델, 테일러, 바버, 웅거, 에치오니, 벨라 등과 함께 공동체주의자로 분류되지만, 다른 공동체주의자들과는 달리 자유주의를 전면적으로 거부하지는 않는다. 비록 그도 자유주의의 방법론적 기초인 개인주의, 도덕적 보편주의, 권리준거적 의무론, 가치중립성을 거부하지만, 자유주의의 전통적 이념인 자유와 평등이 사회적 가치들의 공유된 이해에 근거한 공동체주의 정의론을 통해서 진정으로 실현될 수 있다고 주장하는 점에서 자유주의에 친화적이다.12) 월저는, 진정한 공동체는 정의의 원칙에 의해서 규제될 필요가 없고 정의의 강조는 공동체와 양립 가능하지 않다는 샌델의 주장을 거부하고, 정의와 공동체는 양립 가능할 뿐만 아니라 상호 보완적이라고 생각한다.13)

더 나아가서 그는 "사회정의 없이는 공동체도 없고, 공동선도 없다"

라고까지 천명한다.14) 그리고 그는 정의의 실현이 자유와 평등의 제도화로 이루어진다는 자유주의 정의론의 선구자 롤스의 견해에도 동조한다.15) 그렇지만 월저의 정의론은 공동체의 역사성과 특수성, 그리고 분배의 대상이 되는 사회적 가치의 의미에 대한 공유된 이해에 근거하고 있으므로 기본적으로 공동체주의적이다. 그래서 각자가 자신의 특수한 가치관과 사회적 위치를 모르는 무지의 장막 아래서 선택하는 원초적 입장에서 도출된 정의 원칙을 공정한 보편적인 원칙으로 정당화하려는 롤스의 도덕철학적 방법론은 거부된다.16)

『정의의 영역들』에서 월저는 모든 사회와 제도의 정의 여부를 객관적으로 평가하기 위한 보편적인 정의 원칙을 수립하려는 롤스의『정의론』에서 개진된 자유주의적 보편주의를 비판한다. 이러한 보편적이고 추상적이고 철학적인 정의 원칙이 정의 문제에 대한 시민들의 현실적이고 구체적인 합의보다 우선하는 것은 비민주주의적일 뿐만 아니라, 구체적 상황에 적용될 수 있는 현실성도 결여되어 있다.17) 또한 월저는 분배적 정의 원칙이 규제하는 분배의 대상, 즉 사회적 기본가치들에 관련해서 롤스를 비판한다. 롤스는 사회적 기본가치란 "합리적 인간이 무엇을 원하든 상관없이 많이 가지기를 원하리라고 생각되는 것"으로 보고 "권리와 자유, 기회와 권한, 소득과 부, 자존감"을 예로 든다.18) 그러나 월저는 모든 도덕적 물질적 세계를 망라해서 생각할 수 있는 사회적 기본가치의 목록은 없다고 논파한다.19)

따라서 월저의 정의 원칙 도출의 방법론과 분배 대상의 가치론은 다원적이고도 특수적이다. 즉, "정의 원칙들 자체는 그 형식에서 다원적이다. 상이한 사회적 선 혹은 가치(social goods)는 상이한 이유에 따라서, 상이한 절차에 따라서, 그리고 상이한 주체에 의해서 분배되어야 한다. 이러한 차이는 사회적 가치 자체에 대한 상이한 이해로부터 유래한다. 이러한 상이한 이해는 역사적이고 문화적인 특수주의의 필연적 산물이다."20) 가치들의 정의로운 분배는 사회구성원들이 그러한 가치들의 '사회적 의미'에 대해서 가지고 있는 공유된 '사회적 이해'에 달려 있다.21) 따라서 "정의는 사회적 의미에 상대적이다."22) 다시 말하면, "분배의 기준과 방식은 가치 그 자체가 아니라 가치의 사회적 속성에 내재해 있다. 그 가치가 어떤 것이고, 그것이 사람들에게 어떠한 의미를 갖는 것인지를 이해한다면 그것이 어떻게, 누구에 의해서, 어떤 이유에 따라서 분배되어야 하는가를 이해할 수 있게 된다. 모든 분배는 가치의 사회적 의미에 상대적으로 정의 여부가 결정된다."23) 월저에 따르면, 모든 분배적 논변은 도덕적 관점에서 "단순히 공통된 의미에 호소하는 것"이다.24)

다원적이고 특수적인 사회적 가치론으로부터 가치의 사회적 의미가 뚜렷이 구별될 때 분배는 각 영역에 따라서 자율적이어야 한다는 명제가 도출된다. 즉, "각각의 사회적 가치 혹은 일련의 가치는 오직 어떤 분배적 기준 혹은 방식만이 적합한 분배 영역(distributive sphere)을 구성한다."25) 상이한 가치를 상이한 이유에 따라서 분배하고, 분배되는 가치들의 사회적 의미가 독특하게 구별될 때, 정의로운 분배는 사회적 가치들과 그 고유한 분배 기준이 적용되는 영역의 자율성을 보장하는 것이다. 이것이 바로 월저의 성가를 높이고 있는 복합평등론 혹은 다원평등론(complex equality theory)이다.26) 복합평등은 돈, 권력 등 지배적인 사회적 재화와 가치를 동일하게 나누려는 단순평등(simple equality)의 근시안성과 전체주의적 함축성을 경계한다. 그러한 단순평등을 유지하기 위해서는 국가의 개입이 필연적으로 요청되고, 따라서 관료주의적인 정치적 권력이 또다시 투쟁의 대상이 되는 상황이 발생된다.27) 복합평등을 이해하기 위해서는 어떤 사회적 가치나 재화의 대부분을 소유하는 '독점(monopoly)'과 어떤 영역의 가치가 다른 영역의 가치를 잠식하는 '지배(dominance)'의 구분이 중요하다.28) 월저는 독점의 문제보다 지배의 문제에 주안점을 두고, 돈과 권력 등 지배적인 가치가 다른 가치들과 교환되거나 전환되는 것을 방지하는 복합평등을 추구한다.29)

복합평등론은 상이한 사회적 가치들이 단일한 방식에 의해서가 아니라 그러한 사회적 가치들의 다양성과 그것들에 부착되어 있는 의미들을 반영하는 다원적 영역들의 기준들에 의해서 분배되도록 요구한다.30) 월저는 총 11가지의 분배 영역을 제시하고 있으며, 각 분배 영역은 분배 대상이 되는 가치에 대한 공유된 의미 이해에 의거한 '내재적 원칙(internal principle)'에 따라 분배가 결정되어야 한다고 주장한다.31) 예를 들면, 의료와 같은 복지는 필요에 의해서, 부는 자유교환에 의해서, 정치적 권력은 민주주의적 설득력과 시민의 지지에 의해서, 처벌과 명예는 공과에 의한 자발적 인정에 의해서, 교육은 기초적 교육이 제공된 이후에는 재능에 의해서 분배되어야 한다. 복합평등 사회는 상이한 가치들이 독점적으로 소유될 수 있지만, 특정한 가치가 다른 가치로 '전환(conversion)'되지 않는 사회이다. 각 분배 영역 안에서는 어느 정도의 독점이 있어 '많은 조그마한 불평등'이 용인되기는 하지만 그것이 영역 간의 전환 과정을 통해서 '지배'로 변환되지 않는다.32) 또한 각 분배 영역에 내재하는 고유한 원리를 무시하는 '전제(tyranny)'도 사라지게 된다.33) 이렇게 월저의 복합평등론은 평등주의적이고도 다원민주주의적인 가치들에 대한 헌신을 반영한다. 이러한 복합평등론은, 월저가 인정하듯이, 사적 영역과 공적 영역, 공권력의 승계와 가족, 국가와 시민사회, 정치와 경제, 교회와 국가 등을 구분한 근대 자유주의의 공헌과 유산을 수용하고 있다.34) 월저의 복합평등론은 자유주의의 이러한 전통을 보다 급진화하여 정의의 각 분배 영역의 자율성을 보장하는 탈중앙화되고 '분권화된 민주적 사회주의'로 발전된 것이다.35)

월저는 가치에 대한 공유된 사회적 의미와 그에 따른 분배 영역의 상대적 자율성을 보장하는 복합평등론이야말로 사회정의를 위한 '정당성의 원칙(a principle of legitimation)'이고 '비판적 원칙(a critical principle)'이며, 또한 근본적인 사회비판을 위한 '급진적 원칙(a radical principle)'이라고 역설한다.36) 왜냐하면, 가치의 사회적 의미가 훼손되고, 독립적이고 자율적인 영역들이 타 영역에 의해서 침해되고, 분배 기준들이 위배될 때, 사회적 부정의는 인식되고 비판될 수 있기 때문이다. "모든 사회적 가치들, 그리고 모든 개별 사회의 분배 영역에 대해서는 (논란의 여지가 있을지라도 대체로 알 수 있는) 기준들이 존재한다. 그러나 이 기준들은 권력 있는 자들에 의해 종종 침해되고, 가치들은 찬탈당하며, 영역들은 침범된다."37) 그래서 월저는 "충실한 영역 방어야말로 사회를 정의롭게 만드는 관건이다"라고 지적한다.38) 충실한 영역 방어는 가장 큰 부정의의 두 가지 사례인 자본의 지배(domination)와 정치적 권력의 전제(tyranny)를 방지하기 위한 교환과 사용의 봉쇄(blocked exchanges and uses)에 집중되어 있다.39) 월저의 복합평등론은 독단적이고 불공평한 지배나 전제가 영속화되거나 고착화되는 상황을 제어하는 하나의 기준점이 된다. 또한 영역 방어는 분배 영역의 자율성을 해치고, 한 영역의 가치가 다른 영역의 가치로 전환되는 비근한 사례인 면죄부, 친족등용주의, 정략결혼, 성매매, 뇌물, 성직 매매와 관직 매매 등을 배제한다.40)

월저는 가치의 공유된 사회적 의미와 분배 영역의 상대적 자율성을 모두 비판적 원칙과 기준으로 간주하지만, 사회적 의미 기준에서 분배적 영역의 자율성 기준이 필연적으로 도출된다고 생각한다.41) 그래서 오킨(Susan Okin)이 월저의 정의론은 두 가지 기준, 즉 사회적 의미 기준과 분배 영역의 개별적 자율성 기준으로 이루어졌다고 지적한 것은 옳다. 벨라미(Richard Bellamy)는 오킨의 해석에 동조하면서도 사회적 의미 기준이 분배 영역의 자율성 기준보다 우선적이라고 더 정확히 분

석한다.42)

복합평등 사회의 대가는 시민 모두가 자신들이 속한 각 분배 영역들이 침범당하지 않도록 지키고 상이한 가치들 사이의 전환을 봉쇄하기 위한 '영원한 감시(eternal vigilance)'의 눈초리를 번득이고,43) 사회에 대해서 끊임없이 불만과 개선 가능성을 토로해야 하는 정치 '훈수꾼(kibitzer)'이 되어야 한다는 것이다.44) 월저는 사회적 가치의 의미에 대한 공유된 이해가, 마르크스가 경계한 것과는 달리, '지배계급의 관념'이거나 '허위의식'이 될 가능성은 희박하다고 본다.45) 그래서 월저는 '민주주의적 급진주의'를 옹호하면서, 사회비판은 "보통 사람들의 왜곡된 의식을 '교정'할 수 있는 계몽된 전위대(an enlightened vanguard)를 추구하거나 요구하지 않는다"고 밝힌다.46) 따라서 "개별 가치들에 대한 공통의 이해를 통해, 설사 지배자들이 지금 당장 선택을 하려고 해도, 그들 마음대로 선택할 수 없는 원칙, 절차, 행위를 바라보는 입장들이 구체화된다. 또한 이러한 공통의 이해는 사회비판의 입지를 제공한다. 강자들의 전횡을 반대하여 '내재적 원칙'에 호소하는 것이 바로 비판적 담론의 일반적인 형식이다"라는 것이다.47)

전통적으로 사회비판 기능은 영웅적 개인으로서의 철학자와 지식인이 담당하였다. 그들은 자신들이 속한 공동체의 가치와 제도를 초월한 보편적 원칙의 관점에서 사회적 비판을 전개하였다. 그러나 월저의 복합평등론과 그에 따른 사회비판은 사회비판 기능을 참여민주주의적 공론장 속에서 수행되는 시민들의 일상적 임무로 일반화시킨 것이다.48) 그렇다고 철학자와 지식인의 역할이 사라지는 것은 아니겠지만, 그들도 시민의 일원으로서 어떤 특권이 없이 비판적인 의견을 제시할 수 있을 뿐이다. "철학을 하는 또 하나의 방식은 동료 시민들에게 우리가 공유하고 있는 의미들의 세계를 해석해 주는 일이다."49)

각 분배 영역의 자율성을 추구하는 복합평등론은 다원적이고 개별적인 분배 영역의 존재를 상정하고 있으므로 근현대사회에 적합한 비판적 기준이다.50) 그래서 월저는 카스트 제도가 실행되는 고대 인도사회와 같이 출신 계급에 따른 종교적 위계질서에 의해 모든 사회적 가치의 의미와 분배가 결정되는 통합되고 미분화된 사회에서는 복합평등론에 따른 사회비판 기능이 그 한계를 보인다는 점을 인정하게 된다.51) "사회적 의미가 통합된 위계적인 사회에서, 정의는 불평등을 옹호하게 될 것이다."52) 이렇게 정의의 '내부적 기준'을 만족시키는 카스트 제도가 존재할 수 있듯이, "분배적 정의에 대한 모든 실질적 해명은 하나의 국지적 해명(a local account)이다."53) 그래서 "한 사회는 그 실질적 삶이 특정한 방식으로, 즉 그 사회구성원의 공유된 이해에 따라 영위될 때 정의롭다."54)

3. 자유주의의 반론: 월저의 정의론에서 상대주의, 보수주의, 도덕적 불일치, 불평등의 문제

월저의 정의론의 두 기준, 즉 사회적 가치의 의미에 대한 공유된 이해를 기반으로 하는 공동체주의적 방법론과 각 분배 영역의 개별적 자율성에 의거하는 복합평등론에 대해서 자유주의자들은 많은 반론을 제기한다. 월저의 정의론과 사회비판론에 대한 가장 큰 비판의 주류는 가치의 사회적 의미에 대한 공유된 이해에 기반하는 공동체주의적 방법론이 상대주의적이고 보수주의적이라는 것이다. 따라서 그러한 방법론은, 월저가 시인한 것처럼, 카스트 제도를 부정의한 것으로 비판하지 못하는 도덕적 편협성과 부당성을 가질 수밖에 없다는 것이다.55) 이러한 비판의 조류는 다음과 같이 세분된다.56) (1) 공동체의 구성원들은 그러한 사회적 의미를 공유하지 않을 경우가 많다. (2) 설령 그러한 사회적 의미가 존재할 경우에도, 월저의 해석은 자의적이고 편향적이다.

(3) 특정한 사회에 의거한 사회적 의미는 비판적 원칙이나 급진적 원칙으로 작용할 수 없다. 첫 번째 주장은 월저가 가치의 사회적 의미와 분배 영역의 설정에 대한 사실적 혹은 더 심각한 도덕적 불일치에 주목하지 못하고 있다는 비판이다.57) 미국사회를 분열시키고 있는 임신중절의 문제는 자신의 신체에 관한 여성의 권리와 태아의 생명권에 대한 사회적 의미가 얼마나 첨예하게 대립될 수 있는가를 보여주는 단적인 예이다. 두 번째 주장은 미국사회의 현 상황 속에서 사회적 가치에 대한 사회민주주의적 의미를 이끌어 낼 수 있다는 월저의 신념에 대한 비판이다. 세 번째는 월저의 정의론이 상대주의적이고 보수주의적이라는 것이다.

좀 더 구체적으로 월저는 가치의 사회적 의미의 구체적인 생성이나 변화 과정을 무시하고 있으며, 단지 사회적 의미를 선재하는 것으로, 즉 문화적으로 이미 주어진 것으로 가정하고 있다고 비판되고 있다. 분배의 대상이 되는 사회적 재화나 가치는 그 자원의 희소성으로 말미암아 언제나 지배계급의 관념이나 입지를 반영할 가능성이 농후하다. 그런데 월저는 지배계급의 이데올로기적 왜곡과 주입에 따른 허위의식을 단순히 배제하고 있을 뿐이라는 것이다. 이와 관련해서 드워킨은 사회정의의 실현은 우리의 비판을 통해서 달성되지, 현 사회의 단순한 반영으로는 달성될 수 없다고 월저를 조롱한다. "정의는 우리의 비판이지 거울이 아니다." 즉, 현 사회에서의 부정의를 비판하기 위해서는 공동체의 '동굴을 떠나서' 보편적인 관점에서 비판해야만 한다는 것이다.58)

또 다른 비판은 월저 자신도 보편주의를 암묵적으로 가정하고 있다는 것이다. 월저가 강조하는 민주시민으로서의 동등한 자격과 타자의 의견 존중과 같은 가치는 그의 상대주의와 양립 가능하지 않다는 것이다.59) 또한 카스트 제도를 외부적 관점에서 비판하지 못한다는 월저의 상대주의 이면에는 다양한 문화와 삶의 방식에 관한 관용의 정신이 보편적으로 자리 잡고 있는데, 관용의 덕목은 자유주의의 발생과 밀접한 관련이 있다.60) 그리고 복합평등 개념 자체도 적어도 카스트 제도가 존재하지 않는 서구의 근대 자유주의 이후의 다원화되고 분화된 사회를 평가하는 보편적 기준인 것이다.61) 따라서 전제정치와 전체주의를 배제하는 월저의 복합평등론은 근대 이후 사회를 위한 '상황적 보편주의'를 내포하고 있다.62)

이상과 같은 두 가지 비판의 흐름은 하나로 합쳐져서, 월저의 공동체주의적 방법론과 실질적인 사회민주주의적 관점 사이의 비정합성을 지적하는 것으로 나타난다.63) 예를 들면 의료가 전적으로 필요에 근거해야 한다는 주장, 노동자 자주관리제도와 같은 주장, 시장에 대한 광범위한 제약을 포함하는 교환의 봉쇄에 관한 주장들은 현재 미국의 상황을 염두에 둔 월저의 급진적인 사회민주주의적 비판이다. 그러나 현재 미국의 상황으로 볼 때 이러한 비판은 결코 의료와 노동과 시장에 대한 공유된 이해에 근거하고 있지 않으므로 자의적이고 편향적이라 할 수 있다.64) 다른 한편으로, 월저에 따르면, 공직은 그 사회적 의미로 보아 지식과 재능과 공적에 근거하고 있다. 따라서 인종이나 성차에 근거하는 역차별 정책이나 할당 제도가 개인의 권리를 침해한다는 월저의 입장은 자유주의적 평등주의자들과 사회민주주의자들에게도 호응을 얻기 어려운 보수주의적인 입장을 대변하고 있다.65)

따라서 사회적 가치의 의미가 정당한 분배 기준을 결정한다는 월저의 주장은 의문시된다. 분배 기준이 사회적 가치의 의미에 내재해 있다는 월저의 주장에 따라 사랑과 신의 은총 같은 본질적 가치들의 경우에는 자유로운 교환과 종교적 헌신과 같은 분배 기준을 직접적으로 도출할 수 있으나, 다른 사회적 가치인 의료, 교육, 공직, 노동, 시장과 같은 경우에는 직접적인 도출이 불가능하다.66) 킴리카는 사회적으로 많은 논란과 갈등을 함축하고 있는 가치들의 경우, 상충하는 의미를 평가하기 위한 지도 원리로서 일반적이고 보편적인 정의의 개념이 필요하다고 주장한다. 비록 월저처럼 지역적이고 특수적인 의미에서 출발하더라도, 갈등이 편재하고 비판적 숙고가 요구된다는 점은 우리를 더 일반적이고 지역성을 탈피하는 관점으로 나아가게 한다는 것이다.67)

이러한 월저의 공동체주의적 방법론과 사회민주주의적인 실질적 결론 사이에서 생긴 비정합성에 대한 비판은 철학적 방법론의 정교한 난제로 재구성된다. 즉, '해석학적 순환'의 문제와 '단순 공동체주의자의 딜레마'가 그것이다. 사회적 가치의 의미에 대한 상충된 해석들이 존재할 경우, 이데올로기적 허위의식을 배제하고 진정한 해석만을 추려내서 평가하는 기준은 '해석학적 순환(the hermeneutical circle)'을 피할 수 없다. 다양한 해석들은 오직 총체적인 해석틀 안에서만 의미를 갖고 평가될 수 있다. 하지만 그러한 총체적인 해석틀은 다시 다양한 해석들 사이의 지평의 차이를 융합할 수 없다면 산출될 수 없다.68) '단순 공동체주의자의 딜레마(the simple communitarian dilemma)'를 제기한 코헨(Joshua Cohen)에 따르면, 사회제도 속에 구현된 가치관은 흔히 힘 있는 자들의 가치관일 뿐 소외된 자들의 필요는 사회적 관행이나 공공적 논의에서 무시되기 십상이다.69) 따라서 만약 가치에 대한 사회적 의미가 현재 공동체가 가지고 있는 분배적 관행과 제도에 의거하고 있다면, 사회적 의미는 보수적인 것으로 비판적 원칙으로 작동할 수 없다. 그러나 만약 가치에 대한 사회적 의미가 공동체의 현재 관행과 제도에 의거하지 않지만 그러한 사회적 의미를 통해 공동체의 현재 관행과 제도를 비판할 수 있다고 가정하여 보자. 이러한 경우, 가치에 대한 사회적 의미는 공동체주의적 가치론에서 어떻게 도출될 수 있으며, 또한 그러한 의미가 옳다는 것을 어떻게 알 수 있는가? 따라서 월저의 정의론은 보수적이거나 아니면 자의적이므로 공허한 것이 되는 딜레마에 봉착한다는 것이다.70)

다음으로 복합평등론에 대한 자유주의자들의 비판을 고찰해 보기로 하자. 우선 자유주의자들은 월저의 정의론에서 제시된 사회적 의미 기준과 분배적 영역의 개별적 자율성 기준의 관계를 비판한다. 자유주의적 페미니스트인 오킨은, 예를 들어 공직을 돈으로 살 수 없다는 분배 영역의 개별적 자율성 기준은 비판적 원칙으로 최소한 작동될 수 있지만, 남성우월주의적인 지배적 가치를 반영하는 경우 가치의 사회적 의미 기준은 사회비판 기능을 상실한 보수적인 기준일 뿐이라고 힐난한다.71) 벨라미는 논란의 여지가 많은 사회적 의미 기준으로부터는 분배 영역의 개별적 자율성 기준이 필연적으로 도출되지 않는다고 주장한다.72) 따라서 그 관계는 월저가 생각하는 것처럼 필연적이 아닌 우연적인 관계에 불과하다.

복합평등론에 대한 실질적 비판은 비현실성과 불평등의 존속이 그 핵심 쟁점이다. 상이한 가치들 사이의 전환을 봉쇄하는 복합평등론은 각 개인이 자신의 자원이나 자질을 시장 속에서 자유롭게 사용할 수 있는 자유를 침해하고, 성인들 사이의 자발적인 동의에 따른 거래도 금지하므로, 궁극적으로는 시장의 효율성을 감소시킨다.73) 월저는 11가지의 분배 영역과 그 내부적 원칙을 제시하는데, 그것이 분배 영역과 분배 원칙에 관한 결정적이고 완벽한 목록임을 믿을 만한 어떤 근거도 없다.74) 또한 그러한 분배 영역과 분배 원칙의 설정은 가치의 사회적 의미에 대한 논란만큼이나 많은 도덕적 불일치와 논란의 대상이 된다.

복합평등을 실현하기 위해서는 단순평등의 유지에 못지않은 국가의 간섭과 개입이 필요하다.75) 지배의 문제는 결코 독점의 문제를 해결하지 않고서는 원천적으로 처리될 수 없다. 지배하려는 것은 결국 독점이 가능하기 때문이며, 독점을 허용하면서 지배를 못하게 하는 것은 많은 사회적 비용이 드는 어려운 일이다. 따라서 월저는 단순평등과 복합평등을 구분하기 위해서 현대 평등주의를 지나치게 희화화한 감이 있다. 그가 생각하는 것처럼, 최소 수혜자의 기대치를 최대로 하라는 롤스의 차등의 원칙은 결코 복지에 관한 단순평등의 원칙은 아니다.76) 그것은 정치적 영역에 적용되는 최대의 평등한 자유의 원칙과 사회적 직책과 직위에 관련된 실질적 기회균등의 원칙과 함께 작용하는 다원적 원칙들의 일환인 것이다.77) 롤스의 사회적 기본가치들의 목록은 이러한 다원적 영역들을 반영하고 있으며, 차등의 원칙은 돈의 지배에 대한 가장 효과적인 방지책이다.78)

이어서 복합평등론 자체도 충분히 평등주의적이지 못하다는 비판도 제기된다. 복합평등론은 사회적 가치의 지배와 전환의 방지에 주안점을 두기 때문에 그것의 독점은 방치하고 있다. 그러한 독점이 '많은 작은 불평등'이 된다는 보장은 결코 없다.79) 어떤 가치의 독점이 다른 영역의 가치를 지배하지 않더라도, 그러한 가치의 독점 자체는 부정의한 것이다.80) 또한 미국에서 집 없이 떠도는 홈리스 부랑자 집단의 예에서 보는 것처럼, 복합평등론은 모든 분배 영역에서의 실패자들의 집단이 존재한다는 사실과도 양립 가능하다.81)

4. 월저의 대응: 최소적 보편주의, 내재적 비판, 해석적 평결, 인간 재능의 광범위한 분산

월저의 정의론에 대한 자유주의자들의 반론은 네 가지 관점에서 전개되었다. 즉, 월저의 정의론은 가치의 공유된 사회적 의미 기준과 분배 영역의 자율적인 내재적 원칙들에 관련해서 볼 때 상대주의와 보수주의를 회피할 수 없으며, 도덕적 불일치와 다양한 사회적 갈등을 무시하고 있고, 또한 복합평등론 자체도 충분히 평등주의적이지 않다는 것이다. 월저는『정의의 영역들』(1983) 이후 출간된 일련의 세 저작『해석과 사회비판』(1987), 『비판가 집단』(1988), 그리고 『본격적 도덕과 기초적 도덕』(1994)과 후속 논문들을 통해 이러한 네 가지 반론에 대해서 응답하고 있다.

가치의 사회적 의미 기준이 상대적이라는 비판은 결국 모든 사회의 의미 기준이 정당한 것으로 간주될 수밖에 없는 인습주의(conventiona-lism)에 빠진다는 비판으로도 간주된다.82) 따라서 이러한 비판은 종교적 위계질서에 따라 가치의 사회적 의미가 극도로 통합된 카스트 제도를 부정의한 것으로 비판할 수 없다는 것으로 연계된 바 있다. 이러한 상대주의와 인습주의에 관련된 비판은 월저가 사회적 가치에 대한 상이한 이해는 "역사적이고 문화적인 특수주의의 필연적 산물"이라고 본 점에 기인한다.83) 이제 월저는 그러한 '급진적인 특수주의'의 수위를 낮추고,84) 보편주의를 수용하는 방향으로 나아간다. 월저는 "분배적 정의는 사회적 의미에 상대적이다"85)라는 자신의 주장에 쏟아진 비난을 인식하면서, 황급히 그것은 "단순히 상대적인 것은 아니다(not rela-tive simply)"라고 부언한다.86) 분배적 정의는 최대도덕의 일환으로서 한 사회의 구체적이고 특수한 역사적 문화적 상황과 가치의 공유된 사회적 의미에 의거한다는 점에서 상대적인 것은 아직도 사실이다. 그러나 최대도덕으로서의 분배적 정의는 최소도덕과 함께 형성되고, 또한 정의의 이념에 대한 '비판적 관점과 부정적 교설'을 제공해 주는 최소도덕에 의해서 규제된다는 점을 밝힌다.87) 최소도덕은 '최소한의 보편적 도덕률(the minimal and universal moral code)'이다.88) 그러한 도덕률은 살인, 사기, 억압, 착취에 대한 비난, 그리고 폭력, 고문과 같은 극심한 잔인성에 대한 금지이며,89) 또한 '근본적 혹은 철저한 강제(radical coercion)'가 배제되는 최소한의 공정성과 상호성이다.90) 분배적 정의의 관점에서는 '정치적 폭정(political tyranny)'과 '빈자의 억압(the oppression of the poor)'이 부정의의 기본적 사례가 된다.91) 이러한 최소한의 보편적인 도덕률은 최대한의 구체적인 도덕인 분배적 정의에서 무엇이 허용될 수 있고 무엇이 허용될 수 없는가에 대한 최소 기준을 제공해 준다.

여기서 월저는 카스트 제도와 관련된 자신에 대한 비난을 해결하려고 한다. 이제 카스트 제도는 인간의 자유에 관한 최소한의 보편적 기준을 억압하는 것으로 나타난다. 월저는 우선 가치의 사회적 의미에 관련해서 그러한 의미가 어떻게 구성되고 인식될 수 있는지에 대한 이해가 필수적이라고 밝힌다. 왜냐하면 모든 사회화 과정은 어느 정도 강제적이기 때문이다.92) 따라서 가치의 사회적 의미는 "사회 전반에 걸쳐 실제적으로 공유"되어야 하며, 또한 그러한 "공유는 근본적 강제의 결과"가 될 수 없다고 단언한다.93) 따라서 노예제도에 복종하도록 강제된 노예의 합의는 한 사회의 공유된 이해를 형성한다고 볼 수 없게 된다.94)

최소도덕과 최대도덕의 구분은 얇은 기초적 도덕(thin basic morality)과 두꺼운 본격적 도덕(thick full-scale morality)의 구분과도 일치한다. 최소한의 보편적 도덕률은 기초적 도덕이고, 한 사회의 역사적 문화적 특수성을 반영하는 구체적인 도덕은 본격적 도덕이 된다. 월저에 따르면, 인간사회 속에는 이러한 두 가지 도덕, 즉 '얇은 보편주의' 도덕과 '두꺼운 특수주의' 도덕이 이원주의적으로 공존하고 있다.95) 통상적으로 도덕성에 대한 철학적 해명은 모든 합리적 존재에게 부여되는 보편적인 기초적 도덕이 기본적인 것이고, 특수적인 본격적 도덕은 그것으로부터 유래하여 특수한 역사적 문화적 상황에서 구체적으로 적용 혹은 정교화되는 것으로 간주되어 왔다.96) 월저는 이러한 보편에서 특수로의 통상적 이행 관계를 역전시킨다.97) 월저는 "도덕성은 처음부터 본격적이다", 그리고 "최소주의는 기초적 토대가 아니다"라고 역설한다.98) 기초적 도덕은 다양한 문화권의 본격적 도덕 속에서 반복적으로 겹쳐서 나타나는 것일 뿐이다.99) 본격적 도덕은 문화적으로 통합된 것이고, 공동체의 구성원들 사이에서 완전히 공명되며, 특별한 경우 스스로를 기본적인 것으로 드러낸다는 것이다.100) 그러한 특별한 경우는 소련군의 프라하 침공이나 천안문 사태와 같은 정치적 폭정, 그리고 빈자의 억압에 관련된 개인적 사회적 위기, 혹은 정치적 대립에서 천인공노할 사건이 발생하는 경우이다.101) 따라서 기초적 도덕은 모든 사람이 공히 느끼는 격렬성과 함께하지만, 본격적 도덕은 제한, 타협, 복잡성, 논쟁과 불일치로 점철된다는 것이다.102) 그렇다고 해서 월저가 최소도덕인 기초적 도덕을 폄하하고 있다고 오해해서는 안 된다. "최소주의는 실질적으로 부차적이거나 감정적으로 공허한 도덕을 묘사하고 있는 것이 아니다. 그 반대가 대체로 옳을 것이다. 이러한 도덕은 뼈대에 가깝다."103)

월저에 따르면, 사회비판은 두 도덕의 단계에서 모두 가능하다. 정치적 폭정과 빈자의 억압은 기초적 도덕에 의해 부정적으로 비판될 수 있다. 그러나 구체적으로 어떻게 민주주의를 달성할 것인가, 그리고 어떻게 분배적 정의를 적극적으로 실현할 것인가의 문제는 언제나 본격적 도덕의 몫이 된다. 최소한의 기초적 도덕에 의한 사회비판은 부정적인 내외부적 비판이 될 수 있으나, 최대한의 본격적 도덕에 의한 사회비판은 언제나 구체적이고 건설적이고, 국지적이고 특수주의적인 내재적 비판이 되어야 하고, 또 될 수밖에 없다.104)

월저는 자신의 정의론, 특히 가치의 공유된 사회적 의미 기준이 보수주의적이라는 비판에 대해서 가장 민감하게 대응한다. "내가 그 책 [『정의의 영역들』]을 썼던 목적은 … 만약 그것이 비판적이 아니라면 아무것도 아닐 것이다."105) 월저는 그러한 보수주의에 관한 비판을 이렇게 요약한다. "우리는 오직 이미 존재하는 것을 해석할 뿐이므로 그러한 해석은 우리들을 현재 상태에 돌이킬 수 없도록 구속하여 사회비판의 바로 그 가능성을 붕괴시킨다."106) "우리가 외부로 호소할 수 없다면, 내부의 비판가는 변호자로 전락하고 만다."107) 우선 월저는『정의의 영역들』에서 가치의 공유된 사회적 의미 기준에 따라 설정된 자신의 복합평등론이 얼마나 미국의 복지제도와 자본주의에 대한 급진적인 사회민주주의적 비판이 되고 있는지를 상기시킨다.108) 복지, 특히 의료 분야의 공유된 사회적 의미를 필요라고 해석하는 자신의 관점은 부유층에 유리한 미국의 의료제도를 신랄하게 비판하고 있고, 또한 노동자 자주관리제도 같은 사회민주주의적 제도를 주창하는 자신의 입장도 미국의 자본주의 시장제도에 대한 본질적인 비판이 되고 있다는 것이다.109)

이러한 실질적인 측면과 아울러 월저는 가치의 공유된 사회적 의미에 대한 해석의 방법, 즉 해석적 평결을 더 일반적인 도덕철학의 방법론으로 제시한다. 월저는 해석(interpretation)의 방법을 발견(discovery)이나 창안(invention)의 방법과 대비시켜 옹호한다. 발견의 방법은 신의 계시나 자연에 대한 관조, 혹은 역사에 대한 사변적인 혹은 과학적인 법칙의 발견을 통해 객관적인 신학적 자연적 역사적 도덕법칙을 수립하는 것이다. 이러한 방법을 통해서 구축된 도덕설은 종교적 율법, 자연권과 자연법 이론, 그리고 플라톤의 이데아론과 공리주의와 마르크스주의이다. 창안의 방법은 신의 죽음과 자연의 무의미성에 대한 자각으로부터 출발하여 새로운 도덕을 창안하려는 시도이다. 구체적으로, 창안의 방법은 롤스의 원초적 입장이나 하버마스(Jürgen Habermas)의 이상적 담론 상황처럼 불편부당한 상황 혹은 절차를 설정한 뒤 그 속에서 모종의 합의를 도출함으로써 새로운 도덕원칙을 창안해 내는 것이다. 니체(Friedrich Nietzsche)의 초인 사상도 여기에 속할 것이다. 그러나 월저는 발견이나 창안의 방법이 모두 현실적 공동체로부터 유리된 채로 도덕법칙의 객관성과 불편부당성을 추구하므로 허구적일 뿐

만 아니라 그 적용의 현실성도 결여하고 있다고 비판한다.110)

해석의 방법은 한 공동체의 구체적인 역사적 전통에 비추어 사회구성원이 공동적으로 이해하는 "실제로 존재하는 도덕에 대한 해명"을 그 출발점으로 한다. 그러나 해석적 비판은 "실제로 존재하는 도덕성에 대한 실증적 이해"가 아니라, 그것을 통해 "도덕성은 언제나 잠재적으로 계급과 권력에 대해서 전복적이다"라는 점을 드러낸다는 것이다.111) 월저에 따르면, 무비판적인 사람들은 공동체를 비춰 주는 거울 속에서 자기들이 원하는 것만을 보려고 하나, 사회비판가들은 해석적 비판에 의거, 그 나머지를 보고 지적해 준다. 그래서 '동굴 속에서 거울을 보는 것'이 보수주의를 함축하지 않는다.112) 요약하면, 해석적인 사회비판은 공동체의 문화와 역사에 구체적으로 의거하는 '내부적, 내재적, 연관적 비판(internal, immanent, connected criticism)'이어야 한다.113) 따라서 공동체 문화와 역사로부터 아주 동떨어진 외재적이고 초월적인 비판은 추상적이므로 실효성도 없고, 또 현실을 왜곡하거나 혹은 자의적으로 진단하게 될 뿐이라는 것이다.114)

월저는 내재적 비판을 그람시(Antonio Gramsci)의 헤게모니(hegemony)론을 원용하여 보다 철저하게 전개하고 있다. 모든 지배계급은 통상적으로 자신들의 체제 유지를 위한 헤게모니를 장악하기 위해서 자신들의 특수한 이익을 보편적 이익이라고 위장하지 않으면 안 된다. 그러나 이러한 위장은 실제적으로 구현될 수 없는 보편성이므로, 사회비판가들은 가치의 잠재적인 근본적 사회적 의미들을 드러내어, 그러한 보편적 위장의 자기 전복적 요소와 모순을 적나라하게 밝혀낼 수 있다는 것이다.115) 월저는 해석적 비판을 통해서 한 사회에서의 도덕적 이상과 원칙 대 현실적 제도와 관행 사이의, 그리고 일상적 관행들 사이의 내부적 모순과 비일관성을 적나라하게 드러낼 수 있다고 주장한다.116) 더 나아가서 월저는 새로운 사회적 이상이 현존하는 도덕성에 대한 내재적 비판으로부터 발생한다고 주장한다. 이것이 바로 '내재의 전복성'이다.117) 월저가 강조하는 예는 귀족제도에 대한 내재적 비판으로부터 자유주의가 등장했다는 것이다. "평등은 실패한 계급제도로부터 등장한다."118)

월저는 해석적 비판과 평결을 통해서 가치의 사회적 의미와 자율적인 분배적 영역의 설정에 관련해서 자신의 정의론이 도덕적 불일치와 사회적 갈등을 무시하고 있다는 비난에 대해서 아울러 답변한다. 이제 월저는 "사회적 의미는, 단번에 합의되어, 단순히 **거기에** 존재하고 있는 것은 아니다"라고 인정한다.119) 따라서 월저는 해석적 방법이나 평결이 모든 사회적 갈등과 논란을 일거에 해결한다고는 생각하지 않는다. 그것은 오히려 험난한 때로는 불확실한 민주주의의 장정을 가게 된다고 생각한다. 그렇다면 가치의 사회적 의미에 관련해서 기존의 사회적 관행을 변호하는 해석과 그것을 비판하는 해석 사이에는 여전히 논란과 갈등이 있을 수밖에 없을 것이다. 자유주의 철학자 드워킨에 따르면, 우리는 최선의 추상적이고 일반적인 원리인 외부적 기준에 호소함으로써만 그러한 논란을 평결할 수 있을 뿐이다.120) 여기서 월저는 오히려 보편적이고 외부적인 기준으로 모든 사회적 갈등과 논란이 해결된다는 주장에 대해서 의심의 눈초리를 보낸다.121) 월저는 이제 사회적 의미의 해석에 대한 논란의 '종결' 적어도 '결정적 종결'이 존재한다고 생각하지 않는다.122) 오직 해석적 평결에 따른 잠정적이고 일시적인 종지점이 있을 뿐이라는 것이다.123)

물론 월저는 민주주의에서 그러한 불확실성이 피할 수 없는 대가이기는 하지만 어떤 철학적 방향마저 없다고 생각하지는 않는다. "논쟁은 끝이 없다. 그러나 그것이 철학적으로 통제 불가능한 것은 아니다."124) 그러한 철학적 방향을 가늠하기 위해서 월저는 해석을 두 가지로 분류한다. 그 하나는 공동체의 자기 이해에 관한 '심원하고 포괄적인 해석'

이고 다른 하나는 '피상적이고 당파적인 해석'이다.125) 결국 그러한 심원하고 포괄적인 해석의 실질적 기준은 '국민적-대중적 비판(national-popular criticism)'이 된다. 즉, 이상적인 사회비판가들은 결국 "억압받고, 착취당하고, 피폐화되고, 망각된" 사람들에게 충실하여, 그들의 역경을 "국민적 역사와 문화의 구조" 안에서 바라보고 그 해결책을 제시하는 사람들이 된다.126) 월저는 이것을 '약자를 위한 보편주의(universalism of the weak)'로 명명한다.127) 월저는 자신이 추구하는 정의론이 "우리가 사회적으로 선호하는 제도적 구성이 **무엇이든지 간에** 가난하고, 약하고, 억압받는 사람들에 대한 특별한 고려를 포함해야만 한다"는 것을 명백히 밝히고 있다.128)

월저의 최종 입장은 결국 사회비판가들은 최소 수혜자의 기대치를 최대로 하라는 롤스의 차등의 원칙에 따라서 (문화보편적인 최소도덕으로서, 혹은 문화내재적인 최대도덕으로서) 사회비판을 행한다는 것을 의미한다. 그리고 월저가 가중 중요한 두 가지 부정의의 사례로 꼽은 '정치적 폭정'과 '빈자에 대한 억압'129)은 결국 롤스의 정의의 두 원칙, 즉 모든 사람에게 최대의 동등한 자유를 보장하는 자유의 원칙과 차등의 원칙에 의해서도 각각 우선적으로 배제되어야 할 부정의의 사례인 것이다.130) 그렇다면, 방법론적 차이에도 불구하고, 월저와 롤스의 정의론은 사회민주주의 혹은 민주주의적 평등주의로서 실질적으로 동일하다고 결론 내릴 수 있을 것이다.131)

그러면 복합평등의 비현실성과 불평등의 존속이라는 비판에 대해서 월저가 어떻게 답변하는가를 살펴보자. 우선 월저는 복합평등의 근간이 되는 분배 영역들은 하나의 메타포일 뿐이라고 말한다. 따라서 그것들의 철학적 도식이나 범주가 제시될 수는 없으며, 자신의 11가지의 분배 영역도 결코 완벽하게 철저한 것이거나 최종적인 것은 아니라고 시인한다.132) 그리고 복합평등 사회의 실질적 모습은 최소한 모든 사람에게 민주적 시민으로서의 동등한 구성원 자격이 부여되는 '신분의 평등' 혹은 '처지의 평등(the equality of status)'이 확보된 사회라는 것 이상으로 묘사하기가 어렵다는 것도 인정한다.133) 따라서 월저는 복합 평등 사회의 부정적인 측면에 대해서 더 확신을 갖는다. 그 사회에서는 자본주의 사회에서 만연한 승자의 계급적 특권의식과 패자의 자기모멸 감이 감소될 것이 틀림없다는 것이다.134) 월저는 또한 단순평등과 복 합평등 사이의 구별도 엄밀한 것이 아니라고 시인한다. 즉, 지배는 하 나의 단일한 가치의 다중적 전환을 통해서만 형성되는 것이 아니고 대 부분의 중요한 가치들의 독점적 소유에서도 발생한다는 것이다. 또한 월저는 복합적 평등을 유지하기 위해서는 각 분배 영역들 내부와 그 영역들 사이의 관계 설정에서 국가의 더 큰 역할이 필요하다는 것도 인정한다.135) 또한 월저는 모든 영역에 걸친 성공자와 실패자의 집단 이 존재할 가능성도 부인하지 않는다. 그러나 월저는 인류 역사와 일상 적 삶을 통해 볼 때 개인의 자질과 능력은 모든 영역에 아주 근본적으 로 분산되어 있다고 믿는 것이 더 타당할 것이라고 생각한다. 그래서 월저는 이러한 다양하게 분산된 자질과 능력이 돈 버는 능력과 정치적 권력에 위축되지 않고 충분히 발현되는 상황, 즉 지배와 전제와 부당한 전환을 배제하는 충실한 영역 방어와 교환의 봉쇄가 가능해질 때, 복합 평등의 실현 가능성은 충분히 실제적인 것이라고 여전히 자신의 주장 을 굽히지 않고 있다.136)

5. 결론: 공동체주의적 사회비판의 한계와 현대 정치철학의 과제

'자유주의 대 공동체주의 논쟁'을 공동체주의적 사회비판 가능성 입 론을 주제로 하여 다룬 우리의 논의 전반을 볼 때, "철학적 보수주의와 정치적 급진주의의 결합은 아마도 월저의 사상에서 가장 호기심을 끄는 부분일 것이다."137) 그러나 그러한 결합의 가능성을 불신하는 사람들은 미국사회에 대한 월저의 해석적인 내재적 비판에 대해서 '반미국적'인 것으로 폄하할 뿐만 아니라, 사회적 약자의 "상처를 치유하기보다는 오히려 허위적 위안을 현혹적으로 제공한다"는 질타도 퍼붓고 있다.138)

우리는 월저의 정의론과 사회비판론에 관해서 자유주의자들이 상대주의, 보수주의, 도덕적 불일치, 불평등의 존속 문제를 제기한 것을 고찰했다. 그리고 월저가 최소적 보편주의, 내재적 비판, 해석적 평결, 인간 재능의 광범위한 분산을 통해 대응한 것을 논의했다.

그러나 자유주의자들은 아직도 월저의 응답에 충분히 만족하지 못하고 있으며, 논쟁은 계속되고 있다. 이러한 후속적인 논쟁들은 자유주의와 공동체주의, 보편주의와 상대주의, 내재와 초월, 공동체적 결속과 비판적 교육, 해석적 비판과 도덕철학의 방법론, 그리고 평등의 실현 가능성에 관련된 현대 규범철학의 미래 과제를 잘 적시하고 있다.

첫째, 상대주의 논제에 관련해서 자유주의자들은 최소한의 보편주의를 가정하는 월저의 얇은 기초적 도덕으로는 상대주의를 극복하기에 충분하지 않다고 반박한다. 오히려 얇은 보편적 도덕과 두꺼운 특수적 도덕의 관계를 역전시켜 '두꺼운 보편적 도덕(thick universal morality)'이 '얇은 특수적 도덕(thin particular morality)'에 선행하고, 또 그것을 규제하는 것으로 간주되어야 한다고 역설한다.139) 그러나 월저는 그러한 두꺼운 보편주의는 공동체의 특수성과 자결주의 원칙을 무시하게 됨으로써 불관용적인 보편주의의 횡포를 자아낼 뿐이라고 응대한다.140)

둘째, 보수주의 논제에 관련해서 자유주의자들은 월저가 현존 도덕에 대한 내재적 비판을 통해 이상적 원칙과 사회적 관행 사이의 모순, 더 나아가서 현존 도덕 자체의 전복성을 드러낼 수 있다고 한 주장에 여전히 의구심을 가진다. 특히 그들은 월저가 강변하는 전복성이 역사적 우연성에 불과할 수 있다고 반박한다. 자유주의자들은 내재적 비판은 여전히 순환적인 사후성의 오류(*post festum* (after the event) *paradox*)에 빠진다고 지적한다. 즉, 내재적 비판의 결과는 오직 바로 그 결과의 타당성에 의거하여 평가될 수밖에 없다는 것이다. 다시 말하면 자본주의에 대한 내재적 비판의 결과는 자본주의가 그 비판에도 불구하고 그대로 존속하든지, 아니면 그 비판에 따라서 변화되든지, 혹은 전복하든지의 결과가 나올 때까지 기다릴 수밖에 없는 것이다. 순환적 사후성을 피하기 위해서는 역사가 자유, 해방, 혹은 진리를 향해 진보한다는 역사철학적 방향 제시가 필요하다.141) 그러나 월저는 도덕적 진보가 있다면 역사철학적인 진보라는 사변(speculation)에 의거한 새로운 도덕의 발견이나 창안에서 오는 것이 아니라, 기존 원칙에서 배제되었던 사람들을 포함시키는 외연적 포괄성(inclusion)의 확대에서 온다고 강조한다.142) 그러나 이러한 포괄성의 확대는 단지 주어진 전제인 도덕원칙들로부터 부당하게 도출된 결론이나 원칙과 현실 사이의 모순과 이중성과 위선만을 지적할 수 있을 뿐이지, 전제인 도덕원칙들 자체의 타당성에 대한 비판이나 현 사회의 구조적 비판(structural criticism)으로 연계될 수 없다는 자유주의자들의 재반론이 제기된다.143) 즉, 포괄성은 전복성이 아니라는 것이다. 라즈는 현존 도덕이 그 자체를 비판할 수 있도록 해석된다는 월저의 전복적인 내재적 비판은 비일관적이라고 논파한다. 왜냐하면 내재적 비판은 현존 도덕이 참인 명제와 위인 명제를 동시에 포함한다는 역설에 봉착하기 때문이다. 만약 도덕성이 단순히 현존 도덕이라면 현존 도덕은 참일 것이다. 그러나 현존 도덕에 대한 근본적 재검토나 어떠한 변화와 개혁이 있다면, 그것은 현존 도덕이 어떻게든 잘못되었다는 것을 의미한다. 이러한 역설을 회피하기 위해서는 현존 도덕에 대한 메타적인 취사선택 판단이 필요한데, 그것은

현존 도덕 자체에서는 결코 나올 수 없다는 것이다.144)

셋째, 도덕적 불일치 논제에 관련해서 자유주의자들은 월저의 다원주의적 정의론은 한 도덕공동체 내에서의 다양한 하위적인 분배 영역의 다원성만을 강조할 뿐이지, 현대 다원주의 사회의 진면목, 즉 다양한 종교적 철학적 도덕적 교설들 혹은 개인적 가치관들 사이의 도덕적 불일치와 갈등에 대해서는 잘 다루지 못하고 있다고 논박한다. 즉, 월저가 호소하고 있는 심원하고 포괄적인 해석적 평결은 결국 도덕적 공동체를 가정하고 있을 뿐이라는 것이다.145) 이러한 관점에서 롤스는 『정치적 자유주의』에서 "우리는, 월저가 말하는, 우리의 공유된 정치적 이해가 분열될 때, 그리고 동일하게 우리 자신들 자체가 분열할 때, 정치철학에 호소한다"고 지적한다. 그러한 갈등을 극복하기 위한 공정하고 불편부당한 해결 기제로서 롤스는 추상적인 보편적인 원칙이 필요하다고 역설한다.146) 그러나 월저는 추상적인 자유주의적 보편주의가 실상은 도덕적 불일치와 인종 간, 종교 간의 갈등을 무시하고 있다고 응수한다. 그는 오히려 특수주의적인 공동체주의 정의관이야말로 문화적 다원주의와 '차이의 정치'를 더 잘 포용할 수 있다고 주장한다.147)

넷째, 복합평등론의 불평등 심화 논제에 관련해서 자유주의자들은 월저의 복합평등론이 인간의 재능과 자질이 광범위하게 분산되어 있다는 사회학적 사실을 통해서 그 현실적 실행 가능성을 결코 보장받지 못한다고 반박한다. 자유주의자들은 인간의 재능과 자질의 광범위한 분산 자체가 결코 그러한 다양한 재능과 자질의 현실적 구현을 의미하는 것은 아니라고 본다. 그것은 오히려 복합평등론의 전제가 아니라 결과로 보아야 한다는 것이다. 즉, 월저가 광범위한 재능과 자질의 분산에 호소하는 것은 선결문제 요구의 오류라는 것이다. 또한 월저의 복합평등론은 세계화 시대에 점점 더 그 세력을 더해 가고 있는 승자독식 시장(winner-take-all markets)의 만연 속에서 복합평등이 아니라 복합적 불평등을 양산할 뿐이라는 것이다.148) 그래서 복합평등은 승자독식 시장에서 상층부의 다양한 승자들 사이에서나 가능하지, 패자들 사이에서는 불가능하다는 것이다.149) 그러나 월저는 우선 복합평등론과 다양한 재능의 광범위한 분산은 일방적인 관계가 아니라 상호 보완적인 것으로 본다. 복합평등론은 자율성이 보장된 다양한 분배 영역 속에서 만개하는 다양한 가치와 능력과 성취들 사이의 불가통약성을 통해서 인간의 사회적 서열화를 무력화시킬 뿐만 아니라, 왜 금권정치, 신정정치, 노인정치, 기술자 지배정치 등 하나의 가치와 그것의 소유에 관련된 자질이 다른 모든 가치들과 자질들을 지배하려는 작금의 정치적 사회적 시도가 부정의인지를 판결해 준다는 것이다.150) 월저는 승자독식 시장은 승자와 패자를 양분화시키는 이데올로기적 도식으로서 결코 정당화될 수 없는 시장의 지배 책략이므로 복합평등론이 우선적으로 배제해야 할 대상이라고 응수한다.151)

이상의 후속적인 논쟁을 다 재론할 수는 없고, 가장 중요한 보수주의 논제에 관해서만 총괄적인 평가를 해보기로 하자. 월저가 주장하는 내재적 비판을 통한 근본적인 혹은 전복적인 비판 가능성은 기본적으로 사상과 양심의 자유에 따라 공동체의 지배적인 가치에 이견을 제시할 수 있는 개인의 자율적인 비판이 용인되는 자유주의적인 정치문화를 배경적 상황으로 전제하지 않고서는 결코 불가능할 것이다.152) 월저는 비록 자유주의적인 전(前) 사회적 자아(presocial self)는 거부하고 있지만, 가치의 공유된 사회적 의미의 보수주의적 함축성을 피하기 위해서 사회적 의미가 '근본적 강제의 결과'이어서는 안 된다는 것을 강조한다.153) 그렇다면, 그는 매킨타이어나 샌델 등 가치통합적 공동체주의자들처럼 "공동체의 사회화 과정이 전부이다"를 주장할 수 없을 것이므로, 개인의 "사회화 과정을 지배하고 있는 가치들에 대해서 비

판적으로 반성할 수 있는 능력을 가진 자아", 즉 자유주의적 자아를 수용할 수밖에 없는 셈이다.154)

월저의 복합평등론적 정의론과 내재적 사회비판론은 그 이론적 부정합성과 현실적 실행 불가능성에 관련해서 이상과 같이 많은 논란과 비난의 대상이 되고 있지만, 기본적으로 롤스의 자유주의적 정의론에 비견할 만한, 체계적인 공동체주의적 정의론으로서는 유일한 것임은 인정되어야 할 것이다. 월저가 정의론에 의거한 사회비판을 영웅적 개인이 행하는 초월적 비판이 아니라 시민들의 일상적인 공통적 불만이 정치적 공론장에서 표출되는 참여민주주의적 모형으로 제시한 것은 현대 시민사회를 위한 한 초석이 될 것이다.155) 또한 월저의 복합평등론이 공산주의 붕괴 이후 단순평등이 아닌, 현대 민주사회에 적합한 다원적인 평등주의적 정의론으로 제시되었다는 것은 그 시대적 의의가 크다고 하겠다. 결국, 월저의 정의론은 가치의 사회적 역사적 의미에 충실하여 고통받고 소외받는 자들에 대한 국민적-대중적 비판을 시도하는 약자를 위한 보편주의이다. 우리는 월저의 이러한 보편주의가 롤스 정의론의 요체인 차등의 원칙과 일맥상통함을 밝혔다. 원키(Georgia Warnke)가 잘 지적한 대로, 롤스의 자유주의적 정의론과 월저의 공동체주의적 정의론은 각자의 주관을 반영했다기보다는 모두 미국의 정치적 전통에 대한 하나의 해석학적인 이해이다.156) 어느 정의론도 미국의 정치적 전통을 완전히 포괄하지는 못할 것이다. 두 정의론의 상호간 대화뿐만 아니라 노직의 자유지상주의적 정의론과의 "대화적 직면(dialogical encounter)"을 통한 보다 포괄적인 정의론에 대한 이해 지평의 융합을 추구하는 것은 현대 규범철학의 중차대한 과제가 될 것이다.157) 월저의 정의론은 롤스의 정의론과 함께 정의가 "사회비판과 사회개혁을 위한 실현 가능한 이상"이라는 점을 견지하고 있다는 점에서 철학적 정의론의 면면한 전통을 이어 오고 있다.158) 월저가 경고한 대로 "지속적인 사회비판이 없다면 분배적 정의는 계속해서 실패하고 말 것이다."159)

월저가 강조한 대로 "전통은 결코 그 보수주의적 옹호자들에게만 내 맡겨져서는 안 된다."160) 우리는 한국의 사상적 전통에 대한 심원하고 포괄적인 해석을 통해서 혁신주의적인 전복적 의미를 노정시켜야 할 것이다. 그러한 전복적인 의미의 노정을 통해서 자생적 자유민주주의 의 정립을 추구하는 것은 한국의 중요한 철학적 과제의 하나가 될 것 이다. 이제 월저의 '공동체주의적 사회비판의 가능성 입론'을 통해서 '아시아적 가치논쟁'도 새로운 각도에서 재고되어야 할 것이다.161) 한 편으로 월저의 특수주의적인 공동체주의 방법론은 가족적 지역적 유대 와 위계적 질서를 강조하는 유교 공동체적 가치관을 옹호하는 것처럼 보이지만, 다른 한편으로 월저의 전복적인 내재적 비판은 아시아적 가 치에 대한 자유주의적 해석의 가능성도 아울러 시사하고 있다. 월저의 얇은 보편적 도덕과 두꺼운 특수적 도덕의 구분과 '민족자결주의 원칙' 은 아시아 사회가 정치적 압제와 빈자의 억압을 배제하여 기본적인 인 권을 보장할 수 있는 도덕적 최소주의를 만족시킨다면, 아시아적 가치 가 최대한의 본격적인 도덕으로서 다양한 방식으로 발현될 수 있다는 것도 말해 준다.162)

현재 우리 한국사회는 정경유착의 끊임없는 부패의 고리, 공과 사를 구분할 줄 모르는 사회지도층의 각종 특권과 부당한 영향력 행사, 사회 적 직책의 배분에서의 지연, 학연, 혈연이라는 뿌리 깊은 연고주의 등 으로 점철되어 아직도 사회적 다원화와 분화가 미진한 상황이므로 월 저가 경계하는 독점과 지배와 전제가 횡행하는 전근대적인 사회의 모 습을 많이 간직하고 있다. 그렇다면 분배적 가치의 공유된 사회적 의미 에 의거하여 각 개별적 분배 영역의 자율성을 주창하는 월저의 복합평 등론과 그에 따른 사회비판은 공동체적 유대와 결속이 강한 우리 한국

사회에서 각종의 부당한 연결고리들을 절단할 수 있는, '분리의 미학'163)에 기반한 사회적 이상으로서의 철학적 쾌도난마(快刀亂麻)가 될 수 있을 것이다.

제 3 장

마이클 월저의 정의전쟁론:

그 이론적 구성 체계와 한계에 대한 비판적 고찰

1. 정의전쟁론의 전통과 그 현대적 부흥: 마이클 월저의 자전적 지식사회학

1) 마이클 월저의 『정의로운 전쟁과 부정의한 전쟁』과 정의전쟁론의 부흥

정의전쟁(*bellum justum*)론의 기본이념은 정의의 옹호와 평화의 회복에 있다. 여기서 평화는 하나의 이상이고, 정의전쟁은 평화의 회복을 위한 마지막 수단으로 전쟁에 호소하는 것이다. 역설적으로 "전쟁의 목적은 보다 나은 상태의 평화이다."[1] 따라서 정의전쟁론에 의하면, 전쟁은 때에 따라 필수불가결할 뿐만 아니라 도덕적으로도 정당화될 수 있다. 그리고 전쟁의 양 교전 당사국 모두는 정의로울 수 없고, 어느 한편은 정의로운 전쟁을, 다른 한편은 부정의한 전쟁을 한다고 판정될 수 있다.[2] 그러나 어쨌든 '전쟁은 지옥'이며 그 지옥의 참상은 전쟁의

개시와 수행과 종결에 대한 정의의 3부 원리로 엄격히 제한될 필요가 있다고 절감하는 것이 또한 정의전쟁론이다. 즉, 정의전쟁론은 '전쟁의 제약(*temperamenta belli*)'이다.

정의전쟁론은 중세 기독교 시대와 근세 중기까지 기독교 신학과 자연법에 의거하여 성행했다. 그러나 근세 민족국가의 태동과 절대주의의 시대에는 전쟁이 '국가이성(raison d'État, Staatsräson)'에 따른 '국가의 주권적 권리(war as a sovereign right)'로 인식되었다. 전쟁은 즉 '군주의 최종적 논변(*ultima ratio regum*)'이었던 것이다.3) 따라서 전쟁 자체의 정의 여부에 대한 도덕적 판결을 지향하는 정의전쟁론은 쇠퇴하였다. 그러나 제1차 세계대전 이후 정의전쟁론은 평화를 정착시킬 현실적 방책과 국제기구의 법률적 필요성에 의해서 주목을 받게 된 후, 20세기 중반 이후 비로소 학문적으로 부흥하게 된다.4) 물론 정의전쟁론의 전통적 맹아는 기독교적 전통보다 훨씬 오래된 것이며, 로마와 그리스 시대까지 소급될 수 있다. 또한 정의전쟁론의 전통은 서구에만 국한된 것이 아니고 중국과 인도, 이슬람 세계에서도 찾아볼 수 있다.

마이클 월저는 정의전쟁론의 현대적인 부흥에서 가장 중요한 이론가임과 동시에 현실 전쟁에 대한 '존경받는 판관(a respected judge)'으로 평가되어 왔다.5) 그는 베트남 전쟁에서의 미국의 부당한 개입과 부도덕한 전쟁 수행으로 말미암은 반전운동을 통해서 촉발된 자신의 도덕적 각성을 이론적 논증으로 구현할 것을 오랫동안 열망하여 왔다. 그리고 마침내『정의로운 전쟁과 부정의한 전쟁: 역사적 사례를 통한 도덕적 논증』(1997)을 출간함으로써 그 열망을 실현하게 된다.6) 이 책은 정의전쟁론의 현대적 부흥을 주도한 가장 영향력 있고 획기적인 책으로 평가받고 있다.7) 월저는 자신의 정의전쟁론이 "정치와 도덕 이론을 위해서 정의로운 전쟁을 재포착하는 것"임을 분명히 한다. 그래서 자신의 작업은 "서구의 정치와 도덕이 처음 형성되었고, 정의전쟁론이 태동한 종교적 전통을 다시 돌아보고, 마이모니데스(Moses Maimonides), 아퀴나스(Thomas Aquinas), 비토리아(Francisco de Vitoria), 수아레스(Francisco Suárez)와 같은 정의전쟁론의 사상가들의 저작과 아울러 그 전통을 이어 받아 세속적 형태로 재구성한 그로티우스(Hugo Grotius)의 저작을 회고하여 원용하는 것이다'라고 밝힌다.8)

그러나 월저는 그 전통과 사상가들에 대해 구체적인 논의를 하지 않고 있다. 월저는 오히려 현대의 사상가와 신학자, 군인과 정치가, 그리고 일반 대중이 제공하는 '전쟁의 도덕적 실상(moral reality of war)'에 관한 인류의 공통적 이해를 해석하여 비판적 관점으로 삼는 도덕적 논증에 치중하고 있다.9) 그는 또한 정의전쟁론의 전통 속에서 가족적 유사성을 가진 기본 원칙들에 대해서 체크 리스트 식으로 일일이 검토하지 않고 있다. 또한 정의전쟁론에 대한 체계적이고 보편적인 원칙론보다는 사례중심적 결의론(casuistic method)을 채택하고 있다.10)

2) 정의전쟁론의 부흥에 대한 자전적 지식사회학

최근에 월저는 『정의로운 전쟁과 부정의한 전쟁』 후속 논문들에서 정의전쟁론의 전통에 대한 자신의 견해를 자전적 지식사회학의 관점에서 전개하고 있다.11) 이것은 그의 정의전쟁론을 사상사적 전통을 통해서 이해할 수 있는 첩경이 될 것이다. 주지하는 것처럼, 정의전쟁론의 본격적 시작은 로마제국 아래서 기독교 신학과 교회가 당면한 환경변화에 기인한다. 기독교가 로마제국에서 공인되자 기독교 교회는 초기의 평화주의(pacifism)를 버리게 된다. 변방 이교도들의 끊임없는 침략에 당면한 로마제국 아래서 기독교인이 어떻게 죄를 범하지 않고 전쟁에 참여할 수 있는가의 문제가 대두되었기 때문이다. 이 문제는 아우구스티누스(Augustinus)에 의해서 답변되었다. 그는 정의의 편에 서서 정당한 명분을 가지고 평화를 정착시키기 위한 정당한 의도를 가지고 전쟁에 참여한다면 용인될 수 있다고 주장했다.12) 월저는 "정의전쟁론은 권력에 봉사하기 위해서 시작되었다"고 솔직히 시인한다. 아우구스티누스의 업적은 전쟁에 대한 급진적 거부를 주창하는 기독교의 평화주의를 기독교 군대의 역동적 참여로 대체시켰다는 것이다. 원시 기독교의 관점에서 보면 그것은 하나의 변명이겠으나, 결국 전쟁에의 종사는 도덕적으로 종교적으로 가능해진 것이다. 즉, 정의전쟁론은 전쟁이 때때로 불가결한 세계에서 전쟁을 가능하게 만든 셈이라는 것이다.13)

월저는, 정의전쟁론은 그렇지만 처음부터 전쟁의 개시와 수행과 전후 처리에 관련해서 '비판적 예리함(critical edge)'을 견지하고 있었다고 본다. 즉, 정복 전쟁에의 참여나 그 당시의 통상적인 군사적 관행인 강간, 그리고 승리 후 약탈에 대해서 매우 비판적이었다는 것이다. 그는 기독교적 급진주의는 평화주의만이 아니라 십자군의 성전으로도 표출되었다고 지적한다. 아우구스티누스는 평화주의를 거부했고, 아퀴나스의 신학을 추종하는 중세 스콜라 철학자들은 성전을 거부했다는 것이다. 이것은 비토리아의 "종교의 차이는 정의로운 전쟁의 명분이 되지 않는다"는 천명으로 나타났다. 그러나 십자군 전쟁(the Crusades)으로부터 종교개혁 시대의 종교전쟁에 이르는 수세기 동안 유럽의 교회들과 군주들이 종교적 불관용으로 인한 또 다른 성전(crusade)을 무수히 치르게 된 것은 주지의 사실이다. 여기에 반해서 비토리아는 "전쟁을 행하는 유일한 정당한 명분은 해악을 당했을 때이다"라는 점을 명백히 했다.14) 따라서 정의전쟁론은 기독교적 중심부의 논리로서 한편으로는 평화주의에 대항해서, 다른 한편으로는 성전주의에 대항해서 수립되었던 것이다. 나중에 정의전쟁론은 현실적 전쟁에 관여하게 됨으로써 결국 세속적 이론으로 정착하게 되었다는 것이다.15)

따라서 세속적 군주들은 정의전쟁론을 수용하게 되어 '평화와 정의'

를 위한다는 명분 없이는 전쟁을 치르지 않게 되었다. 물론 월저는 대부분 이러한 명분은 위선적이었고 결국 정의전쟁론은 '악이 선에 바치는 공물'에 불과한 경우가 비일비재했다고 지적한다. 그러나 이러한 공물은 소수의 양심과 식견 있는 자들의 비판에도 소용이 되었다고 본다. 그는 여기서 1520년경 스페인 살라망카(Salamanca)대학교의 정의전쟁론 연구 교수들이 스페인의 중앙아메리카 점령은 자연법에 위배된 것이며 부정의한 전쟁이었다고 선언했던 것을 중시한다. 월저는 이 사례를 통해 "정의전쟁론은 결코 비판적 예리함을 잃지 않았다"고 지적한다.16)

월저는 그로티우스와 푸펜도르프(Samuel von Pufendorf)가 정의전쟁론을 국제법으로 포섭시켰다는 점에 주목한다. 그러나 근대국가의 대두와 국가적 주권의 법률적 철학적 수용은 정의전쟁론을 역사의 뒤안길로 내몰았다. 이미 마키아벨리(Niccholò Machiavelli)의 『군주론』(1532)을 신봉하는 군주들은 '국가적 이유' 혹은 '국가적 이익(raison d'État)'에 따른 세속적 타산을 정의보다 중시하게 되었다.17) 국가는 이제 군주가 필요하다고 간주할 때는 언제나 전쟁을 행할 주권적 권리를 가지고 되었으며, 그러한 주권적 결정에 대해서 아무도 어떤 판정을 할 수 없게 되었다. 결국 "전쟁에서는 법이 침묵을 지킨다(*inter arma silent leges*)"는 현실주의(realism)가 득세하게 된다. 현실주의는 정의에 관한 논증을 일종의 도덕화 작업으로 간주하고, 국제사회의 무정부적 조건인 전쟁에서는 도덕이 적용될 수 없고 부적절하다는 것을 주장하는 입장이다.18)

월저는 자신이 대학원에서 공부하던 시절인 1950년대와 1960년대 초반에도 현실주의가 여전히 국제관계의 지배적 이론이었다고 회고한다. 이 당시 현실주의에서 가장 중요한 참조점은 정의가 아니라 국가적 이익이었다. 그래서 정의전쟁론은 종교학과나 개신교파 신학교 세미나, 혹은 가톨릭 대학에서만 근근이 명맥을 유지하고 있었다. 그러나 월저는 비록 이론적 관점에서의 변화는 상당한 시간이 소요되었지만 베트남 전쟁이 이 모든 것을 바꾸어 놓았다고 지적한다.19) 베트남 전쟁에 대한 반대는 대부분 좌파에 의해서 이루어졌으며, 우선 마르크스주의적 제3세계론의 관점에서, 혹은 현실주의적 이익의 관점에서 다양한 비판이 행해졌다는 것이다. 그러나 무고한 민간인들에 대한 살상이 무참히 전개되었던 베트남 전쟁에 대한 각종 정보와 비판적 경험은 결국 좌파들을 도덕적 논증으로 눈을 돌리게 만들었다. 그래서 모든 반전 진영에 있는 사람들은 월저 자신을 포함해서 갑자기 정의전쟁론의 언어를 쓰기 시작했다는 것이다. 결국 베트남 전쟁이 끝나자 정의전쟁론은 학문적 주제가 되었다. 모든 학자들은 정의전쟁론을 환영했는데 그 이유는 그것이 사회비판이론이었기 때문이었다. 월저는 이것이 정의전쟁론이 성행하고 득세를 하게 된 결정적인 이유라고 본다. 이제 국가는 정의롭게 싸워야 할 이유를 고려해야만 하게 되었으며, 정의는 군사적 필요성의 하나가 되었다는 것이다.20)

이후 정의전쟁론의 관점과 용어들은 핵 억지 전략 문제를 거쳐 걸프 전쟁에 이르러서는 공적 토론의 주요 의제가 된다. 따라서 미국의 정치 군사 지도자들도 정의전쟁론의 관점과 용어들을 수용하기에 이르렀다는 것이다. 월저는 오늘날 정의전쟁론이 이렇게 성행하고 그 성가를 높이고 득세를 하고 있는 것은 엄연한 사실이라고 지적한다.21) 그렇지만 월저는 1989년 미국의 파나마 침공이 정당한 명분을 결여했음에도 불구하고 '정당한 명분 작전(Operation Just Cause)'이라고 명명된 것을 힐난하면서, 정의전쟁론의 오용 가능성에 대한 위험성을 경계한다. 가장 큰 위험성은 정의전쟁론이 성전으로 치달을 수 있다는 점이다.22) 월저는 정의전쟁론이 '내재적 비판'으로서 그 오용 가능성 속에서도 여전히 정치 군사 지도자들의 위선적 명분을 신랄하게 밝혀내어 비판할 수 있는 역량을 가지고 있다고 주장한다.23) 그렇지만 오용될 가능성이 용이하다는 것은 정의전쟁론의 결함이 있다는 것을 입증하며 따라서 폐기되어야만 한다는 주장도 강력하게 제기되고 있는 실정이다.24) 과연 월저의 정의전쟁론은 그 오용 가능성에도 불구하고 비판적 예리함을 여전히 견지할 수 있을 것인가?

우리는 이 장에서 정의전쟁론의 전통에 대한 월저의 이러한 견해를 배경적 지식으로 삼고, 그의 정의전쟁론을 좀 더 구체적으로 살펴보기로 하자. 2절에서는 월저의 정의전쟁론의 방법론적 기초와 관련하여 월저의 정의전쟁론이 그 경쟁적 대안들인 평화주의, 현실주의, 공리주의를 어떻게 비판하는지를 고찰할 것이다.25) 또한 3절에서는 그의 『정의로운 전쟁과 부정의한 전쟁』에서 논의된 이론적 3부 구성 체계, 즉 전쟁 자체 혹은 개시의 정의(*jus ad bellum*), 전쟁 수행의 정의(*jus in bello*), 전쟁 종결 혹은 이후의 정의(*jus post bellum*)에 대해서 개괄적으로 논의할 것이다. 4절은 현실 전쟁에 대한 평가로서, 우리는 월저가 이스라엘/팔레스타인 분쟁, 9·11 테러와 테러리즘, 아프가니스탄 전쟁, 그리고 이라크 전쟁에 대해서 어떤 견해를 가지고 있는가를 살필 것이다. 5절에서는 월저의 정의전쟁론의 공헌과 그 한계, 그리고 미래 과제를 논의하게 될 것이다. 최종적으로 월저에 의해서 예시된 정의전쟁론의 도덕철학적 위상에 대한 평가를 통해서 테러리즘 만연 이후의 시대에 과연 "정의로운 전쟁은 가능한가?"라는 중차대한 문제가 다루어지게 될 것이다.

2. 정의전쟁론의 방법론적 기초와 경쟁적 대안들의 비판: 평화주의, 현실주의, 공리주의를 넘어서

월저의 정의전쟁론의 방법론적 기초는 세 가지로 요약된다. 첫째, 그의 정의전쟁론은 '전쟁의 도덕적 실상'과 '전쟁 관습'에 의거한 내재적 비판이론으로서 보편적 원칙론보다는 사례중심적 결의론이다.26) 둘째, 그의 정의전쟁론은, 전쟁은 때에 따라 필수불가결할 뿐만 아니라 도덕적으로도 정당화될 수 있다는 입장이다. 즉, 전쟁은 (그 자체 혹은 그 수행 과정이) 정의롭거나 아니면 부정의하다고 평가될 수 있다는 것이다.27) 이것은 정의전쟁론이 모든 전쟁을 부정하는 평화주의와 모든 전쟁이 정당화된다고 주장하는 현실주의의 사이에 위치하고 있음을 말해준다. 셋째, 그의 정의전쟁론은 권리준거적 이론으로서, 전쟁에 관한 도덕적 논증은 개인의 생명과 자유의 권리에 대한 참조로 이루어진다.28) 이러한 관점에서 그의 정의전쟁론은 전쟁의 도덕적 기초로서 공리주의를 배척하게 된다.

1) 사례중심적인 비판적 결의론

첫 번째 방법론적 기초부터 살펴보기로 하자. 월저는 정의전쟁론의 도덕적 논증이 '전쟁의 도덕적 실상(the moral reality of war)'과 '전쟁 관습(the war convention)'에 근거하고 있다고 밝힌다. 월저가 말하는 '전쟁의 도덕적 실상'은 우선 전쟁에는 도덕이 적용될 수 없다는 현실주의(realism)를 반박하는 방식으로 전개된다. '전쟁의 도덕적 실상'은 전쟁이 결코 도덕적 논증과 평가가 배제될 수 없는 상황임을 적나라하게 드러낸다. 전쟁의 개시와 그 수행 과정은 현실주의가 주장하는 것처럼 순전히 전략적 필연성에 따른 기계적인 결정만은 아니며, 전쟁은 인간 의지의 산물로서 인간 의지를 통한 결정에는 도덕적 판단과 비판이 따를 수 있다는 것이다.29) 또한 월저는 전쟁이 국가이성에 따른 국가의 주권적 권리이므로 법률적 혹은 도덕판단의 대상이 되지 않는다는 주장에 대해서도, 전쟁에 참여하는 국가의 국민은 '장기판의 졸들'이 아니라 언제나 그 전쟁의 정당성에 대해서 공공적 여론으로 혹은 개인적인 도덕적 판단으로 찬성과 이의를 비판적으로 제기할 수 있다고 주장한다.30) 여기서 우리는 월저가, 특히 민주국가의 경우 개인의 도덕적 책임은 가중되며, "정의전쟁론은 민주적 의사결정에 관한 필수적인 지침"으로 사용되도록 제시되었다고 강조한 점에 주목해야 할 것이다.31) 따라서 월저는 전쟁에서 도덕적 판단은 "피할 수 없는 범주(unavoidable categories)"라고 주장한다.32)

또한 월저는 전쟁에 관련된 도덕적 기준이 시대와 장소에 따라 다르다는 역사적 상대주의(historical relativism)도 배격하고, 전쟁에 관한 "도덕적 표현양식에 대한 이해는 충분히 공통적이고 안정적이다"라고 주장한다.33) 이러한 그의 입장은 나중에 전쟁 등 국제관계의 윤리적 근거는 '기초적인 [얇은] 보편적 도덕규범(thin universal moral code)'이라는 입론으로 발전하게 된다.34) 결국, 역사적으로 반복되어 나타나는 우리의 도덕적 논증과 판단은 "전쟁의 도덕적 실상, 즉 도덕적 용어가 기술하는 모든 전쟁에 관한 경험"을 배경으로 형성된다.35) 이러한 도덕적 실상은 전쟁의 개시와 수행 과정에 참여하는 정치가와 군인들의 실질적 활동만을 지칭하는 것이 아니라 전쟁에 영향을 받는 우리 인류의 공통적 느낌과 견해도 포함하는 것이다.

전쟁 관습은 "군사적 행위에 관련된 우리의 판단을 형성하는 일련의 규범, 관행, 직업적 강령, 법률적 규정, 종교적 철학적 원리들, 상호 조정 방식"을 지칭한다.36) 월저는 이러한 전쟁 관습에 의거하여 특히 전쟁 수행의 정의(*jus in bello*)를 구성하려고 시도한다. 여기서 월저의 입장이 단순히 관습주의적 도덕(conventional morality)이 아닌가 하는 의혹이 제기될 수 있다.37) 이러한 의혹에 답하면서 (본장 1절에서 언급되었던) 월저의 내재적 비판론이 그 모습을 드러낸다. 월저에 따르면, 전쟁의 실상에 관한 실제적 도덕(practical morality)과 전쟁 관습은 결코 기술적인 것만은 아니다. 실제적 도덕과 전쟁 관습에는 전쟁에 관하여 제기된 도덕적 주장들이 분석되어 있고, 그러한 주장들의 일관성이 진단되어 있고, 그러한 주장들을 예증하는 원칙들이 드러나 있다. 그래서 월저는 군인과 정치가의 위선적 언변에 대한 폭로는 "가장 중요한 형태의 도덕적 비판"이라고 주장한다.38) 다음 3절 1)항에서 논의하겠지만, 월저는 전쟁 개시의 정의(*jus ad bellum*)에서 '전쟁 관습'을 집약한 '법리주의 모형'을 침략과 방어에 관한 중요한 관점과 원칙을 제시하는 것으로 간주하고 있다.39)

월저의 정의전쟁론의 논의 방식은 체계적이고 보편적인 원칙론보다는 사례중심적 결의론(casuistic method)을 채택하고 있다. 월저는 전쟁의 실상에 관한 실제적 도덕(practical morality)을 위한 적절한 방식이 사례중심적 결의론임을 분명히 한다.40) 그는 실제적 판단과 정당화를 중시하므로 역사적 전쟁 사례를 참조한다고 하면서, 역사적 전쟁 사례의 뉘앙스와 세부성을 위해서 체계적인 이론적 제시는 자주 생략된다고 말한다. 동시에 그러한 사례들은 하나의 예증으로 사용되기 위해서 개괄적 형태로 탐구된다고 지적한다. 전쟁 관습에 관련해서도 월저는 우선 일반적 기준을 위해서 법률가들을 참조하지만, 전쟁 관습과 그 핵심을 반영할 수 있는 개별적 판단을 내리기 위해서 역사적 사례와 실제적 논란들을 참조한다고 밝힌다.41) 그러나 월저의 사례중심적 결의론적 접근방식은 그 해석의 주관성 문제에 봉착한다.42) 특히 앞으로 언급되겠지만, 정의전쟁론에서 개인적 인권과 국가적 주권의 절대적 위치, 전통적 전쟁 개시의 정의에서의 원칙들을 변경시키는 선제공격론, 인권이 무시되는 극도의 비상상황론 등 많은 논란의 여지가 있는 해석들을 내놓고 있기 때문이다. 이와 관련해서 월저의 사례중심적 결의론이 갖는 한계는 월저 자신의 고유한 문제는 아니고 중세 이후 발전되었던 정의전쟁론 자체가 결의론이었기 때문이라는 흥미로운 주장이 제기되고 있다.43)

물론 우리는 도덕적 추론이 해석(interpretation)이지 계산(computa-tion)이 아니라는 점을 인정해야 할 것이다. 그러나 정의전쟁론은 정교한 규칙들(fine rules)이 아니라 상황에 따라서 이현령비현령이 될 수 있는 대략적인 원칙들(broad principles)의 엉성한 집합이라는 비판은 항상 제기되어 왔다.44) 월저가 경계했던 정의전쟁론의 오용 가능성은 정치 군사 지도자들의 국가적 필요성과 정당화를 위한 위선과 왜곡된 선전 때문만이 아니라 정의전쟁론을 구성하는 원칙들 자체의 불분명한 현실적 적용 때문에도 발생한다고 말할 수 있을 것이다.45)

2) 전쟁의 도덕적 차별성과 현실주의와 평화주의의 비판

두 번째 방법론적 기초는 전쟁이 때에 따라 필수불가결할 뿐만 아니라 도덕적으로도 정당화될 수 있다는 입장이다. 즉, 전쟁은 (그 자체가 혹은 그 수행 과정이) 정의롭거나 아니면 부정의하다고 평가될 수 있다는 것이다.46) 이것은 정의전쟁론이 평화주의와 현실주의의 사이에 위치하고 있음을 말해 준다. 평화주의가 전쟁을 부도덕하다(immoral)고 보는 한 극단의 입장이고, 현실주의가 전쟁을 도덕성과는 상관이 없다(nonmoral)고 보는 다른 한 극단의 입장이라면, 정의전쟁론은 그 양 극단의 사이에 위치하게 된다.47) 월저의 『정의로운 전쟁과 부정의한 전쟁』은 현실주의에 대한 비판으로 시작해서 평화주의에 대한 비판으로 끝이 난다. 월저의 현실주의에 대한 비판은 많은 호평을 받았으나, 평화주의에 대한 논의는 매우 간략하고 철저하지 못하다. 우리는 이미 본장 2절 1)항의 정의전쟁론의 방법론적 기초에 관련하여 현실주의에 대한 월저의 비판을 언급했으므로 간략하게 논의하고 평화주의를 다루어 보기로 하자.

현실주의는 권력과 이익, 국가적 안보가 전쟁의 주요한 동인으로 작용하므로 전쟁에는 정의와 같은 도덕적 판단이 적용될 수 없다고 주장하는 것이다.48) 간단히 말해서 "전쟁에는 모든 것이 허용된다(All is fair in war)"는 것이다. 다른 관점에 의하면 현실주의는 전쟁이 언제나 도덕적 법률적으로 양 당사자들에게 정당화되므로 전쟁이라는 폭력적 수단에 호소하는 것은 어떠한 정당화도 필요가 없다고 해석되기도 한다.49) 현실주의에 관련해서 월저는 그것을 네 가지 명제로 정리하고 비판한다.50) (1) 전시에는 도덕적으로 선택할 수 있는 자유가 없다. (2) 전쟁은 국가의 주권이므로 개인적인 도덕적 판단이 적용되지 않는다. (3) 전쟁에 관한 도덕적 판단은 기껏해야 시대와 장소에 따라 상대적이므로 공통적으로 적용될 수 없다. (4) 전쟁에 대한 무도덕적 입장보다 전쟁과 정의를 결합하는 것은 전쟁의 더 큰 참화를 불러온다. 이 네 가지 명제 중 앞의 세 가지는 이미 언급했으므로 네 번째 명제를 고찰해 보기로 하자.

현실주의자들은 정의전쟁론이 전쟁의 동기를 정의의 실현에 둠으로써 적을 부정의한 사악한 세력으로 폄하하게 되어 적의를 가중시켜서 전쟁의 참화를 더욱 부채질하게 된다고 주장한다.51) 정의로운 전쟁은 결국 성전(crusade)으로 변하게 되고, 정치가와 군사 지도자들은 그들의 정당한 명분(just cause)에 걸맞은 전쟁 행위를 수행하게 된다는 것이다. 즉, 완전한 승리, 무조건적 항복 등을 추구하게 된다는 것이다. 따라서 전쟁의 양상은 더욱 참혹해지고 오래 끌게 된다는 것이다. "정의로운 전쟁은 정의를 뿌리고 죽음을 추수한다"는 것이다.52) 나치 독일을 인류의 공적인 악의 세력으로 규정함으로써 연합군이 패할 수 있는 '극도의 비상상황' 아래에서는 독일에 대한 무차별적 테러 폭격도 정당화된다고 주장한 점에서, 월저가 결국 이러한 현실주의의 도전을 극복하지 못했거나 현실주의로 귀착되고 만다는 비판이 제기되었다.53) 결국 월저도 정의전쟁론의 이러한 위험성을 명백히 인식하고 "정의로운 전쟁은 제한전쟁(limited wars)이다'라고 강조한다. "정의로운 전쟁을 수행하는 정치가와 군인들에게는 타산적이고 현실적인 방식으로 그러한 전쟁을 수행해야만 하는 도덕적 이유가 존재한다."54) 그러한 도덕적 이유에는 전쟁에서의 인간의 고통과 참상을 최소화할 수 있는 고려 사항도 당연히 포함된다. 나아가서 그는 정의전쟁론이 전쟁 개시와 수행에 대한 민주적인 내재적 비판으로 전쟁의 성전화와 극렬화를 제어할 수 있다는 희망을 강력히 피력하고 있다.55)

그러면 평화주의에 대한 월저의 비판을 살펴보기로 하자. 평화주의의 한 입장은 "좋은 전쟁이나 나쁜 평화는 결코 있을 수 없다"는 것으로 요약될 수 있다.56) 즉, 모든 전쟁은 부도덕한 것이며 결코 정당화될 수 없다는 것이다. 평화주의는 현실주의와는 달리 도덕적 판단이 전쟁에 적용될 수 있다는 점에서 정의전쟁론과 합치되나, 평화주의는 전쟁은 언제나 부정의하고 부도덕하다고 주장하는 점에서 정의전쟁론과 결별한다. 어떤 점에서 월저는 평화주의를 비판하면서 현실주의의 입장을 개진하고 있는 것처럼 보인다. 즉, 평화주의적 이상주의는 현실적 실효성을 결여하고 있다는 것이다.57) 물론 이러한 평화주의에 대한 현실주의적 비판의 근저에는 보다 도덕철학적인 원칙, "당위는 가능성을 함축한다"가 자리를 잡고 있다.58) 또 다른 근거는 평화주의가 자가당착적 모순에 봉착한다는 것이다. 침략을 방어전쟁과 같은 효과적인 수단을 통해서 물리치지 못한다면, 결국 그것은 침략을 용인하는 것이며 자국민을 보호하지도 못한다는 것이다.59) 한마디로 말한다면, 정의전쟁론은 "정의로운 전쟁이 부정의한 평화보다 낫다"고 천명하는 것이다.60) 평화주의에도 다양한 유형이 있으나 월저가 비판하는 평화주의는 간디(Mahatma Gandhi)의 경우와 같이 침략자를 물리칠 수 있는 비폭력 방어 혹은 저항(nonviolent defense or resistance)이다. 간디의 비폭력적 저항운동이 성공할 수 있었던 것은 영국이 그것을 인정할 만한 자유주의적인 도덕적 기초가 있었기 때문이라는 것이다. 만약 유대인 말살을 자행했던 나치 독일 치하에서의 유대인이 비폭력 저항을 택한 다면, 그것은 자살 행위나 마찬가지다. "이와 같은 극단적인 조건 아래 에서 비폭력은 자신의 살해자에 대해서가 아니라 자신에 대한 폭력으 로 귀착되고 만다."61) 따라서 적이 자유주의적 가치나 전쟁의 법규를 준수하지 않는다면 결국 비폭력 저항운동은 "항복의 위장된 형태이거 나 군사적 패배 이후에 공동체적 가치를 지키기 위한 최소주의적 방 식"에 불과하다는 것이다.62)

평화주의를 비판하는 월저의 논점 중 가장 중요한 것은 비폭력 저항 운동이 논리적으로 정의전쟁론을 함축한다는 것이다. 비폭력 저항운동 의 성공은 침략자가 민간인에 대한 면제성 원칙을 철저히 외면하는 테 러리스트 전략을 취하지 않아야만 가능하다. 즉, 비폭력 저항운동의 목 적은 전쟁을 '정치적 투쟁'으로 변경시키는 것인데, 그 변경 가능성은 적이 전쟁 수행에서의 정의와 법규를 지키는 것에 달려 있다. 이러한 관점에서 월저는 결국 자신의 저서를 "전쟁의 제약은 평화의 시작"이 라는 인상 깊은 말로 끝을 맺는다.63)

3) 권리준거적 자유주의 이론과 공리주의의 배척

월저가 주창하는 정의전쟁론의 세 번째 방법론적 기초는 권리준거 적 자유주의 이론이다.64) 월저에 따르면, 전쟁에 관한 도덕적 논증은 개인과 집단적 인간들의 생명과 자유의 권리를 참조함으로써 이해될 수 있다.65) 정의전쟁론에서 그의 권리준거적 이론이 차지하는 위치는 다음 절인 3절에서 논의될 것이므로, 여기서는 그의 권리준거적 이론 이 정의로운 전쟁의 도덕적 기초로서 공리주의를 배척하는 이유를 위 주로 탐구할 것이다. 월저는 시지윅(Henry Sidgwick)의 공리주의가 효용 계산과 결과적 비례성의 원칙(proportionality in ends)에 의거하여 승리에 기여하지 못하는 자의적인 군사 행동이나 지나친 해악을 방지한다는 점을 인정한다. 즉, 공리주의는 아무런 목적이 없는 무자비한 폭력(purposeless wanton violence)을 방지해 줄 수 있다고 본다.66) 그러나 월저는 결과주의적인 효용 계산이 쉽지 않으며, 또 상황에 따라서는 군사적 필요성에 의거한 효용 계산에 기반하여 인권이 무시될 경우가 발생하게 된다고 비판한다. 특히 공리주의는 치열한 전쟁 상황에서는 도시의 봉쇄나 보복, 그리고 대학살을 정당화할 수 있는 논리로 사용될 위험이 있다.67) 월저는 정의전쟁론에서 정의에의 강조가 성전으로 이어지고, 오히려 전쟁의 더 큰 참상을 불러온다는 현실주의로부터의 비판의 화살을 공리주의로 돌리고 있다. 즉, 공리주의는 '종교적 성전', '전쟁을 끝내기 위한 전쟁'이라는 군사적 극대화에 관련된 고전적 이론이라고 힐난한다.68) 공리주의는 전쟁의 명분이 크면 클수록 승리 추구의 효용성이 절대적으로 높아지므로, 전쟁 규약을 더욱더 위배하고, 커다란 손실도 감수할 수 있게 한다. 공리주의의 효용성 원리는 '점진적 연동 규칙(the sliding scale rule)'으로서 군사적 극대화를 추구하게 되고 따라서 성전으로 치닫게 될 위험성이 있다.69) 여기서 월저는 일본에 원자폭탄을 투하한 논리도 (미군이 일본 본토에 상륙 작전을 펼 때 일본의 반격이 만만치 않음으로써 피아간의 손실이 매우 크고 또 전쟁이 지루하게 계속될 것을 염려한 '전쟁을 끝내기 위한 전쟁'에 근거한 것으로) 공리주의적 추론이었다고 주장한다.70)

그렇지만, 공리주의에 대한 비판과 관련된 월저의 가장 큰 스캔들은 이미 언급한 극도의 비상상황론이다.71) 월저는 나치 독일을 인류의 공적인 악의 세력으로 규정함으로써 연합군이 패할 수 있는 '극도의 비상상황' 아래에서는 독일에 대한 무차별적 테러 폭격도 정당화된다는 점을 인정한다. 이러한 상황에서는 "공리주의적 계산에 대한 제약이

벗겨지고" 비전투원인 민간인의 생명과 자유에 대한 권리도 압도된다.72) 월저는 이러한 상황이 전쟁의 딜레마이고 비극으로서 그러한 권리가 "원칙적으로 불가침적인 것이지만" 단지 압도될 뿐이라고 주장하고 있다. 공리주의는 그러한 권리를 원칙적으로 불가침적인 것으로 간주하지 않고 단순히 배제할 뿐이라는 것이다.73) 공리주의에 대한 월저의 입장은, 자신의 정의전쟁론이 공리주의적 관점을 고려하기는 하지만, 그것이 전체적인 논거로서 사용되는 것이 아니고 권리의 논거에 보충적으로 사용되며, 그리고 권리에 의해서 제한된 범위 내에서만 타당하다고 주장하는 것이다.74)

공리주의가 정의전쟁론의 도덕적 기초로서 더 적절하다는 다양한 입론이 제기되고 있는 것도 사실이지만, 여기서는 권리준거적 의무론과 공리주의적 목적론 사이의 대립과 그 해소에 관련된 도덕철학의 본질적인 문제들을 다 다룰 수는 없다.75) 월저 스스로도 자신의 정의전쟁론은 '도덕철학의 가장 심원한 문제들(the most profound questions)'로 연결될 것이지만 자신은 그러한 기초적 문제와 분리된 실제적 도덕만을 추구한다는 점을 분명히 하고 있다.76) 그리고 인권에 관련해서도 그러한 권리가 어떻게 성립되는지, 그리고 인권의 철학적 근거인 인격성, 행위, 의도 등도 다루지 않는다고 회피한다.77) 이러한 한계점 때문에 월저는 그의 정의전쟁론이 사상누각에 세워진 주관적 견해에 불과하다는 주장도 감수할 수밖에 없을 것이다.78) 그러나 이것은 정의전쟁론만이 당면한 문제는 아니며 평화주의와 현실주의도 동시에 당면한 문제라는 점에서 부담을 조금은 던 셈이 될 것인가?79)

3. 정의전쟁론의 이론적 구성 체계: 3부 체계의 비판적 분석

현대 정의전쟁론의 이론적 구성 체계는 통상적으로 3부의 체계적 영역으로 구성되어 있다. 월저도 이러한 3부 체계를 수용하고 있다. 첫째는 전쟁 자체 혹은 개시의 정의(*jus ad bellum*)이고, 둘째는 전쟁 수행의 정의(*jus in bello*)이며, 셋째는 전쟁 종결의 정의(*jus post bellum*)이다. 월저는 정의롭게 전쟁을 개시했지만 전쟁 규약과 관습을 어겨 부정의한 방식으로 전쟁을 수행하거나, 아니면 비록 부정의하게 전쟁을 개시했지만 전쟁 규약과 관습을 준수하여 전쟁을 정의롭게 수행할 수 있다고 본다. 월저는 이러한 전쟁 개시의 정의와 전쟁 수행의 정의 사이의 이분법, 즉 목적과 수단 사이의 이분법이 "전쟁의 도덕적 실상에서 가장 심각한 문제의 핵심"이 된다고 지적한다.80) 만약 우리가 전쟁 종결의 정의 여부까지 고려해서 생각한다면 한 전쟁을 정의롭다고 종합적으로 판단하는 일이 얼마나 지난한 일인가를 알 수 있다. 그러나 전반적으로 볼 때 정의전쟁론의 전통은 전쟁 개시의 정의를 전쟁 수행의 정의보다 우위에 두는 입장이며, 이것은 월저도 마찬가지다.81) 여기서는 주로 전쟁 개시의 정의와 전쟁 수행의 정의를 중심으로 논의할 것이다.

1) 전쟁 자체 혹은 개시의 정의

전쟁 개시의 정의(*jus ad bellum*)는 통상적으로 여섯 가지의 원칙이 있다.82) 그것은 정당한 명분(just cause), 정당한 의도(right intention), 합법적 권위에 의한 공개적 선전포고(public declaration by a legitimate authority), 최후의 수단(last resort), 승리의 가능성(probability of success), 비례성(proportionality)이다. 간단히 설명하면, 정당한 명분은 전쟁을 개시하기 위해서는 정당한 이유를 가져야 한다는 것이다. 즉, 전쟁이 정당화되는 것은 침략으로부터의 방어, 방어를 돕기 위한 개입, 침략으로 강탈된 영토의 회복, 인간의 존엄성과 인권의 보호를 위한 인도주의적 개입 등이 있다. 정당한 의도는 전쟁을 정당화하려면 전쟁의 동기와 목표가 합당해야 한다는 것이다. 전쟁의 목적이 앙갚음이나 상대방의 말살에 있는 것이 아니라, 잃어버린 평화를 찾고 정의를 되세우는 것이 되어야 한다. 합법적 권위에 의한 공개적 선전포고는 주권국가의 최고의 통치자가 적법한 절차를 거쳐 자국의 시민들 및 적국에 대한 공개적 선언으로 포고되어야 한다는 것이다. 최후의 수단은 말 그대로 전쟁이 최후의 수단으로서만 예외적으로 인정될 수 있음을 강조하는 것이다. 이 기준은 정의전쟁론이 평화주의처럼 어떤 경우에도 전쟁을 피하기 위하여 외교적 노력과 협상, 그리고 국제적 제재와 협력 등을 통해 최선의 노력을 강구해야 한다는 것을 의미한다. 승리의 가능성은 전쟁을 하는 의도와 목표가 전쟁을 유발하게 한 재난을 극복하고 그 이전의 평화로운 상태를 회복하거나 더욱 안정적인 상태로 만들고자 하는 것이기 때문에 결국 승리의 가능성이 있어야 한다는 것이다. 즉, 전쟁을 통해 의도하는 목적을 성공적으로 성취할 수 있는 전망과 가능성이 분명해야 한다. 비례성의 원칙은 전쟁을 수행하는 데 드는 비용과 손실이 그 전쟁의 이득과 보상에 대해 균형적인 비례를 이루어야 한다는 것이다.

월저의 정의전쟁론은 합법적 권위에 의한 공개적 선전포고를 명시적으로 언급하지는 않고 있으며, 또한 정당한 의도, 비례성, 그리고 최후의 수단에 대해서는 회의적인 시각을 보낸다.[83] 승리의 가능성에 대해서 월저는 "승리의 합리적인 기대"라는 말로 기본적으로 인정하고 있으나, 비례성 원칙과 거의 유사하다고 보는 승리의 가능성 원칙의 행사에 매우 조심스러운 입장을 보인다.[84] 왜냐하면 승리의 가능성 원칙은 측정하기가 매우 어려울 뿐더러 자칫하면 침략을 용인할 수 있기 때문이다. 특히 크고 힘 센 국가의 침략을 용인하는 데 승리의 가능성 원칙이 오용되어서는 안 된다고 강조한다.[85]

월저가 가장 중요시하는 부분은 정당한 명분이며, 그것은 침략(aggression)에 대한 방어전쟁이다. 침략전쟁은 하나의 범죄이므로 따라서 침략자(*injustus aggressor*)에 대항해서 싸우는 자기방어 혹은 자기방위[자위] 전쟁과 그러한 침략에 대한 책임을 강구하는 처벌은 정당한 것이다.86) 월저에 따르면, 침략이 범죄가 되는 이유는 국가 공동체의 정치적 주권과 영토의 보전에 대한 침해이기 때문이다. 그러한 권리는 우리가 죽어서도 양보할 수 없는 권리라는 것이다. "국가가 공격을 받으면 이는 그 국민에 대한 공격이며, 그들이 결성한 정치적 결사를 포함한 모든 가치의 총체에 대한 공격이다."87) 월저의 전쟁 개시의 정의에서는 권리준거적 이론이 그 핵심이다. 이미 우리가 논의한 것처럼 월저는 전쟁에 대한 모든 도덕적 논증이 인간의 생명과 자유에 대한 권리를 인정하고 존중하려는 노력으로 이해될 수 있다는 점을 분명히 했다. 월저는 그러한 권리를 '어떤 절대적인 가치'를 가진 것으로 높이기까지 한다.88) 그렇다면 국가 공동체의 정치적 주권과 영토 보전의 권리는 어디에서 유래하는 것일까? 월저는 국가 공동체의 정치적 주권과 영토 보전의 권리는 "궁극적으로 개인의 권리로부터 유래한다"고 밝히고, "생명과 자유에 대한 개인의 권리는 우리가 전쟁에 관하여 제기하는 가장 중요한 논란과 판단의 근저에 있다"고 선언한다.89) 그러나 월저는 개인의 권리는 국가가 제공하는 안전한 사회적 상황 밖에서는 실현되기 힘들며, 또한 국가의 자기방어의 대상은 개인의 생명과 자유뿐만이 아니라 국가 공동체가 보장하는 공동적 삶의 양식이라고 단서를 단다. 따라서 그러한 공동적 삶의 양식이 실재하지 않거나 혹은 국가가 그러한 양식을 보호하지 않는다면 침략에 대한 한 국가의 자기방어는 아무런 도덕적 정당화를 확보할 수 없다.90)

그러나 이와 관련하여 월저가 개인주의적 권리와 공동체주의적 권리 사이의 관계를 명확히 하지 못하고 있다는 비판이 쇄도하였다. 또한 월저의 궁극적인 입장은 개인적 권리가 아니라 '낭만적 민족국가' 혹은 '근거 없는 국가주의'라는 비난도 제기되었다.91) 여기에 대해서 월저는 '국가의 도덕적 지위'는 정치 공동체의 구성원들에게 역사적 공동체의 구성원으로서 삶을 영위하고, 또 그러한 정치적 공동체가 세대를 거쳐 형성해 온 문화적 유산을 표현하도록 보호하고 방어하는 것으로부터 유래한다고 주장한다.92) 또한 정치적 공동체의 구성원 자격은 다른 모든 사회적 가치들의 분배를 향유하고 주장할 수 있는 중요한 '사회적 기본가치'라고 주장한다.93) 더 나아가서 월저는 국가 공동체의 존망이 달려 있는 '극도의 비상상황' 아래서는 정치적 공동체의 생존과 자유가 국제사회에서 '최고의 가치'라고 단언한다.94) 결국 월저는 이 문제를 "공동체의 생존(collective survival)과 인권(human rights) 간의 갈등으로 말미암아 [전쟁에서의] 필연성의 세계가 등장한다"고 요약한다.95)

침략과 방어에 대한 월저의 이상과 같은 입론은 '법리주의(자) 모형(the legalist paradigm)'으로 지칭된다. 월저는 이 모형에 기본적으로 의존하면서도 거기에 중대한 수정을 가한다. 이러한 법리주의 모형은 '국내사회로부터의 유추(domestic analogy)'에 의거한 정당방위 개념과 범죄자 처벌에 근거하고 있다. 본장 1절 서두에서 언급했던 것처럼, 월저는 범죄자와 피해자라는 국내 형법의 이분법적 관점에서 전쟁의 두 당사자 모두 정의로운 경우는 철저히 배제하고 있다.96) 법리주의 모형은 다음 여섯 가지 원칙으로 구성되어 있다.97)

(1) 독립적인 국가들로 구성된 국제사회가 있다.

(2) 국제사회는 그 구성원들의 권리, 특히 영토 보전과 정치적 주권을 설정하는 법을 가지고 있다.

(3) 일국이 타국의 정치적 주권과 영토 보전에 대하여 행사하는 무력의 사용 혹은 급박한 무력 사용의 위협은 침략이며 범죄행위이다.

(4) 침략에 대한 두 가지의 무력적 반응이 정당화된다. 즉, 피해국의 자기방어 전쟁과 피해국과 다른 국제사회 구성원들에 의한 국제법의 강제 구현으로서의 대응 및 지원 전쟁이 그것이다.

(5) 침략 이외에 다른 어떠한 것도 전쟁을 정당화할 수 없다.

(6) 침략국이 군사적으로 패퇴된 후 처벌될 수 있다.

이러한 법리주의 모형에 의해서 배제되는 전쟁은 다음과 같다. 미래에 큰 위협이 될 상대국의 부국강병을 염려하여 공격하는 예방전쟁(preventive war), 상업적 전쟁, 영토 확장과 정복을 위한 전쟁, 종교적 성전, 혁명전쟁, 무력간섭 등이다.98) 연합군의 제2차 세계대전은 명백히 정의로운 전쟁이었다고 월저는 강조한다.99) 월저는 이렇게 국가의 도덕적 사법적 권리로서의 영토 보전과 정치적 주권의 불가침성을 강조하면서도 법리주의 모형에 몇 가지 수정을 가한다.

그러한 수정은 침략이 없는 경우에도 전쟁이 정당화될 수 있기 때문에 요구된다. 우선 국가의 영토 보전과 주권에 대한 명백한 침략 위험이 있을 경우, 합법적 예상(legitimate anticipation)을 통한 자위 공격, 즉 선제공격(preemptive strikes)은 정당화된다.100) 그러한 합법적 예상을 충족시키기 위해서는 긴박하고, 구체적이고, 충분한 침략에의 위협이 있어야 한다. 그러한 즉각적인 위협적 상황은 (1) 침략국이 공언하는 공격에 대한 명백한 의도가 존재하고, (2) 그러한 의도를 실질적인 위협으로 만드는 적극적인 준비의 정도가 매우 높고, (3) 피침략국이 공격을 하지 않고 기다리거나 공격 이외의 다른 수단을 강구하는 것이 위험을 더 가중시킨다고 예상되는 상황이다.101) 월저 자신이 들고 있는 예는 이스라엘과 아랍 간의 6일 전쟁이다. 이스라엘의 선제공격은 아랍의 군사적 위협과 예상되는 침략에 맞서 자국의 생존을 위한 합법적이고 정당한 자기방어적 권리의 행사였다는 것이다.102)

그 다음은 개입 혹은 간섭(intervention)을 위한 전쟁인데, 월저는 세 가지 경우를 들고 있다. 첫째, 다민족 국가에서 발생되는 분리 독립운동과 해방운동을 지원하기 위해 개입하는 경우이다. 이때 지원의 대상은 자조적 능력과 민족자결주의적인 관점에서 정당성과 미래의 독립을 위한 헌신과 충분한 대표성을 갖춘 정치 공동체에 한정된다.103) 둘째, 다른 국가의 개입에 맞서는 역개입 혹은 역간섭이 필요한 경우이다. 이것은 내전 상황에서 발생하는데, 정통성 있는 정부가 지원되어야 한다.104) 셋째, 인도주의적 개입(humanitarian intervention)이 필요한 경우이다. 인류의 양심에 대한 경악이 발생할 정도의 끔찍한 인권유린인 대규모의 학살, 즉 나치 독일의 '유대인 대학살(the Holocaust)', 인종 청소(ethnic cleansing), 그리고 노예화가 발생하는 경우 국제사회의 개입은 정당화된다.105)

그 다음으로 월저가 법리주의 모형을 수정하는 경우는 그 모형의 여섯 번째 원칙인 처벌에 관한 것이다. 정권 교체, 체제 전복, 점령, 비무장화 등이 필요한 나치 독일과 같은 사악한 침략국이 아니라면 전쟁은 침략국을 패퇴시키고 합당한 수준의 복구와 합리적인 예방을 위한 적절한 조치를 취한 다음에는 '전쟁 이전의 상태(*status quo ante bellum*)'가 회복되어야 한다. 이것으로 침략국에 대한 처벌은 충분한 것이며 체포와 처벌, 보복과 침략국에의 영토 침범 등 그 이상의 확전은 부당한 것이다. 그래서 월저는 침략전쟁에 대한 방어전쟁은 제한전쟁이어야 한다고 주장한다.106)

법리주의 모형에 대한 월저의 이러한 수정에 대해서 많은 논란이 제기되고 있다. 한편으로 월저의 정의전쟁론은 선제공격과 분리 독립과 역개입 등을 위한 무력행사의 경우에는 허용 범위가 넓고 오용될 여지가 많다고 비판되고 있다. 그러나 다른 한편으로 월저의 정의전쟁론은 인도주의적 개입의 경우에는 최악의 상황만을 고려하므로 너무 협소한 견해를 가지고 있다고 비판된다.107) 특히 사해동포주의(cosmopolitanism)를 주장하는 사람들은 인류의 양심의 경악까지는 아니더라도 국민의 인권을 어느 정도 심하게 탄압하는 비합법적이고 독재적인 정부에 대해서도 개입해야 한다고 주장한다.108) 그러나 월저는 그러한 개입과 간섭은 한 정치적 공동체의 자결과 자조를 해치게 되고, 외부 개입과 간섭에 의해서 어떤 정치적 공동체가 강제로 자유롭게 될 수는 없는 노릇이라고 답변한다. 우리는 내부적인 정치적 투쟁과 혁명의 기회가 무르익어 나오도록 기다릴 수밖에 없다는 것이다.109) 이러한 월저의 주장은 국제관계에서 고려되는 인권은 생명과 자유에 대한 가장 '기초적인 [얇은] 보편적 인권(thin universal right)'이라는 최소주의 도덕관에 근거하고 있다.110) 월저는 보다 폭넓은 개입을 주장하는 사람들은 공동체의 공유된 삶의 양식을 도외시할 뿐만 아니라 실현될 수 없는 '본격적인 [두꺼운] 보편적 인권(thick universal right)'을 강요하고 있다고 비판한다.111)

2) 전쟁 수행의 정의

전쟁 수행의 정의(*jus in bello*)는 전시에 교전 당사국과 참전 군인들이 지켜야 할 행동 규칙이다.112) 월저는 이것은 전쟁 관습 혹은 규약(the war convention)이라고 지칭한다.113) 전쟁은 이러한 규약을 따라야 한다는 점에서 하나의 규칙 준수적 활동으로 간주된다. 이러한 전쟁 규약은 정당한 명분에 의한 전쟁을 수행하는 군인과 부정의한 명분에 의한 전쟁을 수행하는 군인, 양측 모두에게 공통적으로 적용된다. 이미 언급한 것처럼, 월저는 전쟁 자체의 정의와 전쟁 수행의 정의에 대한 이분법을 구사한다. 즉, 그는 전쟁 자체의 정의에 대해서는 차별적 전쟁관을 추구하지만, 전쟁 수행의 정의에 관련된 참전 군인들의 도덕적 지위에 대해서는 무차별적 전쟁관을 수용하고 있다.114) 여기서는 전쟁 개시의 정의에서 적용되었던 '국내사회로부터의 유추(domestic analogy)'가 적용되지 않는다. 즉, 침략국을 위해서 싸우는 군인들은 범죄자가 아니며, 또한 정당한 자위권을 행사하는 피침략국의 군인들이라도 전쟁 규약을 어길 권한이 없다.115) 월저는 오직 침략국의 정치 지도자들이나 군사 지도자들만이 전쟁 개시의 정의를 위반한 전범으로 다루어져야 하며, 장교들과 병사들이 전범으로 간주되어서는 안 된다는 입장을 보인다. 물론 장교들과 병사들도 전쟁 수행의 정의를 어길 때는 전범 처벌의 대상이 된다.116) 요약하면, 전쟁 자체와 개시의 정의 여부에 관계없이 교전 당사국들의 군인들은 '도덕적 동등자(moral equals)'가 된다.117)

월저의 전쟁 수행의 정의에서도 생명과 자유에 대한 권리가 준거적인 역할을 한다. 월저는 그것을 '근본적 원칙(fundamental principle)'이라고 말하면서 다음과 같이 요약한다. "자기 자신의 스스로의 행위에 의해서 권리를 포기하거나 혹은 상실하지 아니하고서는, 어느 누구도 싸우도록 강요되거나 자신의 생명에 대한 위험을 무릅쓰도록 강요되어서는 안 되며, 어느 누구도 전쟁이나 적대적인 행위에 의해서 위협받아서는 안 된다."118) 이러한 인권에 관한 근본적인 원칙으로부터 군인에 대한 무력 사용의 허용과 민간인에 대한 무력 사용의 금지가 도출된다. 첫 번째 전쟁 규약은 "일단 전쟁이 시작되면, 군인은 (그들이 부상당하거나 잡히지 않는 한) 언제든지 공격당할 수 있다"는 것이다. 즉, "군인은 전쟁에 참여함으로써 적군을 죽일 수 있는 권한도 가지지만 동시에 자신의 생명에 대한 권리도 포기하게 된다는 것이다."119) 두 번째 전쟁 규약은 "비전투원은 언제든지 공격을 받아서는 안 된다"는 것이다. 이러한 두 규약은 전투원과 비전투원의 구분 혹은 차별(discrimination)의 원칙과 전투에서의 비전투원의 면책 혹은 면제(noncombatant immunity) 조항을 말한 것이다. 그러나 통상 전투에서는 이러한 구분의 원칙과 비전투원의 면책 조항이 지켜지지 않는 경우가 비일비재하다. 그것은 전투 행위에서 불가피하게 민간인에 대한 '부수적 피해(collateral damage)'가 발생하기 때문이다.

이러한 경우에 관련해서 월저는 '이중결과 혹은 이중효과의 원리(the doctrine of double effect)'를 다룬다.120) 이중결과의 원리는 민간인에 대한 피해를 야기하는 전투 행위는 그러한 나쁜 결과를 직접적으로 의도한 것이 아니라면 정당화될 수 있다는 것이다.121) (1) 그 전투 행위는 전투의 목적으로 볼 때 그 자체로 혹은 적어도 중립적인 것으로서 적법한 전투 행위이어야 한다. (2) 그 전투 행위의 직접적 결과인 군수물자의 파괴나 적군의 살상은 도덕적으로 수용될 수 있는 것이어야만 한다. (3) 전투 행위자의 의도가 좋아야 한다. 즉, 그는 오직 수용될 수 있는 결과만을 목표로 해야 한다. 나쁜 결과가 그러한 목적의 하나여도 안 되고, 그러한 목적의 수단이어도 안 된다. (4) 전투 행위의 좋은 결과는 나쁜 결과를 보충할 만큼 충분히 커야 한다는 비례성의 원칙을 만족시켜야 한다. 그러나 월저는, 민간인에 대한 의도하지 않았지만 예상할 수 있는 나쁜 결과는 비록 비례성의 원칙의 제약 속에 있기는 하지만 그러한 제약은 약한 것이기 때문에 이중결과의 원리는 모든 전쟁 행위에 대한 '포괄적 정당화(blanket justification)'를 제공해 줄 수 있는 위험성도 있다고 지적한다. 또한 결국 민간인에 대한 사상자가 발생했다면 그것이 직접적인 의도나 결과에서 나왔든, 혹은 간접적인 의도나 결과에서 나왔든 간에 결국은 마찬가지가 아닌가 하는 냉소적 비판도 무시할 수 없다는 것이다.122) 즉, 직접성과 간접성의 구분을 통해 수단과 부수적 결과를 구분하는 것이 과연 타당한가 하는 점에서 그간에 많은 우려가 제기되었다.123) 월저는 여기서 이중결과의 원리를 보완하는 방책을 강구한다. 발생하는 두 결과가 다음과 같은 이중적 규정의 산물이어야 한다는 것이다. 즉, 좋은 결과가 발생해야만 하고, 예상할 수 있는 나쁜 결과가 가능하면 축소되어야 한다. 즉, 월저는 이중결과의 원리에서의 세 번째 조항을 더 강화한다. "행위자의 의도가 좋아야 한다. 즉, 그는 오직 수용할 만한 결과를 엄밀히 목표로 해야 한다. 나쁜 결과가 그러한 목적의 하나여도 안 되고, 그러한 목적의 수단이어도 안 된다. 발생할 나쁜 결과를 염두에 두고, 자신에 대한 손해를 수용하면서 그것을 최소화할 수 있도록 해야 한다."124) 이러한 보완을 거쳐 월저는 "만약 민간인을 살리기 위해서는 군인의 생명에 대한 위험을 무릅써야 한다면 그러한 위험은 감수되어야 한다"고 강조한다.125) 하나의 예를 들면, 군사목표에 대한 폭격의 정확도를 높이고 민간인에 대한 살상을 줄이기 위해서 전투기가 대공포에 맞을 위험이 높은 저공비행을 해서 폭격하는 것을 생각할 수 있을 것이다.

그러나 이렇게 수정된 이중결과의 원리에 대해서도 심각한 비판이 제기되고 있다. 즉, 월저가 배척하려고 했던 효용의 결과 계산에 의존하는 공리주의의 입장과 월저의 권리준거적 정의전쟁론은 결국 그 구별이 모호해진다는 것이다. 그리고 이중결과의 원리는 적어도 정의로운 전쟁을 수행하는 교전 당사국이 비례성의 원칙을 지킬 때만 적용 가능한 것이지, 침략전쟁을 일으킨 당사국이 침략전쟁의 승리를 위해서 사용할 수는 없다는 것이다.126) 이것은 전쟁 개시의 정의와 전쟁 수행의 정의를 분리해서 고려하는 월저의 입지에 심각한 타격을 가하는 것처럼 보인다. 그러나 이미 언급한 것처럼, 월저는 '전쟁의 딜레마'라고 지적한 '점진적 연동 규칙(the sliding scale rule)', 즉 "[전쟁] 명분의 정의가 더 크면 클수록 그러한 명분을 위해서 더 많은 규칙을 위반할 수 있다"는 가능성을 심각하게 제시했다.127) 즉, 전쟁 개시의 정의와 전쟁 수행의 정의가 연관되면 더 큰 딜레마가 발생한다는 것이다.

월저는 가장 고전적인 전면전의 형태인 도시나 성 전체를 포위하거나 봉쇄하는 것이 이중결과의 원리에 의해서 정당화될 수 없다고 주장한다. 왜냐하면, 그것은 민간인 인구 전체에 대해서 명시적이고 의도적인 위협과 해악을 가하려고 시도하기 때문이다.128) 월저는 전통적 테러리즘도 언급하고 있다. 테러리즘은 민간인에 대한 무차별적 살상으로서 정책적 책임이 있는 정부 관료와 아무런 그러한 책임이 없는 민간인에 대한 구분의 원칙을 위배하는 것으로, 본질적으로 부정의한 것으로 간주된다.129)

월저의 전쟁 수행의 정의에서 가장 주목을 끄는 부분은 정의로운 목적과 정의로운 수단, 즉 전쟁 자체 혹은 개시의 정의와 전쟁 수행의 정의 사이의 딜레마를 논한 부분이다. 그는 이것을 '전쟁의 딜레마'라고 명명하면서, 점진적 연동적 규칙, 즉 전쟁 자체의 정의가 더 클수록 전쟁 수행의 정의를 위배할 수밖에 없는 불가피한 상황을 논하고 있다.130) 그중에서 가장 많은 논란이 되는 것은 이미 언급한 '극도의 비상상황(supreme emergency)' 이론이다. 극도의 비상상황은 침략에 맞서 정의로운 방어전쟁을 시작한 당사국이 존망의 위기에 봉착했을 때, 그 당사국은 중립국의 권리를 훼손할 수 있고, 또한 침략국의 민간인들에 대한 테러 폭격도 허용받게 되는 상황이다.131) 월저가 들고 있는 예는 '이 세상에서 악이 객체화된(evil objectified in the world)' 명백한 사례인 나치 독일에게 영국이 몰리고 있던 상황이다. 이러한 상황에서는 영국의 독일 도시에 대한 무차별적 테러 공격이 허용될 수 있다는 것이다.132) 물론 월저가 연합군이 전세를 회복하여 유리하게 되었던 때에도 계속해서 발생했던 독일 드레스덴에 대한 무차별 폭격까지도 옹호하는 것은 아니다.133) 다시 말하면, 이러한 극도의 비상상황에서는 정의로운 정치적 공동체의 생존과 자유는 최상의 가치를 가진 것으로 보호받아야 하므로, 독일 민간인의 권리도 압도당하고, 공리주의적 계산에 대한 제약도 없어지게 된다. 따라서 오직 승리를 위한 군사적 필연성의 법칙만이 작동한다.134)

전쟁의 딜레마와 관련해서 월저가 다루고 있는 또 다른 주제는 핵 억지(nuclear deterrence) 전략이다. 주지하다시피, 핵 억지 전략은 군인과 민간인의 구별 없는 대규모 파괴와 살상 위협에 근거하고 있다. 즉, 선제 핵공격에 대한 보복적 핵공격이 핵사용의 억지를 가져오는데, 그것이 가능한 것은 상호 위협으로부터 오는 힘의 균형의 달성되기 때문이다. 따라서 민간인에 대한 부수적 피해는 부수적인 것이 아니고 핵위협의 핵심에 자리 잡고 있다. 비록 상호 위협에 의한 핵 억지가 달성되었다고 해도 그것은 결국 비도덕적 위협을 비도덕적 위협으로 갚는 것에 불과한데, 그것이 어떻게 도덕적으로 허용될 수 있는가?135) 여기서 월저는 "핵무기는 정의전쟁론을 폭파한다"고 시인한다. 전통적인 전쟁수행의 정의로 볼 때 그러한 위협은 당연히 부정의한 것으로 간주된다. 그렇지만 월저는 일종의 역설적인 해결책을 내놓는다. 우리가 침략에 대항하는 자위권을 행사하기 위해서는 그러한 위협은 필수적인 것이 된다는 것이다. 따라서 "우리는 악을 행하지 않기 위해서 악으로 위협한다. 그리고 그 악을 실제로 행하는 것은 가공할 만한 일이므로 그러한 악을 행한다고 위협하는 것은 비교적 도덕적으로 변호할 만하다." 그래서 "우리는 불안하게 정의(와 평화)를 위해서 정의의 한계를 넘는다"는 것이다.136) 이것은 소위 "더 적은 악의 원칙(the lesser evil principle)"에 근거하고 있으며 일종의 부정적 공리주의(negative utilitarianism)의 원칙이라고 볼 수 있다.137)

그러나 월저의 이러한 극도의 비상상황론과 핵 억지론은 많은 논란을 불러일으켰다. 우선 월저는 전쟁 자체의 정의 여부에 대해서는 도덕적 절대주의를 취하고 있지만 전쟁 수행의 정의에서는 상대주의를 취하고 있다는 점에서 비일관적이며, 따라서 '메타윤리적 패러독스'에 봉착한다고 비판된다.138) 그리고 월저는 자신의 정의전쟁론의 경쟁적인 대안이라고 배척하려고 했던 공리주의와 현실주의도 결국 극복하지 못했다는 비판도 팽배하였다.139) 그리고 강대국 사이의 핵 전면전의 가능성은 정의전쟁론을 시대에 뒤떨어진 진부한 이론으로 만든다는 비판에 대해서 결국 월저는 궁여지책이 아닌 이론상으로 명백하게 해결을 하지 못했다는 질책도 제기된다.140)

3) 전쟁 종결의 정의

전쟁 종결의 정의(*jus post bellum*)는 정의전쟁론의 전통에서 가장 덜 발달된 부분이다. 월저는 이 부분에 대해서 경시를 하지 않고 있지만, 앞의 두 부분에 비해서 논의가 치밀하지 못하고 많은 중요한 문제들이 빠져 있는 것이 사실이다.141) 이 부분은 또한 월저가 전쟁 수행의 정의에 관련해서 논의한 법리주의 모형의 여섯 번째 원칙인 침략국의 처벌에 관한 수정과도 연결되어 있다. 여기서 월저는 처벌의 범위는 어느 정도이어야 하며, 전쟁 이후에 전쟁 이전의 상태로 어떻게 복귀하느냐의 문제를 중요하게 논의하고 있다. 즉, 복구, 배상, 철수, 강화조약, 비무장, 무기통제, 전범재판, 외부적 조정, 정권 혹은 체제 전복, 침략국의 영토에 대한 한시적 점령 등이 그러한 문제들이다.142)

월저는 부정의한 전쟁 개시와 부정의한 전쟁 수행에 대한 개인적인 책임의 문제를 우선적으로 제기한다. "만약 궁극적으로 책임지는 사람이 없다면 전쟁에서 정의는 없을 것이다."143) 월저는 침략전쟁을 개시한 국가의 정치 및 군사 지도자 등 전쟁 정책 결정에서 권력의 핵심에 있었던 사람들은 책임이 있다는 뉘른베르크 전범재판(Nürnberg trials)을 정당한 것으로 간주한다.144) 월저는 또한 부정의한 전쟁을 시작한 국가의 시민들도 책임이 전혀 없는 것이 아니라고 지적한다. 특히 민주 국가의 시민일수록 그 책임은 더 커진다는 것이다. 즉, 민주적인 비판이 가능한 국가에서 시민은 부정의한 전쟁을 막아야 할 최소한의 도덕적 의무가 있다는 것이다.145) 미국의 베트남 전쟁에 대한 반전운동에 참여했던 월저로서는 부정의한 전쟁을 시작하고 수행한 국가의 사회철학자로서 일말의 회한과 도덕적 죄책감이 없을 수 없을 것이다. 최근 월저는 자신의 정의전쟁론이 사회비판이론으로서 민주적 의사결정에 관한 필수적인 지침으로 제시되었다고 강조한다.146)

월저는 전쟁 수행의 정의를 어긴 병사들과 장교들도 전범이 된다고 지적한다. 전쟁의 열기와 상관으로부터의 명령, 큰 위협이 없는 자기보존의 욕구는 전쟁 수행의 정의 원칙을 위배하도록 면책하지 않는다는 것이다. 무고한 민간인의 인권을 처참하고 잔혹하게 유린했던 베트남의 '미라이 학살(the My Lai Massacre)'은 명령자와 수행자 모두 용서받을 수 없다.147) 물론 그렇게 하지 않으면 사살되는 등 자기보존이 위협받는 경우에는 면책의 가능성이 있지만 그것도 정도를 고려해서 결정되어야만 한다. 이렇게 본다면 생명과 자유에 대한 기초적인 보편적 권리론은 월저가 수립한 정의전쟁론의 3부 체계를 모두 관통하는 철학적 근거이다. 마지막으로 월저는 극도의 비상상황에서 국가의 생존을 위해서 인권의 침해를 명령한 '더러운 손(dirty hands)'은 법적으로 처벌될 수 없지만, 그렇다고 도덕적 비난과 죄책감으로부터 완전히 자유로울 수는 없다는 것을 강조한다.148)

월저는 전쟁 종결의 정의 문제가 코소보 사태 이후 인도주의적 개입이 증가하고 현 지구상의 상황을 볼 때 인도주의적 개입 이후의 상황 처리를 위한 지침으로 매우 중요하게 다루어져 할 필요가 있다는 것을 지적한다.149) 이제 인도주의적 개입은 단순히 개입하고 빠지는 것이 아니라 진정한 의미의 '구제의 정치(politics of rescue)'가 되어야 한다고 주장한다.150) 즉, "덕 있는 자의 과업은 결코 끝나지 않는다"는 것이다.151)

4. 현실 전쟁에 대한 평가

1) 이스라엘/팔레스타인 분쟁, 9 · 11 테러와 테러리즘에 대한 평가

우리는 월저의 정의전쟁론의 이론적 구성 체계와 한계에 대한 평가를 내리기 전에, 과연 그가 서두에서 언급한 것처럼 미국이 벌이고 있는 최근의 전쟁들을 둘러싼 논란들에 대한 '존경받는 판관'인지를 먼저 검토해 보아야 할 것이다. "정치 이론들은 정치 세계에서의 사건들에 의해서 판단된다"고 말한 것은 월저 자신이다. 최근에 월저는 자신이 그동안 써온 현실 전쟁에 대한 평론을 모아 『전쟁 논단(*Arguing About War*)』이라는 책을 펴낸다.152)

월저가 존경받는 판관이 된 것은 베트남 전쟁에 대한 미국의 부당한 개입과 부도덕한 전쟁 수행 방식에 대한 신랄한 비판과 반대 운동 때문만은 아니다. 그는 유대계 지식인으로서 이스라엘과 팔레스타인 분쟁에서도 이스라엘을 비난할 때는 비난하면서 비교적 공정하게 판정을 한 것으로 널리 인정되고 있다. 그는 「이스라엘/팔레스타인의 네 전쟁」이라는 논문에서 그러한 판정을 요약하고 있다. 이스라엘 국가를 파괴하고 전복시키려는 팔레스타인의 전쟁은 부정의했으나, 이스라엘에 인접하여 국가를 수립하려는 팔레스타인의 전쟁은 정의로운 것이었다는 것이다. 그리고 팔레스타인에 맞서 국가를 방위하려는 이스라엘의 전쟁은 정의로운 것이었으나, 더 큰 이스라엘을 위한 이스라엘의 전쟁은 부정의하다는 것이다.153) 그리고 이스라엘 민간인에 대한 팔레스타인의 테러는 부당한 것이나, 이스라엘의 점령 지구에서의 정착촌 건설도 처음부터 부당했다는 것이다. 그러나 이러한 이스라엘의 부당성이 팔레스타인의 테러를 정당화해 주지는 못한다는 것이다. 이스라엘의 점령군과 군사시설에 대한 팔레스타인의 공격은 정의로운 것이나, 이스라엘 민간인에 대한 공격은 당연히 부당하다는 것이다. 또한 하마스 (Hamas)나 이슬람 지하드(Jihad) 공격단에 대한 이스라엘의 공격은 정당했으나, 가자 지구의 팔레스타인 아파트를 폭격한 것은 부당했다는 것이다.154)

9 · 11 테러와 테러리즘, 그리고 아프가니스탄 전쟁에 대해서 월저가 어떻게 평가하고 있는지 살펴보기로 하자. 월저는 심지어 9 · 11 테러 이전에도 민간인에 대한 무차별적 공격과 공포의 만연을 통해서 소기의 목적을 달성하려는 테러리즘을 옹호하려는 사람은 아무도 없었다고 본다. 그러나 테러리즘에 대한 도덕적 정당화는 불가능하지만 그것을 이데올로기적으로 옹호하려는 일련의 시도가 있다고 갈파하고, 그러한 시도들에 대해서 월저는 일련의 논문을 통해서 통박한다.155) 특히 「존경할 만한 좌파는 어디에 있는가?」라는 논문은 반미국적 좌파와 미국적 좌파를 날카롭게 양분시킨 격문이 되어 '월저의 면도날'로 불리면서 많은 반향을 불러일으킨 바 있다.156)

그 논문의 요지는 테러리즘으로 인한 미국 국민들의 고통을 무시한 좌파의 무책임한 입장은 결국 '테러리즘에 대한 변명과 이데올로기의 문화'를 조성할 뿐이라는 것이다. 테러리즘에 대한 변명의 이데올로기는 (1) 테러는 최후의 의지 수단이며, (2) 테러리스트들은 다른 아무것도 할 수 없는 약자이고, (3) 테러리즘은 결국 인류의 긴 투쟁사 속에서 등장하는 보편적인 호소책일 뿐이며, (4) 순진무구한 사람을 죽이는 것은 잘못된 것이지만 제3세계에 고통을 가중시킨 미국의 국민들은 결코 순진무구할 수 없으며, (5) 테러에 대한 대응으로 인정되는 모든 통상적 행위들은 테러리즘 자체보다 더 나쁜 보복이라는 주장이다. 월저는 이러한 주장들과 아울러, 반미국적 좌파들은 여전히 1960-70년대 유행했던 마르크스주의적 제국주의 이론과 제3세계론에 연연하여 테러리즘의 궁극적 원인을 전 세계적 불평등으로만 보고, 알카에다(Al-

Qaeda) 테러 조직의 전근대적이고 급진적인 이슬람 원리주의에 대해
서는 무시하고 있다고 비판한다. 또한 월저는 그들이 미국 국민들의 고
통과 곤궁으로부터 유리되어 소외감에 빠진 비판만을 되뇌면서, 제국
주의 국가인 미국의 죄상을 먼저 비판해야 한다는 도덕적 순수주의와
세계의 유일무이한 초강대국인 미국이 더 가난하고 약한 사람들을 어
떻게 비판하고 정죄할 수 있는가 하는 식의 자괴감에 빠져 있다고 비
판한다. 우리는 미국 좌파 내의 이러한 논쟁에 대한 판결을 유보할 것
이지만, 월저는 반미국적 좌파가 정의전쟁론에 대한 가장 정교한 전통
적 반론, 즉 전쟁의 양 당사자에 대해서 정의 여부를 판정하기보다는
전쟁의 체계적 원인에 대해서 고찰하는 것이 더 유용할 것이라는 반론
을 제기하고 있다는 점에 대해서 심각하게 고려해야 할 것이다.157)

2) 아프가니스탄 전쟁에 대한 평가

아프가니스탄 전쟁에 대해서 일단 월저는 9 · 11 테러를 획책하고
주도한 것이 알카에다 테러 조직과 오사마 빈 라덴(Osama bin Laden)
이라는 것이 사실이라는 전제 하에 논의를 전개한다. 월저는 그러한 테
러 조직을 후원하고 보호하면서 테러리스트 훈련을 방조했지만 그들의
신병 인도에 관한 미국의 필수적이고 정당한 요구를 거부한 탈레반
(Taliban) 정권에 대한 군사적 공격인 아프가니스탄 전쟁은 정의롭고
정당할 뿐만 아니라 도덕적으로 불가피한 방어전쟁이었다고 평가한다.
물론 그것이 전쟁 수행의 정의를 준수할 만큼 과연 세심하고도 효과적
인 전쟁이었는가에 대해서는 상당히 비판적인 태도를 취하고 있다.158)
이러한 비판적인 태도는, 미국이 걸프 전쟁을 벌인 것은 정당했지만 당
시 미국이 공중 폭격한 이라크의 사회기반시설 중 적어도 수도와 발전
시설 등에 대한 폭격은 결국 민간인에 대한 심각한 피해를 야기했으므

로 민간인의 면제성과 제한된 목표물의 선정 원칙에 어긋난다고 비난한 것과 일맥상통한다.159)

3) 이라크 전쟁에 대한 평가

이라크 전쟁에 대해서 월저는 미국의 이라크에 대한 전쟁과 이라크의 미국에 대한 전쟁으로 나누어서 각각 평가하고 있다. 월저에 따르면, 미국의 전쟁은 부정의하다. 이라크에 대한 무장해제는 도덕적으로 정치적으로 합당한 목표였지만 이것은 전면전이 아니고서도 달성될 수 있었다는 것이다. 월저는 2003년 3월 당시는 전면전이 아니라 강력한 견제 정책, 즉 경제 제재, 비행 금지 구역 확대, 국제연합에 의한 무기 사찰 등으로 이라크의 위협이 제거될 수 있었다고 주장한다. 따라서 "조기에 착수된 전쟁은 정의로운 전쟁이 아니다"라고 단언한다.160) 그리고 미국이 전쟁 중에 사회기반시설을 폭격하고 많은 민간인 사상자를 낸 것은 전쟁 수행의 정의의 관점에서 비판을 받아야 한다는 것이다. 물론 월저는 미국 정부의 일방주의적 태도에는 문제가 많기는 하지만 프랑스와 독일 등 유럽 국가들의 무책임도 심각하다고 평가한다. 그들은 전쟁은 '최후의 수단(the last resort)'이라는 원칙 뒤에 숨어 한정 없이 전쟁만을 반대했지, 전쟁의 대안으로 고려되는 강력한 견제 정책의 실행을 위한 최소한의 군사적 행동에도 동참하지 않았다고 비판한다. 소규모라도 군사적 행동과 위협이 없으면 그러한 견제 정책은 결코 성공할 수 없다는 것이다.161)

월저는 비록 사담 후세인(Saddam Hussein)이 전쟁을 시작하지 않았지만, 후세인의 전쟁도 부정의한 것이라고 평가한다. 그는 점령군에 맞서 나라를 지킨 것이 아니라 자신의 정권을 지켰다는 것이다. 쿠웨이트를 침략한 전력과 이라크 내에서의 무자비한 탄압 행위를 감안한다면 그의 정권은 아무런 도덕적 정당성도 가지지 못한다는 것이다. 물론 그렇다고 정권 교체를 위한 인도주의적 개입이 정당화되는 것은 아니지만, 국제연합의 무기사찰, 군비축소 등을 받아들이거나 혹은 이라크를 위해서 망명의 길에 나섰더라면 피할 수 있었을 전쟁을 벌인 것은 잘못이라는 것이다.162)

이라크 전쟁과 월저의 정의전쟁론에 관련된 우리나라에서의 전반적인 평가는 매우 비판적이다. 즉, 월저의 선제공격(preemptive strikes) 이론, 예방전쟁(preventive war) 이론, 인도주의적 개입(humanitarian intervention) 이론이 적어도 미국 부시 정권의 이라크 전쟁에 대한 이론적 정당화를 제공했거나, 혹은 더 나아가서 마치 그가 그러한 이론들을 통해 이라크 전쟁을 옹호한 것처럼 평가되고 있다. 그러나 이러한 주장은 모두 피상적인 것으로 정확하지 못한 것이다.163) 물론 미국의 부시 행정부가 그러한 정의전쟁론의 이론들을 통해서 이라크 전쟁을 옹호하고 정당화하는 것은 (전쟁을 벌이는 국가는 어떻게든 전쟁을 정당화하려고 할 것이므로) 정의전쟁론의 성행을 볼 때 필수불가결하고 당연한 일일 것이다. 그러나 월저는 그러한 정당화는 위선적일 뿐만 아니라 정의전쟁론을 오용하는 것이라고 비판하고 나선다. 우리는 이미 월저가 특수한 상황에서 선제공격은 정당화될 수 있지만 예방전쟁은 부정의한 것으로 본 점을 논의했다.164) 월저는, 부시 대통령이 이라크 전쟁은 정의롭고 필수불가결한 선제공격 전쟁이라고 선언했지만 그것은 근거가 없다고 비판한다. 이라크의 대량살상무기의 존재, 그리고 그것의 급박한 사용에 대한 증거가 없으므로 이라크 전쟁은 선제공격적 방어전쟁이 아니라는 것이다. 따라서 월저는 이라크 전쟁은 엄밀히 말하면 선제공격 전쟁이 아니라, 보다 먼 미래의 위협에 대응하는 예방전쟁이라고 해석한다. 그러나 예방전쟁은 미래의 힘의 균형을 목표로 실시되므로 국제법의 법리주의 모형이나 전통적 정의론에서 결코 인정되지 않았다고 강조한다. 물론 예방전쟁에 대한 그러한 전통적인 불인정은 대량살상무기나 그 장거리 운반수단이 없을 때의 상황에서 나온 것이므로 시대에 뒤떨어진 것이라는 반론을 월저는 모르지 않는다. 그 반론은 만약 이라크가 그것을 개발하고 장거리 운반수단을 통해서 사용한다면 대응할 시간적 여유가 없으므로 지금 공격해야만 한다는 것을 주장하는 것이다. 또한 그 반론은 이제는 대량살상무기와 그 장거리 운반수단 때문에 선제공격과 예방전쟁 사이의 간극이 매우 좁아져서 실질적으로 아무런 전략적 차이가 없다고 주장하는 것이다. 그러나 월저는 이러한 선제공격적 예방전쟁(a preemptive preventive war)의 논리는 이미 자신이 선제공격의 유일한 경우로 인정한 1967년 이스라엘의 6일 전쟁이나, 1981년 후세인이 이스라엘에 대한 즉각적인 공격을 단언했던 경우 인근 국가인 이스라엘에게만 적용될 수 있는 것이라고 반박한다. 따라서 설령 미국이 이라크에 위협받는 이스라엘과 쿠웨이트 등 인근 및 인접 국가들을 대변한다고 해도 그러한 선제공격적 예방전쟁 논리는 2002년 미국의 상황에 적용될 수 없다는 것이다.165)

월저는 이라크 전쟁이 인도주의적 개입으로도 정당화될 수 없다고 본다. 이미 우리가 논의한 것처럼 월저에 따르면, "인류의 도덕적 양심에 대한 경악"이 발생할 정도로 끔찍한 인권유린인 대규모의 학살이나 인종 청소, 그리고 노예화가 발생하는 경우에만 개입이 정당화된다.166) 미국 정부는 후세인의 야만적 독재정권으로부터 압제받는 이라크 국민들이 자유를 찾게 하기 위한 인도주의적 개입 전쟁을 하는 것이라고 주장한 바 있다.167) 월저는 비록 후세인 정권이 제3세계에서 가장 심각하고 탄압적인 파시즘 정권이기는 하지만, 이 자체가 후세인 정권을 교체하는 인도주의적 개입을 정당화해 주지 않는다고 생각한다. 그리고 이라크 북부 비행 금지 구역의 설정은 쿠르드족(Kurd)을 위한 일종의 인도주의적 개입으로서 쿠르드족 자치를 위한 일종의 정권 교체 효과를 가져왔다고 본다. 그러나 쿠르드족의 안전과 어느 정도 자치의 성공은 이라크 전쟁이 후세인 정권의 교체를 위해서 시작했다는 명분을 정당화하지 못한다. 물론 월저는 자신이 주창했던, 전쟁이 아니라 강력한 견제 정책의 부수 작용으로 후세인 정권이 약화되어 몰락하는 것은 어쩔 수 없다고 생각한다.168) 따라서 결론적으로 월저는 부시 행정부의 이라크 전쟁은 "정의롭지도 않고 필요하지도 않다"고 단언을 내린다.169)

이상과 같은 현실 전쟁에 대한 월저의 평가는 비교적 공정하다고 생각된다. 그러나 존경받을 만한 판관으로서의 월저 자신에 대한 진정한 평가는 앞으로 그의 정의전쟁론과 현실 전쟁에 대한 평가가 사회비판이론의 지침으로서 계속적으로 요청될 것인지, 그리고 전쟁에 관한 논쟁에서 그의 정의전쟁론이 중요한 참조점이 될 것인지에 달려 있을 것이다.

5. 결론: 월저의 정의전쟁론, 그 공헌과 한계 그리고 미래 과제

1) 월저의 정의전쟁론의 공헌

이제 우리는 방대한 월저의 정의전쟁론을 이해하기 위한 기나긴 해석과 논란의 지적 투쟁을 공평하게 평가하여 종결해야 할 시점에 와 있다. 월저의 정의전쟁론이 가진 공헌은 다음과 같이 정리될 수 있을 것이다.

(1) 그의 정의전쟁론은 약육강식과 힘의 논리에 근거한 현실주의가 국제관계와 전쟁 담론을 지배했던 상황에서 정의전쟁론의 전통에 대한 현대적 부활을 주도했다.

(2) 그의 정의전쟁론은 그 전통에 대한 단순한 부활이 아니라, 그것

을 수정, 확대, 개선시켰다. 그의 정의전쟁론은 '전쟁 개시의 정의' 영역에서 자기방어 전쟁과 그 원조, 그리고 침략국의 처벌에만 국한되었던 '법리주의 모형'을 여섯 가지 원칙으로 재정리하였다. 이러한 수정은 국제연합과 국제법에 근거한 실정법적 합법전(*bellum legalle*) 체제를 정의전쟁(*bellum justum*) 체제로 바꾼 것이다.170) 우선 '정당한 명분(just cause)' 속에 선제공격, 분리 및 해방 운동 지원을 위한 개입, 부당한 개입에 맞서는 역개입, 인도주의적 개입을 새로 추가하고, 그간 과도한 명분이 되었던 침략국의 처벌에 관한 적절한 수준 제시를 통한 제한전쟁 이론을 제시한 점이 돋보인다. 그리고 그의 정의전쟁론은 '전쟁 수행의 정의' 영역에서 전쟁 개시의 정의 여부에 관계없이 교전국의 군인들을 '도덕적 동등자'로 간주하고, 비전투원의 면제성을 강력하게 주창하고, 그간 비전투원에 대한 부수적 피해에 대한 정당화 기제로 작동해 왔던 '이중결과의 원리'를 보다 엄밀하게 보완하였다. 그리고 '전쟁 종결의 정의'에서는 전쟁 개시의 전범자들, 전쟁 수행의 전범자들, 그리고 부당한 전쟁을 개시한 국가의 시민들의 책임을 구분하여 설득력 있게 설명했다. 특히 월저의 정의론은 전쟁의 열기, 상관으로부터의 명령, 큰 위협이 없는 자기보존은 전쟁 수행의 정의 원칙을 위반하도록 면책하지 않는다는 것을 엄밀하게 입증하였다.

(3) 그의 정의전쟁론은 전쟁의 개시, 수행, 종결이라는 3부 체계를 연관적으로 구성하였을 뿐만 아니라 그것을 사례중심적 결의론으로 보완하는 풍부한 역사적 사례를 제공하고 있다.

(4) 그의 정의전쟁론은 그 3부 체계에서 일관되게 생명과 자유에 대한 인권이 전쟁에 관한 도덕적 논증의 기초가 되도록 했다. 특히 개인의 생명과 자유에 관한 인권에 기초한 인도주의적 개입과 전투에서 민간인의 면제성 원칙이 주요 의제가 되도록 촉구한 것은 그의 정의전쟁론이 이룬 커다란 공헌으로 평가된다.

(5) 그의 정의전쟁론은 그 이론적 준거틀, 용어와 개념적 구조가 전쟁의 개시, 수행, 종결 상황에 있는 교전국의 정치 및 군사 지도자들이 추구하는 전쟁의 정당화뿐만 아니라 그 국민들의 사회비판과 민주적 의사결정의 기제로서 작동하도록 만들었다.171) 따라서 그의 정의전쟁론은 현대사회에서 정의전쟁론이 성행하는 데 커다란 기여를 하고, 또한 정의전쟁론의 관점에서 오는 도덕적 논증을 정치적 군사적 사회적 관점에서 필연적인 것으로 고려하도록 만들었던 것이다. 그렇다면 월저의 정의전쟁론의 결정적 공헌은 정의전쟁론의 수립을 통해 전쟁이 없을 수 없는 우리 시대에서 한 시대정신(zeitgeist)을 형성한 것이다.172)

2) 월저의 정의전쟁론의 한계

그러나 월저의 정의전쟁론은 이러한 중요하고도 다양한 공헌에도 불구하고 그 이론적 미비점과 현실적 한계도 많이 드러내고 있다.

(1) 그의 정의전쟁론은 그 경쟁적 대안인 평화주의와 현실주의를 극복할 만한 충분한 논증을 제공하지 못하고 있다. 그의 평화주의에 대한 논의는 비폭력 저항주의에 국한되고 있으며, 주요한 비판적 논거는 현실적 실행 가능성으로부터의 비판이지만 이것은 현실주의가 정의전쟁론에 대한 비판에서 긴요하게 사용했던 근거이다.173) 그리고 월저의 정의론은 전쟁 개시의 정의에서 전쟁에 개입할 수 있는 더욱 다양한 근거, 즉 선제공격, 원조 개입과 역개입, 인도주의적 개입 등을 설정하고, 전쟁 수행의 정의에서 전쟁 규칙과 인권을 어길 수 있는 극도의 비상상황론을 개진함으로써 현실주의와의 구분을 모호하게 만든다. 그렇다면, 그는 결국 '수정주의적 현실주의자' 혹은 '위장된 현실주의자'에 불과한 것은 아닌가?174)

(2) 그의 정의전쟁론은 그 이론적 준거점이 되는 생명과 자유의 권

리에 대한 철학적 기초를 제공하지 못했을 뿐만 아니라 개인적 권리와 공동체적 권리 사이의 관계를 명확하게 설정하지 못하고 있다.175) 또한 권리가 무시되는 여러 상황을 용인함으로써 권리의 불가침성을 통해 공리주의를 비판한 것을 실질적으로 무화시킨다. 그리고 특히 9·11 테러 이후 안보 논리에 밀려 개인적 생명과 자유의 권리가 더욱 약화되고 압도당하고 있는 미국의 상황에서 그의 권리준거적 정의전쟁론은 그 찬란한 빛을 잃어 가고 있다.

(3) 그의 정의전쟁론은 전통적 정의전쟁론에서 가족적 유사성을 가진 원칙들 중 정당한 명분만을 지나치게 강조하고 비례성의 원칙, 최후의 수단, 정당한 의도를 상당히 약화시킴으로써 전쟁 개시의 가능성을 증폭시키고 있다.

(4) 그의 정의전쟁론은 사례중심적 결의론을 통해 풍부한 역사적 사례를 제공해 주지만, 그 반면에 오히려 오용 가능성도 높이고 있다. 즉, 사례중심적 결의론은 정의전쟁론의 3부 체계에서 등장하는 다양한 원칙들 사이의 우선순위와 조정에 관한 보편적인 기준을 제시하지 않음으로써 특정 전쟁이 정의로운지의 여부에 대한 다양한 해석 가능성을 열어 놓는다. 이러한 관점에서 볼 때 "정의전쟁론은 구체적인 상황에서 합의가 도출되도록 특별히 고안된 것은 아니다"라는 비판이 제기되어 왔다.176) 이러한 관점에서 월저의 정의전쟁론은 그 풍부한 역사적 전쟁 사례의 제시에도 불구하고 매우 추상적이라는 비판도 제기된다.177) 월저는 정의전쟁론의 오용 가능성을 국가적 정당화의 필요성과 군인들의 사기 진작책, 정치 지도자들의 위선성 등에 기인하는 것으로 보지만,178) 그 본질적 원인은 정의전쟁론의 원칙이 엄밀한 규칙이 아니고 포괄적인 원칙들의 체계라는 것 때문이다.179) 따라서 정의전쟁론은 현실적으로 그 윤리적 조건으로 제시된 것들 중 어느 한두 가지만 맞아도 쉽게 거의 모든 전쟁을 정당화할 수 있는 경향을 지니고 있게

된다.180) 이렇게 본다면, 역사적으로도 그랬지만 이라크 전쟁에 대한 미국 정의전쟁론자들의 적전 분열 현상, 즉 "정의전쟁론의 분열: 하나의 전통, 두 개의 견해"는 괄목할 만한 일이다.181) 현실 전쟁에 대한 월저의 평가도 엄밀하게는 그의 정의전쟁론에서 논리적으로 도출되어 나왔다기보다는 정의전쟁론의 몇 가지 원칙에 대한 임의적 적용이거나 아니면 개인적 주관과 선입견에 따른 것일지도 모른다.182)

(5) 그의 정의전쟁론의 핵심은 전쟁의 제약 혹은 제한전쟁이라고 강조되었지만, 그것은 정당한 명분에 관련하여 유화책을 거부하고 선제공격을 정당화하면서 전쟁 확대의 많은 이론적 근거를 제공했을 뿐만 아니라 전쟁이 성전으로 귀착될 위험성도 제거하지 못하고 있다.183) 총력전이나 전면전의 양상을 보여 온 현대전의 특성을 볼 때 제한전쟁의 가능성은 그리 높지 않은 것처럼 보인다. 그리고 월저가 전쟁 수행의 정의가 전쟁 개시의 정의에 의해서 종속당할 수밖에 없는 극도의 비상상황에 관련하여 나치 독일의 사악성을 언급한 것은 부시 정권이 미국의 적들에 대해서 '악의 축(axis of evil)', '불량배 국가(rogue state)'라고 공언한 것을 연상시킨다.184) 월저는 부시 전 대통령이 걸프전쟁 당시 정의전쟁론을 원용한 것을 두고 미국의 오래된 경향, 즉 "정의로운 전쟁과 성전을 혼동하는 경향"을 답습하고 있다고 지적한 바 있다.185) 최근 9·11 테러와 세계 각지에서 점증되는 테러 이후 미국과 유럽에서 고조되는 있는 아랍인과 이슬람교도, 그리고 이슬람 문명에 대한 비판과 반감은 학교에서 아랍계 여학생의 히잡 착용을 금지한 것으로부터 시작하여 가히 '새로운 성전(the New Crusade)'의 단계에 와 있는 실정이다. 이것은 기존에 존재했던 이슬람 급진파와 테러리스트들의 '지하드(Jihad)' 공언과 맞물려 더욱 증폭되고 있다.186) 월저는 전쟁의 딜레마를 다루면서 "전쟁 자체가 정의로우면 정의로울수록 더욱 전쟁 규칙을 어길 수 있다"는 소위 점진적 연동 규칙(sliding scale

rule)을 통해 공리주의가 전쟁을 참혹하게 만든다고 비판한 바 있다.187) 그러나 그는 극도의 비상상황에서는 공리주의에 대한 제약이 걷히고, 나치 독일에 맞선 자유주의 국가들의 공동체의 생존을 위해서 나치 독일의 무고한 민간인의 생명과 자유에 대한 권리를 압도하는 무차별적 테러 폭격이 용인된다고 주장한 바 있다.188) 칸트는 『영구평화론』에서 월저식의 그러한 불가피한 궤변을 예상하고 이렇게 말했던 것은 아닐까?189)

"현재의 경우에 있어서 덕의 참된 용기는 '너희는 악에 굴복하지 말고, 그것에 대항하여 더욱 대담하라(tu ne cede malis, sed contra audentior)'는 근본 원칙에 따라 여기서 감수하지 않을 수 없는 악과 희생을 뚜렷한 각오로써 대항하는 데 있지 않고, 오히려 우리 자신 안에 있는 훨씬 더 위험하고 거짓투성이이며 배신적인, 게다가 궤변적이며, 인간성의 약점을 모든 범행의 정당화를 위하여 이용하려는 악한 원리를 바로 보고 그 간계를 물리치는 데 있다."

결국 정의전쟁론의 심층적 저변에는 정당방위에 기반한 "눈에는 눈, 이에는 이"라는 '동형복수법(lex talionis)'이 가장 크게 자리 잡고 있는 것은 아닐까?190) 정의로운 전쟁이 "정의를 뿌리고 죽음을 추수한다"는 우려는 참이었단 말인가? 아이러니하게도 전쟁 자체 혹은 개시에 대해서 정의 여부를 판정하는 정의전쟁론은 전쟁 자체와 개시에 대해서 무차별적 정의관을 취하면서 최대한 전쟁 수행의 정의를 추구하는 현실주의보다 더 참혹한 전쟁을 유발한다는 현실주의의 반론은 여전히 유효한가?191) 무차별적 정의관은 국제법에서 "어느 쪽에게도 염병할 놈이라고 욕하지 마라 주의('the plague on neither of your houses' doctrine)"로 알려져 있는데, 차라리 그것이 더 낫지 않겠는가?192)

(6) 그의 정의전쟁론은 사회비판이론으로서 제시되었지만,193) 그 현실적 실행 가능성은 많은 난관에 봉착하고 있다. 모든 사회는 전시에 월저가 용인했던 극도의 비상상황론에 따라 공동체의 존속을 최고의 가치로 여길 것이다. 현재 자유의 나라 미국에서도 국가 안전을 위해서 개인적 자유에 대한 권리를 제약할 수 있다는 논리에 월저뿐만 아니라 그 누구도 반론을 제기하지 못하고 있는 실정이다.194) 월저가 아무리 전시라도 민주사회의 시민들은 그레이의 준칙(Gray's maxim)에 따라 "뭔가 더 할 수 있기 때문에 더 해야만 한다"는 책임이 있다고 주장하지만,195) 민주사회의 시민들도, 평시에도 그렇지만 전시에 나라를 비판하기는 더욱 어려운 법이다. 설령 양보하여 미국이 월저와 같은 좌파 정의전쟁 이론가를 사회적으로 용인한다고 하더라도 미국이 유일무이한 초강대국으로 있는 한 정의전쟁론은 미국을 구속하기가 매우 어려울 것이다.196) 특히 월저가 이라크 전쟁 대신 제안했던 국제연합 사찰단 활동 재개를 포함한 이라크에 대한 강력한 견제 정책도 미국의 일방주의 때문에 무산되었던 바 있다. 월저에게 진정으로 필요한 견제 정책은 미국의 일방주의를 견제할 수 있고, 또 국제사회에서 국제연합의 권위와 구속력을 확대하는 것이다.197) 물론 미국에서 베트남 전쟁 때와 같은 반전 사회운동이 언제라도 일어날 수 있는 가능성이 있겠지만, 부시 대통령의 재선은 그러한 사회적 상황의 가능성을 봉쇄한 것처럼 보인다. 그리고 특히 군사기밀로 분류된 전쟁에 대한 정확한 정보 접근권이 없는 국민들로서는 정부의 전쟁 정책에 맹종하기가 다반사일 것이다. 월저도 정의전쟁론의 성행이 함축하는 위험성의 하나로 국가의 존망이 큰 전쟁일수록 정의전쟁 이론가와 정치 지도자와 군인들 사이에 모종의 휴전(truce)이 생겨서 비판적 역량이 무디어질 것이라는 점을 들고 있다.198) 만약 월저가 정의전쟁론을 '민주적 의사결정을 위한 필수적 지침'임을 강조한다면,199) 월저가 구체적으로 다루고 있지 않

은 전쟁 개시의 정의에서의 '합법적 권위에 의한 공개적 선전포고'는 합법적인 국가 통치자가 민주시민들의 명시적 합의를 구하는 '공유된 권위(shared authority)'로 바뀌어야 할 것이다.200)

3) 월저의 정의전쟁론을 통해 본 정의전쟁론에의 도전과 그 미래 과제

월저 자신도 정의전쟁론에 대한 다양한 반론을 인식하고, 정의전쟁론의 미래 과제에서 대해서 언급하고 있다. 그는 우선 정의전쟁론의 성행에 대한 반론으로 두 가지를 든다. 그 첫째는 소위 정의라는 거대담론을 버린 포스트모던적 좌파들로부터 온다. 이것은 결국 전쟁 자체와 개시의 정의에서의 무차별성 혹은 객관적 판정 기준의 불가능성을 주장하는 것이다. 그들은 누가 옳은지 판단할 아무런 기준도 없다고 주장한다. 그들의 캐치프레이즈는 "한 사람에게서의 테러리스트는 다른 사람에게서의 자유의 투사"인 것이다. 우리에게는 오직 어느 한편에 가담할 수밖에 없는 파르티잔적 투쟁만을 할 수밖에 도리가 없다는 것이다. "어느 쪽이든지 원하는 것을 택하라(utrum horum mavis accipe)." 그러나 월저는 그렇다면 우리는 순진무구한 사람들을 무차별적으로 죽이는 테러리즘을 비판할 도덕적 분별력과 그 기준을 상실하게 된다고 반박한다.201)

그 둘째는 도덕적 절대주의를 천명하는 평화주의자들로부터 온다. 월저는 그들의 반론을 평화주의를 대체하려고 했던 정의전쟁론의 바로 그 핵심으로부터 평화주의가 재부상하는 것으로 해석한다. 그들은 전쟁에서 폭격 중지를 주장하는데, 그 이유는 그것이 민간인에 대한 부수적 피해를 가져오므로 민간인에 대한 면제성을 주장하는 전쟁 수행의 정의를 위반한다고 보기 때문이다. 따라서 전쟁은 도덕적으로 절대 허용될 수 없다는 것이다. 그러한 평화주의자들에 따르면, 정의로운 전쟁은 현실적으로 수행되기가 불가능해진다는 것이다. 월저는 그들의 입장은 힘과 권력의 사용에 대한 근본적 회의주의에서 나온 것이지만, 정의전쟁론은 그 사용에 대한 근본적 책임주의에 나온 것이라고 대비한다. 월저는 미국이 자신의 힘과 무력을 사용할 수밖에 없는 상황에 처해 있다고 파악한다. 그리고 미국이 전쟁 수행 과정에서의 불가피한 민간인에 대한 부수적 피해를 전략적으로(스마트 폭탄 혹은 정밀 폭격) 혹은 도덕적으로(민간인 피해를 줄이기 위해 폭격기의 목표 근접 사격으로 적의 대공포에 의한 피해 감수) 최소화하려고 전혀 노력을 하지 않았다고 비판하는 것은 잘못된 일이라고 응수한다.202)

월저는 또한 미국의 인도주의적 개입에 관련해서 최근에 일어나고 있는 두 가지 주장에 대해서도 언급하고 있다. 그것은 인도주의적 개입 전쟁에서는 ‘위험부담 없는 전쟁 수행’이 필요하고, 또한 ‘전쟁 이전의 상태 복구’가 되면 인도주의적 개입을 끝내야 한다는 것이다. 월저는 앞으로 다민족 국가 내에서 민족적 갈등에 따른 분리와 해방, 그리고 그에 따른 인도주의적 개입의 문제가 향후 정의전쟁론의 중요한 의제가 될 것임을 예상한다.203) 월저는 공중 폭격만의 위험부담 없는 전쟁 수행은 결국 많은 민간인 사상자를 내게 될 것이므로 결국 지상군이 진주해야만 한다고 주장한다. 그리고 인도주의적 개입은 인종 청소나 학살만을 방지하고 전쟁을 종결해야 할 것이 아니라, 적어도 피학대 민족이 자립할 수 있도록 정치 경제적 ‘구제의 정치(politics of rescue)’를 펼쳐야 한다고 강조한다. 월저는 정의전쟁론의 전통에서나 자신의 이론에서 가장 미발달되었던 전쟁 종결의 정의가 인도주의적 개입과 관련하여 21세기에는 더욱 중요한 과제로 등장할 것이라고 예상한다.204) 가장 중요한 마지막 과제로서 월저는 테러리즘을 차단하기 위한 국제적 공조의 문제가 이론적으로나 현실적으로 가장 미진한 분야임을 인정하고, 거기에 정의전쟁론의 가장 중요한 미래 과제가 있다고

강조한다.205)

오늘날 정의전쟁론의 가장 중요한 이론적 현실적 과제는 정의전쟁론이 전 세계에 걸쳐 자행되는 대규모의 전방위적이고 상시적인 테러리즘과 그 공포를 어떻게 다루고 포섭할 수 있는가 하는 것이다. 크로포드(Neta Crawford)는 9·11 테러 이후의 테러리즘 만연의 시대에 다음과 같은 12가지의 난제가 정의전쟁론과 미국의 대테러 전쟁에 도전을 제기한다는 매우 주목할 만한 주장을 펼치고 있다.206) 우리가 다루지 않았거나 질문 그 자체로 이해하기 힘든 것만 부연 설명하면서 고찰해 보기로 하자. 이러한 난제들은 정의전쟁론 일반에 대해서만이 아니라 월저의 정의전쟁론에도 모두 그대로 적용되는 난제일 것이다. 우리의 기나긴 탐구는 이러한 12가지 난제에 대해서 어느 정도 거의 언급했다고 생각된다.

(1) 만약 자기방어가 전쟁의 유일한 정당한 명분이라면, 우리는 자기방어가 무엇인지를 물어야만 한다. 자기방어에서 '자기'의 한계는 무엇인가? 미국이 내세우는 '자기'는 단순히 미국 영토와 국민의 생명과 자유에 대한 소극적인 것이 아니다. 그것은 정치 경제적으로 최고의 삶의 질을 향유할 수 있는 미국적 가치의 존속과 세계자원의 계속적 확보를 의미한다면, 그러한 '자기'는 너무나 광범위하고 포괄적인 '자기'이다.

(2) 만약 자기방어가 정당하고, 극도의 비상상황에서의 선제공격도 그러하다면, 그러한 선제공격을 정당화하기 위해서는 어느 정도의 증거가 필수적으로 요청되는가? 선제공격적 방어전쟁은 가능한가?

(3) 전쟁 개시의 정의에서 최후의 수단 기준이 충족되기가 어렵다면, 우리는 갈등과 분쟁을 해소하기 위한 모든 다른 수단들을 강구했는지, 또 그것들이 실패했는지 물어보아야 할 것이다.

(4) 비록 도덕적 확신에 근거한 극단주의는 어떠한 교설이나 주의에도 위험한 것이지만, 정의전쟁론은 그것을 촉진할 가능성이 높다. 미국

의 대테러 전쟁은 이미 성전이 되었다.

(5) 우리는 테러리즘을 어떻게 규정해야 하는가? 전통적 정의전쟁론은 테러리스트들을 합법적인 교전 당사자로 인정하지 않았는데, 어떻게 그들을 상대로 정의로운 전쟁을 벌일 수 있는가?

(6) 만약 우리가 테러리즘과 대테러를 모두 전쟁으로 규정한다면, 자기방어와 전쟁 확대는 공간적으로 시간적으로 개념적으로 무한히 반복적으로 진행될 것이다.

(7) 승리의 가능성과 비례성이라는 전쟁 개시의 정의 원칙은 무력행사를 강조하는 대테러 정책에서는 명백하게 충족될 수 없다. 오사마 빈 라덴 체포와 아프가니스탄 전쟁과 이라크 전쟁에 들어간 엄청난 손실과 비용을 감안할 때, 미국 대선 막바지에 잠시 나타나 부시의 재선을 도왔던 오사마 빈 라덴의 텔레비전 출현은 비효율적인 "숨바꼭질 전쟁 장난, 날 잡아 봐라(hide-and-seek war game, Catch me, if you can)!"의 전형을 보여주고 있다.

(8) 미국의 대테러 전략에서 군사적 대응이 비성공적이고 비생산적이라는 사실은 전투에서 민간인 살상과 피해의 배제 문제와 관련이 된다. 그러한 구분의 원칙을 지키는 것은 시도 때도 없이 모든 장소에서 벌어져야 하는 포스트모던적 대테러 전쟁에서는 더욱 어렵게 된다.

(9) 만약 대테러 전쟁과 그것의 정책적 전략적 수단인 선제공격, 예방전쟁, 대량살상무기 확산 금지, 정권 교체 등이 시간적으로 공간적으로 계속 확장된다면, 전쟁의 결과는 제약될 수 없을 것이다. 그렇다면 우리는 언제 어떻게 전쟁이 그 손실에 대해 그 이득이 비례적인지를 판정할 수 있는가?

(10) 정의전쟁론의 제약은 정의전쟁론을 따르지 않는 자들과의 투쟁에서도 적용되어야 하는가? 우리가 이미 논의한 것처럼 전쟁 개시의 정의와 관계없이 전쟁에 참여한 군인들은 '도덕적 동등자'가 된다는

월저의 주장을 볼 때 정의전쟁론은 예외 없이 같은 전통을 따르지 않는 자들에게도 적용되어야 할 것으로 보인다. 그러나 현실주의자가 주장하는 것처럼, 만약 이러한 제약을 지키는 것이 전쟁을 장기화하고, 사상자를 증가시킨다면 그것을 준수할 수 없는 것이 아닌가? 이러한 현실주의자의 관점은 히로시마에 원폭을 투하했던 정당화 논리로 사용되었기 때문에 쉽게 배제할 수 없을 것이다. 월저의 극도의 비상상황론도 전쟁 수행의 정의 원칙을 압도하도록 허용하고 있다. 자기의 거짓말이 참이라면 그것은 참인가 거짓인가의 '거짓말쟁이의 역설(the liar paradox)'로부터 불관용자를 관용하는 '관용의 역설(the paradox of toleration)'에 이르기까지 역설은 우리를 당황하게 하면서도 어떤 이론이 그러한 자기지시적 역설을 어떻게 해결하는지 보는 것은 매우 흥미진진할 것이다.

(11) 부정의한 전쟁을 삼가고 정당하게 전쟁을 치르라는 정의전쟁론의 최대 명법은 일견 가능한 것처럼 보이지만, 그것은 국제법의 구속력이 전혀 없거나 약한 상황에서는 용이하지 않다.

(12) 정의전쟁론의 비판자들은 정의전쟁론의 전통이 매우 완고하다고 비판한 바 있다. 전쟁 개시의 정의의 한 원칙인 최후의 수단 원칙이 있음에도 불구하고 정의전쟁론은 분쟁과 갈등이 종국에는 전쟁으로 귀착될 수밖에 없는 필연성을 받아들이고 있는 것처럼 보인다. 월저도 최후의 수단과 비례성, 그리고 정당한 의도 원칙들을 정당한 명분의 원칙에 비해 경시한다는 것은 이미 지적된 바 있다.

여기서 자세히 천착하거나 해결할 수 없는 이러한 크로포드의 중차대한, 헤라클레스에게 같은 수로 부여된 것 같은, 12가지 난제를 볼 때 테러리즘의 편재와 만연의 시대에 미국이 주도하는 대테러 전쟁은 정의전쟁론에 의거해서 정의로운 전쟁이 되기는 불가능한 것처럼 보인다. 이제 오직 가능한 정의전쟁론은 무차별적인 주관적 정의전쟁론뿐이다. "전쟁은 양측 모두에게 주관적으로 정의로울 수 있다(*Bellum justum ex utraque parte*)."207) 이것은 월저가 우려했던 포스트모던적 좌파로부터의 바로 그 반론이 아닌가? 비록 월저가 미국 좌파 내의 논쟁점으로서 테러리즘의 이데올로기적 옹호와 변명을 비판하기는 하지만, 테러리즘의 문제를 정의전쟁론의 이론적 영역 안으로 포섭하는 문제에 대해서는 아직 이렇다 할 성과가 없다.

그렇다면 우리는 정의전쟁론을 시대에 뒤떨어지고 모순에 가득 찬 진부한 이론으로 폐기해야 할 것인가? 정의전쟁론은 가능한 또 다른 양식, 즉 세계경찰 정의전쟁론, 종교적 혹은 문명적 정의전쟁론,208) 마르크스-레닌주의 정의전쟁론, 혹은 민족주의 정의전쟁론을 통해 갱생해야만 하는가? 그러나 전체적으로 볼 때 우리에게는 아직도 서구 정의전쟁론만한 대안은 없을 것이다. 그것은 아직도 끊임없이 변화하고, 논쟁하고, 생동감 있게 이론적 현실적 탄력성을 회복하는 '살아 있는 전통'이다. 그것은 이미 비정규적 게릴라전, 핵전쟁, 인도주의적 간섭, 소규모 테러 등을 이론적으로 성공리(?)에 포용한 바 있다.209) 우리는 특히 앞으로 인도주의적 개입에 관련해서 정의전쟁론의 역할을 크게 기대해야만 할 것이다. 아무리 신출귀몰하고 오리무중인 포스트모던적 테러리즘이라 해도 그렇게 되지 말라는 법이 있는가?

월저가 지적한 대로 오늘날 분명히 정의전쟁론은 성행하고 있다. 그러나 아직도 그것은 세계인의 '심정과 인심(hearts and minds)'을 얻지도 사로잡지도 못하고 있다. 그 이유는 정의전쟁론이 부정의한 전쟁이나 제국주의적 동기를 호도하려는 미국의 현실주의적 위선책이나 일방주의적 호도책으로 오용되는 경우가 비일비재하기 때문일 것이다. 그렇다면 정의전쟁론은 '악이 선에 바치는 공물(the tribute that vice pays to virtue)'에 불과한 것은 아닐까? 그 공물을 받아먹고 선이 힘을 끼워 '영구평화'까지는 아니더라도 악이 지배하는 부정의한 전쟁의 개시와 수행과 종결에 대한 사회적 비판의 역량으로 성장할 수 있을 것인가? 결국 정의전쟁론이 추구하는 정의와 평화의 선은 전쟁의 악에게 "더 적은 악을 행사하라(the lesser evil principle)"고만 요구할 수 있을 뿐 그 악을 근절할 수는 없는 것 아닐까?

비록 전쟁의 필연성과 전제(tyranny)에서 오는 딜레마와 극도의 비상상황 때문이라고는 하지만, 월저는 정의로운 공동체의 생존을 위한다는 미명 아래 전쟁 자체와 개시의 정의가 전쟁 수행의 정의를 너무 많이 침해하도록 허용한 것은 아닌가? 그렇다면 전쟁 종결의 정의도 더욱 실현되기 어려워지는 것은 아닌가? 우리는 결국 "하늘이 무너져도 정의는 실현되어야 한다(Fiat justitia ruat caelum)"는 명제는 실현될 수 없는 도덕적 절대주의라고 위안을 해야 할 것인가? "정의가 없는 평화는 있을 수도 없고 있어서도 안 된다"는 정의전쟁론의 강변은 테러리즘과 대테러 전쟁이 주는 전 지구적 재앙의 영구적인 악순환을 끊기 위해서 인류의 영구적인 평화를 위한 제창 소리 아래 압도되어야만 할 것이다. 정의전쟁론의 현대적 부흥은 인류가 제3차 세계(핵)대전과 같은 전 지구적 재앙의 위험을 제어할 수 있다는 신념과 전제 아래 평화를 정의 아래 종속시켰으나, 이제는 전통적인 핵 상호 억지가 불가능한 핵테러리즘의 가능성을 무시할 수 없는 상황이 도래하였으므로 정의는 평화 아래 종속되어야만 할 것이다. 이것은 핵위협 평화주의가 주는 불안 속의 위안인가? 그렇지만 핵테러의 확산 방지가 미국의 대테러 전쟁의 주요한 과제가 되고 있는 것이 작금의 상황이다. 그렇다면 우리는 핵위협 평화주의자임과 동시에 핵테러 방지 호전론자가 되어야 하는 야누스적 아이러니와 함께 일상적 평온(tranquilitas ordinis)이 없는 시대를 살아가야 하는 실낙원의 운명과 자연상태로의 원대 복귀에 처해진다. 홉스가『리바이어던(Leviathan)』에서 말한 것처럼,210) "전쟁 상태에서 벌어지는 모든 일은 만인이 만인에 대해서 적(敵)인 상태"이며, 거기서는 "예술이나 학문도 없으며", "끊임없는 공포와 생사의 갈림길에서 인간의 삶은 고독하고, 가난하고, 험악하고, 잔인하고, 그리고 짧다."

"마이클 월저의 정의전쟁론"에 대한 논평

박상혁(동아대학교 철학생명의료학과)

이 논문에서 박정순 교수(이하 저자)는 마이클 월저의 정의전쟁론을 일목요연하게 정리한 후 그에 대한 공정한 평가를 내리고 있다. 논평자는 저자가 월저의 정의전쟁론에 대해 내린 평가에 대부분 동의한다. 하지만 철학적 대화를 위해서 논평자는 저자의 월저 비판을 선별적으로 논의하겠다.

비판 1. 월저의 정의론은 전쟁 수행의 정의에서 전쟁 규칙과 인권을 어길 수 있는 극도의 비상상황론을 개진함으로써 현실주의와의 구분을 모호하게 만든다. 그렇다면, 그는 결국 '수정주의적 현실주의자' 혹은 '위장된 현실주의자'에 불과한 것은 아닌가?

답변 1. 월저는 현실주의자가 아니다. 현실주의에 따르면 전쟁은 (따라서 비상상황은) 도덕적으로 정당화될 필요가 없다. 하지만 정의전쟁론에서는 전쟁은 (따라서 비상상황은) 도덕적으로 정당화되어야 한다. 월저가 언급하는 비상상황들은 도덕적으로 정당화된다. 비상상황들에서 권리의 제한이나 침해가 정당화되는 것은 그것이 권리의 존립 조건을 지키기 위한 유일한 방법이기 때문이다.

비판 2. 월저는 인권이 무시되는 여러 상황을 용인함으로써 실질적으로 인권의 불가침성을 통해 (행위)공리주의를 비판한 것을 무화시킨다.

답변 2. 만일 월저의 (행위)공리주의에 반대하는 논변의 중요한 전제가 권리의 불가침성이라면 이 비판이 옳다. 하지만 자비로운 해석의 원리를 따른다면 월저의 (행위)공리주의 비판의 중요한 전제는 권리는 권리를 위해서만 침해될 수 있을 뿐이고 다른 비도덕적(non-moral) 좋음을 위해서는 침해될 수 없다는 것이다. 즉, 권리의 침해가 정당화되는 경우는 오직 권리의 존립 조건을 지키기 위해서만이라는 것이다. 이 것이 월저의 공리주의 비판의 전제라면 월저의 행위공리주의 비판은 무화되지 않는다. 왜냐하면 행위공리주의는 인권과 다른 종류의 비도덕적 좋음이 교환되는 것을 허용하기 때문이다.

비판 3. 월저의 정의전쟁론은 전통적 정의전쟁론에서 가족적 유사성을 가진 원칙들 중 정당한 명분만을 지나치게 강조하고, 비례성의 원칙, 최후의 수단, 정당한 의도를 상당히 약화시킴으로써 전쟁 개시의 가능성을 증폭시키고 있다.

답변 3. 만일 월저가 정당한 명분이 전쟁을 개시하기 위한 충분조건이거나 아니면 최소한 충분조건에 무척 근접한 것이라고 주장한다면 이 비판이 옳다. 하지만 자비로운 해석의 원리를 따른다면, 정당한 명분, 비례성의 원칙, 최후의 수단, 정당한 의도 등이 다 필요조건이라고 볼 수 있고, 정당한 명분은 다른 세 가지 조건들에 대해서 사전적 우선성(lexical priority)을 갖는다고 볼 수 있다. 즉, 정당한 명분 조건이 충족되지 않으면, 그 다음의 조건들은 고려될 필요조차 없다는 것이다. 이 해석이 옳다면 월저가 정당한 명분을 강조한 것이 전쟁 개시의 가능성을 증폭시키지 않을 것이다.

비판 4. 월저의 정의전쟁론의 해석에는 객관적인 기준이 없어 보인다. 즉, 특정 전쟁이 정의로운지의 여부에 대한 다양한 해석 가능성을 열어 놓는다. 예를 들어 이라크 전쟁에 대해서 정의전쟁론의 진영에서 의견이 갈린다.

답변 4. 상반된 해석이 객관적인 해석의 가능성을 배제하지는 않는다. 우선 상반된 해석이 모두 다 동등하게 정당화되는 것은 아니다. 어떤 해석들은 객관적인 해석의 전제조건을 충족시키지 않는다. 도덕이론들의 객관적 해석의 전제로 다음의 두 가지를 우선 생각해 볼 수 있다. 첫째, 도덕적 관점을 취하는 것이다. 도덕적 관점이 무엇인가에 대해서는 논란의 여지가 있지만, 최소한 도덕적 관점은 사람들을 평등하게 보는 것이다. 이는 침략국의 군인들도 도덕적 지위를 가진다는 것을 내포한다. 두 번째는 '자기방어', '방어적 선제공격' 등의 용어들을 확대 해석하거나 왜곡해서는 안 된다. 무엇이 올바른 해석인가에 대한 기초적인 기준은 용어들의 의미가 우리 일상 언어의 용법이 허용하는 한계 내에 있어야 한다는 것이다.

위에서 말한 객관적 해석의 두 가지 전제조건을 충족하더라도 여전히 넓은 해석의 여지가 남는다. 하지만 이는 월저의 정의전쟁론만의 문제가 아니라 많은 윤리이론들에 공통된 문제인 것이다. 다원주의적 의무론들 중에서 절대주의적 의무론도 그렇고 조건부적 의무론도 그렇다. 공리주의에서도 이런 문제가 발생할 수 있다. 무어(George E. Moore)가 인정하듯이, 보편적인 도덕이론을 실행하기 위해서는 결의론의 연구가 필요한 것이다.

위에서 말한 대로 해석의 애매성의 문제가 많은 윤리이론들에 공통적인 문제라는 것을 인정한다 하더라도, 월저의 정의전쟁론은 이들 이론들보다 심각한 해석의 문제를 갖고 있다. 특히 문제가 되는 것은 월저의 정의전쟁론의 두 개의 축인 권리준거적 이론과 (행위)공리주의적 원리의 관계이다. 물론 월저는 행위공리주의 원칙이 부수적인 원칙이라고 하지만, 언제 권리준거적 이론의 지배가 끝나고 공리주의 이론이 지배하기 시작하는지, 그리고 그 역은 어떻게 되는지에 대해서 명확한 설명이 없다. 이 두 개의 도덕적 원리들이 어떻게 조화될 수 있는가에 대한 명확한 설명이 없으므로 이 두 가지 중에 어느 것에 초점을 맞추는가에 따라 상반된 해석의 가능성이 열린다.

사실 논평자가 보기에 월저의 정의전쟁론은 상반된 해석의 가능성보다 심각한 문제를 가지고 있는 것으로 보인다. 월저의 정의전쟁론은 체계 내 정합성에 문제가 있는 것처럼 보이는데, 그 이유는 행위공리주의와 권리준거적 이론들이 충돌할 수 있기 때문이다. 월저에게 있어서 비상상황론을 정당화하기 위해서는 공리주의적 원리가 필수적이다. 하지만 논평자가 보기에 적절한 공리주의의 버전은 행위공리주의가 아니라 가치공리주의이다. 가치공리주의는 넓은 의미에서의 도덕의 이론으로 어떤 행동, 제도, 성격, 동기 등이 불편부당한 관점으로부터 행복의 양을 극대화시키는 데 접근하는 정도에 따라 도덕적으로 더 다행하다는(fortunate) 것이다. 하지만 도덕적으로 다행하다는 것이 필연적으로 도덕적으로 옳으며 도덕적인 의무라는 것은 아니다. 따라서 도덕적으로 다행한 것을 행하는 데 실패한다고 해서 반드시 도덕적 비난의 대상이 되지는 않는다. 그리고 가치공리주의는 가치공리주의와 좁은 의미에서의 도덕(정의를 포함한) 사이에 갈등이 있을 때, 우리가 언제나 가치공리주의의 판단을 따라야 한다고 주장하지 않는다. 가치공리주는 모든 것을 고려할 때, 우리가 어떤 때는 좁은 의미에서 도덕(정의를 포함한)의 판단을 따라야 한다는 경우를 인정할 것이다. 어떤 도덕 원리를 따라야 할 것인가는 실천적 합리성에 달려 있다.

논평자는 월저의 정의전쟁론이 가치공리주의를 받아들이면 정합성을 가질 수 있다고 생각한다. 그리고 이 경우에 탄생하는 정의전쟁론은 정의전쟁론의 강력한 두 조류인 권리준거적 정의전쟁론과 공리주의적 정의전쟁론을 통합하는 이론이 될 것이라 기대한다.

비판 5-1. 월저의 정의전쟁론은 전쟁을 확대하기 때문에 현실주의보다 나쁠 수 있지 않은가?

답변 5-1. 전쟁 확대 자체가 나쁘다고 주장하는 것은 평화주의를 전제하면서 정의전쟁론에 대하여 선결문제 요구의 오류를 범하는 것이다. 인권이 짓밟히는 나쁜 평화가 있을 수 있고, 인권의 신장을 가져오는 전쟁이 있을 수 있다. 예를 들어 크메르 루주 치하의 캄보디아 같은 경우에 해방을 위한 침략전쟁은 오히려 인권의 신장을 가져올 수 있었을 것이다.

비판 5-2. 월저의 정의전쟁론은 전쟁이 성전으로 귀착될 위험성을 제거하는가?

답변 5-2. 월저의 정의전쟁론이 내재적으로 정의전쟁을 성전으로 귀착시킬 것 같지는 않다. 위에서 말한 바와 같이 정의전쟁론은 도덕적 관점을 취해서, 침략군의 병사까지도 기본적인 인권을 가진 것으로 간주한다. 하지만 성전은 기본적으로 도덕적 관점을 취하는 것이 아니라 배타적인 종교적 관점을 취한다. 종교적 근본주의는 현실적으로 자신의 종교를 믿지 않거나 자신의 종교에 적대적인 사람들은 도덕적인 권리가 없는 것으로 취급한다. 정의전쟁이 원리상 도덕적 관점을 채택하기 때문에 도덕적 관점에 충실하는 한 정의전쟁이 성전이 되지는 않을 것이다.

비판 5-3. 월저의 정의전쟁은 전쟁의 딜레마를 극복할 수 있는가?
답변 5-3. 다음의 두 개의 전제들이 맞는다면 월저의 정의전쟁은 전쟁의 딜레마를 극복하지 못할 수 있다. 첫째는 행위공리주의가 전쟁의 딜레마를 초래할 수 있다는 것이다. 둘째는 월저의 정의전쟁론의 두 개의 축인 권리준거적 이론과 (행위)공리주의적 원리들이 충돌할 수 있으며 행위공리주의가 권리준거적 이론을 누를 수도 있다는 것이다. 첫 번째 전제는 월저 자신이 받아들이고 있고, 두 번째 전제는 월저의 정의전쟁론 속에서 개연적으로 참일 가능성이 많다. 따라서 월저의 정의전쟁은 전쟁의 딜레마를 극복 못할 수 있다.

"마이클 월저의 정의전쟁론"에 대한 논평

정대성(연세대학교 언어정보연구원 HK연구교수)

1.

박정순 교수(이하 저자)의 논문은 1977년에 출간된 월저의 『정의로운 전쟁과 부정의한 전쟁: 역사적 사례를 통한 도덕적 논증』과 그 이후 지금까지 계속되는 그의 전쟁 관련 글들을 비판적으로 분석하고 있다. 더 나아가 이 글은 최근에 일어난 전쟁에 대해 월저가 자신의 이론을 적용하여 어떻게 평가하고 있는지에 대해서도 비판적으로 소개한다.

저자는 2절에서 월저의 정의전쟁론의 세 가지 방법론적인 기초를 보인다. 우선 이 전쟁론이 개별적인 사례를 보편적인 원칙에 근거하여 해석하고 판단하는 '결의론(casuistic method)'에 기초하고 있다는 점을 지적한다. 그런데 규칙들을 결의론적으로 적용하는 과정에서 '계산'만 하면 되는 것이 아니라 언제나 '해석'의 상황에 놓이게 되기 때문에 전쟁에 대한 이러한 결의론적인 접근은 해석의 주관성에 붙잡힐 수 있으며, 이로 인해 정의전쟁의 오용으로 나아갈 수 있다고 한다.

결의론적인 방법은 전쟁이 하나의 '도덕적 실재(moral reality)'임을 전제한다. 이 말은 때에 따른 전쟁의 불가피성과 전쟁이 도덕적으로 평가될 수 있다는 정의전쟁론의 두 번째 방법론적인 기초와 관련이 있다. 저자에 따르면 현실주의자는 "권력과 이익, 국가적 안보가 전쟁의 주요한 동인으로 작용하므로 전쟁에는 정의와 같은 도덕적 판단이 적용될 수 없다"는 입장이고, 평화주의자는 "모든 전쟁은 부도덕한 것이며 결코 정당화될 수 없다"는 입장인 반면, 월저의 정의전쟁론은 평화주의와 현실주의의 중간에 위치해 있다고 한다.

월저의 정의전쟁론의 세 번째 방법론적인 기초는 '권리준거적 자유주의'이다. 이 말은 "전쟁에 관한 도덕적 논증은 개인과 집단적 인간들의 생명과 자유에 대한 권리"에 기초하고 있다는 것을 의미한다. 이러한 생각은 특히 "군사적 필요에 의한 효용 계산에 따라 인권을 무시할 수도 있을" 공리주의적인 전쟁론과 구별된다고 한다.

3절에서 저자는 월저의 정의전쟁론의 이론적 구성 체계를 이루고 있는 전쟁에서 정의의 세 부분을 분석한다. 즉, 전쟁 개시의 정의, 전쟁 수행의 정의, 전쟁 종결의 정의이다. 정당한 명분, 정당한 의도, 합법적 권위에 의한 공개적 선전포고, 최후의 수단, 승리의 가능성, 비례성 등이 전쟁 개시의 정의를 말하는 통상적인 원칙들인데, 저자는 월저의 정의전쟁론이 '정당한 명분' 외에 다른 원칙들을 중요하게 취급하지 않는다고 한다. 예상할 수 있듯이 가장 큰 명분을 갖는 전쟁은 침략에 대한 '방어전쟁'이다. 저자는 월저가 방어전쟁의 개시의 정당성을 인간의 생명과 자유권이라는 권리준거적 자유주의에 입각해서 수행한다고 한다. 방어전쟁은 통상 '정당방위'라는 국내의 형법 조항이 국제관계로 확대된 것인데, 이러한 확대를 통해 전쟁에 대한 소위 '법리주의 모형'이 생겨났다고 한다. 이 모형에 따르면 통상 예방전쟁, 상업전쟁, 정복전쟁, 성전, 혁명전쟁, 무력간섭 등은 정당한 전쟁이 될 수 없다.

월저는 이러한 법리주의 모형에 수정을 가함으로써 명분 있는 전쟁의 범위를 넓힌다. 첫째, 국가의 주권에 대한 명백한 침략 위험이 있을 때 선제공격은 정당화될 수 있다는 것이다. 6일 전쟁에서 이스라엘의 선제공격이 그런 것이라고 한다. 둘째, 예컨대 다민족 국가에서 분리 독립운동을 벌이는, 충분한 대표성을 가진 정치 공동체를 지원하기 위한 개입, 내전 상황에서 다른 국가의 개입에 맞서서 정통성 있는 정치 단체를 지원하기 위한 역개입, 끔찍한 인권유린이 자행될 경우의 인도주의적 개입 등은 정당한 개입으로 평가된다. 또한 월저는 전쟁 승리 후 '전쟁 이전의 상태'가 회복되도록 합당한 조치를 취해 줘야 한다고 한다. 이러한 원칙은 체포와 처벌, 보복과 침략국에의 영토 침범 등 그 이상의 확전은 부당한 것임을 알리는 것이다. 이런 점에서 월저는 자신의 정의전쟁론이 '제한전쟁'이라고 한다. 이러한 수정에 대해 저자는 월저의 정당한 전쟁의 범위가 한편으로는 너무 넓어서 오용의 여지가 많으며, 다른 한편 최소주의 도덕관에서 접근하는 '인도주의적 개입'의 경우 너무 늦은 개입이 될 수 있다고 하는 비판을 소개한다.

저자는 이어서 월저의, 전쟁 중에는 교전 당사자들이 '도덕적 동등자'로서 특정한 도덕적 규칙에 따라야 한다고 하는 전쟁 수행의 정의에 대해서 분석한다. 여기서도 '생명과 자유에 대한 권리'라는 준거틀이 작용하는데, 인권에 관한 이런 근본원칙에서 군인에 대한 무력 사용의 허용과 민간인에 대한 무력 사용의 금지가 도출된다. 그런데 월저가 여기서 전투 행위에서 발생하는 민간인에 대한 '부수적 피해'를 '이중효과의 원리'라는 이름 아래 불가피한 것으로 용인하는 것의 문제를 저자는 지적한다. 이 원칙이 모든 전쟁 행위에 대한 '포괄적 정당화'를 제공할 수 있는 것 아니냐는 것이다. 그리고 이것은 월저의 정의전쟁론이 공리주의의 전쟁관에 접근하고 있음을 보인다고 한다. 전쟁 종결 후 복구, 배상, 처벌 등의 범위에 대해 다루는 전쟁 종결의 정의에 대해서 저자는 월저의 입장을 간략하게 소개한다.

4절에서 저자는 현실 전쟁에 대해 월저가 내린 평가를 분석한다. 무차별적인 민간인 살상을 자행하는 테러리즘은 결코 정당화될 수 없다고 한다. 9·11 테러에 대한 옹호 분위기는 서구와 미국에 대해 일방적으로 매도하고 테러 조직의 급진적 원리주의에 대해 묵인하는 특정한 이데올로기에서 나왔다고 비판한다. 아프가니스탄 전쟁은, 전쟁 수행에서 부정의한 모습이 보이지만, 탈레반 정권이 미국의 정당한 요구를 거부한 것에서 비롯했기 때문에 전체적으로 정당할 뿐만 아니라 도덕적으로 불가피한 '방어전쟁'이었다고 평가한다.

월저는 이라크 전쟁에서 미국의 전쟁을 부정의한 것으로 평가한다. 이라크의 무장해제는 합당한 목표였지만 즉각 전쟁으로 돌입할 상황은 아니었다는 이유에서이다. 전쟁 수행 중에 민간인 사상자를 낸 것도 부정의한 것으로 비판받아야 한다고 한다. 미국 정부의 일방주의적 태도뿐만 아니라, 월저는 프랑스와 독일 등 유럽의 무책임도 비판하는데, 그들이 '최후의 수단'이라는 원칙 뒤에 숨어 전쟁을 반대했을 뿐, 강력한 견제정책의 설행을 위한 최소한의 군사적 행동에도 동참하지 않았다는 이유에서이다. 더 나아가 월저는 후세인의 전쟁도 부정의한 것이라고 평가한다. 도덕적 정당성을 전혀 갖지 못한 그는 망명길에 올라야 했으므로 이라크 국민을 볼모로 싸워서는 안 됐다는 것이다. 미국의 이라크 침략이 부시 행정부에 의해 선제공격, 예방전쟁, 인도주의적 개입 등의 이름으로 수행되기는 했지만, 월저는 이것이 자신의 선제공격 이론, 예방전쟁 이론, 인도주의적 개입 이론에 해당하지 않는다고 한다. 저자는 최근의 현실 전쟁에 대한 월저의 평가가 비교적 공정하다고 생각한다.

5절에서 저자는 월저의 정의전쟁론의 공헌과 그 한계를 다룬다. 그의 공헌은 정의전쟁론을 '생명과 자유의 권리'라는 현대 도덕의 원리에 기초하여 현대적으로 부활, 개선하고 체계적으로 재구성한 데서 찾을 수 있다고 한다. 더 나아가 현실주의 전쟁론이 득세하던 현대에 '정의전쟁'이라는 한 시대정신을 만들어 낸 것은 월저의 '결정적 공헌'이라고 한다.

이러한 공헌에도 불구하고 저자는 그의 정의전쟁론이 한계도 갖는다고 보는데, 예컨대 평화주의와 현실주의를 극복할 만한 충분한 논증을 제공하지 못하며, 그의 정의론이 방어전 외에 좀 더 다양한 전쟁 유형과 전쟁 수행을 정당한 것으로 인정함으로써 현실주의와 밀착하게 되었다고 한다. 또한 생명과 인권을 무시해도 되는 불가피한 상황을 인정함으로써 인간의 생명과 자유에 기초한 '권리준거적' 정의전쟁론이 공리주의적인 사유에 접근하게 되었다고 한다.

이 외에 정의전쟁론의 원리들에서 '정당한 명분'만을 지나치게 강조한 나머지 전쟁 개시의 가능성을 증폭시켰다는 우려를 보인다. 동시에 '결의론적인 방법'에 의존하는 그의 정의전쟁론이 그 원칙의 포괄성으로 인해 해석의 자의성과 그 오용 가능성을 높였다고 비판한다. 그리고 선제공격을 정당화함으로써 그가 의도하던 '제한전쟁'보다는 '총력전'의 양상으로 번질 가능성이 더 높아졌으며, 마지막으로 베트남 전쟁에서 비판적 기능을 했던 '정의전쟁론'이 여전히 '사회비판이론'으로서 기능할 수 있는지 의심한다. 정의전쟁 이론가와 정치 지도자와 군인들 사이에 모종의 휴전이 생겨서 비판적 역량이 무디어질 것이라는 이유에서이다.

저자는 마지막으로 전체적으로 볼 때 "아직도 서구 정의전쟁론만한 대안은 없을 것"이라고 한다. 하지만 이 이론을 끝까지 붙들고 있다는 것은 테러리즘과 대테러 전쟁이 주는 전 지구적 재앙의 영구적인 악순환을 가져오는 것은 아닌지, 즉 '일상적 평온'이 없는 시대의 운명에 우리를 내맡겨야 하는 것은 아닌지 우려하며 이 글을 마친다.

2.

월저의 정의전쟁론에 대한 상세한 분석을 해주고 있는 이 글은 그에 덧붙여 제기될 수 있는 많은 문제점들도 동시에 제기하고 소개하고 있다. 따라서 월저의 정의전쟁론에 대한 비판적 질문을 따로 찾기란 쉽지 않다. 저자는 월저의 정의전쟁론을 그나마 가장 합리적인 이론으로 보고 있으며, 이에 맞춰 이라크 전쟁에 대한 월저의 평가를 비교적 공정하다고 말하고 있다. 이러한 문제의식에서 몇 가지 질문을 하고자 한다.

(1) 논평자는 우선 월저의 '결의론적 방법'이 과연 사태를 객관적으로 보여줄 수 있는지 묻고 싶다. 저자도 지적하듯이 이 방법은 주관적 해석의 가능성을 품고 있다. 그 이유는, 논평자의 생각에, 정의의 원칙을 전쟁이라는 사례에 적용하려고만 할 뿐 전쟁의 역사적 원인에 대해서는 애써 감수성을 보여주지 않는 데 있는 것 같다. 도덕적 관점에서 볼 때 테러는 발생한 동기나 상황과 상관없이 정당화되기 어렵다. 타인에 대한 살인을 인정해 주기 위한 정당한 근거를 도덕적 관점에서 찾기란 쉽지 않다. 그러나 역사적 관점에서 볼 때 테러 행위는 일반 형사범과 다른 범주로 분류된다. 우리는 아프가니스탄과 이라크, 그리고 팔레스타인의 전쟁과 테러를 이야기하는 가운데 최근까지 이어졌던 서구 세력의 잔인한 식민통치와 전쟁의 역사를 이야기하지 않고서 행위 자체의 정당성만을 따질 수 없는 것 아닌가? 월저는 이라크 전쟁에서 미국을 비판하기도 하지만, 동시에 이라크와 그 외부에 있는 유럽의 국가들까지도 비난하는데, 이러한 그의 평가는 개개의 사건에 대해 도덕적 판단만을 내려야 하는 결의론적 정의전쟁론에서 피할 수 없는 것처럼 보인다. 월저의 정의전쟁론이 그런 역사적 고려를 충분히 하고 있는가?

(2) 앞의 논의와 연결하여, 정의전쟁론의 결의론적인 접근은 개개 사건에 대한 도덕적 판단을 내릴 수 있겠으나, 정작 문제 해결을 위한 진지한 대안이 될 수 있는지 의문이다. 그런 접근은 종종 목숨 걸고 전쟁을 일으키게 하는 가장 중대한 이유들인, 예컨대 서양의 물질적 이해관계를 은폐시키는 베일로 작용할 수도 있지 않겠는가?

(3) 월저가 테러리즘과의 '전쟁'을 정당하게 받아들이는 것이 옳은가? 테러리스트들은 네트워크를 형성하여 각지에 흩어져 있는데 실제적인 의미에서 '전쟁'이란 말을 쓸 수 있는가? 이 전쟁은 결국 특정 국가를 상대해야 할 것인데, 이라크 전쟁에서 보듯 부시 정권은 테러리즘과 관련된 전쟁의 정당성을 하나도 확보하지 못하고 말았다. 규범적 관점에서 보더라도 UN의 동의를 얻지 못한 이러한 전쟁 선포는, 코소보에서처럼, 치안활동으로 간주되어 정당화될 수 있었을 행위를 전쟁으로 바꿈으로써 테러리스트들을 전쟁에서의 적들의 지위로 격상시켜 놓은 꼴이 되었다. 어떻게 이 악순환을 끊을 것인가? 남은 것은 저자의 마지막 진술, "끊임없는 공포와 생사의 갈림길에서 인간의 삶은 고독하고, 가난하고, 험악하고, 잔인하고, 그리고 짧다"는 것처럼 체념뿐인가?

저자의 논문은 철학자가 세상의 화급한 주제에 어떤 식으로 답해야하는지를 보여주고 있다는 점에서 대단히 긍정적이다. 전쟁에 대한 상이한 철학적 독법들이 이 글을 계기로 한국 철학계에 활발히 진행되기를 기대해 본다.

제 4 장
복합평등의 철학적 기원

1. 복합평등의 철학적 의의

사회적 존재인 인간은 인생에서 자신의 성공과 실패를 절대적인 고립 속에서가 아니라 남들과의 비교를 통해서 자각하게 된다. 남들과의 비교를 통한 자각은 우리에게 상대적 우월감 혹은 상대적 박탈감을 주며, 그러한 감정의 발현을 통해 자신이 행복하거나 불행하다고 느낀다. 따라서 모든 사람이 최소한의 행복감과 자존감을 갖기 위해서는 어떤 유형의 평등이 필연적으로 요청될 것이다.1) 그러나 존재론적 평등, 기회의 평등, 조건의 평등, 결과의 평등으로 대별되는 평등의 다양한 개념적 유형들 사이의 상충과 아울러 복지, 자원, 역량으로 구분되는 평등의 실질적인 내용적 대상들 사이의 갈등 때문에 현대사회에서 어떠한 유형과 내용을 가지는 평등이 실현 가능한지에 대한 철학적 논란은 여전히 계속되고 있다.2) 특히 공산주의 진영의 붕괴 이후 국내외적 불평등을 심화시키는 신자유주의의 득세로 말미암아 평등주의의 실행 가능성 문제는 현대 윤리학과 사회철학에서 중차대한 도전적인 안건의 하나로 자리 잡게 되었다.

현대 평등사상은 한 사회의 사회경제적인 불평등은 최소 수혜자의 최대 이익을 보장하는 한에서만 허용된다는 존 롤스의『정의론』(1971)이 대표적인 것으로 간주되어 왔다. 마이클 월저의 평등사상이 주목을 받기 시작한 것은 롤스의『정의론』에 비견될 수 있는 그의『정의의 영역들: 다원주의와 평등의 옹호』(1983)가 출간된 연후이다.3) 월저는 『정의의 영역들』에서 특히 분배적 정의 문제에 주목하고, 사회적 가치는 특정한 사회에서 그러한 사회적 가치가 가지는 공유된 사회적 의미에 가장 충실하게 분배되어야 한다고 주장한다. 따라서 정의의 원칙은 롤스의 '최소 수혜자의 최대 이익 증진의 원칙'인 차등의 원칙(the Difference Principle)처럼 모든 사회적 가치들에 일률적으로 적용되는 것이 아니고, 그러한 사회적 가치들의 각 영역에 타당한 다원적인 원칙들로 구성된다.4)

『정의의 영역들』에서 월저는 모든 사회와 제도의 정의 여부를 객관적으로 평가하기 위한 보편적인 정의 원칙을 수립하려는 자유주의적 보편주의를 비판한다.5) 이러한 보편적이고 추상적이고 철학적인 정의 원칙이 정의 문제에 대한 시민들의 현실적이고 구체적인 합의보다 우선하는 것은 비민주주의적일 뿐만 아니라, 구체적 상황에 적용될 수 있는 현실성도 결여하고 있다.6) 또한 월저는 분배적 정의 원칙이 규제하는 분배의 대상, 즉 사회적 기본가치들에 대해서도 롤스를 비판한다. 롤스는 사회적 기본가치란 "합리적 인간이 무엇을 원하든 상관없이 많이 가지기를 원하리라고 생각되는 것"으로 보고 "권리와 자유, 기회와 권한, 소득과 부, 자존감"을 예로 든다.7) 롤스의 사회적 기본가치의 개념은 선의 기초론에 의거하는 중립적인 것으로서, 사람들이 어떠한 목적 체계를 갖는다고 하더라도 그 목적의 달성을 위해서 누구나 더 많이 갖게 되기를 원하는 필수적인 수단적 가치이다. 사회적 기본가치에 대한 기대치를 통해서 사람들은 정의 원칙을 평가하게 되며, 그것은 또한 한 사회에서 분배적 정의 원칙이 적용되는 주요한 분배의 대상이 된다.8) 월저는 모든 도덕적 물질적 세계를 망라해서 생각할 수 있는 사회적 기본가치의 목록은 없다고 논파한다.9) 그렇지만 월저도 11가지의 분배 영역을 제시하고, 그 영역에 자리 잡은 사회적 가치들도 적시하고 있으므로 자신의 사회적 기본가치의 목록을 마련하고 있는 셈이다. 물론 월저의 사회적 기본가치들의 목록이 롤스의 사회적 기본가치들의 목록보다 다원적이고 특수적이며 광범위하다는 점은 인정되어야 할 것이다.

따라서 월저의 정의 원칙 도출의 방법론과 분배 대상의 가치론은 다원적이고도 특수적이다. 즉, "정의 원칙들 자체는 그 형식에서 다원적이다. 상이한 사회적 선 혹은 가치(social goods)는 상이한 이유에 따라서, 상이한 절차에 따라서, 그리고 상이한 주체에 의해서 분배되어야 한다. 이러한 차이는 사회적 가치 자체에 대한 상이한 이해로부터 유래한다. 이러한 상이한 이해는 역사적이고 문화적인 특수주의의 필연적 산물이다."10) 가치들의 정의로운 분배는 사회구성원들이 그러한 가치들의 '사회적 의미'에 대해서 가지고 있는 공유된 '사회적 이해'에 달려 있다.11) 따라서 "정의는 사회적 의미에 상대적이다."12) 다시 말하면, "분배의 기준과 방식은 가치 그 자체가 아니라 가치의 사회적 속성에 내재해 있다. 그 가치가 어떤 것이고, 그것이 사람들에게 어떠한 의미를 갖는 것인지를 이해한다면 그것이 어떻게, 누구에 의해서, 어떤 이유에 따라서 분배되어야 하는지를 이해할 수 있게 된다. 모든 분배는 가치의 사회적 의미에 상대적으로 정의 여부가 결정된다."13) 월저에 따르면, 모든 분배적 논변은 도덕적 관점에서 "단순히 공통된 의미에 호소하는 것"이다.14)

다원적이고 특수적인 사회적 가치론으로부터 가치의 사회적 의미가 뚜렷이 구별될 때 분배는 각 영역에 따라서 자율적이어야 한다는 명제가 도출된다. 즉, "각각의 사회적 가치 혹은 일련의 가치는 오직 어떤 분배적 기준 혹은 방식만이 적합한 분배 영역(distributive sphere)을 구성한다."15) 상이한 가치를 상이한 이유에 따라서 분배하고, 분배되는 가치들의 사회적 의미가 독특하게 구별될 때, 정의로운 분배는 사회적 가치들과 그 고유한 분배 기준이 적용되는 영역의 자율성을 보장하는 것이다. 이것이 바로 월저의 성가를 높이고 있는 복합평등론 혹은 다원 평등론(complex equality theory)이다. 복합평등론은 상이한 사회적 가치들이 단일한 방식에 의해서가 아니라 그러한 사회적 가치들의 다양성과 그것들에 부착되어 있는 의미들을 반영하는 다원적 영역들의 기준들에 의해서 분배되도록 요구한다.16) 월저는 총 11가지의 분배 영역을 제시하고 있으며, 각 분배 영역은 분배 대상이 되는 가치에 대한 공유된 의미 이해에 의거한 '내재적 원칙(internal principle)'에 따라 분배가 결정되어야 한다고 주장한다.17) 11가지의 분배 영역은 공동체 구성원의 자격, 안전과 복지, 돈과 상품, 공직, 힘든 노동, 자유시간, 교육, 친족관계와 사랑, 신의 은총, 사회적 인정, 그리고 정치적 권력이다. 이러한 각 영역들의 내재적인 분배 원칙을 개략하면, 공동체 구성원의 자격은 기본적으로 공동체 구성원들의 합의에 의해서, 안전과 복지는 필요에 의해서, 공직은 공적에 의해서, 돈과 상품은 자유교환에 의해서, 힘든 노동은 엄격한 평등에 의해서, 자유시간은 자유로운 선택과 필요에 의해서, 기본교육은 엄격한 평등에 의하고 고등교육은 시장과 공적에 의해서, 친족관계와 사랑은 이타주의와 상호적 애정에 의해서, 신의 은총은 자유로운 종교적 추구와 헌신에 의해서, 사회적 인정은 자유롭고 자발적인 상호 인정의 교환에 의해서, 정치적 권력은 민주주의적 설득력과 시민의 지지에 의해서 분배되어야 한다는 것이다.

복합평등은 돈, 권력 등 지배적인 사회적 재화와 가치를 동일하게 나누려는 단순평등(simple equality)의 근시안성과 전체주의적 함축성을 경계한다. 그러한 단순평등을 유지하기 위해서는 국가의 개입이 필연적으로 요청되고, 따라서 관료주의적인 정치적 권력이 또다시 투쟁의 대상이 되는 상황이 발생된다.18) 복합평등을 이해하기 위해서는 어떤 사회적 가치나 재화의 대부분을 소유하는 '독점(monopoly)'과 어떤 영역의 가치가 다른 영역의 가치를 잠식하는 '지배(dominance)'의 구분이 중요하다.19) 월저는 독점의 문제보다 지배의 문제에 주안점을 두고, 돈과 권력 등 지배적인 가치가 다른 가치들과 교환(exchange)되거나 전환(conversion)되는 것을 방지하는 복합평등을 추구한다.20) 즉, 어떤 지배적 가치가 타 영역의 가치를 침해하는 교환을 봉쇄함으로써 독점의 심각성을 약화시키겠다는 것이 그 요점이다.21) 복합평등 사회는 상이한 가치들이 독점적으로 소유될 수 있지만, 특정한 가치가 다른 가치로 '전환'되지 않는 사회이다. 각 분배 영역 안에서는 어느 정도의 독점이 있어 '많은 조그마한 불평등'이 용인되기는 하지만, 그것이 영역 간의 전환 과정을 통해서 '지배'로 변환되지 않는다.22) 또한 각 분배 영역에 내재하는 고유한 원리를 무시하여 어떤 한 영역이 다른 영역을 침범하는 '전제(tyranny)'도 사라지게 된다.23)

　월저는 가치에 대한 공유된 사회적 의미와 그에 따른 분배 영역의 상대적 자율성을 보장하는 복합평등론이야말로 사회정의를 위한 '합법성의 원칙(a principle of legitimation)'이고 '비판적 원칙(a critical principle)'이며, 또한 근본적인 사회비판을 위한 '급진적 원칙(a radical principle)'이라고 역설한다.24) 왜냐하면, 가치의 사회적 의미가 훼손되고, 독립적이고 자율적인 영역들이 타 영역에 의해서 침해되고, 분배 기준들이 위배될 때, 사회적 부정의는 인식되고 비판될 수 있기 때문이다. 그래서 월저는 "충실한 영역 방어야말로 사회를 정의롭게 만드는 관건이다"라고 지적한다.25) 충실한 영역 방어는 가장 큰 부정의의 두 가지 사례인 자본의 지배(domination)와 정치적 권력의 전제(tyranny)를 방지하기 위한 교환과 사용의 봉쇄(blocked exchanges and uses)에 집중되어 있다.26) 월저의 복합평등론은 독단적이고 불공평한 지배나 전제가 영속화되거나 고착화되는 상황을 제어하는 하나의 기준점이 된다. 또한 영역 방어는 분배 영역의 자율성을 해치고, 한 영역의 가치가 다른 영역의 가치로 전환되는 현상의 비근한 사례인 면죄부, 친족등용주의, 정략결혼, 성매매, 뇌물, 성직 매매와 관직 매매 등을 배제한다.27)

복합평등한 사회는 하나의 이상적 모형으로서, 그러한 사회는 아직까지 존재한 적이 없다. 월저의 복합평등론은 기본적으로 사회 부정의에 대한 비판적인 기준이지만, 그 기준은 또한 만약 한 사회의 구성원들이 실제로 다양한 분배적 영역에 참여하여 활동하고, 각 분배 영역의 자율성을 성공적으로 방어한다면, 어떠한 사태가 도래할 것인가를 기술하는 서술적 기준이기도 하다.28)

2. 복합평등의 철학적 기원: 보에티우스, 철학의 여신, 피타고라스, 낙서

월저의 복합평등론은, 그 스스로가 인정하고 있듯이, 사적 영역과 공적 영역, 공권력의 승계와 가족, 국가와 시민사회, 정치와 경제, 교회와 국가 등을 구분한 근대 자유주의의 공헌과 유산을 수용한 것이다.29) 월저의 복합평등론은 자유주의의 이러한 전통을 더 급진화하여 정의의 각 영역의 자율성을 보장하는 탈중앙화되고 '분권화된 민주적 사회주의'로 발전된 것이다.30) 또한 월저의 복합평등론은 평등주의적이고도 다원민주주의적인 가치들에 대한 공동체주의적 헌신을 반영한다고 평가될 수 있다.31)

월저는 자신의 복합평등론이 인간의 다양한 재능의 광범위한 분산을 배경으로 이루어진다고 지적한다.32) 보다 엄밀하게 본다면, 복합평등론과 인간 재능의 광범위한 분산과 발현은 일방적인 관계라기보다는 상호 보완적인 것으로 보는 것이 더 타당할 것이다. 복합평등론은 자율성이 보장된 다양한 분배 영역 속에서 만개하는 다양한 가치와 능력과 성취들 사이의 불가통약성을 통해서 인간의 사회적 서열화를 무력화시킬 뿐만 아니라, 왜 금권정치, 신정정치, 능력주의 정치, 노인정치, 기술자 지배정치 등 하나의 가치와 그것의 소유에 관련된 자질이 다른 모든 가치들과 자질들을 지배하려는 작금의 정치적 사회적 시도가 부정의인지를 판결해 준다.33) 월저는 신자유주의 아래 만연된 승자독식 시장(winner-take-all market)은 승자와 패자를 양분시키는 이데올로기적 도식으로서 결코 정당화될 수 없는 시장의 지배 책략이므로 복합평등론이 우선적으로 배제해야 할 대상이라고 강조한다. 그는 모든 영역에 걸친 성공자와 실패자의 집단이 존재할 가능성도 있음을 부인하지 않는다. 그러나 그는 인류 역사와 일상적 삶을 통해 볼 때 개인의 자질과 능력은 모든 영역에 아주 근본적으로 분산되어 있다고 믿는 것이 더 타당할 것이라고 생각한다.34) 그래서 그는 이러한 다양하게 분산된 자질과 능력이 돈 버는 능력과 정치적 권력에 위축되지 않고 충분히 발현되는 상황, 즉 지배와 전제와 부당한 전환을 배제하는 충실한 영역 방어와 교환 봉쇄가 가능해질 때, 복합평등의 실현 가능성은 실제적으로 충분히 높다고 주장한다.35)

월저는 인간의 다양한 재능의 광범위한 분산이야말로 복합평등론을 가능케 하는 사회학적 사실이라고 다음과 같이 주장한다.36)

"복합평등은 (사회적 가치의 상이성뿐만 아니라 또한) 인간의 상이성과 아울러 인간들 사이의 다양한 자질, 관심, 능력 등의 상이성에 대응한다. … 그러한 자질, 관심, 그리고 능력의 범위는 매우 넓으므로 특정한 개인들에게 그러한 것들의 어떤 긍정적인 혹은 부정적인 집합만이 극단적으로 편향해서 나타나는 증거를 — 물론 나 자신의 경험이 어떤 증거를 제시하지는 못하겠지만 — 나는 발견하지 못했다. **이 탁월한 수학자는 정치적 숙맥이고, 이 재능 있는 음악가는 다른 사람들과 어떻게 지내야 하는지에 대해서는 도무지 감이 없고, 이 능란하고 자상한 부모는 사업적 재능은 전무하고, 이 도전적이고 성공한 실업가는 도덕적 비겁자이고, 이 거리에서 구걸하는 거지 혹은 저 감옥의 죄수는 솜씨 있는 장인이거나 아무도 모르는 시인이거나 혹은 멋진 웅변가일지도 모른다.**"

월저가 꿈꾸는 다원적인 복합평등 사회에서 우리의 삶은 구체적으로 어떠한 양태로 나타날까?37) 비록 그 사회는 "모든 사람의 행복과 불행이 공동체 전체에 의해서 공유"되는 정도까지는 아니지만,38) 기본적으로 우리의 행복과 불행은 여러 종류와 방식으로 존재한다는 다원주의적 인식에 따른 상호 존중과 자존감이 풍만한 사회가 될 것이다. "상호 존중과 공유된 자존감은 복합평등의 심층적 원동력이다. 이러한 가치들은 다시 복합평등을 지속 가능케 하는 원천이 될 것이다."39) 복합평등은 하나의 "도덕적 결속이다. 그것은 강자와 약자, 운이 좋은 사람과 불운한 사람, 부자와 빈자를 결합하여 모든 이익의 차이를 초월하는 연합을 창출"할 것이다.40) 따라서 복합평등은 삶의 승리에 대해서 겸손하게 할 뿐만 아니라 삶의 실패에 대해서도 위안을 줄 것이다. 복합평등은 자만과 계급적 특권의식을 감소시킬 뿐만 아니라 자기비하와 모멸감, 그리고 압제적 명령과 그에 따른 맹종도 사라지게 할 것이다.41) 따라서 복합평등은 절대적 불평등뿐만 아니라 상대적 박탈감도 아울러 감소시킬 것이다.42)

보에티우스(Anicius Boethius, c. 480-524)는 『철학의 위안』(524)에

168

서 일찍이 인간 운명의 양면적 특성과 완벽한 행복의 불가능성에 대해서 갈파하고, 그것을 철학적 위안의 중대한 기제로 삼았다. 월저는 복합평등의 선구자로 파스칼과 마르크스를 들고 있으나,43) 어떤 면에서 인간 운명 자체의 복잡하게 착종된 양면을 논한 보에티우스의『철학의 위안』이 더 중요할지도 모른다.『철학의 위안』, 제2권은 통상적으로 "운명에 대하여" 혹은 "행운의 [여신이 주는] 선물의 허망함"이라는 제목이 붙는데, 여기서는 운명의 수레바퀴적 특성, 즉 인간의 행불행은 끊임없이 변덕스럽게 변한다는 운명의 여신의 지혜를 철학의 여신이 수용하여 보에티우스의 슬픔의 근원을 파헤치고 위안한다.44)

"어느 면에서든 자기의 상태에 불만이 없을 정도로 그렇게 완전하게 행복한 사람은 없다. 불안과 근심으로 가득 찬 것이 인간사의 본질인 것이다. 인간사는 결코 모든 것이 완벽하게 잘되어 가지는 않는 법이며, 또한 항상 변함없이 머물러 있는 일도 없다. 어떤 사람의 경우는 부유하기는 하되 천민 태생임을 수치로 여겨 불만이며, 또 어떤 사람은 태생은 고귀하되 자기 가문의 가난함 때문에 널리 알려지는 것을 달가워하지 않는다. 어떤 사람들은 부와 고귀한 태생의 축복을 받았지만 아내가 없기 때문에 불행하고, 또 어떤 사람들은 행복한 결혼을 했지만 자식이 없으므로 자기의 핏줄이 아닌 상속자를 위해 그들의 돈을 절약하는 셈이 되며, 또 어떤 사람은 자식을 두는 축복을 받았지만 자식들의 나쁜 행위 때문에 눈물을 흘린다. 운명의 여신이 자기에게 내려준 운명을 받아들이기란 누구에게 있어서나 용이한 일은 아니다."

월저가 강조하는 인간 재능의 양면성과 광범위한 분산에 관련된 복합평등 상태와 보에티우스가 강조하는 인간 운명에서의 행불행의 다양한 양면성과 착종이 가져오는 완벽한 행복의 불가능 상태는 그 추론적 관점에서 유비적으로 일맥상통하는 면이 있음을 포착하기는 어렵지 않

을 것이다.45)

보에티우스가『철학의 위안』에서 그 위안의 요체로 삼은, 인간의 행복과 불행에 관한 복합평등적 양태에 대한 철학적 관조는 종국적으로 형이상학적 조화나 일치인 하모니아(*harmonia*)를 강조하는 피타고라스(Pythagoras)의 자연적 정의(natural justice) 혹은 우주적 정의(cosmic justice)로까지 소급될 수 있을 것이다. 이러한 소급의 단초로서 우리는 보에티우스가 철학의 여신에게 한 다음과 같은 말을 지적할 수 있다. "당신은 날마다 나의 귀와 나의 생각 속에 '신(神)을 따르라'는 피타고라스학파의 금언(金言)을 주입시키곤 했습니다. 그리고 당신이 나의 정신을 신(神)의 그것과 흡사한 경지까지 이끌어 주시고 있었던 까닭에, 내가 가장 비열한 정신의 도움을 구하려 한다는 것은 거의 있을 수 없는 일이었습니다."46) "신을 따르라"는 피타고라스의 경구는 원래 이암블리쿠스(Iamblichus)의『피타고라스의 생애』에서 부각되었던 것이다. "더 나아가서, 이 모든 교훈들은 하나의 단일한 근원적인 원리인 신성의 목적에 근거하고 있다. 따라서 모든 삶의 총체는 철학의 원리이자 교설인 신을 따르는 것으로 귀착된다."47) 신을 따른다는 것은 신과 일치된다는 것이며, 보에티우스의『철학의 위안』에 전승되었듯이, 그것은 인간이 분노, 고통, 욕망, 무지 등에 의해서 스스로 지배당하지 않는 것을 의미한다. 그러기 위해서는 인간 영혼의 신적인 부분을 정화하려는 노력이 있어야 한다고 피타고라스는 강조했던 것이다.48)

그렇다면, 최후의 고전 철학자요, 최초의 스콜라 철학자라고 평가되고 있는 보에티우스로부터 피타고라스에게로 그 사상적 기원을 소급하는 것은 결코 견강부회라고 할 수 없을 것이다.49) 인간의 운명에 대한 보에티우스의 철학적 관조와 위안은 그 원형을 피타고라스에서 찾아볼 수 있다. 보에티우스의『철학의 위안』에 있는 "사라짐으로써 인간을 불행하게 만들 수 없는 행복은, 있음으로써 인간을 행복하게 만들 수도 없는 것이다'라는 구절처럼,50) 마지막 구절에서 "영혼의 구원"이 언급되고 있는 피타고라스의 『황금시편』에도, "운명이 주는 행운은 불확실하며, 그러한 행운들을 얻더라도 그것들이 동시에 사라질 수 있다는 것을 생각하라'라는 일맥상통하는 구절이 있다.51) 또한 피타고라스는 "불운 속에서 어떻게 스스로를 도울 것인가를 아는 사람은 그리 많지 않다. 운명은 인간의 판단을 흐리게 한다. 운명은 계속해서 인간을 끝없는 슬픔 속으로 여기저기 내몬다"고 지적하고, "신이 운명을 통해서 우리에게 보내준 슬픔이 무엇이든지 간에 인내를 가지고 참으며, 당신에게 어떤 일이 닥치더라도, 불평하지 마라'라고 조언한다.52)

인간의 운명에 대한 피타고라스의 이러한 철학적 관조는 자연적 혹은 우주적 정의의 개념으로부터 유래한다. 그의 자연적 혹은 우주적 정의는 조화로운 우주, 즉 코스모스적 하모니아(*cosmic harmonia*) 개념에 근거하고 있다. 자연적 혹은 우주적 정의는 이러한 우주의 조화로운 질서의 원칙을 따르는 것을 의미한다. 그러한 "원칙은 균형과 평등을 보전하고, 서로 대립하는 자연적 힘들 중 어느 하나가 나머지 다른 것들에 대한 전제(tyranny)를 확립하는 것은 막는다."53) 보에티우스도 이를 답습하여, "세계는 끊임없이 변화하면서도 조화를 유지하며, 원소들은 본질적으로 상충하면서도 평온을 유지한다'고 언명한다.54) 월저의 복합평등론에서 각 분배 영역의 자율성을 해치는 전제(tyranny)와 지배(domination)는 강력하게 배제된다. 전제는 다음과 같이 규정된다. "사회적 선 혹은 가치들은 사회적 의미를 가지므로 우리는 이러한 의미에 대한 해석을 통해서 분배적 정의에 이르는 길을 추구한다. 우리는 각 분배 영역에 내재하는 원칙들을 찾는다. … 이러한 원칙들을 무시하는 것이 전제이다. 둘 사이에 본질적인 연관이 없는, 하나의 가치를 다른 가치로 전환시키는 것은 일단의 사람들이 관할하고 있는 어떤 영역을 침범하는 것이다. … 다른 가치들을 획득하기 위해서 정치적 권력을 사용하는 것이 전제적 사용인 것이다.”55) 또한 월저는 “지배는 어떤 사회적 가치를 그 사회적 의미의 제약을 받지 않고 사용하거나 혹은 어떠한 사회적 가치의 의미를 자의적으로 형성하여 사용하려는 방식을 기술한다”고 밝힌다.56)

피타고라스의 자연적 혹은 우주적 정의의 개념은 그의 『황금시편』의 다음 구절에서 찾아볼 수 있다. “신의 축복을 탄원하기 전까지는 어떠한 일도 시작하지 마라. 만약 이것을 확고하게 믿는다면, 당신은 머지않아 신과 죽음을 피할 수 없는 존재인 인간, 그리고 어떻게 모든 것이 왔다가 돌아가는가 하는 존재의 진정한 본질을 알게 될 것이다. 그리고 **자연은 모든 면에서 거의 동등하다**(how Nature in all is almost equal)는 진리를 알게 될 것이다. 따라서 당신은 바랄 수 없는 것을 바라지 않게 되고, 그 무엇에도 소홀함이 없게 될 것이다.”57) “자연은 모든 면에서 동등하다”는 피타고라스의 언명은 자연적 혹은 우주론적 정의에서의 복합평등적 측면을 강조하는 것처럼 보인다. 이러한 자연과 우주의 복합평등적 측면은 인간의 운명에서의 행불행에 대한 보에티우스의 철학적 관조의 이면에 흐르는 형이상학적 원리라고 할 수 있을 것이다.

피타고라스의 자연적 혹은 우주적 정의의 복합평등적 측면은 그의 마방진(魔方陣, magic square)으로 우리를 인도한다. 마방진은 1에서 n^2까지의 정수를 가로, 세로, 대각선의 합이 전부 같아지도록 n행 n열의 정사각형 모양으로 나열한 방진을 말한다. 마방진이라 함은 여러 정사각형의 숫자 배열인 방진들 중에서 상하, 좌우, 대각선의 합이 모두 같은 특수한 조건을 만족시키는 마술적인 성질을 가진 방진이라는 뜻이다.58) 마방진은 그 상수(常數)적 합의 일정성에서 감지되는 신비한 규칙성과 조화로 말미암아 인류의 모든 문명에서 하나의 질서정연한 우주적 자연적 사회적 체계를 상징하는 것으로 등장했다.59) 피타고라스의 마방진은 3차 마방진, 4차 마방진, 5차 마방진 등이 있으며 그 각각의 합은 모두 일정하게 15, 34, 65이다. 예를 들면 3차 마방진은 위로부터 풀어서 쓴다면, {(8, 1, 6), (3, 5, 7), (4, 9, 2)}의 자연수의 배열로 이루어져 있으며, 상하, 좌우, 대각선 총 8번의 합이 모두 일정하게 15가 된다. 피타고라스의 마방진은 그가 이집트에 체류했을 때 배워 고대 그리스 사회에 전파한 것으로 생각되며, 따라서 피타고라스학파를 위시한 다른 수학자들에게도 널리 알려졌으리라고 추정된다. 피타고라스의 마방진은 그의 자연적 혹은 우주적 정의에서의 하모니아 개념, 보다 명확하게는 "자연은 모든 면에서 동일하다"는 자연적 혹은 우주적 정의의 복합평등적 측면에 대한 하나의 수학적 상징이라고 말할 수 있을 것이다.60)

인류 문명에서 최초로 등장한 마방진은 중국의 낙서(洛書)이다. 중국의 낙서는 3행 3열의 3차 마방진이다. 낙서는 하도(河圖)와 함께 주역의 근본 원리가 함축된 도서로 간주되고 있다. 『주역』, 「계사전」에는 "하도와 낙서가 나타나니 성인이 이를 법칙으로 삼았다"는 언급이 나온다.61) 낙서는 {(4, 9, 2), (3, 5, 7), (8, 1, 6)}으로 배열된 3행 3열의 3차 마방진으로서 그 상수적 합은 15이다. 낙서는 지금으로부터 4천 년 전 무렵 중국 하나라 우왕(禹王)이 황하의 범람을 막기 위해 치수(治水)를 할 때 낙수에서 나타났던 거북의 등에 각인된 마방진으로서, 우왕이 천하를 다스리는 대법으로 삼았다고 전해 내려오고 있다.62) 그렇지만 하도와 함께 낙서의 진정한 의미는 무엇이고 또한 그 대법은 과연 무엇인가 하는 논란은 끊임없이 전개되어 왔다.63) 낙서의 사회철학적 함축성에 관한 언급은 다음에서 찾아볼 수 있다. "낙서는 현실적으로 하나의 구조가 완벽하게 존재하기 위해서는 수량적으로 균형을 일정하게 유지해야 된다는 점을 밝히고 있다. 처음과 끝이 맞물리고,

위와 아래가 얽혀서 전후좌우가 서로 균형 있게 조화를 얻어야만 그 조직체가 제대로 유지되는 것임을 상징했다."64) 따라서 낙서는 사회통합의 모범으로서 간주된다. 사회통합의 모범의 관점에서 그 분배정의론적 함축성을 명백하게 언급하고 있는 것은 다음과 같다. "하도(河圖)의 선천적인 자연의 질서 체계가 있음에도 낙서(洛書)의 후천적인 화합 체계가 필요한 까닭은, 인간은 만물의 영장으로 단지 자연의 주어진 조건에 만족하지 않고, 한 사람의 낙오자나 차별을 받는 이가 없이 전체가 다 함께 안락하게 사회를 만들려는 인간애의 정신을 … 담았기 때문이다. … 상하(上下)의 귀하고 천함도 균등하게 배분하여 정신적 가치는 위 사람에게 후하게 주고, 물질적 가치는 아래 사람에게 후하게 분배하였으니 각각 소원을 성취시키려는 노력이다."65) 낙서의 이러한 사회철학적인 분배정의론적 함축성을 감안해 볼 때, 그 사회통합의 모범적 특성은 낙서의 복합평등적 관점에서 유래한다고 단언해도 과언은 아닐 것이다.66)

3. 복합평등과 우주의 궁극적 원리들: 미시세계와 인간세계와 거대우주의 상호 연결과 우주의 균일성과 등방성 원리, 그리고 복잡계 이론, 카오스, 창발

데이비드 밀러(David Miller)는 복합평등을 신분의 평등으로 보고 "전통적 의미에서 궁극적 원리"가 아니라는 점을 명백히 했다.67) 그는 어떤 거대한 궁극적 원리가 있을지도 모른다고 생각했지만 그것이 무엇인지 파악하지는 못했다. 이러한 관점에서 볼 때 "철학자의 주장은 그가 천국을 구성하는 패턴을 안다는 것이다"라는 월저의 탄식은 놀랄 만한 것은 아니다.68) 월저는 "나의 '다원주의와 평등의 옹호'는 미국 정치문화에 대한 오직 하나의 해석에 불과하다. 따라서 많은 가능한 해석들이 존재하지만, 나의 해석을 포함한 그 어느 것도 천국의 도시를 위한 청사진은 아니다"[69]라고 말한다. 그러나 우리는 이미 월저의 복합평등은 피타고라스적 천상의 우주론과 연관된다는 것을 지적했다. 롤스의 용어를 빌리면, 피타고라스적 마방진은 사회구성원들의 복합평등을 위한 아주 멋진 '재현의 도구'이다.[70]

개인적 재능들의 내부 공간과 분배 영역들의 외부 공간 사이의 일치와 대응에 관한 월저의 견해는 전형적인 피타고라스적 교설이다. "복합평등은 (사회적 가치의 상이성뿐만 아니라 또한) 인간의 상이성과 아울러 인간들 사이의 다양한 자질, 관심, 능력 등의 상이성에 대응한다."[71] 또한 "역사와 일상적 삶을 합쳐서 보면, 개인들에 걸쳐서 재능과 자질의 상당히 철저한 분산이 나타난다."[72] 더 나아가서 월저는 "만약 남녀 개인들이 **복합적으로**(complexly) 구성되어 있지 않다면, 복합평등은 신뢰할 수 없는 나쁜 유토피아의 사례일 뿐이다"라고 강조한다.[73] 월저가 주장하는 인간 재능과 분배 영역 사이의 일치와 대응은 양쪽으로 무한히 전개될 수 있다. 이것은 우주의 축도로서의 인간사회와 인간 자체인 소우주(microcosm)와 대우주(macrocosm) 사이의 완벽한 일치와 대응이다. 피타고라스학파는 "신성한 코스모스에 동화함으로써 인간 자신은 우주적 질서와 하모니를 반영하게 된다"고 믿는다.[74] 천체물리학과 천문학계의 문헌에서는 "내부 공간과 외부 공간: 우주론과 입자 물리학 사이의 상호 연결"을 말하고 있다.[75] 피타고라스의 인간과 우주의 상호 연결(interface)과 조화는 키케로(Marchus Cicero)의 『신의 본성에 관하여(De Natura Deorum[On the Nature of Gods])』, 제1권, 11절에서 비판적으로 논의되고 있다. "세계 영혼이 전체 우주의 실체를 통해서 분산되고 있고, 우리 인간 개개인의 영혼은 그것의 한 파편이라고 믿는 피타고라스는 개개인들 사이에서 세계 영혼의 그러한 해체가 신을 갈기갈기 찢어 놓은 것이며, 또한 우리 인간들 대부분에서 일어나듯이, 우리 인간들의 영혼들이 불행하다면 신의 상황도 역시 불행할 것이라는 우려를 해결하지 못하고 있다."76)

인간의 재능과 분배 영역 사이의 상호 연결과 조화를 말한 월저는 좀 더 나아가 인간의 고도로 분할된 자아를 말하고 있다. 이것은 자아의 입자 물리학적 측면에 대한 훌륭한 증거가 될 것이다.77)

"선형(線型)도 없으며 위계(位階)도 없다. 자아의 질서는 마치 아주 인구밀도가 높은 원형처럼 상상하는 것이 더 좋을 것이다. 내가 중심에 있고, 나의 여러 자아 비판가들에 의해서 둘러싸여 있고, 그러한 자아 비판가들은 상이한 시공간적 간격으로 서 있는데, 꼭 고정적인 위치에 있을 필요는 없다."

여기서 우리는 월저의 자아에 대한 묘사에서 전자(electron)가 양성자(proton)와 중성자(neutron)로 이루어진 원자핵(atomic nucleus)을 재빠르게 돌고 있는 광경을 연상하게 된다. 월저의 이러한 자아에 대한 묘사는 다문화적 세계에서의 차이의 정치(politics of difference)에 적합한 분할적 자아관을 제시하는 것이다.78) 우리가 곧 보게 될 것처럼, 분할된 자아관뿐만이 아니라 복합평등도 복잡계 이론에 따르면 하나의 복잡계라는 것이 밝혀질 것이다. 만약 이러한 미시세계와 거시세계의 상호 연결이 영겁회귀와 연결된다면 그것은 우로보로스(ouroboros)가 된다.79) 이것은 아원자(亞原子)의 내부 공간과 거대우주의 외부 공간 사이의 밀접한 상호 연결을 상징적으로 나타낸다. 이것은 "고대 이집트와 그리스의 상징적인 뱀으로서 꼬리를 먹어 치우는 것으로 나타나는데, 자신을 연속적으로 먹어 치우고, 다시 재탄생하는 것을 의미한다. 이것은 모든 사물의 물질적인 것과 정신적인 것의 통일성을 표현한다. 그러한 통일성은 파괴와 재창조의 영구적 순환의 형식에 따라 결코 사라지지 않고 영구적으로 변할 뿐이다."80) 월저도 그의 유명한 논문 「자유주의에 대한 공동체주의적 비판」의 말미를 다음과 같은 언명으로 끝맺는다. "공동체주의적 비판은 영구적 재발(eternal recurrence)을 할 운명 — 이것은 아마도 그렇게 처참한 운명은 아닐 것이다— 에 처해진다."81) 동일한 맥락에서 월저는 정치적 논쟁의 과정은 결정적으로 완전한 종식은 결코 없다고 주장한다. 비록 그러한 논쟁이 철학적으로 통제할 수 없는 것은 아니더라도, "각 분배 영역에 얼마만큼의 평등이 적절한가는 쉬운 문제는 아니다. 왜냐하면 그것은 확실성과 최종성이 결여된 결단에 의거할 수밖에 없는 해석들에 달려 있기 때문이다."82)

그러면 이제 우주론의 문제로 들어가서 우주의 궁극적인 원리들과 복합평등의 마방진적 해석의 관련성을 알아보도록 하자. 빅뱅 이론(Big Bang theory)에 의하면, 초고밀도와 초고온으로 뭉쳐 있었던 하나의 특이점으로부터 대폭발이 일어나 우주가 생겨났다.83) 이때 급팽창 이론 혹은 인플레이션 이론(inflation theory)에 따르면, 우주 탄생으로부터 10^{-36}초 후, 우주는 광속을 훨씬 넘는 속도로 팽창을 시작하여 짧은 시간 사이에 엄청난 크기로 커졌다. 이러한 거대한 영역에 걸친 빠른 급팽창에 의해서 우주 공간의 구석까지 물질들이 균일하고도 등방하게 분포되었다고 가정할 수 있다. 물론 우주에서 국부적으로는 물질들이 균일하고도 등방하지는 않지만, 거대 구조에서 보면 물질들이 균일하고도(homogeneous) 등방한(isotropic) 것으로 나타난다. 우주가 균일해지기 위해서는 우주의 모든 곳, 예들 들면, 우주의 한쪽 끝과 그 반대쪽이 상호 간에 정보를 공유할 수 있어야 한다. 그러나 이 두 곳 사이는 빛의 속도로도 도달할 수 없을 만큼 멀리 떨어져 있다. 그럼에도 불구하고 우주의 모습은 어디나 똑같이 닮아 있다. 이것을 해결한 것이 바로 우주의 급팽창 이론이다.84)

이에 더하여 우주의 균일성과 등방성을 증명하는 것은 우주 마이크로파 배경복사(cosmic microwave background radiation)가 있다.[85] 초기에 우주는 초고온의 흑체였는데 대폭발과 함께 약 136억 년이라는 오랜 시간 동안 팽창하면서 점점 냉각되어 현재의 우주가 되었다는 것이다. 우주배경복사는 전파 망원경을 통해서 관측 가능한 우주를 균일하게 가득 채우고 있는 마이크로파 혹은 전자기파 열복사이다. 전파 망원경을 통해서 관찰하면 "별이나 은하 등과 관련이 없이 배경복사가 우주의 모든 방향에서 균일하게 뿜어져 나오는 것을 확인할 수 있다."[86] 우주에 중심과 외곽이 있다면 중력 등의 밀도 차이에 의하여 온도가 높거나 낮거나의 변화가 있어야 하나 우주의 온도는 매우 균일한데, 이것은 우주의 전자기파가 우주의 중심과 외곽에 차이를 두지 않고 균일하다는 것을 입증하고 있다.[87] 우주배경복사 탐사선(COBE, 이후 WMAP, Planck)을 통해서 관측된 우주의 배경복사는 빅뱅으로부터 "38만 년 후의 우주의 밀도 분포를 보여주는데, 전 우주에 걸쳐 1/10만 범위의 오차 내"에서 고르게 분포하고 있음을 알 수 있다. 이러한 사실은 우주가 전체적으로 고르게 분포하고 있을 뿐만 아니라 대칭적으로 팽창하고 있음을 말해 준다.[88]

따라서 우리가 우주의 어느 방향으로 가더라도 우리는 대략적으로 동일한 밀도를 가진 별들과 동일한 형태의 집단을 가진 별들과 만나게 된다. 따라서 우주는 균일하고도 등방하다. 우주의 균일성과 등방성의 원리는 우주의 팽창과 합쳐서 우주는 균일하고, 등방하며, 팽창한다는 것이다.[89]

빅뱅 이론과 우주의 균일성과 등방성 원리는 넓게 보면 단일성과 복수성의 피타고라스적 화합에 대한 근대 천문학과 천체물리학과 수학의 정교화이며, 또한 모든 방향으로 (엄밀히는 8개 방향으로) 동일한 합이 나오는 피타고라스적 마방진의 현대 과학적 발현이라고 해석할 수 있을 것이다. 피타고라스적 마방진은 현대에도 여전히 의미가 있는데, 그것은 피타고라스의 하늘의 둥근 천장(heavenly vault)과 가시적 우주 (visible universe, *ouranos*)를 반영하고 있기 때문이다.90) 아리스토텔 레스는 "피타고라스학파는 빈 공간의 존재를 단언했고, 그것은 광대하 게 펼쳐 있는 가시적 우주에 포함된다고 설명했다"고 기록했다.91)

가시적 우주는 우주가 팽창을 시작한 이후 빛이 지구에 있는 우리에 게 도착할 때까지 진행해 온 영역으로 정의되는데, 은하 및 기타 물질 로 구성된 우주이다. 이 가시적 우주는 반경이 137억 광년이 되는 가상 적인 구로 생각된다. 관측 가능한 우주(observable universe)는 가시적 우주와 기본적 개념은 같다. 그러나 우주가 팽창하고 있기 때문에 현재 의 지평선은 그보다 훨씬 뒤로 가 있다. 우주의 팽창을 고려하면 우주 의 반경은 465억 광년이 된다.92) 이것은 우주배경복사가 나타내는 관 측 가능한 우주를 통해 계산한 것이다.93) 그래서 관측 가능한 우주는 현대 천문 기술에 의거하여 실제로 우주를 측정하는 것에 달려 있지 않고, 빛 혹은 다른 신호가 지구에 있는 우리들에게 원리적으로 도달할 가능성이 있다는 것에 의거한다.94) 이미 언급한 것처럼 우주배경복사 는 관찰 가능한 우주의 모든 방향에서 온 마이크로파와 그 온도가 등 방적이고 균일하다는 것을 나타낸다. 관찰 가능한 우주는 우주의 중심 에 있는 지구의 관찰자가 모든 방향으로 관찰할 때 가장자리까지의 거 리는 동일하다는 등방성을 가지고 있다.95) 우주의 모든 위치는 각개의 관찰 가능한 우주를 가지고 있으며, 관찰자가 우주의 중심에 있는 관찰 가능한 우주와 겹칠 수도 있고 그렇지 않을 수도 있다. 관찰 가능한 우 주는 우주의 균일성 원리에 따르면, "우주의 물질은 조그만 규모에서 는 균일하지 않지만, 거대 규모에서는 균일하다"고 할 수 있다.96)

우리 태양계가 속해 있는 은하계 우주와 그 너머를 보더라도 가장 눈에 띄는 것은 많은 별들이 몰려 있는 항성계, 은하성단(銀河星團), 초은하성단(超銀河星團)이다.97) 그러나 "우주의 거대 규모에서 보면 비균일성의 크기는 매주 작다."98) 간단히 말하면, "국부적으로 별들이 몰려 있다고 하더라도 우주는 그 전 공간을 통해서 볼 때 균일하게 물질들이 분포되어 있다."99) 우주의 균일성과 등방성 원리는 빅뱅 이론이 널리 수용되기 전, 근대 우주론의 표준적 모형과 정상우주론에서도 널리 수용되었다.100) 이제 이러한 우주의 균일성과 등방성 원리는 빅뱅 이론과 합쳐져서 우주론의 원리로 정식화된다.101)

"우주론의 원리는 우주에서 물질의 분포는 거대 구조의 관점에서 보면 균일하고 등방하다는 개념이다. 왜냐하면 우주에서 작용하는 힘이 우주를 통틀어 균일하게 작용하는 것으로 생각되며, 애초에 빅뱅에 의해서 생성된 물질의 장의 진화의 경로에 대해서도 거대 구조의 관점에서 보면 어떤 관측 가능한 불규칙성도 보이지 않기 때문이다."

우주론의 두 개의 검사 가능한 구조적 결과들은 균일성과 등방성이다.102)

"균일성이 의미하는 것은 우주의 상이한 장소들에서 관측한 결과는 동일한 관측적 증거를 갖는다는 것이다(우리가 볼 수 있는 우주의 부분은 우리가 신뢰할 만한 사례이다). 등방성이 의미하는 것은 우주의 어떠한 방향에서 관측하더라도 동일한 관측적 증거를 갖는다는 것이다(동일한 물리적 법칙들이 전 우주에 걸쳐 적용된다). 우주론의 균일성과 등방성 원리는 서로 구별되지만 밀접하게 연관되어 있다. 왜냐하면 두 곳의 장소(구형적 기하학에서는 세 곳)에서 우주가 등방적이라면 우주는 균등해야만 하기 때문이다."

천문학자 윌리엄 키일(William Keel)은 우주론의 원리에 대한 철학적 관련성에 대해서 다음과 같이 말하고 있다. "우주론의 원리는 강력한 철학적 명제에 이르게 되는데, 그것은 우리가 볼 수 있는 우주의 한 부분은 신뢰할 만한 사례이며, 동일한 물리적 법칙들이 우주 전체에 걸쳐 적용된다는 것이다."103)

월저는 성군 혹은 성단을 의미하는 클러스터(cluster)를 우주론의 원리와 동일하게 사용하고 있다.104) "인간의 자질과 관심과 능력의 범위는 매우 광범위하다. 나는, 물론 나의 경험이 증거가 되지 못한 것을 알지만, 어떤 특정한 개인들에게 그러한 **인간의 역량이 한 다발처럼 모여 있거나(clustering), 아니면 전혀 모여 있지 않는 것에 대한 증거를 알지 못한다.**" 이러한 관점에서 보면 우리는, 월저가 복합평등은 인간의 자질과 능력에 대해서 '긴 목록(long list)'을 요구한다고 말한 점을 쉽게 이해할 수 있다.105) 우주론의 원리는 국부적으로 적용되는 것이 아니고 거대 구조에서 적용되는 것처럼, 월저의 복합평등도 인간의 자질과 능력에 관한 긴 목록을 요구하는 것은 우연이 아니다.

물론 우주론의 원리, 즉 우주의 균일성과 등방성 원리를 반대하는 주장이 없는 것은 아니다. 영국의 철학자 칼 포퍼(Karl Popper)는, 우주론의 원리는 제시되지 말았어야 할 도그마로서, 우리가 진정한 지식을 확신할 수 없는 것에 대해서 마치 무엇인가를 아는 것처럼 장담하는 것에 불과하다고 비판의 수위를 높이고 있다.106) 이러한 반대 주장은 "국부적 영역에서 관측되는 프랙털(fractal)적 분배가 거대한 영역에서도 관측되며, 어떠한 규모에서도 균일성에 대한 증거는 없다"는 것이다.107) 이러한 반대 주장을 감안하면 피타고라스적 마방진과 인간 재능에 관한 긴 목록에 의거한 월저의 복합평등론은 우주의 균일성과 등방성 원리를 확정된 원리가 아니라 하나의 가설로서 수용할 수 있을 것이다.108) 비록 가설이라고 하더라도 피타고라스적 마방진과 월저의 복합평등론은 우주의 균일성과 등방성을 통해서 상호 연관성을 가질 수 있을 것이다. 비록 가설이라고 하더라도 우주의 균일성과 등방성 원리는 근대 천문학의 표준적 모형과 빅뱅 이론 모두에서 수용되었다는 것은 중요한 사실이다.

"우주는 거대 규모에서 균등한가?"라는 질문은 월저의 다음 견해와 일맥상통한다. "내가 보기에, 역사와 일상적 삶 속에서 개인들이 지닌 재능과 자질에 대한 상당히 근본적인 분산이 나타나고 있다. 나는 근본적인 집중을 생각하는 사람들이 그들 자신들을 너무 좁게 생각하고 있지 않은지 의구심이 든다."109) 우주론의 원리와 또 하나 일맥상통하는 월저의 논의는 다음과 같다. "이것은 복잡한 평등주의적 사회(a complex egalitarian society)이다. 비록 많은 조그마한 불평등이 있다고 하더라도, 불평등은 전환의 과정을 통해서 배가되지 않을 것이다."110) 여기서 월저의 주안점은 지배와 전환이지 단순평등이나 독점이 아니다. 그가 받아들이는 유일한 마술은 지배의 마술이다. "지배적 가치는 또 다른 가치로 전환되고, 더 나아가서 더 많은 가치들로 전환된다. 이것은 마치 자연적인 과정인 것처럼 보이지만 실제로는 마술과도 같은 사회적 연금술이다."111) 이러한 사회적 연금술은 마르크스가 『자본론』에서 말한 상품의 물신숭배(fetishism)의 과정과 비슷하다. 자본주의에서는 인간관계가 물질과 상품의 관계로 귀착된다. 따라서 인간 노동의 산물인 상품, 화폐, 자본이 신앙 혹은 숭배의 대상이 된다.112) 그러나 월저의 복합평등도 지배와 전환의 사회적 연금술보다 더한 마술이 포함되어 있다. 즉, 11가지의 분배 영역에서의 일차적인 자율성과 거기서 이차적으로 발생하는 복합평등은 더 멋진 사회적 마술이 아닌가 생각된다.

그러면 이제부터 복합평등과 현대 과학의 최신 이론들 사이의 개념적 상호 연결에 대해서 탐구해 보기로 하자. 여기서의 현대 과학의 최신 이론들은 복잡계 이론(complex systems theory), 카오스(chaos) 이론, 창발(emergence)이다. 복잡계 이론은 현대 과학의 한 분야로서 시스템의 수많은 구성 요소들의 상호작용을 통해 각각의 특성과는 다른 새로운 현상과 질서가 나타나는 시스템을 말한다. 그리고 그러한 시스템은 환경과 상호작용을 하고 있다.113) 복잡계 이론에 따르면, 복잡한 시스템은 수많은 상호작용을 하거나 상호 연결된 구성 요소들을 가지고 있다. 단순한 시스템도 많은 요소들을 가지고 있지만, 그것들은 서로 상호작용을 하거나 상호 연결되어 있지는 않다.114) 통상적으로 보면, 복잡계는 다음과 같이 정의된다. "상당한 수준에서 상호작용을 하는 구성 요소들은 자기 조직화를 통해 진화 가능한 구조를 만들어 내고, 이러한 구조는 시스템의 창발하는 속성을 만들어 낸다."115) 복잡계는 또한 비선형(non-linearity)적인데, 이것이 의미하는 바는 투입과 산출이 비례적이 아니라는 것이다. 일반적으로 볼 때, 복잡계의 중요한 성질과 구성 요소는 다음과 같다. 즉, 구성 요소들의 복잡성과 자율성, 그리고 구성 요소들의 상호작용과 상호 의존, 부분적인 혹은 전체적인 작용에서 결정 불가능성 혹은 예측 불가능성, 구성 요소들에 대한 단순하고도 중앙화된 제어의 결여, 구조와 반응의 여러 단계, 자기 조직, 환경적 적응, 창발하는 집단적 성질들, 체계를 서술하는 데 필요한 다량의 이론적 정보들이다.116)

우리는 여기서 언급한 복잡계와 창발과 관련하여 월저의 복합평등을 살펴보기로 하자. 여기서 우리가 복잡계에 대해서 제기할 수 있는 질문은 "복잡계 이론에 나오는 복잡계는 과연 얼마나 복잡한가?"이다.117) 시스템을 구성하는 요소들 자체는 단순하지만 그것들이 어우러져 나타나는 현상이 복잡한 경우는 카오스라고 부르며, 불규칙하고 예측 불가능한 현상을 말한다.118) 월저의 복합평등도 하나의 복잡계라면 과연 "그것은 얼마나 복잡한가?" 일견해서 볼 때 월저의 복합평등은 제1차원에서 독점도 허용이 되는 11가지의 분배 영역에서 다양한 방식의 불평등이 결과할 것이므로 일견 매우 혼돈스럽고 무질서하다고 할 수 있다. 그러한 11가지의 분배 영역에서의 다양한 방식의 불평등들은 제2차원에서 합쳐지면 서로 상쇄되어 일종의 평등인 복합평등이 결과한다고 볼 수 있다. 복합평등은 11가지의 분배 영역이 한 차원 높은 단계에서 새로운 질서와 규칙을 만들어 낸다고 볼 수 있다.

이미 언급한 것처럼, 월저는 그의 분할된 자아관, 즉 자아는 "선형(線型)도 없으며 위계(位階)도 없다"고 주장했다.119) 월저의 단순평등과 복합평등의 구분은 단순성과 복잡성을 구분하는 복잡계 이론과 잘 대응된다. 기존의 기계론적 세계관이 다양하고 복잡한 현상 속에서 단순성과 동일성을 찾아내는 것이라면, 복잡성 과학은 단순한 구조에서 출발하여 다양하고 복잡한 세계를 파악하려고 한다.120)

월저는 정의의 11가지의 분배 영역에서 자율적으로 이루어진 분배들은 사회구성원들의 '복합평등'을 결과한다고 주장한다. 그리고 모든 사회적 가치들이 모든 사회구성원에서 동일하게 분배되지 않는다고 못을 박는다.121) 월저는 "동등한 분배는 바람직하지도 않고, 가능하지도 않다"고 지적하고, "오히려 상이한 가치들이 상이한 사람들에게 상이한 이유들로 말미암아 상이한 주체에 의해서 분배되어야 한다"고 주장한다.122) 월저의 복합평등은 지배적 선 혹은 모든 선의 단순평등을 반대하는 것인데, 복합평등이 의미하는 바는 다음과 같다. "상이한 사람들은 상이한 방식으로 불평등하지만, 이러한 불평등은 모든 분배 영역에 걸쳐서 일반화되지는 않을 것이다. 모든 사회적 가치는 동일한 사람에게 잇달아 주어지지는 않을 것이다."123) 복합평등에 관한 이러한 언명을 듣고 있으면, 우리는 월저의 분배정의론은 복잡계 이론의 전형적인 한 사례라고 평가할 수 있을 것이다. 복잡계 이론에 따르면, 시장, 정부, 가족, 회사, 통제 시스템, 문화, 그리고 문명은 모두 전형적인 사회적 복잡계의 사례들이라고 할 수 있을 것이다. 시장의 돈과 상품, 친족제도와 가족의 사랑, 공직과 정부의 정치권력을 포함하는 월저의 11

가지의 분배 영역은 사회적 가치라는 기본적인 구성 요소와 더 복잡한 분배 원칙이라는 기제를 가지고 있다. "정의의 원칙들은 그 자체의 형식을 볼 때 복수적이다. 상이한 사회적 가치들은 상이한 이유에 의해서, 그리고 상이한 절차와 상이한 주체에 의거하여 분배되어야 한다. 그리고 이러한 모든 상이점은 사회적 선들 자체에 대한 상이한 이해에 의해서 도출되어야 한다. 이것은 역사적 사회적 특수주의의 불가피한 산물이다."124)

월저의 복합평등은 복합적인 분배 영역에 관한 복잡계이다. 월저는 복합평등이 "근본적으로 분산되고 집적되지 않은 불평등"으로부터 나온다고 말한다.125) 월저에 의하면 분배정의론을 위한 11가지의 분배 영역과 분리의 기술은 "개인의 별개성(이것은 생물학적인 현상이지, 사회적 현상은 아니다)에 의거하거나 보장되는 것은 아니다. 그것들은 사회적 복잡성에 의거하거나 보장된다."126) 그는 "한 분배 영역에서 일어난 일은 다른 분배 영역에서 일어난 일에 영향을 미친다. 우리가 최대로 할 수 있는 일은 상대적 자율성을 찾는 일이다'라고 명백히 밝히고 있다.127) 월저는 예를 들면, 한 사회의 성원의 자격을 첫 번째 분배 영역에 배치하고, 그것을 가장 중요한 기초적이고 기본적인 사회적 가치로 간주한다. 그리고 월저는 "분배적 정의론은 성원의 자격에 대한 권리의 설명으로부터 시작한다'고 말한다.128) "그 이유는 사회의 어느 영역에 있든지 오직 남자 혹은 여자 성원들만이 공동적 삶을 가능케 하는 모든 다른 사회적 가치, 즉 안전과 복지, 부, 명예, 공직, 권력을 가질 수 있을 것을 희망할 수 있기 때문이다."129) 이렇게 본다면, 월저의 복합평등은 한 사회 혹은 국가에서 성원의 자격과 권리, 혹은 시민권을 가진 사람들 사이, 혹은 (투표권과 정치참여권이 성인이 되어야 주어진다면) 성인들 사이에서 발생하는 것으로 해석될 수 있을 것이다.

월저가 제시하는 단순평등에 대한 중대한 반론들 중의 하나는 "단순
평등은 새롭게 등장하는 독점을 와해시키고 제약하고, 새로운 형태의
지배를 억압하기 위해 계속적인 국가의 개입을 요청한다"는 데 있다.
그래서 국가 권력 자체는 경쟁적 투쟁의 중심적 대상이 되고 말 것이
다."130) 다시 말하면, 월저는 단순평등은 종국에는 독재정치의 단순통
제 시스템으로 전락하고 말 것이라고 주장한다. 월저는 지역에서 일하
는 아마추어 관리들이라는 다수의 분배 담당 관리들을 통한 '복지국가
의 사회화', 즉 '분배 담당 관리들의 숫자 증가', 그리고 분배 담당 관
리들의 우월감을 갖고 생색내는 듯한 태도와 복지 수혜자들의 나태와
수동성을 방지하기 위해서 '분배의 방식에 대한 변화'를 기획하고 있
다.131) 그러한 복지국가의 사회화는 그의 분배 시스템에 통제적 위계
질서가 없다는 것을 의미하는 것은 아니다. "정치적 권력이 언제나 분
배 영역들의 경계들 사이에서 지배적이지만 분배 영역들의 경계들 속
에서 그러한 것은 아니다. 정치적 삶의 중심적 문제는 경계들 사이(at)
와 경계들 속(in)의 중대한 구분이다. 그러나 이러한 문제는 해결되기
가 쉽지 않은데, 단순평등을 위한 명령이 주는 피할 수 없는 강력함을
생각해 본다면 그렇다."132)

　　복합평등을 각 분배 영역의 자율성이 확보된 이후 발생하는 '결과적
평등'133) 혹은 '부산물(by-product)'134)로 지칭하는 것은 복잡계 이론
의 창발 혹은 창발성(emergence)과 매우 비슷하다. 복잡계의 가장 중
요한 측면은 "창발적인 속성이라고 불리는 것들이 발생"한다는 것이
다.135) 창발은 한 시스템의 속성이다. 일련의 부분들의 구성 요소가 다
양한 통합적 형태로 나타날 때 결과하는 시스템은 부분들의 집합적 속
성들을 더 이상 드러내지는 않는다. 그 대신에 시스템에서 나타나는 새
로운 부가적 속성들은 시스템의 창발하는 속성의 한 사례이다. 이것은
사전에 시스템의 기능적 특징으로 관찰되지 않았던 속성 혹은 특징의

출현이다. 일반적으로 볼 때 상위 계층의 속성이 창발적인 것으로 간주된다. "창발 혹은 떠오름 현상은 하위 계층(구성 요소)에 없는 특성이나 행동이 상위 계층(전체 구조)에 자발적으로 돌연히 출현하는 현상이다."136)

따라서 복합평등은 상위 시스템 속성이며 11가지의 다양한 분배 영역들 가운데서 창발하는 것이다. 이러한 관점에서 리처드 안슨(Richard Arneson)은 "복합평등은 사회 전체에 적용되는 이상적인 신분의 평등이다"라고 지적했고, 또한 "복합평등은 다양하고 구분되는 분배 영역속에서 자율적인 분배가 실행되는 사회에서 출현하는 부산물로 보아야 한다"고 해석했다.137)

또 다른 흥미 있는 견해는, 월저의 경우 "실제적인 분배 영역들의 경계 수정은 매우 갑자기 출현한다"고 밝히고, 또한 "우리가 오늘날 살고 있는 사회적 세계는 언젠가는 다른 모습을 가지게 될 것이며, 오늘날 적용되는 분배적 정의도 언젠가는 다른 특성을 가지게 될 것이다"라고 지적한 점이다.138) 월저가 여기서 말한 것들은 복잡계와 창발과 매우 유사하다고 아니 할 수 없다.139)

복잡계 이론은 카오스 이론과 밀접하게 연관되어 있다. 왜냐하면 복잡성은 일반적으로 "질서와 카오스의 경계에서 창발하는 과학"이라고 간주되기 때문이다.140) 월저는 이러한 관점과 일맥상통하는 언명을 한다. "정의는 즉각적이고 정확한 질서는 아니다."141) 카오스와 프랙털의 가장 괄목할 만한 특성은 그것들이 단순한 규칙과 도안으로부터 복잡계를 산출했다는 것이다. 이러한 사실은 우리가 단순성을 통해서 복잡한 데이터를 이해하려고 한다는 것을 말해 준다.142) 다시 말하면, 우리는 단순한 구조에서 출발하여 복잡한 세계를 이해하려는 것이 복잡계인 것이다.143) 이러한 관점에서 본다면, 우리는 복합평등을 11가지의 분배 영역에서 창발한 보편적 단순성의 카오스적 패턴에 대한 상징적이고 사회적인 표현이라고 말할 수 있을 것이다. 물론 월저가 복합평등의 예측 불가능한 카오스적 특징을 강조한 점도 언급해야 할 것이다. 그는 다음과 같은 견해를 피력한다.144)

"우리는 남녀 개인들의 실제적인 복잡성(complexity)을 완전히 파악할 수 없을 것이다. 왜냐하면 개인들 각자가 상이할 뿐만 아니라 모순적인 자질과 관심, 그리고 능력에 관한 긴 목록을 가지고 있을 것이기 때문이다. 이것은 자율적인 분배들의 결과가 적어도 개인들의 경우 왜 전적으로 **예측 불가능할 것**인지를 말해 준다."

우리가 이미 논의한 것처럼, 시스템을 구성하는 요소들 자체는 단순하지만 그것들이 어우러져 나타나는 현상이 복잡한 경우를 카오스라고 부르며, 불규칙하고 예측 불가능한 현상을 말한다. 그렇다면 위의 인용문에서 월저는 복합평등을 일종의 카오스적 현상으로 해석하고 있음을 알 수 있다.

따라서 월저는 복합평등에 대한 사회적 계산법(social arithmetic)이 불가능하다고 주장하고 복합평등의 예측 불가능성에 대해서 또다시 강조하고 있다. "사람들이 이러한 종류의 사회적 계산법으로 말미암아 부담을 느낄 필요가 없는 것은 [그것을 불가능하게 만드는 복합평등의] **복잡성(complexity)**의 결과 때문이다."145) 여기서 우리는 복잡성에 대한 보다 엄밀한 입장을 제시하고자 한다. "카오스적 시스템은 예측 불가능하다고 주장되어 왔지만, 이것은 엄밀하게 보면 참은 아니다."146) 카오스적 현상은 불규칙하고 예측 불가능한 현상이지만, 시스템이 나타내는 패턴에 대해서는 아마도 결정 가능성을 발견할 수 있을 것이다. 왜냐하면 복잡성은 완벽한 질서나 완벽한 무질서도 아니기 때문이다.147) 그래서 "각각의 구성 요소들이 다양한 방식으로 상호작용하면서 나타나는 현상들은 언뜻 무질서해 보이지만 혼돈과 질서의 경계에서 더 높은 차원의 새로운 질서와 규칙을 만들어 낸다."148)

그렇다면 월저의 복합평등은 일차적인 구성 요소로서 11가지의 다양한 분배적 영역들에서의 카오스적인 복잡한 불평등 상태에서 복합평등이라는 일정한 이차적인 규칙성이 창발하는 사회현상에서의 복잡계 이론으로 해석될 수 있을 것이다.149)

4. 마방진으로서의 복합평등과 그 해석적 논란

월저의 복합평등론은 한편으로는 공동체의 사회적 분화와 가치의 파편화가 심화된 모던 혹은 포스트모던 시대에서 자유와 평등을 조화하여 사회정의를 실현할 수 있는 유일한 현실적 대안이라고 칭송을 받는다. 그러나 다른 한편으로는 무한경쟁 속에서 승자독식 시장의 지배를 당연시하는 신자유주의적 세계화 시대에 역행하는 초라한 반동적인 사회민주주의적 환영(幻影)에 불과하다는 비판도 받고 있다.150) 좀 더 구체적으로, 복합평등론에 대해서 11가지의 분배 영역 자체와 아울러 그것들에 따른 내재적 분배 원칙의 임의적 설정과 분배 영역 간 교환의 엄격한 제한을 위한 국가의 통제적 간섭과 개입의 필요성 고조 등에 관련된 다양한 문제점들이 지적되어 왔다. 또한 복합평등은 어떤 한 영역의 지배적 가치가 다른 영역들의 가치들로 전환되거나 혹은 그것들을 지배하는 것을 방지하는 데에 초점을 맞추므로 한 영역에서의 독점을 방치하게 되어 심각한 불평등을 용인하게 된다는 평등주의적 관점에서의 비판이 전개되었던 바 있다.151)

그렇지만 여기서는 복합평등론에 대한 철학적 기원을 통해서 밝혀진 복합평등론에 관한 심리적 위안에서의 특성, 그리고 자연적 혹은 우주적 정의로서의 마방진적 해석에 대한 논란에 그 초점을 맞출 것이다.

월저의 복합평등론은, 본장 2절 처음에서 논의한 것처럼, 정교분리 등 사회의 여러 영역에서의 근대적인 '분리의 기술(art of separation)'에 근거하고 있다.152) 더 나아가서 복합평등론은 상이한 영역에서의 상이한 사회적 가치들이 상이한 이유와 절차에 따라서, 상이한 주체에 의해 시행되는 다원적인 분배적 정의 원칙들에 의해서 실현된다는 의미에서 다양한 사회적 분화가 이루어진 탈근대적인 사회에 기반하고 있다.153) 따라서 복합평등론의 철학적 기원을 보에티우스의 『철학의 위안』을 통해 피타고라스의 마방진적인 우주적 정의로 소급시킴과 아울러 종국적으로 마방진의 신화적인 원형인 중국의 낙서까지 소급시킨 것은 시대착오적인 전근대적 회귀라고 폄하될 수도 있을 것이다. 이것은 영미 사회철학 및 윤리학 분야에서 최전선에 있는 (신화로부터 지적 활동을 해방했던) '세계의 탈주술화'된 이론을 '재주술화'하는 것이라는 우려도 제기될 수 있을 것이다.154)

이러한 관점에서 마방진으로서의 복합평등은 봉건제도를 정당화하는 이데올로기적 기제로도 작용할 수 있다는 비판이 제기될 수 있다. 이러한 이데올로기적 정당화의 기제는 사회정의에 대한 정당한 요구를 발생시키지 못하게 할 것이며, "계층적 사회를 인가하는 고정된 자연질서에 대한 믿음"을 통해 인간의 자존감을 상이한 방식으로 뒷받침해 준다.155) 이러한 봉건주의적 믿음은 보다 구체적으로 다음과 같이 설명될 수 있을 것이다.156)

"봉건체제나 혹은 계급제도에 있어서는 각자는 사물의 질서에 따라 자신에게 할당된 지위를 취한다는 믿음을 갖게 된다. 그의 비교는 아마도 자신의 지위나 계층 내에 국한해서 이루어질 것이며, 이러한 서열화는 결국 인간이 통제할 수 없게끔 확립되고 종교나 신학에 의해서 인가된 많은 비교될 수 없는 집단을 만들어 낸다. 사람들은 하등의 의혹도 품지 않고서 그들의 지위에 몸을 내맡기며 모두가 자신의 소임을 부여받은 것으로 보기 때문에, **모든 사람은 동일하게 운명 지어졌고 섭리자의 눈에는 똑같이 귀한 것이라고 주장한다.** 이러한 사회관은 사회 정의의 문제를 일으키는 여건을 생각 속에서 제거함으로써 문제를 해결하고 있다."

아마도 마방진적인 복합평등 사회에서는 사회계층적 상향 이동 욕구도 고조되지 않을 것이다. 또한 모두들 자신의 영역에서 최선을 다하는 것으로 만족하고 살아갈 것이다. 이것은 "각자에게 자신의 몫을(to each his/her own, *suum cuique*)"이라는 고대로부터의 정의관의 기본 신조를 현대적으로 실현하는 한 가지 방식이 될 것이다. 그러나 다양한 분배 영역들 사이에서의 가치의 교환을 봉쇄당하고 자신의 봉건적 영역(feudalistic fief/turf)에서만 복합평등적으로 안주하며 사는 것은 현대인에게 적합하지 않은 고도의 '심리적 금욕주의'를 요구하는 것인지도 모른다.157) 따라서 월저의 복합평등론은 현대사회에서 직접적으로 현실화시킬 수 있는 방식의 미래 설계가 아니라는 점에서 하나의 유토피아론이 될 수도 있다. 또한 인간의 행불행에서의 마방진적인 복합평등적 측면을 강조함으로써 얻는 철학적 위안은 사회적 상층 계급과 하층 계급 사이에 엄연히 존재하는 복합적 혹은 누적적 불평등의 간극을 은폐하려는 하나의 '허위적 위안(a false comfort)'인지도 모른다.158)

월저의 복합평등론을 마방진으로 해석하는 것은, 마방진이 마술적인 상수적 합을 갖는 것으로 미루어 볼 때, 개인 복지 측정과 개인 간 복지 비교에서 서수(序數)적 측정을 넘어선 기수(基數)적 측정과 비교 가능성을 함축한다는 비판이 제기될 수 있다.159) 마방진으로서의 복합평등은 모든 분배 영역에서 각 개인들의 총체적인 입지에 대해서 결과적 평등인 상수적인 합계를 산출할 수 있다는 것을 의미한다. 이것은 결국 메타 차원적인 이차적인 평등으로서의 복합평등을 '총체적인 실질적 평등(overall literal equality)'으로 간주하는 것을 의미한다.160) 이러한 실질적 평등으로서의 복합평등은 이차적인 것으로 돈과 권력 등 지배적인 가치들에 대한 일차적인 평등을 추구하는 (월저가 굳이 피하려고 하는) 단순평등하고는 다른 것이다.

총체적인 실질적 평등으로서의 복합평등은 애덤 스위프트(Adam Swift)에 의해서 제기된 바 있다. 그는 월저의 복합평등론은 하나의 사회적 계산법(social arithmetic)으로서 복합평등이 다양하게 분화된 분배 영역 속에서 개인들의 다양한 높고 낮은 입지들에 대한 '가중적 평균치(the weighted average of the positions)'를 통해서 산출될 수 있다고 주장한다. 복합평등한 사회에서는 모든 사람들은 거의 동일한 가중치를 갖게 될 것이다. 특히 사회계층이 공고화되지 않은 사회라면, 모든 사람이 어떤 분야에서는 높은 위치를 차지하고, 어떤 분야에서는 낮은 위치를 차지할 것이므로 복합평등의 달성이 쉬울 것이다. 그러한 사회에서 각 개인은 각 분배 영역에서 여러 가지 높고 낮은 위치를 점하게 되므로 총체적으로 볼 때 각자의 위치는 평등상태에 접근할 것이다. 이것은 결국 '사회적 불평등에 대한 복합적 감소(complex reduction of social inequalities)'로서의 복합평등을 산출하게 된다는 것이다.161)

안슨은 월저의 복합평등이 결국 복합적인 불평등(complex inequality)으로 전락하지 않기 위해서는 복합평등이 총체적인 실질적 평등으로 해석되어야만 한다고 주장한다. 안슨은 만약 그렇지 않다면 월저의 복합평등론은 이미 언급한 복합평등의 봉건주의적인 고색창연한 평등관을 옹호하거나, 아니면 우연적인 의미에서만 평등주의가 될 뿐이라고 주장한다. 즉, 월저의 복합평등론은 그 자체로서는 모든 영역에서의 승자와 패자가 양분되는 누적적인 복합적 불평등 사회와도 양립 가능하며, 또한 그러한 승자와 패자 사이의 엄청난 간극을 용인하는 승자독식 시장과도 양립 가능하다는 것이다. 그러한 승자독식 시장에서 복합평등은 기껏해야 상층부에 있는 다양한 승자들 사이에서나 가능하게 될 것이라는 것이다.162)

그러나 밀러는 월저의 복합평등을 총체적인 실질적 평등으로 해석하는 이상과 같은 스위프트와 안슨의 관점에 대해 극력 반대한다.163) 밀러는 분배적 정의에서 분배 대상이 되는 사회적 가치들에 대해서 월저가 강조한 다원주의적 특성에 주목한다. 본장 1절에서 이미 논의한 것처럼, 월저에 의거하면, "상이한 사회적 선 혹은 가치(social goods)는 상이한 이유에 따라서, 상이한 절차에 따라서, 그리고 상이한 주체에 의해서 분배되어야 한다. 이러한 차이는 사회적 가치 자체에 대한 상이한 이해로부터 유래한다. 이러한 상이한 이해는 역사적이고 문화적인 특수주의의 필연적 산물이다."164) 이러한 관점에서 밀러는 복합평등을 총체적인 실질적 평등으로 해석하는 것은 상이한 가치들에 대한 통약가능성(commensurability)을 전제하고 있다고 본다. 그러나 이것은 사회적 가치들 사이에서의 근본적인 차이와 통약불가능성(incommensurability)을 강조하고 있는 월저의 복합평등론과 배치된다고 주장한다. 그래서 "만약 돈과 정치적 권력이, 말하자면, 근본적으로 상이한 유통적 혹은 통용적 가치(currencies)를 가지고 있다면, 둘 사이의 전환은 불가능하다"고 예증한다.165) 따라서 밀러는 월저의 복합평등을 일종의 정치적 조건의 평등이라고 할 수 있는 민주시민으로서의 신분의 평등 혹은 자격의 평등(equality of status)으로 해석한다.166) 이러한 신분 혹은 자격의 평등에 의해서 각 사회의 구성원들은 한 사회에서의 성원권(membership right)을 가짐으로써 동등한 시민권(equal citizenship)을 획득하게 된다는 것이다.167) 이러한 동등한 시민권은 월저가 강조한 것처럼 다양한 경제적 사회적 분배 영역들에서 상이한 개인들의 다양하고도 자유로운 참여 활동과 상이한 입지와 분배적 혜택을 보

장하기 위한 기본적 관건이 된다.168)

복합평등을 총체적인 실질적 평등으로 해석하는 것에 관련된 이러한 논란에 대해서 월저는 다음과 같이 자신의 입장을 밝힌다. 한편으로, 월저는 총체적인 실질적 평등으로 복합평등을 해석한 스위프트의 입장에 대해서도 찬동하지 않는다. 월저는 복합평등이, 스위프트가 주장한 것처럼, 상이한 사회적 분배 영역에서 각 개인들의 상대적 입지에 대한 평균적 가중치를 통해서 가장 잘 측정될 것으로는 생각하지 않는다. 또한 스위프트가 해석하는 총체적인 실질적 평등으로서의 복합평등이 달성되기 위해서는 어떤 독재적인 정치적 장치가 필요할 것이라는 우려도 내비친다. 물론 월저는 상이한 분배 영역들에서 각 개인들의 상대적 입지에 대한 주관적인 자기평가가 어떤 보상적인 효과를 가져올 것이라는 점은 인정한다. 즉, 봉급은 낮지만 하는 일이 중요하거나 흥미가 있거나, 혹은 많은 여가 시간을 주는 것처럼, 어떤 한 영역에서의 우월한 입지가 다른 영역에서의 열등한 입지를 보상할 수 있다. 다른 한편으로, 월저는 상이한 사회적 가치들의 근본적인 통약불가능성 (radical incommensurability)을 강조하는 밀러의 입장에 대해서도 유보적인 태도를 취한다. 월저는 복합평등론이 자율성이 보장된 다양한 분배 영역 속에서 만개하는 사회구성원들의 다양한 가치와 능력과 성취들 사이에서 어느 정도의 통약불가능성을 통해서 인간의 사회적 서열화를 무력화시킨다는 것을 기본적으로 받아들인다.169)

그러나 월저는 가치의 자기평가에서 가치들 상호 간에 보상적 효과가 있으므로 밀러가 주장하는 것처럼 근본적인 통약불가능성을 주장하고 싶지는 않다는 점을 밝힌다. 그러나 월저는 상이한 가치들 사이의 보상 효과 혹은 전체적 서열에 관한 사회적 평가에 있어서는 격렬한 사회적 불일치가 존재할 것이라고 본다. 그리고 이러한 불일치가 평등주의적 효과를 가져올 것이라고 기대한다. 이러한 관점에서 월저는 복합평등한 사회의 부정적인 특성에 대해서 더 확신을 갖는다. 그러한 사회에서는 어느 한 집단의 사람들이 지배적인 위치에 있거나 모든 가치가 한 방향으로 편향적으로 흐르지 않게 된다는 것이다. 이러한 부정적 특성이 확고하게 되면, 불평등한 사회에서 만연된 승자의 자만과 계급적 특권의식을 감소시킬 뿐만 아니라, 패자의 자기비하와 모멸감, 그리고 승자의 압제적 명령과 패자의 그것에 따른 맹종도 사라지게 할 것이라는 것이다.170)

그러나 월저의 이러한 자기 해명에 대해서 하토그(Govert den Hartogh)는 그것이 매우 역설적인 것이라고 비판한다. 우리가 월저의 복합평등론이 올바른 분배적 정의론이라는 것을 믿고, 그것에 의거하여 한 사회의 근본적인 불평등을 파악하고 비판하려고 할 때, 복합평등론은 사회적 가치들에 대한 통약적인 사회적 평가가 불가능하므로 실질적인 사회비판 원칙으로 작동할 수 없다는 것이다. 복합평등론이 상이한 가치들 사이의 불가통약성이 주는 우연적인 (가치 우열에 대한 사회적 논란을 해소할 수 없다는 점에서) 평등주의적인 효과에만 의거한다면, 복합평등론은 결국 상이한 가치들에 입각한 각 분배 영역들에서 각 개인들의 전반적인 입지를 고려할 수 없는 '광범위한 무지'에 귀착하고 만다는 것이다.171)

복합평등을 총체적인 실질적인 평등으로, 더 나아가서 고전적이고 봉건주의적인 하모니의 상징인 마방진으로 해석하는 것은 이상과 같은 다양한 논란 속에 둘러싸여 있다. 그러나 우리가, 심지어 월저의 자기 해명에도 반하여, 복합평등에 대한 마방진적 해석을 견지하는 이유는 복합평등이 하나의 평등, 즉 총체적인 실질적 평등이라는 점을 담보하기 위한 일종의 상징체계가 필요하기 때문이라고 말할 수 있을 것이다. 그렇지 않다면, 이차적 평등으로서의 복합평등이 하나의 실질적인 평등으로 나타날 것이라는 보장은 그 어디에서도 찾아볼 수 없을 것이다.

5. 결론: '과거의 미래'로서의 복합평등

복합평등은 어떤 영역의 가치가 다른 영역의 가치를 잠식하는 지배 (dominance)가 사라지고, 각 분배 영역의 자율성이 확보된 이후에 등 장하는 부차적 결과 혹은 부산물(by-product)이다.172) 복합평등이 부차 적 결과라는 것은 그것이 중요하지 않다는 것이라기보다는 월저의 복 합평등론은 일차적인 각 분배 영역에서의 자율성의 확보를 우선적 과 제로 삼으며, 그것이 달성되면 복합평등은 후속적으로 도출되는 메타 차원적인 이차적인 속성으로서의 결과라는 것을 의미한다.173) 그렇다 면 그러한 이차적인 결과를 단순한 정치적 조건 혹은 기회의 평등으로 서 신분과 자격의 평등으로만 보는 것은 분명히 결과적 평등의 속성을 갖는 복합평등을 조건과 기회의 평등으로만 소극적으로 해석하는 것이 될 수 있다. 그러나 복합평등을 총체적인 실질적인 평등으로 볼 경우, 우리는 그것을 확인할 수 있는 사회적 계산법(social arithmetic)을 정식 화하기는 매우 힘들다는 것을 알게 되었다. 따라서 월저가 복합평등이 가져오게 될 부정적 혹은 소극적 특성, 즉 특정한 가치가 다른 가치들 로 전환되어 그것들에 대한 지배를 행사하는 것과 각 분배 영역에 내 재하는 고유한 분배 원리를 무시하는 전제에 대한 동시적 해소를 강조 하고 있는 것은 충분히 이해될 수 있는 일이다.174) 그러나 우리는 그러 할 경우 이차적인 평등으로서의 복합평등이 하나의 실질적 평등이 된 다는 것은 우연적인 것에 불과하다는 점을 지적했다.

복합평등의 이러한 우연적인 평등주의적 효과가 극복되기 위해서는, 복합평등은 총체적인 실질적 평등인 마방진으로 해석되어야만 할 것이 다. 그러나 복합평등에 대한 마방진적 해석은 기수적인 개인 간 복지 비교와 총체적인 실질적 평등을 감독하고 시행하기 위한 독재국가적 통제기구를 요구한다는 문제에 봉착한다.175) 따라서 우리는 복합평등에 대한 마방진적 해석을 견지하는 이유가 복합평등이 하나의 평등이라는 것을 보증하기 위한 상징체계가 필요하기 때문이라는 점을 분명히 했다. 월저 자신도 「정치적 사유에서 상징주의의 역할」이라는 논문에서 상징체계의 필요성을 강조하고 있다. "정치적 사유에서 상징주의의 역할에 대해서 언급하는 것이 필요할 것이다. 전통적인 우주론과 신학은 하나의 정치적 이론이 도출될 수 있는 일련의 명제들을 제시했던 것이 아니고, 오히려 그것들은 하나의 이론이 형성될 수 있는 이미지와 유비추론적 대상들을 제시하였던 것이다."176)

이러한 관점에서 우리는 복합평등이 총체적인 실질적 평등이라는 그 근원적인 철학적 의미로 보아 보에티우스의 『철학의 위안』으로 소급될 수 있으며, 더 나아가서 피타고라스의 우주적 정의로서의 하모니아의 개념에 이르게 된다는 점을 입증하려고 노력했다. 총체적인 실질적 평등이라는 복합평등에 관한 하나의 상징적 해석을 통해서 우리는 오랫동안 신비적 형상으로만 남아 있던 마방진의 원형인 중국의 낙서가 지니고 있었던 분배정의론적 함축성을 밝힐 수 있게 되었다.177) 마방진은 단지 흥미를 끄는 숫자놀음만은 아니고, 그것은 "세계 질서에 관한 심원한 철학적 문제"를 함축하고 있다.178) 그 철학적 문제에 관해 4천 년 동안 지속되었던 의문에 대한 해결의 단초는 이제 마련된 셈이다.

복합평등의 철학적 기원 탐구는 이렇게 인류의 과거 정신사의 미래 함축성에 대한 또 하나의 흥미진진한 사례를 발견하게 해준다. 물론 이러한 근원 탐구는 "하늘 아래 새로운 것은 없다(nihil sub sole novum)"는 경구를 강변하는 것만은 아니다. 우리는 도덕철학과 사회철학의 방법론에 관련해 볼 때 월저의 복합평등론이 '새로운 창안(invention de novo)'이 아니라, 인류 문명에 잠재해 있는 근원적 원칙들을 현대적인 관점에서 재해석하고 명료화하는 작업을 통해서 등장한 것임을 강조하고자 하는 것이다.179) 어떤 의미에서 월저의 복합평등론은 인류 문명에서 고대로부터 하나의 일상적 신조로서 정립되었던 철학적 위안의 기제를 현대적 관점에서 체계적으로 종합하고 정식화한 것이라고도 해석할 수 있을 것이다.180) 나아가서 월저의 복합평등론은 우주와 인간사회의 조화에 관한 형이상학적 미학적 관조와 도덕철학적인 사회적이상으로서 인류의 동서 문명세계를 관통하는 하나의 '궁극적 원리(a supreme principle)'라고 해도 과언이 아닐 것이다.181)

제 5 장

마이클 월저와의 특별대담

월저 교수(왼쪽)와 박정순 교수(오른쪽)

[특별대담 1]
미국 정치철학자 마이클 월저 교수: 자유주의의 공동체주의적
보완과 다원적 평등사회로의 철학적 선도

사상적 계보와 학문적 연속성

박정순 : '다산기념 철학강좌'에 초빙되어 강연하시는 중에 교수님
과의 특별대담을 마련할 수 있게 된 것은 『철학과 현실』지의 독자들에
게 매우 유익한 기회가 될 것입니다.1) 교수님과의 이번 대담을 통해서
우리는 특히 한국사회의 현실 문제와도 밀접한 연관을 가지고 있는
'자유주의 대 공동체주의 논쟁' 속에서 교수님의 자유주의적 공동체주
의가 갖는 위상과 아울러 복합평등론을 통해 다원적 평등사회를 지향
하는 사회민주주의적 복지국가론에 대해서 보다 친숙하게 이해할 수
있게 되기를 바랍니다. 물론 이러한 두 가지 큰 주제는 실질적인 관점

과 방법론적인 관점에서 다양하게 연관된 다른 주제들과 어울려 교수님의 사상 체계를 포괄적으로 이해할 수 있는 좋은 안목을 제공할 것이라고 생각합니다. 이러한 기회를 통해서 우리는 결국 현시대에 대한 교수님의 진단과 미래 세계에 대한 전망을 듣게 되기를 희망합니다.

월저 : 그 두 주제가 제 정치철학의 기조라는 점에 동의합니다. 저는 그 두 주제가 분리된 것이 아니고 상호 연관적인 체계 속에서 탐구되어 왔다는 것을 우선 지적하고 싶습니다.

박정순 : 교수님의 사상적 계보와 학문적 연속성에 대해서 질문하겠습니다. 교수님은 20여 권의 저서와 수백 편의 논문을 쓰셨지만, 그것들을 다 언급할 수는 없고 전반적인 추이만을 염두에 두겠습니다. 교수님은 『정의로운 전쟁과 부정의한 전쟁(*Just and Unjust Wars: A Moral Argument with Historical Illustrations*)』(1977)과 『정의의 영역들(*Spheres of Justice: A Defence of Pluralism and Equality*)』(1983)에서는 주로 정의로운 전쟁론과 분배적 정의에 관련된 도덕적 문제들을 다루고 있으나, 그 이후에 발간된 최근 저작들은 주로 민족적이고 역사적이고 정치적인 문제들을 다루고 있는 것 같습니다. 이것은 단순히 주제의 변화입니까, 아니면 정치철학에서의 근본적인 기조의 변화를 의미하는 것입니까?

월저 : 두 저서 이후에 출간된 저서와 논문들이 정치철학에서의 근본적인 기조의 변화를 의미한다고 생각하지는 않습니다. 학문적 이력을 회고하여 볼 때, 제 저작들은 넓은 관점에서 도덕성과 평등에 관련해서 일관된 입장을 유지해 왔다고 생각합니다. 민족주의, 민족자결주의, 민족성, 다원주의, 다문화주의에 관련된 최근의 저작들도 이전의 두 저작의 스타일에 따라 쓰인 것입니다. 저는 학문 방법론상으로 언제나 철학적 원리적인 논증과 함께 역사적 사례들로부터의 논증도 아울러 원용하는 복합적인 추론을 사용합니다. 아마도 저는 궁극적으로 '정

의로운 민족주의와 부정의한 민족주의'에 관한 논의를 전개해야 하겠지요.

박정순 : 월저 교수님이 최근에 다루고 있는 주제들이 근본적인 정치철학에서의 기조의 변화를 의미하지 않는다고 하더라도, 교수님께서는 매우 다양한 주제를 다루어 왔는데, 이러한 다양한 주제들이 어떻게 교수님의 정치철학적 주제로 등장하게 되었는지도 궁금합니다. 교수님이 다루고 있는 주제는 대략적으로 말하더라도 정치적 의무, 시민불복종, 정의전쟁론, 자유주의와 공동체주의, 민족주의와 국가론, 국제관계론, 분배적 정의와 사회민주주의적 복지국가론, 시민사회론, 사회구성원권과 민주시민권, 지식인과 사회비판, 다원주의와 다문화주의에서의 관용의 문제와 차이의 정치에 이르기까지 매우 광범위합니다.

월저 : 제가 생각하기에도 저는 "팔방미인이지만 어느 것 하나 통달한 것은 없다(Jack-of-all-trades, but a master of none)"고 말할 수 있는 사람입니다.

박정순 : 월저 교수님, 저는 농담으로 알아듣겠습니다. 만약 진담이라면 지나친 겸손의 말씀입니다. 교수님은 진정 '천의 얼굴을 가진 영웅(a hero with one thousand faces)'이십니다. 교수님에 대한 일반적인 평가는 정치이론과 도덕철학 분야에서 가장 사상이 풍부하면서도 철저히 자기비판적인 학자라는 것을 저는 익히 잘 알고 있습니다.

월저 : 제가 다루고 있는 다양한 주제들은 부분적으로는 정치적이고 사회적인 이유에서, 부분적으로는 학문적인 이유에서 등장했고, 또 변화하게 되었다고 설명할 수 있습니다. 그러한 다양한 주제들은 제가 성장했던 미국의 시대 상황을 반영하고 있으며, 또한 미국 대학에서의 학문적 경향을 대변하고 있기도 한 것입니다. 비판적 식견을 가진 사람이라면 누구라도 그러했듯이, 저도 1960년대의 민권운동을 통해서 민주적 인권과 평등의 문제에 관심을 갖게 되었습니다. 그리고 그 뒤 베트

남 전쟁에서의 미국의 개입 이후 반전운동을 주도하면서『정의로운 전쟁과 부정의한 전쟁』(1977)을 출간하게 되었습니다.

그런데 1970년 초반 인종과 남녀와 사회계층 사이의 경제적 불평등과 갈등에 관련된 분배적 정의의 문제가 존 롤스(John Rawls)의『정의론(A Theory of Justice)』(1971)을 통해서 집약적으로 대변됨으로써 분배적 정의의 문제는 미국사회의 주요한 사회적 이슈가 되었을 뿐만 아니라 대학에서 규범적 학문이 지배적인 학문적 조류가 되는 계기가 되었습니다. 저도 미국 좌파의 한 사람으로서 이러한 문제와 학문적 조류에 당연히 관심을 가지게 되었고, 그 결과 흔히 자유주의에 대한 공동체주의의 비판의 일환으로 평가된『정의의 영역들』(1983)을 출간하게 된 계기가 되었습니다.

이 책 이후 저는 민족주의와 다문화주의에 관심을 갖게 되었는데, 그것은 분배적 정의의 문제가 단순히 사회계층적인 문제가 아니라 다양한 민족적 공동체와 문화에 관련된 복합적인 문제라는 것을 자각하기 시작했기 때문입니다. 이러한 자각은 그 당시 팽배하고 있었던 민족주의와 민족성에 대한 사회적 관심과도 일치하는 것입니다. 그래서 저는 다원주의, 그리고 다문화주의에서의『관용(On Toleration)』(1997)과「차이의 정치(The Politics of Difference)」(1997)에 관심을 기울이게 된 것입니다. 전반적으로 볼 때, 저 자신의 정치철학은 미국 유대인으로서 전체주의의 대두, 대량 민족학살, 대규모의 전쟁, 자본주의와 불평등의 심화 등 20세기의 실패를 목도하면서, 그것으로부터 스스로 자각하는 어떤 학습과정을 거친 것이라고 말할 수 있을 것입니다.

박정순 : 그렇다면, 교수님은『해석과 사회비판(Interpretation and Social Criticism)』(1987),『비판가 집단(The Company of Critics)』(1988), 그리고『본격적 도덕과 기초적 도덕(Thick and Thin: Moral Argument At Home and Abroad)』(1994)이라는 세 저서는 어떻게 해석

하시겠습니까? 이 저서들은 교수님이 『정의의 영역들』에서 전개한 다원주의적이고 특수주의적인 공동체주의적 방법론이 상대주의와 보수주의를 함축한다는 비판에 답하려는 것은 아니었습니까? 그 결과 교수님은 '최소한의 보편적 도덕률(the minimal and universal moral code)'을 인정함으로써 자유주의자들의 비판에 승복한 것이 아닙니까? 그렇다면 교수님의 정치철학에서 본질적인 변화가 있는 셈이 아닙니까?

월저 : 박교수가 언급한 내 세 저서들은 『정의의 영역들』에서 개진된 복합평등론의 상대주의적 함축성에 대한 비판에 답하려고 쓰인 것이 사실입니다. 여기서 개진된 '도덕적 최소주의(moral minimalism)'는 '최소적/최대적', '기초적/본격적', '보편적/지역적'이라는 세 쌍의 이항관계를 통해서 이해되어야 합니다. 도덕적 최소주의는 인간의 생명과 자유에 관련된 최소한의 기초적인 보편적 도덕기준으로서, 예를 들어 정의로운 전쟁론과 국제사회에서의 민족자결 문제 등에 적용되는 반면에, 한 사회의 역사적이고 문화적인 지역적 특수성을 최대한으로 반영하는 본격적인 최대도덕은, 예를 들어 분배적 정의와 사회비판 문제 등에 적용되는 것입니다. 물론 본격적인 도덕은 기초적인 도덕을 당연히 함축합니다. 『정의의 영역들』에서 저는 "정의는 가치의 사회적 의미에 따라 상대적이다"라는 상대주의적 입론과 아울러 이미 어떤 최소한의 확정적인 원칙들을 제시했다고 생각합니다. 즉, 복합평등론은 전체주의를 원칙적으로 거부한다는 것입니다. 즉, 전체주의는 그 자체로 각 분배 영역들의 자율성을 훼손하는 것이기 때문입니다. 그리고 노예제도는 분배적 정의론의 범위를 벗어나고 있다고 말할 수 있습니다. 다시 말하면, 노예와 주인 사이에는 어떤 공유된 사회적 이해도 존재하지 않습니다.

도덕적 최소주의는 『정의의 영역들』에 대한 비판에 답하려고 한 것이지만, 사실 도덕적 최소주의는 이미 제가 『정의로운 전쟁과 부정의한 전쟁』에서 제시했던 입론을 재개한 것이라고 생각합니다. 즉, 저는 거기서 생명과 자유에 관한 인권 혹은 자연권은 사회적 규약의 문제가 아닌 보편적인 기초적 도덕이라는 점을 밝히고, 그러한 관점에서 정의로운 전쟁론을 이끌어 간 것입니다. 이러한 입장은 결코 제가 버린 적이 없고, 또 버릴 의도도 없습니다. 보편적 도덕에 대한 최소주의적 입장은 제 사상의 초기에서부터 계속적으로 존재하고 있다고 단언할 수 있습니다. 물론 저 자신의 사상적 변화를 스스로가 눈치 채지 못할 수도 있을 것입니다. 예를 들자면, 롤스는 『정치적 자유주의(*Political Liberalism*)』(1993)가 『정의론』(1971)에 대한 일종의 해명과 명료화에 불과하다고 보고 있지만, 저는 실질적인 변화가 있다고 생각합니다. 물론 롤스가 자신의 저작에 대해서 권위를 가지고 있는 것과 마찬가지로 저도 제 저작에 대해서 어떤 권위를 가지고 이야기할 수 있어야만 합니다. 그러나 저는 타자들도 나름대로 일리 있는 다른 주장을 할 수 있다는 가능성은 열어 놓아야 한다고 봅니다. 박교수는 감사하게도 제가 보지 못하는 것을 보고 있는지도 모릅니다.

박정순 : 교수님의 공동체주의 정의론에 관한 비판 중 하나는 카스트 제도를 명백하게 부정의한 것으로 비판하지 못한다는 견해도 있는 것으로 알고 있습니다만, 공동체주의 정의론의 상대주의와 보수주의 함축성에 관련된 문제는 지식인의 사회비판 역할과 관련하여 뒤에서 재론하도록 하겠습니다. 여기서는 교수님이 지닌 사상적 입장의 전반적인 연속성과 불연속성에 관한 문제가 주안점입니다. 교수님께서는 실질적인 사회경제적 체제와 이데올로기의 관점에서는 시종일관 사회민주주의자로 자처하여 오셨는데 이러한 입장은 현재도 변함이 없으십니까?

월저 : 사회민주주의(social democracy)에 대한 본인의 헌신은 시종일관된 것이라고 말할 수 있습니다. 사회민주주의에의 공언은 초기 저

작부터 전개되었지만, 특히 『급진적 원칙(*Radical Principles*)』(1977)에서 정식화된 것이 사실입니다. 저는 거기서 "자유주의를 그것의 기본강령으로부터 급속하게 퇴각하는 자유주의자들부터 옹호하는 것이 중요하다"고 천명한 바 있습니다. 사회민주주의는 쉽게 말하면 자유민주주의의 원리를 정치적인 공적 영역에서는 물론이고 전통적으로 자유주의자들이 사적 영역으로 간주하여 민주적 원리들이 적용되지 않는다고 보는 사회경제 영역과 가정 등에 확대 적용하려는 시도입니다. 사회민주주의에 관한 이러한 저의 입장은 1954년 미국 사회민주주의의 대변지인 『디센트(*Dissent*)』지를 창간했던 두 사람, 즉 문예비평가 어빙 하우(Irving Howe)와 사회학자 루이스 코저(Louis Coser) 밑에서 연구조교를 하며 『미국공산당사』의 집필에 관여하면서 시작됩니다. 저는 1956년 「미국 공산주의자들의 시련」이라는 정치평론을 그 잡지에 처음 기고했고, 1959년에는 편집위원의 한 사람이 되었으며, 1976년부터는 공동 편집인을 맡고 있습니다.

『디센트』지에 관한 이야기는 나중에 재론하겠습니다. 저는 자유주의의 진정한 실현은 사회민주주의로의 이행을 의미한다고 봅니다. 그런데 미국적 상황에서는 좌파 자유주의(left liberalism)와 사회민주주의는 현실적으로 동일한 것이라고 생각합니다. 이미 언급했습니다만, 제가 최근에 주창하고 있는 다문화주의와 민족주의에 대한 관심의 배경에는 그러한 입장이 사회민주주의적인 이상을 더욱 잘 성취할 수 있다는 신념에서 나온 것이 사실입니다. 이러한 신념은 이번 '다산기념 철학강좌'의 서론에도 잘 나타나 있습니다.2)

'자유주의 대 공동체주의 논쟁'의 해명

박정순 : 사회민주주의에 대한 교수님의 일이관지하시는 입장은 잘

이해하겠습니다. 그러나 학계에서는 교수님의 입장이 사회민주주의자로, 민주사회주의자로, 원리적 급진주의자로, 자유주의자로, 공동체주의자로, 자유주의적 공동체주의자 혹은 공동체주의적 자유주의자로 다양하게 명명되어 온 것이 사실입니다. 교수님의 사상적 본색은 정말로 무엇입니까? 천의 얼굴을 가진 영웅은 쉽게 본색을 드러내지 않는다고 하는데, 교수님의 경우도 그러한지 모르겠습니다.

월저 : 아하, 그렇습니까? 제가 피력하는 공동체주의는 전근대적 혹은 반자유주의적 공동체가 도래할 것을 기다리는 반동적 공동체주의는 아니며, 자유주의 혹은 사회민주주의 정치 속에서 화합될 수 있는 유형의 공동체주의입니다. "우리를 기다리고 있는 것은 아무것도 없습니다(Nothing is waiting)." 그리고 이러한 공동체주의는 자유주의적 개인주의에 대한 재발적 교정이지 전면적 대체는 아닌 것입니다. 그리고 자유주의에 대한 공동체주의적 교정은 전통적인 삶의 방식에 따른 유구한 불평등을 강화할 수도 있고, 아니면 자유시장과 관료주의 국가에서의 새로운 불평등에 대항하는 방식을 취할 수 있는데, 저의 입장은 명백하게 후자입니다. 이러한 저의 입장은 「자유주의에 대한 공동체주의의 비판(The Communitarian Critique of Liberalism)」(1990)에 일목요연하게 잘 정리되어 있습니다.

박정순 : 이번 제3회 '다산기념 철학강좌'의 제목은 "자유주의를 넘어서(The Exclusions of Liberal Theory): 자유주의의 한계에 대한 공동체주의적 보완"인데 구체적으로 "자유주의와 자연 공동체", "토론정치와 그 한계", "정치와 이성, 그리고 열정", "다문화주의와 문화 권리" 등 네 강연으로 이루어져 있습니다. 강연 원제목의 축어적 해석은 "자유주의에서 배제된 것들"이라고 할 수 있겠습니다. 교수님께서는 네 번의 강연에서 자유주의의 네 가지의 맹점을 다루신 것으로 생각됩니다. 그리고 우리 쪽에서 임의로 붙인 해설적 부제의 경우 "개인주의적

자유주의에 대한 공동체주의적 극복"으로 하자는 주장도 있었으나 그 것은 엄밀한 의미에서 교수님의 입장과 맞지 않는다는 저의 지적이 참 작된 것으로 알고 있습니다. 이제 교수님의 말씀을 들으니 부제에 대한 저의 지적이 옳았다고 생각합니다.

월저 : 한국 철학계에서 부제에까지 세심한 주의를 기울인 관계로 저의 입장이 이곳에서 왜곡되지 않고 잘 전달되었다고 생각하니 상당 한 안심이 됩니다.

박정순 : 저는 제임스 영(James Young)이 『미국 자유주의의 재고 (*Reconsidering American Liberalism*)』(1996)에서 주장한 것처럼, 교수 님에게 붙어 다니는 왜곡될 가능성이 많은 다양한 사상적 꼬리표들보 다는 그 구체적이고 실질적인 내용에 더 관심을 기울여야 한다고 생각 합니다. 결국 교수님의 사상적 정체성(identity)에 관한 문제는 자연스 럽게 '자유주의 대 공동체주의 논쟁'을 구체적으로 해명하는 것으로 이행하게 되는 셈입니다. 그러면 교수님이 '자유주의 대 공동체주의 논 쟁'을 어떻게 보고 있고, 또한 그 논쟁 속에서 교수님의 위상은 구체적 으로 어떠한지를 다른 자유주의자들과 공동체주의자들과 비교하면서 말씀해 주시기 바랍니다.

월저 : 우선 저는 공동체주의를 두 가지 유형으로 구분하고 싶습니 다. 그 하나는 국가 사회, 즉 정치 공동체 전체를 통해서 어떤 가치를 고차적인 삶의 방식으로서 통합적으로 고양시키려는 시도입니다. 이것 은 통합적 공동체주의(integrationist communitarianism)라고 말할 수 있겠습니다. 만약 공화주의가 정치적 참여를 최고의 가치로 여긴다면 시민적 공화주의(civic republicanism)도 이러한 공동체주의의 일종이 됩니다. 전통적으로 아리스토텔레스나 루소가 이러한 입장을 취하고 있는 것으로 해석됩니다. 미국의 경우 초기 공화정 사회를 모델로 삼으 면 역시 그러하다고 볼 수 있습니다. 이와는 다른 또 하나의 공동체주

의는 다원주의적 공동체주의(pluralist communitarianism)라고 말할 수 있습니다. 이러한 공동체주의는 정치 공동체 전체가 아니라 그 하위 공동체인 민족적 종교적 문화적 지역적 공동체 등 지방 공동체의 다양성을 고취시키는 입장입니다. 이러한 공동체주의에서 개인은 다양한 공동체들에 특유한 방식으로 복합적으로 관여하고 있는 것으로 간주됩니다.

이러한 공동체주의가 바로 저의 입장입니다. 이러한 공동체주의 사회의 배경에는 정치적으로 자유주의가 자리 잡고 있으며, 국가는 이러한 다양한 지방적 공동체들 사이에서 완전히 중립적인 것이 아니더라도 비교적 중립적인 입장을 취하는 자유주의적 정치 공동체를 유지하고 있는 것으로 생각됩니다. 저 자신도 초기에는 이러한 두 가지 공동체주의 사이에서 양다리를 걸치고 왔다 갔다 한 것이 사실이었기 때문에 오해를 불러일으켰다고 생각합니다.

박정순 : 교수님께서는 알래스데어 매킨타이어(Alasdair MacIntyre)와 마이클 샌델(Michael Sandel)로부터 자신을 구별하고 싶은 것으로 해석하겠습니다. 그런데 정치적 참여를 최고의 통합적인 본질적 가치를 가진 것이 아니라 자유민주주의의 실현을 위한 중요한 잠정적인 수단적인 가치로 보는 벤자민 바버(Benjamin Barber)의 입장은 첫 번째 유형으로 보기는 힘들 것 같습니다. 바버는 첫 번째 유형의 공동체주의자들을 사이비 공동체주의자라고 부른 적도 있습니다. 방법론적으로 볼 때 자유주의와 공동체주의는 방법론적 개체주의와 방법론적 총체주의의 대립이라고 볼 수 있는데, 교수님의 입장은 다원주의를 취함으로써 이 둘 모두를 극복하려고 시도하고 있습니다. 공동체주의의 두 가지 유형과 관련하여 교수님의 입장으로 개진하신 자유주의적 정치 공동체의 모형은 롤스의 최근 입장과 상당히 유사한 것으로 생각됩니다. 교수님은 롤스의 입장이 후기에는 상당히 변화한 것으로 간주하고 계신데,

롤스의 『정치적 자유주의』(1993)를 어떻게 보십니까?

월저 : 저는 롤스의 초기 입장에 대해서 상당히 비판적이었습니다. 롤스가 사회계약론의 전통으로부터 원용한 '원초적 입장(the Original Position)'이라는 추상적인 기제는 모든 사회와 제도에 대한 정의 여부의 평가에 적용하려는 보편주의적인 정의 원칙을 도출하기 위한 것입니다. 그러나 이러한 정의 원칙의 적용은 다원주의적이고 특수적인 다양한 공동체의 실상과 다양한 분배 영역이 가지고 있는 가치의 사회적 의미를 무시하는 것입니다. 또한 롤스가 분배의 대상이 되는 '사회적 기본가치들'의 목록에서 공동체와 공동체 구성원의 자격을 배제시킨 것은 공동체와 그 구성원 자격 자체가 분배되어야 할 가장 중요한 사회적 가치라는 사실을 망각한 것이라고 비판한 바 있습니다.

『정치적 자유주의』에서 변화된 롤스의 최근 입장은 제가 추구하고 있던 다원주의와 특수주의적 정의론과 부분적으로 일치하는 방향이기 때문에 바람직한 방향 전환이라고 생각합니다. 롤스의 정치적 자유주의가 다원적 민주사회에서 양립 불가능한 포괄적인 철학적 종교적 도덕적 교설들 사이에서의 '중첩적 합의(Overlapping Consensus)'를 통해서 사회적 안정을 확보하려는 사실은 매우 중요합니다. 이것은 다원주의와 다문화주의 사회에서 발견되는 다양한 공동체들 사이에서 최소한의 합의를 이끌어 내려는 시도로도 해석할 수 있습니다. 그러나 롤스가 『만민법(*The Law of Peoples*)』(1999)에서 최소 수혜자의 기대치를 최대로 하라는 '차등의 원칙(the Difference Principle)'을 국제사회에는 적용시키지 않고 있다는 사실에도 주목하시기 바랍니다. 롤스도 국내사회와 국제사회에 적용되는 정의 원칙을 구분하고 있다는 것은 저의 「두 종류의 보편주의(The Two Kinds of Universalism)」(1990)와 『본격적 도덕과 기초적 도덕』(1994)에서 제시된 입장과 같은 것입니다. 그러나 롤스와 저 자신의 학문 스타일의 차이는 여전히 존재하고 있습

니다. 롤스가 철학 이외에서 논의를 전개한다면 주로 경제학과 발달심
리학을 원용하고 있지만, 저는 철학과 정치이론 이외에서 논의를 전개
할 때는 주로 역사학과 인류학을 원용하고 있습니다.

박정순 : 그렇다면 넓게 보아 자유주의와 공동체주의는 학문 스타일
과 이론적 방법론적 차이를 제외한다면, 사회경제적 체제로 볼 때 실질
적 차이는 그렇게 크지 않다고도 말할 수 있는 것입니까?

월저 : 롤스의 분배적 정의론에 대한 하나의 대안으로 제시된 저의
복합평등론은 상당한 실질적인 차이를 보이고 있다고 말할 수 있습니
다. 이것은 뒤에 상론하기로 합시다. 그러나 전반적인 관점에서 볼 때
롤스를 비롯한 좌파 자유주의자들과 저의 사회민주주의 입장은 정치적
으로 결정적인 차이는 없습니다. 만약 존 롤스와 로널드 드워킨(Ronald
Dworkin), 토머스 네이글(Thomas Nagel), 리처드 로티(Richard Rorty),
그리고 제가 1960년대에 어떤 정책에 관해서 논의했다면 우리는 모두
같은 입장을 취했을 것입니다. 우리는 모두 좌파 자유주의자들이고, 미
국적 상황에서는 일종의 사회민주주의자라고 말할 수 있습니다. 아마
도 매킨타이어와 샌델의 경우는 다를 것입니다. 그들의 실질적인 입장
도 변화해 왔지만, 그들은 결코 자유주의자라고 말할 수 없을 것입니
다.

박정순 : 다른 공동체주의자들과 월저 교수님과의 차이점에 대해서
더 질문하고 싶습니다. 공동체주의자들, 특히 매킨타이어, 샌델, 그리
고 찰스 테일러(Charles Taylor)가 자유주의적 자아관의 박약성과 방법
론적 오류를 지적하고 있는 것은 알고 계실 것입니다. 특히 롤스에 의
해서 주장된 자유주의적 자아는 목적에 선행하고 또 구분되기 때문에
그러한 목적을 평가하고 교정할 수 있는 역량을 가진 독립적이고 자율
적인 존재로 나타납니다. 그러나 공동체주의자들은 이러한 자유주의적
자아관은 자아의 정체성이 공동체의 도덕적 전통과 문화적 상황 속에

서 발견되는, 즉 우리가 결코 자의로 선택할 수 없는 목적에 의해서 구성적으로 결부되어 있다는 사실을 무시하는 '추상적이고 완전히 유리된 자아(the detached self)'이거나 '무연고적인 자아(the unencumbered self)'이며, 또한 '고립적인 원자론적 자아(the isolated atomic self)'라고 비판하고 있습니다. 이러한 자유주의적 자아관은 자아가 결코 목적과 유리될 수 없기 때문에 박약하고 공허할 뿐만 아니라, 자아의 정체성에 대한 구성적 목적을 인정하지 않으므로 존재론적 오류에 근거하고 있는 형이상학적 자아관이라는 것입니다. 다른 공동체주의자들과 비교해 볼 때 교수님의 경우, 자아의 문제를 크게 부각하지 않는 느낌인데, 여기에는 특별할 이유라도 있는 것입니까?

월저 : 자아의 문제가 중요하지 않다고 생각하는 것은 결코 아닙니다. 당연히 저도 롤스의 원초적 입장에 등장하는 합리적인 계약자들이 함축하는 자유주의적 자아 개념을 비판한 바 있습니다. 그러나 '자유주의 대 공동체주의 논쟁'에서 자아의 정체성과 자율성에 관련된 문제가 일종의 사이비 논쟁의 측면도 있다고 생각하는 점이 없는 것은 아닙니다. 자유주의의 완전히 고립적인 자아와 공동체주의의 지나치게 사회화된 자아 모두 사회적 실상을 잘 반영하지 못한다고 생각합니다. 이것은 '양극화 혹은 이원론의 횡포'입니다. 저는 제 자신의 입장이라고 밝힌 다원적 공동체주의와 관련하여 '분할적 자아 혹은 분화적 자아(the divided self)'의 개념을 개진한 바 있습니다. 우리는 세 가지 관점에서 내부적으로 특수화하고 분화된 자아의 의미를 찾을 수 있습니다. 첫째, 자아는 그것이 가진 관심과 사회적 역할에 따라 분화됩니다. 둘째, 자아는 그것이 지닌 역사적 문화적 정체성들에 따라 분화됩니다. 셋째, 자아는 그것이 추구하는 이상과 원칙과 가치들에 따라 분화됩니다.

간단히 말하면, 현대 다원주의적 민주사회에서 인간은 다양한 관심과 역할과 정체성과 도덕적 목소리를 가질 수 있다는 것입니다 물론 이것은 자아가 이러한 다양성 속에서 분열된 채로 파편화되는 것이라기보다는, 자아가, 예를 들어 친소관계와 본질적 결부와 수단적 연관 등의 구분에 따라, 즉 모든 사회적 관계의 복합성을 고려하여 질서 있는 형태로 존재할 수 있다는 것입니다. 그러한 복합성에 대한 고려 사항이 변하면 당연히 자아의 위상도 달라지는 것입니다. 자세한 것은 『본격적 도덕과 기초적 도덕』, 제5장 "The Divided Self"를 자세히 참고하면 되겠습니다.

이번 '다산기념 철학강좌' 제1강연에서는 가족, 민족, 문화 공동체 등 자연 공동체와 비자발적인 결사체의 관계를 논하면서 자유주의적 자아의 자율성이 가진 한계를 밝혀 보려고 노력했습니다. 그렇다고 해서 제가 매킨타이어와 샌델의 입장을 완전히 수용하고 있다는 뜻은 아닙니다. 매킨타이어는 우리의 도덕적 자기정체성이 사회적 역할에 의해서 제약된다고 주장하지만, 그것도 다만 부분적으로 제약될 뿐임을 인정하고 있습니다. 그리고 샌델의 경우도 깊숙한 사회적 연고를 가진 구성적 자아를 강조하기는 하지만, 그것도 다만 부분적으로 구성될 뿐인 것은 마찬가지입니다. 그렇다고 한다면 결국 그들의 입장도 저의 '분할적 자아'로 귀착하게 되는 셈입니다.

박정순 : 다른 공동체주의자들과의 차이점에 대해서 계속 질문 드리겠습니다. 공동체주의자 웅거(Roberto Unger)는 '실종된 신' 혹은 '숨겨진 신(Deus Absconditus)'에, 매킨타이어는 성 베네딕트(St. Benedict)와 토미즘(Thomism)에 호소하고 있습니다. 그리고 테일러도 그의 『자아의 원천들(Sources of the Self)』(1989)에서 가치의 존재론적 담지 체계로서 가톨릭 전통을 수용하자고 주장합니다. 전체적으로 볼 때, 매킨타이어와 테일러는 가톨릭적이고 유럽적인 전통에 호소하는 공동체주의자들이고, 벨라(Robert Bellah)와 에치오니(Amitai Etzioni)는 유대교적이거나 혹은 개신교적인 미국적 전통에 호소하는 공동체주의자들로

분류됩니다. 그런데 교수님은 종교적 전통을 전면에 부각시키지 않고 있는 것으로 알고 있습니다만.

월저 : 저 자신 유대인입니다만, 저는 세속적이고 인본주의적이고 다원적인 시민민주주의에 기초한 자유주의자로서 국가 사회 전체를 종교적인 통합적 가치의 관점에서 보는 것은 반대합니다. 물론 하위 공동체로서의 다양한 종교적 공동체는 저의 다원적 공동체주의에 기반한 자유주의 사회에서 당연하게 인정되어야 할 것입니다. 그리고 제가 『정의의 영역들』에서 종교적 공동체에서 분배적 정의의 문제, 즉 성직의 분배 문제와 성직 매매의 금지를 다루었고, 아울러 신의 은총(Divine Grace)에 대한 사회적 보장과 향유에 관련된 문제에도 관심을 기울였던 사실을 상기하시기 바랍니다.

박정순 : 월저 교수님, 교수님의 이번 '다산기념 철학강좌'에서 가장 많이 나온 질문이 자유주의적 개인주의에 대한 공동체주의적 보완은 미국사회의 경우 타당하다는 것을 인정할 수 있더라도, 우리 한국사회에서는 오히려 그 반대가 아닐까 하는 질문인 것은 기억하고 계시겠지요?

월저 : 물론입니다. 미국사회의 경우에는 자유주의적 개인주의에 대한 공동체주의적 보완이 시급하다면, 한국의 경우는 공동체주의의 폐해에 대한 자유주의적 교정이 더욱 절실하다고 할 수 있겠지요. 물론 한국의 경우 고도의 민족적 동질성을 유지하고 있으며, 유교적 공동체가 매우 공고하고, 또한 지역주의가 팽배하고 있으므로 자유주의를 공동체주의로 보완할 상황이 아니라 자유주의를 확대해 공동체주의와 균형을 맞추어야 할 상황이라고 봅니다. 공동체주의 자체만의 관점에서 보면 한국사회는 통합적 공동체주의보다는 제 자신의 다원적 공동체주의를 수용하는 방향으로 나아가야 한다고 봅니다. 아무튼 자유주의와 공동체주의에 관련해서 보완인가, 균형인가, 극복인가의 문제는 탁상

공론식으로 제시될 수 있는 성질의 것은 아닙니다. 그것은 한 사회가 어느 정도까지 안정적이고 어느 정도까지 변화를 수용할 수 있는가 하는 사회변동의 역동성과 사회변동의 전체적인 방향에 달려 있습니다. 이것은 박교수를 비롯한 한국의 학자들이 탐구해야 할 것으로서 사회비판에 관련된 '최대한의 본격적 도덕(a maximalist thick morality)'의 문제입니다. 공동체주의가 사회적 상황에 무관하게 무비판적으로 적용될 수 있다고 생각하는 것은 저의 특수주의적이고 다원주의적인 방법론과도 결코 양립할 수 없습니다.

박정순 : 만약 미국사회가 자유주의에 대한 공동체주의적 보완을 하고 한국사회가 공동체주의에 대한 자유주의적 교정을 한다면, 양 사회는 궁극적으로는 수렴할 수도 있다는 주장에 대해서 어떻게 생각하십니까? 그리고 자유주의와 공동체주의는 논쟁을 거친 뒤 서로 수렴하고 있다는 주장도 있는 것으로 압니다. 그런데 이러한 논의 주제는 요즈음 인구에 회자하고 있는 '아시아적 가치(Asian Values) 논쟁'과도 밀접한 연관을 갖는다고 생각됩니다만, 교수님의 견해는 어떠하십니까?

월저 : 미국사회에서는 자유주의에 대한 공동체주의적 교정이 필요하고, 한국사회에서는 공동체주의에 대한 자유주의적 균형이 필요하다고 말하는 것은 양 사회가 서로 수렴해야 된다는 것을 의미하는 것은 아닙니다. 각 사회는 그 고유한 전통과 문화의 한계 속에서 유지되고 있습니다. 또 어떤 사회가 변화될 가능성이 있다고 하더라도 그것은 각 사회가 가진 그러한 한계 속에서 이루어지기 때문에 일률적으로 바람직한 사회의 모형을 말하기는 어렵습니다. '자유주의 대 공동체주의 논쟁'도 다른 논쟁과 마찬가지로 시간이 지나면 극단적인 입장들이 배제되는 것이 상례이므로 중도적인 입장이 선호되고 부각됩니다. 이러한 논쟁의 와중에서 어떤 한 사상가가 중도적인 방향으로 나아갈 수 있고, 또한 특정한 자유주의자와 공동체주의자가 서로 닮을 수는 있겠지만,

자유주의와 공동체주의는 그 근본적인 이론적 실질적 차이점 때문에 수렴할 수 있다고 보기는 힘들 것 같습니다. 그래서 저는 자유주의에 대한 공동체주의적 보완과 교정을 말한 것이지 그 양자의 수렴을 말한 것은 아닙니다.

저 자신은 '아시아적 가치 논쟁'에 대해서 권위 있게 말할 처지는 아닙니다만, 간략히 말한다면 저의 다원주의적이고 특수주의적인 방법론과 다문화주의적 관점에 의하면 아시아적 가치는 당연히 존중되어야 하는 것처럼 보입니다. 아시아 사회는 서구사회와 다르다는 주장을 누가 전적으로 거부할 수 있겠습니까? 아시아적 가치에는 흔히 가족주의, 농경사회를 비롯한 공동체 중심주의, 상하의 엄격한 위계질서, 사회적 도덕성과 책임감, 저축 습관, 교육 중시 등이 언급되고 있는 것으로 알고 있습니다. 이러한 아시아적 가치는 자본주의 발전에 도움이 된다고도 볼 수 있습니다. 그러나 다른 한편으로 아시아적 가치는 그 가족주의적 특성상 정경유착과 친족등용주의와 부패의 온상이 된 것도 사실입니다. 또한 만약 아시아적 가치가 최소한의 인권을 보장하지 못하는 통합적이고 권위주의적이고 전근대적인 정치체제와 사회를 정당화하고 옹호하는 데 이용된다면, 그것은 결코 오래 가지는 못할 것입니다.

그러한 정당화는 다양한 분배적 영역의 구분에 근거하고 있는 저의 복합평등론에 정면으로 배치되는 것도 사실입니다. 어쨌든 아시아적 가치의 문제는 결국 '최대한의 본격적인 도덕의 문제'입니다. 이것은 국외자들이 결코 최종적인 결론을 내릴 처지에 있는 문제가 아닙니다. 그렇지만 각국의 문화적 역사적 전통에 입각한 사회발전 모델을 만들어야 한다는 것은 다원주의 사회의 시대적 요청이기도 한 것은 틀림없다고 생각합니다.

박정순 : 결국 이러한 논의는 자유주의와 근대성에 관한 문제로 자연스럽게 이행된다고 생각합니다. 자유주의가 실현시킨 서구의 근대성

은 요즈음 포스트모더니즘과 해체주의 등 많은 사조로부터 커다란 비판을 받고 있는 것이 사실입니다. 그런데 교수님은 자유주의적 근대화의 성과를 기본적으로 수용하고 있다고 보입니다. 이제 우리가 주제로 삼아야 할 월저 교수님의 복합평등론은 자유주의적 근대성의 성과로부터 출발하는 것이 아닙니까?

월저 : 그렇습니다. 자유주의 이전 사회는 미분화된 유기체적이고 통합적인 사회였습니다. 자유주의는 그러한 통합된 사회를 분리시키기 시작했던 것입니다. 즉, 자유주의는 국가에서 교회를 분리시킴으로써 종교적 관용을 달성했고, 또한 정치적 공동체로부터 시민사회를 분리시킴으로써 경제와 시장이라는 분리된 영역을 창출했던 것입니다. 또한 자유주의는 국가로부터 가정을 분리시켰던 것입니다. 그 결과 왕조 정치와 친족등용주의와 족벌주의가 종식을 고했습니다. 이것은 결국 공적 영역을 사적 영역으로 명백하게 분리시킨 것을 의미합니다. 이제 개인들은 프라이버시의 세계, 즉 그 자신만의 성채를 가질 수 있게 되었던 것입니다. 물론 마르크스주의 좌파들은 이러한 자유주의의 영역 분리가 차디찬 이기심에 사로잡힌 고립적 개인들의 세계를 감추려는 이데올로기적 가식이라고 비판한 것도 사실입니다. 저도 어느 정도까지는 공동체주의에 대한 동조를 통해서 이러한 비판을 수용했습니다. 그렇지만 복합평등론은 그러한 자유주의의 영역 구분을 비판적으로 확대해서 더욱 '급진화 혹은 근본화(radicalization)'한 것이라고 말할 수 있습니다. 일전에 박교수가 다른 상황에서 언급했던 제 논문 「자유주의와 영역 분리의 기술(Liberalism and the Art of Separation)」(1984)은 이러한 저의 입장을 잘 요약하고 있습니다.

분배적 정의와 복합평등론: 다원적 평등사회의 실현과 복지국가

박정순 : 우선 일반 독자들을 위해서 복합평등(complex equality)에 대한 평이한 설명을 해주시기 부탁드립니다. 우선 복합평등론은 공동체주의적 가치론을 전제하는 것으로 알고 있습니다만, 그런가요?

월저 : 맞습니다. 복합평등론은 공동체주의적 가치론을 전제합니다. 즉, 모든 분배는 가치 혹은 선의 '공유된 사회적 의미'에 상응하여 정의 여부가 결정된다는 것입니다. 즉, 정의 원칙들 자체는 그 형식에서 다원적이며, 상이한 사회적 선 혹은 가치는 상이한 이유에 따라서, 상이한 절차에 따라서, 그리고 상이한 주체에 의해서 분배되어야 한다는 것입니다. 이러한 차이는 사회적 가치 자체에 대한 상이한 이해로부터 유래하는 것입니다. 이러한 상이한 이해는 역사적이고 문화적인 특수성의 필연적 산물입니다. 상이한 가치를 상이한 이유에 따라서 분배하고, 분배되는 가치들의 사회적 의미가 독특하게 구별될 때, 정의로운 분배는 사회적 가치들과 그 고유한 분배 기준이 적용되는 영역의 자율성을 보장하는 것이 될 것입니다.

박정순 : 이러한 가치론으로부터 교수님은 복합평등론을 어떻게 구축하고 계신지요?

월저 : 복합평등론은 따라서 의미가 서로 구별되는 두 개의 영역들 사이에서 가치들이 서로 교환되는 일이 발생한다면 이는 그러한 가치들의 사회적 의미를 훼손하는 일이 되므로, 별개의 영역에서의 가치의 상호 교환을 방지하는 것이 중요하게 됩니다. 자본주의 사회의 가장 중대한 문제는 돈의 불평등한 분배만이 아니라 돈을 소유하고 있는 사람에게 모든 것이 집중되어 다른 가치들을 지배하게 된다는 것입니다. 이러한 부정의의 해결은 어떻게 '복합평등'을 실현할 수 있느냐에 달려 있습니다. 복합평등의 개념을 이해하기 위해서는 우선 어떤 가치를 다

른 사람이 차지하지 못하도록 대부분을 소유하는 '독점(monopoly)'과 어떤 영역의 가치가 다른 영역의 가치를 잠식하는 '지배(dominance)'의 구분이 필요합니다.

저는 독점의 문제보다 지배의 문제에 주안점을 두고, 지배적인 가치가 다른 가치들과 교환되는 것을 방지하는 복합평등을 추구하고 있습니다. 이에 반하여 엄격한 평등주의는 '단순평등(simple equality)'을 추구합니다. 단순평등은 어느 한 가지의 독점적인 가치를 모든 사람에게 평등하게 분배하도록 하여 지배를 막는 것입니다. 그러나 이러한 단순평등을 계속적으로 유지하기 위해서는 국가의 강력한 개입이 필요하게 되므로 관료주의적인 정치적 권력이 새로운 지배적 가치가 되어 또다시 투쟁의 대상이 되는 현상이 발생하게 됩니다. 그러한 반면에 최소국가를 주장하는 노직(Robert Nozick)식의 자유지상주의는 모든 것을 시장에서의 자발적이고 자유로운 거래에 내맡김으로써 돈의 지배를 허용하여 불평등을 심화시키게 되는 것입니다.

저의 복합평등론은 상이한 사회적 가치들이 단일한 방식에 의해서가 아니라 그러한 사회적 가치들의 다양성과 그것들에 부착되어 있는 의미들을 반영하는 다양한 영역적 기준들에 의해서 분배되도록 요구합니다. 즉, "어떤 사회적 가치 X도, 어떤 사람들이 다른 사회적 가치 Y를 소유했다는 이유 때문에 X의 사회적 의미와는 아무런 연관 없이, Y를 소유한 사람들에게 분배되어서는 안 된다"는 것입니다.

박정순 : 롤스는 분배의 대상이 되는 '사회적 기본가치들(the primary social goods)'의 목록으로서 권리와 자유, 기회와 권한, 소득과 부, 자존감의 기반을 제시한 바 있습니다. 롤스의 경우에도 그 목록 작성에서의 임의성과 자의성으로 비판을 받은 바 있습니다. 그런데 월저 교수님은 11가지의 분배 영역과 그 영역에 적용되는 분배 원칙을 말씀하고 계십니다. 제가 간략히 요약한다면, 공동체 구성원의 자격, 안전

과 복지, 돈과 상품, 공직, 힘든 노동, 자유시간, 교육, 친족관계와 사랑, 신의 은총, 사회적 인정, 그리고 정치적 권력이 그것들입니다.

이어서 이러한 각 영역들의 분배 기준을 간략히 요약하면, 공동체 구성원의 자격은 기본적으로 공동체 구성원들의 합의에 의해서, 안전과 복지는 필요에 의해서, 공직은 공적에 의해서, 돈과 상품은 자유교환에 의해서, 힘든 노동은 엄격한 평등에 의해서, 자유시간은 자유로운 선택과 필요에 의해서, 기본교육은 엄격한 평등에 의하고 고등교육은 시장과 공적에 의해서, 친족관계와 사랑은 이타주의와 상호적 애정에 의해서, 신의 은총은 자유로운 종교적 추구와 헌신에 의해서, 사회적 인정은 자유롭고 자발적인 상호 인정의 교환에 의해서, 정치적 권력은 민주주의적 설득력과 시민의 지지에 의해서 분배되어야 한다는 것으로 알고 있습니다. 그러면 이러한 11가지의 분배 영역들과 분배 원칙은 어떻게 도출된 것입니까? 그리고 각 영역에 하나의 사회적 가치들과 분배 원칙이 대응하는 것입니까?

월저 : 복합평등론의 근간이 되는 11가지의 분배 영역은 하나의 메타포 이상은 아닙니다. 그것은 연역적 도식이 아니므로 결정적이고 완벽한 목록으로 제시된 것이라고 단언할 수 없습니다. 그러나 그것은 다른 어떤 목록들보다 비교적 더 타당하다고 믿고 있습니다. 물론 그것은 서구사회에 대한 저 자신의 사회적 이해에 근거하고 있습니다. 또한 복합평등론은 각 영역에 하나의 사회적 가치가 존재한다고 말하거나, 혹은 각 사회적 가치에 하나의 영역이 존재한다고 말하는 것은 아닙니다. 이러한 방식으로 체계적인 설명을 구상한다면 난센스에 빠진다는 것은 자명할 것입니다. 예를 들어 식량의 경우 다양한 상이한 서술이 가능하며, 그러한 상이한 서술에 따라 상이한 분배 방식에 도출되어 나옵니다. 즉, 식량은 극심한 희소 상태와 풍요 상태에서, 또 가난한 사람과 부자에게 각각 다른 의미를 갖습니다. 그래서 미국의 경우 한편으로는

공동체가 제공하는 필요에 따른 빈민구제 식당(soup kitchen)과 식품
교환권(food stamp)을, 그리고 다른 한편으로는 시장에서 입수 가능한
각종의 식품이 진열된 슈퍼마켓을 동시에 구비하는 것은 아무런 어려
움도 없습니다. 복합평등론이 이러한 다양성을 가지지 못한다고 비판
하는 것은 지나치게 편협한 생각입니다. 복합평등론의 가장 기본적인
주장은 모든 가치들은 그 분배 영역에서 '타당한 이유(relevant rea-
sons)'에 따라서 분배되어야 한다는 것입니다.

박정순 : 월저 교수님, 교수님의 복합평등론에서 11가지의 분배 영
역이 도식적인 것이 아니라면, 그것은 근대 서구사회에 대한 분배적 정
의의 역사적 고찰에 따른 귀납적 일반화라고 볼 수 있지 않을까요? 그
런데 우리 한국사회의 경우는 황금만능주의와 천민자본주의, 정경유착
의 끊임없는 부패의 고리, 공직자의 이권 개입, 공과 사를 구분할 줄
모르는 사회지도층의 각종 영향력 행사, 문어발식 선단식 기업구조를
가진 재벌, 족벌 경영체제에 따른 소유와 경영의 미분리, 권력과 금력
을 이용한 군복무 면제, '유전무죄 무전유죄'라고 냉소적으로 희화화되
는 법 집행의 형평성 부재, 사회적 직책의 배분과 정치적 입지에서뿐만
아니라 일상적 삶에서조차도 지배하고 있는 지연, 학연, 혈연이라는 뿌
리 깊은 연고주의, 선거에서의 지역적 몰표, 학벌 위주의 사회, 가족의
사회적 경제적 배경과 교육적 혜택의 독점 등등으로 말미암아 각 방면
에서 아직 공사 영역의 사회적 분화와 분배 영역의 분리가 진행되지
않아서 월저 교수님이 말하는 독점과 지배와 전제가 횡행하는 전근대
적인 사회의 모습을 아직도 많이 간직하고 있습니다. 월저 교수님의 복
합평등론은 정말로 우리 사회에서 절실히 요청되고 있습니다.

월저 : 박교수의 진단대로 한국사회의 실상이 그렇다면, 우선 '자유
주의적 영역 분리의 근대적 기술'이 한국인의 마음속에 자리 잡을 수
있도록 하는 캠페인을 벌여야 할 것 같습니다. 그 연후에 아마도 복합

평등을 실현할 수 있는 사회적 토양과 분위기가 제고될 수 있겠지요. 저는 복합평등론을 한국사회에 무작정 이식하거나 적용하기보다는 한국의 전통과 문화 속에서 분명히 있을, 아니면 암묵적으로라도 있었을, 공사 영역의 분화와 분배 영역 분리와 복합평등에 관한 도덕적 전통을 발견하거나 해석하여 확연하게 드러내고, 또한 고양시켜서 강조하는 일이 더 중요하다고 생각합니다.

박정순 : 우리 한국의 독자들을 위해서 『정의의 영역들』에서 제시된 화폐 구매에서의 봉쇄된 교환과 권력 사용의 봉쇄를 열거하는 것도 중요하다고 생각합니다. 교수님은 개인 혹은 정치적 권력이 화폐를 통해서 구매할 수 없는 '봉쇄된 교환(blocked exchanges)'의 예로 14가지를 들고 있습니다. 즉, 인신매매, 정치적 권력과 영향력, 형법적 정의, 언론 · 출판 · 종교 · 집회의 자유, 결혼과 생식 · 출산권, 정치적 공동체에서의 퇴거의 자유, 군복무 · 배심원 의무 면제, 정치적 공직, 경찰의 보호와 초중등 교육, 자포자기적인 절망적 교환(최소임금, 8시간 근무제, 건강과 안전 규제 포기 등), 상과 명예, 신의 은총, 사랑과 우정, 그리고 살인청부, 장물취득, 마약과 같은 불법적 거래가 그것들입니다. 그리고 교수님은 '권력 사용의 봉쇄(blocked uses of power)'의 예로 9가지를 들고 있습니다. 즉, 국민의 노예화와 인신구속, 봉건적 후견권과 결혼의 간섭, 처벌을 정치적 압박 수단으로 사용 금지, 특정한 정책의 경매 금지, 법 앞에서의 평등 파괴 금지, 사유재산에 대한 자의적 침해 금지, 종교 영역 침입 금지, 교권의 침해 금지, 언론 · 집회 · 결사의 자유 침해 금지가 그것들입니다. 돈과 권력이 있다면 누구나 그것들을 통해서 다른 분배 영역을 침범하려고 하는 것이 인간의 욕망이라고 한다면, 그러한 욕망이 강하면 강할수록 교수님의 영역 봉쇄는 더욱 절실히 필요하다고 하겠습니다.

월저 : 그렇습니다. 사회학적으로 그러한 영역 침범이 비일비재하다

면, 철학적으로 규범적으로 영역 봉쇄의 요청도 더욱 절실히 요청된다고 하겠습니다. "정의는 강자의 이익이다"라고 강변하는 트라시마코스(Thrasymachus)의 말은 일견 현실이 그러할 수밖에 없다는 한계를 지칭할 수도 있겠으나, 그것은 강자의 이익은 보편적 이익이 아니라는 점에서 현 상태에 대한 전복적이고 폭로적인 의미로 쓰일 수도 있는 것입니다. 현대 미국사회에서 '파워 엘리트들'이 모든 것을 독점하고 지배하는 현상이 강하면 강할수록 다원적 복합평등에 관한 요청은 더욱 절실한 것입니다.

박정순 : 사실 교수님은 시장이 인간 상호 교류의 중요한 영역이라는 것을 인정하고 있지만, 영역들 사이의 교환을 봉쇄하는 것, 특히 화폐와 권력에 관한 '교환 봉쇄'는 결국 시장의 자율성을 해치는 것이고, 시장을 통해 자본주의가 사회의 모든 영역들 속에 침투해 들어가는 '자본주의의 침투력'과 분리된 영역을 총괄하려는 정치적 권력의 지배적 속성에 대해서 과소평가하고 있는 것은 아닌가 하는 질문을 드리려고 했는데, 거기에 대한 답변은 교수님이 바로 전에 한 말로 이미 된 것으로 간주하겠습니다.

월저 : 그렇게 해도 좋겠습니다.

박정순 : 그렇다면 구체적으로 복합평등론을 실현시킬 수 있는 현실적 방책이 매우 중요한 과제로 등장합니다. 그러나 이 문제는 뒤로 유보하고 우선 복합평등론 자체에 대한 비판을 논의해 보고 싶습니다. 복합평등론에 대한 비판은 그것의 비현실성과 불평등이 여전히 존속할 수 있다는 것 두 가지로 압축됩니다. 상이한 가치들이 상이한 이유에 따라서 분배되어야 한다는 생각, 그리고 서로 구별되는 의미를 갖는 가치들 사이의 전환을 방지해야 한다는 생각은 굉장한 설득력을 가지고 있는 것이 사실입니다. 그러나 상이한 가치들 사이의 전환에 대한 금지는 각 개인이 자신의 자원을 시장 속에서 자유롭게 운영할 수 있는 자

유를 침해하고, 성인들 사이의 자발적인 동의에 따른 거래도 금지하므로, 궁극적으로는 시장의 효율성을 감소시킨다는 주장도 있습니다. 로젠블룸(Nancy Rosenblum)은 영역 간의 가치의 교환을 봉쇄당하고 사는 삶은 '심리적 금욕주의자'에게나 가능할 것이라고 지적한 바도 있습니다.

그리고 복합평등을 실현하기 위해서는 단순평등의 유지 못지않은 국가의 간섭과 개입이 필요한 것은 아닐까요? 지배의 문제는 결코 독점의 문제를 해결하지 않고서는 원칙적으로 처리될 수 없다고 봅니다. 지배하려는 것은 결국 독점이 가능하기 때문이며, 독점을 허용하면서 지배를 못하게 하는 것은 많은 사회적 비용이 드는 어려운 일입니다. 따라서 교수님은 단순평등과 복합평등을 구분하기 위해서 현대 평등주의를 지나치게 희화화한 감이 없지 않다는 지적도 있습니다.

복합평등론 자체도 충분히 평등주의적이지 못하다는 비판도 제기되는 것으로 알고 있습니다. 즉, 복합평등론은 사회적 가치의 지배와 전환의 방지에 주안점을 두기 때문에 그것의 독점은 방치하고 있는 셈입니다. 그러한 독점이 '많은 작은 불평등'이 된다는 보장은 결코 없습니다. 가치의 전환이 금지되므로 어떤 영역에서의 불평등이 더욱 심화될 가능성이 있습니다. 또한 어떤 가치의 독점이 다른 영역의 가치를 지배하지 않더라도, 그러한 가치의 독점 자체도 부정의한 것으로 비난받아야 하는 것이 아닐까요? 더 나아가서 복합평등의 실현은 모든 분배 영역에서의 집 없는 부랑자 홈리스와 같은 실패자들의 집단이 존재한다는 사실과 병존할 수 있습니다.

월저 : 박교수가 질문한 모든 문제들을 여기서 충분히 다 다루기는 어렵습니다. 제가 밀러(David Miller)와 공동으로 편집한 『다원주의, 정의, 그리고 평등(*Pluralism, Justice, and Equality*)』(1995)에서는 11명의 학자들이 『정의의 영역들』에 대해서 제기한 각종의 비판에 대해

서 제가 답변한 것이 있으므로 그것을 참조하면 좋을 것입니다. 우선 단순평등과 복합평등 사이의 구별은 처음 생각한 것처럼 엄밀한 것이 아니라고 인정해야겠지요. 즉, 지배는 하나의 단일한 가치의 다중적 전환을 통해서만 형성되는 것이 아니고 대부분의 중요한 가치들의 독점적 소유에서도 발생할 수 있습니다. 그리고 저는 복합적 평등을 유지하기 위해서는 각 분배 영역들 내부와 그 관계에서 국가의 더 큰 역할이 필요하다는 것도 인정합니다. 또한 저는 모든 영역에 걸친 성공자와 실패자의 집단이 존재할 가능성도 인정합니다. 그러한 양분된 집단들이 많은 사회에서는 정의로운 사회를 수립하기는 매우 어려울 것입니다. 그래도 저는 인류 역사와 일상적 삶을 통해 볼 때 개인의 자질과 능력은 모든 영역에 아주 근본적으로 분산되어 있다고 믿는 것이 더 타당할 것이라고 생각합니다. 저는 이러한 문제점들이 있기는 하지만 복합평등의 실현 가능성은 충분히 실제적이라고 아직도 굳건히 믿고 있습니다.

박정순 : 그렇다면 복합평등 사회의 실질적인 모습은 어떠할까요? 마르크스도 최종적인 공산사회의 모습에 대해서는 말을 아껴서 메타포 정도로 제시한 것으로 알고 있습니다. 복합평등 사회의 모습은 또 하나의 복락원(Paradise Regained) 이야기가 될 것인가요?

월저 : 복합평등 사회의 실질적 모습은 최소한 모든 사람에게 민주적 시민으로서의 '신분의 평등(equality of status)'이 확보된 사회라는 것 이상으로 묘사하기가 어렵습니다. 따라서 저는 복합평등 사회의 소극적이고 부정적인 측면에 대해서 더 확신을 갖습니다. 그러한 사회에서는 자본주의 사회에서의 승자의 계급적 특권의식과 패자의 자기모멸감이 감소될 것이 틀림없다고 생각합니다. 그 사회는 모든 사람의 행복과 불행이 공동체 전체에 의해서 공유되는 정도까지는 아니지만, 기본적으로 우리의 행복과 불행은 여러 종류와 방식으로 존재한다는 다원

주의적 인식에 따른 상호 존중과 자존감이 풍만한 사회가 될 것입니다. 저는 여전히 "상호 존중과 공유된 자존감은 복합평등의 심층적 원동력이다. 이러한 가치들은 다시 복합평등을 지속 가능케 하는 원천이 될 것이다"라고 생각합니다. 즉, 복합평등은 삶의 승리에 대해서 겸손하게 할 뿐만 아니라 삶의 실패에 대해서도 위안을 줄 것으로 생각합니다. 복합평등은 자만과 계급적 특권의식을 감소시킬 뿐만 아니라 자기비하와 모멸감, 그리고 압제적 명령과 그에 따른 맹종도 사라지게 할 것입니다.

박정순 : 그러면 복합평등론의 이데올로기적 측면과 복지국가와의 관계를 논의할 차례인 것 같습니다. 교수님이 미국 철학계 및 정치학계에서 분배적 정의에 관련하여 본격적이고 커다란 주목을 받기 시작한 것은 『정의의 영역들』이 출판된 이후라고 생각됩니다. 그런데 분배적 정의에 관련해서 교수님은 우파로부터는 급진적 사회주의자(a radical socialist)로, 좌파로부터는 '단순한' 자유주의자(a 'mere' liberal)로 동시에 공격을 받고 있습니다. 유럽의 사회민주당 정권들이 추구하는 '제3의 길'도 이러한 종류의 공격을 받은 바 있습니다.

'제3의 길'은 이것도 저것도 아닌 방향 잃은 수선공의 조잡한 땜질의 혼합물에 불과하다는 신랄한 비판도 있습니다. 결국 교수님의 다원적 복합평등론은 모든 국가 혹은 정치 공동체는 원리적으로 복지국가이어야만 한다는 주장으로 나아갑니다. 그런데 교수님은 자본주의적 복지국가에서 머무르지 않고 사회민주주의적인 복지국가를 지향하는 것으로 알고 있습니다. 교수님이 "『정의의 영역들』에서 내가 추구한 것은 만약에 우리가 완전한 복지국가를 갖는다면 어떠할 것인가를 상상하는 것이었다"라고 말씀하신 것을 저는 인상 깊게 기억하고 있습니다.

월저 : 일찍이 복지국가의 실현에 관련해서도 그랬고, 최근에는 유

럽 사회민주당 정권의 정책에 관련된 '제3의 길'이 그렇게 양측으로부터 비난을 받는 상황을 이해 못하는 것은 아닙니다. 그러나 비판하는 양측 자체도 고질적인 딜레마를 형성하고 있다는 것은 박교수도 잘 알 것입니다. 사회민주주의적 복지국가는 한편으로는 거대국가의 개입과 그에 따른 경제적 비효율과 수동적 시민의 양산을 피해 가면서도, 다른 한편으로는 최소국가의 방임과 심화되는 경제적 불평등 사이의 딜레마를 피해 갈 수 있는 중요한 현실적 책략이 됩니다. 즉, 우리는 거대국가에서 향유할 수 없었던 자유와 최소국가에서 달성할 수 없었던 평등을 동시에 실현시키며 조화시킬 수 있게 되는 것입니다. 우호적으로 해석하면, 복합평등은 절대적 불평등을 감소시킬 뿐만 아니라 상대적 박탈감도 완화시킬 수 있는 것입니다. 복지국가는 단순히 탁상공론식으로 제3의 길로 제시된 것은 아닙니다. 복지국가의 실현은 기나긴 정치적 투쟁의 역사를 통해서 등장하게 된 것입니다. 즉, 자본주의의 냉혹한 시장 질서에 대한 비시장적인 정치적 문화적 대응의 결과인 것입니다. 물론 다른 한편으로 20세기의 중요한 교훈의 하나는 우리가 시장과 화해해야 한다는 사실입니다. 거대한 중앙통제적 계획국가는 모두 실패했던 것을 우리는 동시에 염두에 두어야 합니다. 사실 사회주의자에게 복지국가는 최종적인 목표는 아닙니다. 아마도 복지국가는 자유주의가 이룩한 최상의 성취인 점은 누구도 부인하지 못할 것입니다.

　그러나 여기서 그쳐서는 안 되고, 복지국가의 고질적인 문제를 해결하기 위해서는 '복지국가의 사회화(Socializing the Welfare State)'가 필요하다고 봅니다. 즉, 복지국가는 탈중앙화되어야만 하며, 이것을 통해서만 경제적 부에 기반한 정치적 권력으로 지배되는 '사적 정부(private government)'가 사라질 수 있습니다. 이렇게 복지국가가 광범위하게 사회화된다면 자유주의는 필연적으로 민주사회주의로 이행하게 되는 것입니다. 물론 저도 마르크스주의자들이 자본주의는 본질적으로 부정의하다고 주장하는 것을 잘 알고 있습니다. 왜냐하면 자본주의는 인간의 노동을 화폐와 상품의 영역으로 전환시키고, 자본이 시장 안에서 노동을 지배하기 때문이라는 것입니다. 저의 복합평등론이 일면 마르크스주의자들의 입장에 근거하고 있는 것은 사실이지만, 그러한 마르크스주의자들의 입장은 시장경제 영역 자체를 부인하는 것이기 때문에 많은 현실적인 문제를 가지고 있다고 볼 수 있습니다.

박정순 : 사회민주주의자로서 교수님은 사유재산제도의 철폐도 주장하지 않고, 또한 현실적인 국가의 정치적 권위에도 직접적으로 도전하지 않고 있습니다. 다만 사유재산이 광범위하게 공유되고, 국가가 더욱 정당한 정치적 권위를 갖는 문제에 주력하고 있는 것처럼 보입니다. 이러한 다원적 평등사회와 사회민주주의적인 복지국가의 달성은 결국 현대사회를 보는 교수님의 시각과 밀접한 관련이 있다고 봅니다. 서구 사회에서는 오래전에 인구에 회자하였지만, 오늘날 우리 사회에서 현 정권의 화두가 되어 있기도 한 '민주주의와 시장경제의 병행 발전'에 대해서 교수님은 어떻게 보십니까? 민주주의와 자본주의의 동반관계는 필연적인 것이 아니고 우연적인 것입니까?

월저 : 민주주의와 시장경제의 필연적 연관성에 대한 문제는 논란이 분분한 매우 까다로운 문제입니다. 제가 개진했던 자유주의의 근대적 영역 분리는 그러한 필연성을 한편으로는 입증해 주고 있는 듯이 보입니다. 즉, 종교적 권위(고리대금의 금지)와 정치적 통제(중상주의)로부터의 시장의 분리는 시장의 민주주의적 속성을 함축하고 있습니다. 그러나 신자유주의에서의 '승자독식 시장'처럼 민주주의와 자본주의의 동반관계가 필연적으로 파국을 맞지 않으려고 한다면, '시험적 별거(a trial separation)'에 들어가 보는 것도 좋을 것입니다. 즉, 민주주의에 대한 최대의 위협이 경제적 파워가 정치 영역에 침투하는 것이라고 한다면, 우리는 정치와 경제의 유착관계를 끊어야만 하는 것입니다. 우리

는 자유주의와 민주주의도 그 동반관계가 처음부터 주어진 것이 아니고 기나긴 사회적 투쟁의 결과였다는 것을 인식한다면, 민주주의와 시장경제의 동반관계도 처음부터 주어진 것이 아니고 기나긴 사회적 투쟁의 역사적 목표라는 사실을 깨달아야만 할 것입니다. 민주주의와 자본주의의 진정한(?) 밀월관계는 사회민주주의자들의 목표이자 이상이기도 한 것입니다.

박정순 : 그러면 조금 전에 다원적 복합평등 사회의 실현을 위한 현실적 방책에 관한 문제를 유보했는데, 거기에 대해서 말씀해 주시기 바랍니다.

월저 : 복합평등 사회와 자유의 대가는 시민 모두가 분배 영역들이 침범당하지 않도록 지키고 상이한 가치들 사이의 전환을 봉쇄하기 위한 '영원한 감시(eternal vigilance)'의 눈초리를 번득이고, 끊임없이 불만과 개선 가능성을 토로해야 하는 정치 '훈수꾼(kibitzer)'이 되어야 한다는 것입니다. 저는 『정의의 영역들』이 거의 끝날 즈음 복합평등론을 실현시킬 수 있는 사회체제에 대해서 다음과 같이 요약한 바 있습니다. 즉, 탈중앙화된 민주적 사회주의를 배경으로 적어도 부분적으로는 지역 아마추어 관리들에 의해서 경영되는 강한 복지국가, 그리고 제한된 시장, 개방되고 계몽된 시민적 서비스, 독립적인 공립학교들, 근면하게 일할 수 있는 직업과 아울러 여가가 동시에 보장되고, 종교적 가족적 삶이 보호되며, 사회적 직위와 계층의 고려로부터 독립한 공공적 명예와 불명예의 체제가 있고, 회사와 공장의 노동자 통제가 실현되고, 복수정당과 사회운동, 회합, 그리고 공공적 토론의 정치가 꽃피우는 사회가 바로 그것입니다.

박정순 : 결국 '훈수꾼(kibitzer)'의 개념은 프라이버시의 성채에만 머무르고 있는 '열렬한 반시민(ardent noncitizen)'과 오스카 와일드(Oscar Wilde)가 걱정한 대로 너무 많은 저녁을 사회에 뺏기는 사회주

의적 시민 사이의 중간자적 위치를 점하고 있다고 생각합니다. 이러한 중간자적 위치는 수동적 시민과 무관심한 시민이 양산되는 대의민주주의와 정치적 참여를 최고의 가치로 여기는 하나의 완전주의인 시민적 공화주의 사이의 딜레마를 해결하려는 교수님의 고육책이라고 할 수 있겠습니다. 훈수꾼은 직접 장기를 두는 시민운동가와 활동가는 아니지만 때때로 그들의 활동을 비판하고 지적하고 훈수를 두는 사람일 것입니다. 이것은 분명 일종의 시민사회론입니다.

월저 : 그렇습니다. 저는 최근에 「시민사회의 이념(The Idea of Civil Society: A Path to Social Reconstruction)」(1991)이라는 논문에서 시민사회에 대한 기존의 네 가지 모형을 비판하고 다원주의적 시민사회론을 개진한 바 있습니다. 그러한 네 가지 모형은 시민적 공화주의 모형, 마르크시즘의 협동 생산체 모형, 시장 이윤 추구의 자본가 모형, 그리고 혈연과 역사에 의해서 접합된 국가(민족) 사회의 모형입니다. 그러나 시민사회론은 또 다른 커다란 문제이므로 여기서 상론할 수 없는 것을 안타깝게 생각합니다. 그러면 우리의 최종적 주제인 사회비판의 문제로 옮겨 가도록 합시다.

철학과 현실 문제: 공동체주의의 상대주의와 보수주의 함축 논란과 공동체주의적 사회비판의 가능성

박정순 : 금년은 계간지인 『철학과 현실』 발간 10주년을 맞이하는 해입니다. 『철학과 현실』지는 현실 문제에 대한 철학의 관여와 동시에 철학의 현실화 혹은 대중화를 지향하면서 아카데미즘의 높은 상아탑에 둘러싸여 있던 철학을 구름에서 내려오도록 하여 일반 대중의 철학적 식견을 평이한 방식으로 고양시키는 데 큰 역할을 하고 있습니다. 철학의 현실 연관성에 대한 교수님의 생각은 어떻습니까? 대담의 초두에

잠시 언급되었던 『디센트』지에 대해서도 보충의 말씀을 해주시기 바랍니다.

월저 : 저도 1954년에 창간된 계간지 『디센트』의 공동편집인의 한 사람으로서 『철학과 현실』의 발간 취지에 전적으로 동감합니다. 『디센트』지는 미국 사회민주주의의 대변지로서 자유주의와 민주당에 대해서 기본적으로 우호적인 비판의 입장을 견지하면서, 좌파의 입장에서 그 정책적 장단점을 철저히 탐구하여 지적하고 있으며, 반공산당과 반스탈린주의를 강력하게 표방하고 있습니다. 『디센트』지는 정치와 문화에 대한 다양한 의견을 수렴하고, 강력한 의견 대립이 전개되는 토론의 장을 마련하여 여론을 선도하려고 합니다. 여기서는 정책 비판의 학문적 논의와 아울러 그 비판의 실제적 결과와 대중적 설득을 중요시하고 있습니다. 저는 철학도 이러한 관점을 수용해야 하며, 이러한 관점에서는 철학도 그 토론장에서 싸워야 할 다양한 목소리 중의 하나라고 봅니다.

저는 소위 보편적이고도 영원한 진리를 발견하기 위해서 공동체와의 모든 유대를 끊고 자신이 속한 "동굴을 걸어 나와서 산 위에 올라가" 고민하는 유형의 철학적 추론에 대해서는 반대합니다. 이러한 철학적인 보편적 추상성과 진리를 시민들의 현실적이고 구체적인 합의보다 우선시키는 것은 비민주주적인 것으로 민주시민들의 의견을 진지하게 경청하고 고려하지 못하게 만듭니다. 또한 그러한 추상성은 구체적으로 적용될 수 있는 현실성도 결여하고 있습니다. 우리에게 필요한 것은 보편적이고도 영원한 진리로서의 정의가 아니라 "지금 여기서의 정의"인 것입니다. 플라톤의 철인왕의 개념이 함축하고 있는 비민주성은 철학계 내부에서도 칼 포퍼(Karl Popper)의 『열린사회와 그 적들』에 의해서 오랫동안 지적되어 왔고 지금은 더욱더 부각이 되고 있는 실정입니다.

230

박정순 : 그러면 이미 제기되었던 공동체주의의 특수주의적인 방법론과 관련하여 그것이 상대주의와 보수주의를 함축할 수밖에 없다는 끈질긴 비판에 답해 주시고, 아울러 공동체주의적 사회비판 가능성에 대해서 말씀해 주시기 바랍니다. 이러한 비판은 보편주의적 원칙을 주장하는 자유주의자들뿐만 아니라 오킨(Susan Okin)을 비롯한 여성주의자들도 참가하고 있는 것으로 알고 있습니다. 보다 구체적으로 말하면 월저 교수님의 공동체주의적 가치론에 대한 가장 큰 비판의 주류는 가치의 사회적 의미에 대한 공유된 이해에 기반하는 공동체주의적 방법론이 상대주의적이고 보수주의적인 입장을 함축한다는 것입니다. 따라서 이러한 입장은 카스트 제도를 부정의한 것으로 비판하지 못하게 만든다는 것입니다.

이러한 비판의 조류는 다음과 같이 세분됩니다. 즉, 공동체의 구성원들이 그러한 사회적 의미를 공유하지 않을 경우가 많다. 설령 그러한 사회적 의미가 존재할 경우에도, 월저 교수님의 해석은 자의적이고 편향적이다. 그리고 특정한 사회에 의거한 사회적 의미는 비판적 원칙이나 급진적인 원칙으로 작용할 수 없다는 것 등입니다.

월저 : 이미 언급한 대로 저는『해석과 사회비판』(1987),『비판가 집단』(1988), 그리고『본격적 도덕과 기초적 도덕』(1994)에서 그러한 일련의 비판들에 답하려고 노력했습니다. 이미 저의 학문적 연속성에 관해서 언급할 때 지적한 것처럼, 저는 도덕성은 '최소한의 보편적 도덕률'을 갖는다는 것을 강조했습니다. 그러나 이러한 최소한의 보편적 도덕률 이상의 구체적이고 특수한 도덕적 기준은 결코 비판가가 속한 공동체의 동굴을 벗어날 수 없습니다. 그렇다고 해서 이러한 관점이 언제나 상대주의와 보수주의로 귀착하는 것은 아닙니다. 물론 저는『정의의 영역들』에서 "정의는 가치의 사회적 의미에 상대적이다"라고 말했습니다. 따라서 "모든 분배는 가치의 사회적 의미에 상응해서 정의 여

부가 결정된다"는 상대주의 입론을 분명히 전개한 바 있습니다. 그러나 이러한 상대주의 입론은 모든 사회를 하나의 보편적이고 통합된 도덕적 기준에 의해서 전체적으로 서열화하여 평가하려는 시도에 대한 거부인 것입니다. 그렇다고 해서 이러한 상대주의 입론이 어떤 사회가 더욱 평등주의적이고, 더 큰 자유를 허용하고, 더 인간의 존엄성을 존중하는지에 대한 기초적 평가마저 거부하는 것은 아닙니다. 저는 상대주의자로 흔히 지목되고 있는 리처드 로티에게도 그러한 평가는 가능하고 봅니다.

제 주장의 요지는 사회비판은 공동체의 문화와 역사에 내재적 비판 혹은 연관적 비판이어야지 그 문화와 역사와 아주 동떨어진 외부적이고 보편적인 관점에서 나와서는 안 된다는 것입니다. 외부적 관점은 진정한 사회적 변화가 요구되는 공동체에 소속된 사람들의 설득을 결코 얻지 못할 가능성이 많습니다. 내재적 연관적 비판이 가능한 것은 어떠한 지배적인 이데올로기도 최종 승리자는 아니며, 새로운 이데올로기에 의해서 경질당하여 역사는 순환하므로, 기존의 이데올로기에 대한 분노와 반항을 대변하는 '이의(dissent)' 제기자가 항상 존재하기 때문입니다. 그리고 정치이론은 가치의 공유된 사회적 의미에 대한 해석이며, 그러한 해석을 통해서 근본적인 사회비판이 가능하다는 것입니다. 마르크스의 말대로 가치의 사회적 의미가 지배계급의 이데올로기라고 하더라도 거기에는 비판의 여지가 있습니다. 모든 지배계급은 통상적으로 자신들의 이익을 지키기 위해서 그것이 보편적 이익이라고 위장하지 않으면 안 됩니다. 그러나 이러한 위장은 실제적으로 구현될 수 없는 보편성이므로, 사회비판가는 이러한 보편적 위장의 자기 전복적 요소와 모순을 적나라하게 밝혀내고, 또한 잠재적인 근본적인 사회적 의미들을 드러낼 수 있는 것입니다.

저는 마틴 루터 킹(Martin Luther King) 목사가 흑인 인권운동의 정당화를 위해서 미국의 독립선언문에 호소한 것도 그러한 작업의 일환이라고 생각합니다. 일찍이 이탈리아 공산당 지도자 안토니오 그람시(Antonio Gramsci)와 이그나치오 실로네(Ignazio Silone)도 자신들이 혁명적이 된 것은 자신들이 속한 공동체로부터 교육받은 바로 그 원칙들에 의한 것이라고 밝힌 바 있습니다. 즉, 그 원칙들과 사회적 현실과의 괴리가 바로 혁명의 원동력인 것입니다. 이것이 바로 내재적 비판과 연관적 비판인 것입니다.

박정순 : 그렇다고 한다면 현상 변호적 해석과 비판적 해석 등 다양한 상충하는 해석들 중 진정한 내재적 해석을 어떻게 가려 낼 수 있는가 하는 문제가 등장하지 않겠습니까? 제가 기억하기로는 교수님은 『해석과 사회비판』(1987)에서는 우리는 계속해서 문화적 전통에 대한 비판과 해석에 대한 논란을 전개하는 수밖에 없다고 답변하였기 때문에 아무런 답변을 주지 않았다는 비판도 있었던 것으로 압니다. 저는 우선 공동체의 자기 이해에 관한 심원하고 포괄적인 해석과 피상적이고 당파적인 해석을 구분할 수 있다는 교수님의 주장에 동의합니다. 그리고 저는 이상적인 사회비판가는 결국 "억압받고, 착취당하고, 피폐화되고, 망각된" 사람들에게 충실하여, 그들의 역경을 "국민적 역사와 문화의 구조" 안에서 바라보고 그 해결책을 제시하는 사람들이 된다는 『비판가 집단』(1988)에서 교수님이 했던 주장을 그 해답이라고 보고 싶습니다. 이러한 월저 교수님의 주장은 결국 사회비판가들은 최소 수혜자의 기대치를 최대로 하라는 롤스의 차등의 원칙에 따라서 (그것이 문화내재적인 원칙이든지 아니면 통문화적인 원칙이든지 간에) 사회비판을 행한다는 것이 될 것입니다.

월저 : 아마도 최종적인 결론은 그렇게 같을 수 있을 것입니다. 그러나 그러한 결론에 이르는 추론 과정과 방법론적 함의는 결코 같다고 할 수 없겠지요.

박정순 : 그러면 이제 대담을 마무리 짓기 위해서 필요한 몇 가지 질문들을 드리겠습니다. 이제 새로운 2000년대에 관한 전망을 제시하는 일은 모든 학자들에게 하나의 유행처럼, 시대적 사명처럼 부과되고 있습니다. 교수님은 정보통신사회도 환경윤리도 크게 부각시키지 않고 있는 것으로 알고 있습니다. 교수님의 주안점은 시민사회와 다원적 민주사회, 다문화주의와 다민족주의에서의 관용의 문제, 인간적 자본주의와 보다 평등한 복지국가의 실현이라고 알고 있습니다. 이러한 주안점과 관련해서 미래 전망을 해주시기를 바랍니다.

월저 : 21세기는 분명히 20세기의 이상과 좌절을 통해서 진행될 것으로 생각합니다. 저는 우선 21세기에 대해서 낙관적 입장을 견지할 수밖에 없다고 생각합니다. 두 차례의 세계대전, 전체주의의 횡포, 대량 민족학살, 남북문제의 심화, 환경파괴, 공산주의 정권의 붕괴로 점철된 20세기를 회고하여 볼 때, 많은 난관이 남아 있기는 하지만 과연 인류가 그러한 세기를 되풀이할 것이라고 도저히 믿을 수 없기 때문입니다. 그렇다고 해서 저는 자유와 평등의 구현이라는 20세기의 이상이 전혀 실현되지 않았다고 말하는 것은 아닙니다. 그러한 이상의 실현은 남녀평등을 비롯한 자유민주주의의 확대와 냉혹한 자본주의 시장에서의 불평등을 복지국가를 통해서 포용하려고 했던 시도에서 찾아볼 수 있습니다. 물론 복지국가가 여러 가지 문제가 있는 것은 사실이지만, 그것을 사회화하고 효율화함으로써 경제적 정치적 역동성을 모든 사람에게 부여할 수 있게 된다면, 우리는 사회민주주의의 이상을 향하여 더 전진할 수 있으리라고 봅니다. 최근 유럽에서 사회민주주의 정부가 들어섰으므로 그러한 기대는 이제 현실적인 것이 되었습니다.

물론 세계화를 통해서 모든 국가가 경제적으로 단일시장으로 통합되고, 자유민주주의가 확대됨으로써 세계시민사회가 등장하는 방향으로 나아가고 있지만, 저는 동일성에 대한 그러한 압박은 다양한 차이를 보존하기 위한 매우 강한 반응을 동시에 유발하고 있다고 생각합니다. 이러한 관점에서 저는 민족적 문화적 공동체들의 다양성을 강조하는 다원주의와 다문화주의를 수용하고 자유주의적 관용의 확대를 주창한 바 있습니다. 앞으로 다가올 21세기는 민족주의적 자결과 독립이 더욱 팽배할 것으로 봅니다. 이러한 상황에서 우리는 민족적 문화적 차이를 차별의 근거로 간주할 것이 아니라 그 자체로 받아들이고 인정해야 할 것입니다. 관용이란 단순히 차이를 인정하는 소극적인 행위가 아니라 다른 인종과 민족도 인간으로서의 존엄을 실현하기 위해서 요구되는 동등한 민주시민권을 부여받을 수 있어야 한다는 적극적인 수용 행위인 것입니다.

박정순 : 교수님은 이번에 처음으로 한국을 방문하신 것으로 알고 있습니다. 한국에 대한 교수님의 개인적 에피소드가 있다면 들어보고 싶습니다.

월저 : 저는 한국의 눈부신 경제성장과 민주사회로의 진입을 커다란 성취로 간주하고 예의 지켜보고 있습니다. 한국전쟁은 제가 고등학교 말에서 대학교 초년 시절 학문에 눈뜨기 시작할 때 매일 방송과 신문을 통해서 보고 듣고 자라면서 전쟁에 대한 관심을 가지게 된 계기가 되었습니다. 저는 대학에 들어갔기 때문에 징집이 면제되었으나 저의 고등학교 동창들 중 한국전쟁에 참전한 친구들이 많이 있습니다. 전사한 사람도 물론 있고요. 그 뒤 미국사회가 베트남 전쟁 개입에 대한 사회적 소용돌이 속에 빠지면서 저는 반전운동에 참가하게 되었고, 그 결과 『정의로운 전쟁과 부정의한 전쟁』(1977)을 출간하는 한 계기가 되었습니다. 그 책에서 저는 한국전쟁에 관한 문제를 다룬 바가 있습니다. 북한군의 남침을 격퇴하기 위해서 유엔의 결의를 배경으로 미국이 참전한 것은 정당한 것이었지만, 북진 통일을 위한 확대전이 미국과 유엔의 관점에서 볼 때 (한국의 관점은 이와 다르겠지만) 과연 정당한 것

이었는가의 문제는 아직도 미묘한 문제로 남아 있습니다. 박교수는 저의 입장이 무엇인가를 잘 알고 있으리라고 봅니다.

최근 한국전쟁 시의 노근리 민간인 살해 사건이 미국과 한국 간의 현안이 되어 있습니다만, 저는 그 당시 정황으로 보아 북한군이 민간인으로 위장할 개연성이 있지만 식별이 불가능하다는 판단만으로 직접적인 공격 행위를 하거나 명백하고도 충분한 위협의 대상이 되지 않았던 민간인에 대해서 무차별적으로 의도적으로 살상한 것은 '비전투원의 면책(noncombatant immunity)' 조항을 무시하고 생명과 자유라는 최소한의 인권을 침해한 것으로서 결코 변명의 여지가 없다고 생각합니다. 저는 그 책에서 게릴라 부대가 민간인으로 위장한다는 사실만으로 민간인들을 무차별적으로 죽일 권리가 없다는 것을 주장함과 아울러 게릴라와 민간인을 식별하는 것은 교전 당사자들의 의무라는 것을 주장한 바 있습니다. 그 당시 미군이 한국 군경과 최소한 협력하여 정찰부대를 먼저 보내고 확인했더라면 미군과 한국 측의 커다란 희생이 없이 그러한 식별이 가능했을 것이라고 생각합니다. 이제 당연히 미국 정부는 한국 정부와 협조하여 노근리 사건 피해자들에게 적절한 보상을 해야 할 것으로 생각합니다. 이것은 '전쟁 수행에서의 정의(*jus in bello*)' 문제로서 '전쟁 자체의 정의(*jus ad bellum*)' 문제와는 별개인 것입니다.

박정순 : 아마도 교수님은 노근리 사건만이 아니라 탈북자 문제에 대해서 할 말이 많으실 것 같습니다. 한국철학회에서는 지금 탈북자 지원을 위한 선언문을 채택하고 공표하려고 계획하고 있습니다. 민족주의에 대한 교수님의 입장과 민주적 시민권과 난민에 대한 교수님의 매우 포용적인 입장으로 볼 때 탈북자 문제를 한국 정부와 사회가 적극적으로 나서서 지원해야 한다는 결론이 당연히 나올 것으로 생각됩니다. 이 문제는 현재 매우 미묘한 정치적 안건이므로 이것은 하나의 코

멘트로만 받아 주시기 바랍니다. 그러면 개인적인 질문 하나만 더 하겠습니다. 교수님은 미국 동부 좌파 유대 지식인의 한 전형이라고 할 수 있겠는데요, 유대인이라는 사실이 교수님의 정치철학에 어떠한 영향을 끼쳤는가에 대해서 말씀해 주시기 바랍니다.

　월저 : 저의 조부모님들은 동부 유럽 유대인들이 대량 미국으로 이민을 오기 시작한 1890년대에 오스트리아-헝가리 제국으로부터 이민을 왔습니다. 전체주의의 잔학상과 대량 민족학살(pogrom)로 점철된 20세기의 실패에 대해서, 특히 아우슈비츠 유대인 강제 수용소의 잔혹상, 즉 나치의 유대인 대학살(the Holocaust) 이후 유대인들은 누구나 전율하고 있었던 것은 사실입니다. 아마도 제가 유대인이기 때문에 인종적 불평등과 인종적 다원주의보다는 민족적 불평등과 민족적 다원주의의 문제에 집착한다는 지적은 사실일지도 모릅니다. 저는 유대민족의 민족적 자결과 팔레스타인에서의 이스라엘 국가 수립을 지지하는 시오니즘(Zionism)을 신봉하고 있습니다만, 팔레스타인 민족의 자결과 국가 독립도 당연히 허용되어야 한다고 생각합니다. 정당한 민족주의의 시금석은 자유주의적 민족주의의 가능성입니다. 즉 어떤 한 민족주의의 정당성은 이미 자결과 국가 수립을 성취한 그 민족의 영역 안에서 후속으로 등장하는 다른 민족의 자결과 독립 요구를 수용할 수 있느냐의 여부에 달려 있습니다. 이스라엘에서도 이와 같은 자유주의적 민족주의의 입장을 지지하고 있는 많은 사람들이 있으며, 저는 그러한 사람들과 교분을 유지하고 있습니다. 최근에 저는 유대민족의 정치적 전통에 관한 몇 권의 저서를 계획하고 집필하고 있으며, 내년 5월경에 제1권을 출간할 예정입니다.

　박정순 : 그렇습니까. 일전에 인터넷을 통해서 알았습니다만, 교수님은 네 명의 미국 유대인 지식인들에 관한 「천하를 논함」, 아니 「천하대론(Arguing the World)」이라고 해야 할 다큐멘터리 영화에 대해서

찬사를 보낸 것으로 알고 있습니다. 여기에 대해서도 한 말씀 부탁드립니다.

월저 : 「천하를 논함」은 인문학 국가 지원금을 받아서 제작된 영화로서 1998년 1월에 시연되었습니다. 이 영화는 어빙 크리스톨(Irving Kristol), 다니엘 벨(Daniel Bell), 네이선 글레이저(Nathan Glazer), 어빙 하우(Irving Howe)라는 네 명의 뉴욕시립대학교(The City College of New York) 동창생들인 유대 지식인들의 사상적 일대기를 다룬 것입니다. 이 네 사람은 모두 19세기 말 동부 유럽에서 미국으로 이민을 온 유대인들의 후손들로서 노동계층 출신으로서는 최초의 중요한 사회정책 비판 그룹을 형성함으로써 미국사회에 지대한 영향을 끼친 분들입니다. 크리스톨은 신보수주의의 대변자이고, 벨은 아마 이곳에서도 잘 알려졌으리라고 생각합니다만 하버드대학교 교수로서 후기산업사회론의 대가이며, 글레이저는 하버드대학교 사회학 교수로서 자유주의적 복지정책에 대한 대표적 비판가입니다. 어빙 하우는 뉴욕시립대학교의 문예비평 교수로서 반스탈린주의와 반소련의 입장을 취하고 있었지만, 마르크시즘이 본질적으로 전체주의에 귀착하지 않는다는 주장을 통해 미국 사회민주주의의 입지를 세운 인물로, 제가 공동 편집인으로서 일했던 『디센트』지를 창간한 분입니다. 저는 그분이 1993년 돌아가신 이후 그분의 대리인 역할을 하고 있기 때문에 이 영화에 대해서 코멘트를 부탁받은 것입니다. 저는 이 네 사람이 다른 학자들과 다른 점은 '이 세상에 대해서 생각하는 방식'이라는 점을 강조하면서 코멘트를 한 것으로 기억합니다. 물론 인류 역사상에는 '사상이 세계를 변화시킬 수 있다는 생각'을 제시한 위대한 사상가들이 많습니다만, 제가 미국적 상황에서 그러한 생각의 실현이 가능하다는 것을 배운 것은 그 네 사람에게 직간접으로 배우고 힘입은 바가 많습니다. 그 네 사람의 사표(師表)들은 어떤 사상적 비전을 제시하였을 뿐만 아니라 그러한

비전의 실제적 결과를 염두에 두면서 사회정책을 비판하였고, 그러한 비판의 학문적 논의와 아울러 대중적 설득 과정도 중요하다는 것을 가르쳐 주었던 것입니다.

박정순 : 아주 감명 깊은 코멘트입니다. 바쁜 일정 중에서도 『철학과 현실』지와의 대담을 수락하여 주시고, 이렇게 자상하게 교수님의 입장을 밝혀 주신 점에 대해서 깊은 감사의 말씀을 드립니다. 교수님의 철학적 입장이 우리 한국의 독자들에게 널리 전파되어 한국사회가 보다 평등한 다원적 민주사회로 발전하는 계기가 되었으면 합니다. 또한 교수님의 공동체주의적 자유주의의 입장이 현재 한국사회가 당면한 파행적 공동체주의와 지역적 연고주의에 대한 일종의 반면교사로서 작용함과 동시에 한국사회가 나중에 미국사회에서와 같은 지나친 자유주의적 개인주의로부터의 폐해라는 '선두주자의 벌금'을 물지 않도록 유념하는 계기가 되었으면 합니다.

교수님의 대저 『정의의 영역들』이 교수님의 방한에 맞추어 한국 사회·윤리학회의 회장인 서울대 황경식 교수님의 주도로 1년여 동안 진행된 교수님 철학 연구 그룹의 10명의 회원들에 의해 공동 번역되어, 철학과현실사에서 『정의와 다원적 평등: 정의의 영역들』(정원섭 외 옮김, 1999)이라는 제명으로 출간된 것을 축하드립니다. 남은 '다산기념 철학강좌'도 성공리에 마무리하시기를 기원합니다. 그리고 이 대담록에는 기록하지는 못했지만 저와의 대담이 본격적으로 시작되기 전에 함께 참가하여 유익한 대화를 나누어 주신, 『철학과 현실』지 발행인이며 한국 윤리학계의 원로인 김태길 서울대 명예교수님과 편집인인 서울대 이명현 교수님과 편집위원장인 서강대 엄정식 교수님께도 깊은 감사를 드립니다.3)

[특별대담 2]
'정의로운 전쟁론'의 대가 마이클 월저 교수: 테러와의 전쟁과 정의로운 전쟁론4)

박정순 : 2001년 9·11 테러의 1주년에 즈음하여 '정의로운 전쟁론 (just war theory)'의 대가이며 미국 사회의 비판적 양심의 한 분이신 교수님을 모시고 대담을 나누게 되어 매우 영광스럽게 생각합니다. 9·11 테러 당시 저는 교수님이 계신 프린스턴 고등학술연구소 사회 과학부에 1년 동안 방문 연구원으로 초빙을 받아 공교롭게도 바로 그 날 한국을 출발하였고, 그 사건이 난 직후 제가 탄 비행기는 미니애폴리스 상공에서 긴급 착륙당하여 3일 동안 묶여 있었습니다. 또 그 비행기의 최종 착륙지가 워싱턴 DC 덜레스 공항이었는데, 다른 곳에 비해서 착륙 허가를 받기 어려워 고생하고 있다가 미니애폴리스에서 맨 나중에 떠났던 기억이 납니다. 그리고 지난 1년간 뉴욕에서 가까운 프린스턴에 체류하고 있었고, 또 프린스턴이 탄저균 소동이 일어났던 해밀턴 지역과 매우 가까웠기 때문에, 그 사건과 그 이후 상황에 대해서 생생하면서도 소상하게 기억하고 있는 편입니다. 교수님도 뉴욕 출신으로서 감회가 남다르실 것이고, 사건을 직접 목격하신 것으로 알고 있습니다만, 어떠셨는지요?

월저 : 그 사건이 난 것은 화요일이었지요. 저는 통상 화요일 아침 프린스턴에서 뉴저지 트랜짓을 타고 맨해튼에 있는 『디센트』지 사무실로 출근하기 때문에 그 기차 차장 밖으로 세계무역센터 빌딩에서 시커먼 연기가 오르는 것을 직접 목격하고 경악했습니다. 지금도 현기증이 나는 실정입니다. 오늘 대담의 목적이 9·11 사건 1주년에 즈음한 세계정세와 사회적 문화적 변화에 대한 것이라고 들었습니다만, 먼저 그 테러 사건은 '인류의 양심에 대한 경악'이라고 말하고 싶습니다. 흔

히 '문명의 충돌'이라고 말하는 사람들도 있지만 테러 사건을 저지른 측은 문명을 대변하고 있지 않으며 그것은 단지 야만일 뿐입니다. 뒤에서 언급할 기회가 나오겠지만, 저는 물론 9·11 테러리즘이 아무런 메시지도 전달하지 않는다는 것을 말하려는 것은 아닙니다. 그것은 상당히 왜곡된 종교적 정치적 이데올로기의 변호를 받고 있는 것도 사실이기 때문입니다.

박정순 : 먼저 '테러와의 전쟁'의 일환으로 미국이 아프가니스탄에서 벌인 전쟁은 정의롭고도 정당한 전쟁이라고 보시는지 질문하고 싶습니다.

월저 : 9·11 테러를 획책하고 주도한 것이 알카에다 테러 조직과 오사마 빈 라덴이라는 것이 사실이라는 전제 하에, 그러한 테러 조직을 후원하고 보호하면서 테러리스트 훈련을 방조했지만 그들의 신병 인도에 관한 미국의 필연적이고 정당한 요구를 거부한 탈레반 정권에 대한 군사적 공격인 아프가니스탄 전쟁은 정의롭고 정당할 뿐만 아니라 도덕적으로 불가피한 방어전쟁이라는 것이 저의 소신입니다. 물론 그것이 과연 세심하고도 효과적인 전쟁이었는가는 하는 것은 어려운 질문입니다. 아프가니스탄 전쟁은 무엇보다도 예방적 차원이라는 점이 중요합니다. 그 전쟁은 테러리스트 네트워크를 분쇄하고, 또 있을 수 있는 향후의 공격을 무력화한다는 것이 그 주요 목적입니다. 그렇지만 그 전쟁을 하나의 사법적 행동, 즉 범죄자들을 정의의 심판대에 세우는 것으로 생각하기는 곤란합니다. 왜냐하면 테러와의 전쟁에 대한 일차적 목표는 과거지향적이고 보복적인 것이 아니라, 전향적이고 예방적인 것이기 때문입니다. 따라서 아무리 아프가니스탄 전쟁이 커다란 주목을 받고 있는 것이 사실이라고 하더라도 그것은 하나의 '지엽적 사건(a sideshow)'일 뿐입니다. 가장 중요한 것은 전 세계에 걸쳐 있는 테러리스트 조직을 효과적으로 분쇄하는 일이 될 것이며, 이것은 동맹국과의

외교적 군사적 경제적 연대를 통해서만 달성될 수 있을 것입니다.

박정순 : 그렇지만 아프가니스탄 전쟁에서 발생한 많은 비전투원과 민간인의 살상 때문에 "테러를 테러로 갚는다"는 비판이 팽배한 것으로 알고 있습니다. 설령 테러와의 '전쟁 자체의 정의(*jus ad bellum*)'를 인정할 수 있다고 해도 '전쟁 수행의 정의(*jus in bello*)' 문제는 여전히 제기될 수 있다고 봅니다. 이러한 문제가 독일 지성인들과의 논쟁에서도 초점이 된 것으로 알고 있습니다. 교수님은 그러한 논쟁의 와중에서 발표된 아프가니스탄 전쟁을 옹호하는 미국의 지성인들의 두 공개 선언서에 모두 서명을 하셨지요?

월저 : 맞습니다. 제가 서명한 두 공개 선언서는 「우리는 무엇을 위해서 싸우는가?」와 「무력의 사용은 도덕적으로 정당화될 수 있는가?」입니다. 독일 지성인들의 반론 서한인 「평화와 정의의 세계는 다를 것이다」는 우리의 첫째 서한에 대한 반론이고, 이것에 대한 재반론이 우리의 둘째 서한입니다.5) 아프가니스탄 전쟁을 도덕적 맹목과 무분별(moral blindness)이라고 비난한 독일 지성인들의 주장은 가장 중요한 도덕적 구분을 망각한 처사라고 봅니다. 그것은 사전 모의된 테러리즘에 의한 살인(murder)과 정의롭고도 불가피한 전쟁 수행에서 '부수적 피해(collateral damage)'로 발생하는 민간인에 대한 '의도하지 않았던 살해(unintended killing)'와의 구분입니다.

전쟁 수행에서의 정의의 원칙들로는 전투원과 비전투원에 대한 '구분 혹은 차별의 원칙'과 그에 따른 비전투원에 대한 '면책의 원칙'과 전쟁의 승리 추구에 비해서 볼 때 부수적 피해가 크지 않아야 한다는 '비례성의 원칙'이 있습니다. 미국이 그러한 원칙들을 방기한 것은 아닙니다. 물론 정확한 폭격 지점을 찾아 가는 스마트 폭탄의 스마트함을 너무 과신했다고도 볼 수 있지만, 그러한 부수적 피해를 줄이기 위해서는 척박하고 험준한 아프가니스탄의 지형과 과거 소련군 패퇴의 교훈을 생각해 볼 때 얼마나 많은 미군의 손실을 감수해야 하는지에 대해서도 고려해 보아야 할 것입니다. 저를 포함해서 그 누구도 '비례성의 원칙'이 실제로 어떻게 적용되어야 하는지에 대해서 확신을 가지고 있지 못한 실정입니다. 더 중요한 것은 민간인에 대한 부수적 피해를 피하려고 하는 노력의 진지성과 그에 따른 위험의 감수에 대해서 초점을 맞추는 것이라고 생각합니다. 미국이 전혀 그러한 위험을 감수하지 않았다고 말하는 것은 잘못된 일입니다.

박정순 : 9 · 11 테러의 대응과 관련해서 진보주의, 자유주의, 보수주의, 자유지상주의라는 미국의 정치 판도와 좌표는 상당한 혼란 속에 있는 것이 사실입니다. 교수님의 정치평론 「존경받을 만한 좌파는 존재할 수 있는가?」(『디센트』, 2002년 봄호)는 '월저의 면도날(Walzer's Razor)'로 불리면서 진정 미국을 위하는 좌파와 미국을 혐오하는 좌파로 날카롭게 양분시킨 격문이 되어 많은 반향과 논란을 불러일으킨 것으로 알고 있습니다. 물론 그 면도날은 유럽의 좌파도 겨냥한 것으로 알고 있습니다.

월저 : "불필요한 실체는 가정되어서는 안 된다"는 '오캄의 면도날(Ockham's Razor)'에 빗댄 것으로 알고 있습니다만, 그 논문의 요지는 테러리즘으로 인한 미국 국민들의 고통을 무시한 좌파의 무책임한 입장은 결국 "테러리즘에 대한 변명과 이데올로기의 문화"를 조성할 뿐이라는 것입니다. 테러리즘에 대한 변명은, 테러는 최후의 의지 수단이며, 테러리스트들은 다른 아무것도 할 수 없는 약자이고, 테러리즘은 결국 인류의 긴 투쟁사 속에서 등장하는 보편적 호소책일 뿐이며, 순진무구한 사람을 죽이는 것은 잘못된 것이지만 제3세계에 고통을 가중시킨 미국의 국민들은 결코 순진무구할 수 없다는 것과, 테러에 대한 대응으로 인정되는 모든 통상적 행위들은 테러리즘 자체보다 더 나쁜 것이라는 주장들로 이루어져 있습니다.

그리고 반미국적 좌파들은 여전히 1960-70년대 유행했던 마르크스주의적 제국주의 이론과 제3세계론에 연연하여 테러리즘의 궁극적 원인을 전 세계적인 불평등으로만 보고, 알카에다 테러 조직의 전근대적이고 급진적인 이슬람 원리주의에서 대해서는 무시하고 있는 실정입니다. 또한 그들은 미국 국민들의 고통과 곤궁으로부터 유리되어 소외감에 빠진 비판만을 되뇌면서, 제국주의 국가인 미국의 죄상을 먼저 비판해야 한다는 도덕적 순수주의와 세계의 유일무이한 초강대국인 미국이 더 가난하고 약한 사람들을 어떻게 비판하고 정죄할 수 있는가 하는 식의 자괴감에 빠져 있습니다. 이러한 테러리즘을 용인하는 이데올로기에 대해서는 제가 이미 「테러리즘의 옹호: 이데올로기적 변명의 정치」(*The American Prospect*, Vol. 12, 2001)와 「테러리즘에 대한 다섯 가지 의제」(『디센트』, 2002년 겨울호)라는 두 논문에서 조목조목 상세히 비판한 바 있습니다.

박정순: 교수님은 미국 동부 좌파 유대 지식인으로서 9·11 테러와 이스라엘/팔레스타인 분쟁의 관계에 대해서 해명하실 어떤 의무가 있는 것처럼 보입니다만, 어떤 말씀을 해주실 수 있으신지요.

월저: 제가 유대인이라는 사실이 테러와의 전쟁과 이스라엘/팔레스타인 분쟁에 대한 저의 입장에 어떤 영향을 미쳤냐고 물어보고 싶으신 것이겠죠. 저도 유대 민족의 민족적 자결과 이스라엘의 국가 수립을 지지하는 시오니즘(Zionism)을 신봉하고 있다는 것을 부인하지는 않겠습니다. 그러나 저는 철학적으로 볼 때 정당한 민족주의의 시금석은 포용적 민족주의의 가능성이라는 입장을 견지해 왔습니다. 즉, 어떤 한 민족주의의 정당성은 이미 자결과 국가 수립을 성취한 그 민족의 영역 안에서 후속적으로 등장하는 다른 민족의 자결과 독립 요구를 포용할 수 있느냐의 여부에 달려 있다는 것입니다.

아무튼 저는 이스라엘/팔레스타인 분쟁이 9·11 테러의 가장 주요한 원인이라는 주장에는 반대합니다. 팔레스타인 국가 수립이 오사마 빈 라덴과 알카에다에 대한 유화책으로 수행되어서는 결코 안 될 것입니다. 사실 급진적인 원리주의적 이슬람주의자들에게 팔레스타인 국가 수립은 아무런 차이도 가져다주지 못할 것입니다. 그들은 이스라엘 국가 주권의 종말과 유대인의 추방을 원할 것이기 때문에 팔레스타인 국가 수립과 함께 인정되어야 할 이스라엘의 국가 주권은 그들을 다만 분노케 할 뿐일 것입니다. 따라서 미국은 유화책으로서가 아니라 어렵기는 하겠지만 정정당당히 9·11 사태 이전인 2000년 말 클린턴 정부 시절의 중동 평화안을 재차 실현시킬 수 있도록 최선의 노력을 경주해야 할 것으로 생각합니다.

박정순 : 21세기는 탈냉전과 탈이데올로기의 시대로서 다양한 종교, 민족, 국가들이 평화롭게 공존하는 다원주의 시대가 도래할 것으로 모두들 희망을 가지고 예측하였으나, 9·11 테러로 말미암아 그 희망이 산산조각 난 것이 사실입니다. 그 사건 이후의 사회적 문화적 변화에 대해서는 어떻게 보십니까?

월저 : 9·11 이전에 가속화되었던 세계화의 시대에서 국가의 약화와 세계시민사회의 등장을 예견한 사람들이 많았던 것이 사실입니다. 즉, 이제 인류는 모두 '조국애(*amor patriae*)'를 상실하고 니체적인 의미에서의 초인을 지향하는 자기 '운명애(*amor fati*)'만을 가진 세계시민적 개인으로 등장할 것이라고 말입니다. 그러나 9·11 사건 이후 미국에서 성조기의 물결과 애국심의 열풍이 요원의 불길처럼 일어나고, 그동안 고립적 자유를 즐겼던 많은 개인들이 자유로운 고독과 나르시시즘 문화를 버리고, 서로 보호하고 위로할 수 있는 어떤 공동체주의적 귀속을 절실히 원하게 된 반대 현상이 등장한 것이 사실입니다. 아마도 테러리즘이 가져온 가장 큰 문화적 변화는 '시민적 평온(civic peace)', 즉 '일상적 평온(*tranquilitas ordinis*)'을 더 이상 확신할 수 없다는 불

신의 만연일 것입니다.

우리 시대는 공포와 위기의 시대가 된 것처럼 보입니다. 마치 홉스가 자연상태를 "만인에 대한 만인의 투쟁상태"로 묘사한 것처럼, 그 속에서 인간의 삶은 더럽고 추하고 단명할 것이며, 어떠한 학예와 과학의 성취도 기대할 수 없는 불안정한 상황이 될 것입니다. 이제 안전의 확보를 위한 자유에의 제한은 감내해야 할 것이 되었습니다. 아마도 국가와 공권력에 의한 안전의 확보가 불가능하다는 불신이 팽배하면서도 거기에 의존할 수밖에 없다는 무력감과 아울러 스스로를 어떻게든 지키려는 자기방어의 기제들도 다시 등장하리라고 봅니다. 아무튼 저는 그러한 반대 현상들을 '강요된 공동체주의(enforced communitarianism)'라고는 생각하지 않습니다. 공동체주의는 자유주의적 개인주의의 파편화 경향 속에서 언제나 재발할 반작용의 가능성을 가지고 있다는 것이 저의 신념입니다.

박정순 : 테러와의 전쟁이 정의로운 것이고 불가피하다고 해도, 하나의 전쟁은 또 다른 전쟁을 불러오기 마련입니다. 이라크에 대한 미국의 전쟁 공언이 많은 논란을 불러일으키고 있는 것도 이 때문일 것입니다. 세계무역센터 빌딩의 폐허인 '그라운드 제로(ground zero)'에 서 보면 이해될 수도 있는 테러에 대한 '절대 불관용(zero tolerance)'이 공언되고 있기는 하지만 미국이 테러에 대한 무제한의 전쟁을 수행할 수 없을 것입니다. 결국 인류는 교수님의 저작 『관용』(1997)에서 논의된 것처럼 다원주의적 평화 공존의 세계로 진입해야 할 것으로 생각합니다. 그 책에서 관용의 덕목은 경제적 불평등이 크지 않고 각 개인들이 가족, 민족, 조합, 정치조직 등 중간 결사체에 대한 강한 귀속력을 가지면서 발전할 수 있는 기회가 많은 사회일수록 앙양된다고 주장하신 것으로 알고 있습니다.

이러한 교수님의 주장은 미국의 역할이 무엇인지 시사해 주는 바가 많습니다. 비록 교수님이 테러와의 전쟁인 아프가니스탄 전쟁에 기본적으로 찬성하고 있기는 하지만, 미국의 호전적 혹은 맹목적 애국주의나 패권주의에 따른 무조건적 확전을 옹호하지는 않을 것입니다. 유일무이한 초강대국 미국에 대한 견제와 비판은 우선 그 내부에서 나와야 할 것입니다. 앞으로도 존경할 만한 비판적 좌파로서 계속해서 활동해 주시기를 바라마지 않습니다.

월저 : 박교수의 충정 어린 제언 감사합니다. 저 자신이 공동편집인인 『디센트』지는 미국 사회민주주의의 대변지로서 민주 좌파의 입장에서 미국 정부와 정당의 강령과 정책을 비판하는 정치평론지입니다. 테러와의 전쟁에 대한 저의 입장은, 이상적인 사회비판가는 결국 억압받고 고통받는 사람들에게 충실하여, 그들의 역경을 국민적 역사와 문화의 구조 안에서 바라보고 그 해결책을 제시하는 사람이라는 평소 신념에서 온 것입니다. 9 · 11 테러 사건으로 발생한 미국 국민들의 고통과 정신적 곤궁으로부터 유리된 채로 사회비판을 전개할 수는 없는 노릇입니다. 저는 지금은 한목소리가 필요할 때라고 믿지만, 물론 언제나 그래야 한다고 강박하는 사람도 아니고 다른 목소리도 경청되어야 한다는 민주적 다원주의를 굳게 믿는 사람입니다.

박정순 : 9 · 11 테러 사건 이후 교수님의 대작 『정의로운 전쟁과 부정의한 전쟁: 역사적 사례를 통한 도덕적 논증』(1977)이 다시 한 번 주목을 받고 있는 실정입니다. 교수님의 책이 다시 한 번 낙양 아니 뉴욕의 지가를 올리는 데 공헌하는 것은 좋겠지만 그것은 불행히도 불안한 위기 시대의 징표가 아닌지 모르겠습니다. 그 책의 종언인 "전쟁의 제약은 평화의 시작"이라는 교수님의 말씀이 금과옥조처럼 가슴에 무척와 닿습니다.

월저 : 제가 어찌 제 책 팔리는 데에만 연연하겠습니까. 그 책을 집필하려고 했던 제 의도가 베트남 전쟁에 대한 저의 반대 입장에서 출

발했다는 것은 아마 잘 아시고 계실 것입니다. 정의로운 전쟁론은 하나의 딜레마이고 고육책입니다. 중국의 병법가 손자(孫子)가 갈파한 것처럼 전쟁을 하지 않고 승리할 수 있다면 그것이 상책이겠으나, 우리 시대는 불행히도 그렇지 못한 실정입니다. 테러와의 전쟁에서의 승리는 통상적인 징표, 즉 공식적 항복이나 평화조약의 체결이 아니라 아마도 상대적인 징후를 통해서만 파악될 수 있을 것입니다. 즉, 테러 공격의 빈도와 그 규모의 약화, 테러리스트들의 사기 저하, 테러리스트들 사이에서의 내부고발자들과 배반자들의 등장, 기회주의자들의 반테러리즘 진영에의 가담, 테러리즘 옹호 이데올로기의 퇴조, 일반 사람들 사이에서의 안전감의 회복 등입니다. 아마도 어느 것 하나 쉽게 달성되지는 않을 것입니다. 그러나 우리는 결코 테러와의 전쟁이 전쟁 이외의 다양한 기제들, 즉 경찰력의 강화, 자금줄의 차단, 인도주의적 지원, 테러리즘 주모자에 한해서 허용될 수 있는 암살의 시도 등 은밀한 행동, 동맹국과의 외교적 연대, 반테러리즘을 위한 이데올로기적 헤게모니 장악 등과 상승효과를 발휘해 결국 테러리즘에 승리할 수 있다는 희망을 버릴 수 없고 버려서도 안 될 것입니다.

The Philosophical Origins of Complex Equality *

1. The Epochal Significance of Michael Walzer's Complex Equality

One of the most problematic issues since the demise of communism and the rapid march to capitalism in the transitional countries has been on the viability of egalitarian social philosophy. Concurrently since the 1980s, the Anglo-American neo-liberal model of capitalism in the "New Right" regimes of Thatcher and Reagan years has brought about the downfall of corporate liberalism and welfare state. Now neo-liberal market ideology and the new politics of laissez-faire seem to be unavoidable and irresistible forces of Zeitgeist all around the world in the era of globalization. Consequently, inequalities in domestic and global economic levels have been raised and widened.[1)]

Under this heavy influence of neo-liberal market economy, welfare state, the institutional manifestation of social justice has passed into a period of disfavor and retrenchment since the early 1980s. Even though the Democratic Party in the United States, the Labour Party in England, and Social Democratic regimes in Europe have returned recently, their favorable attitude toward welfare state is not the same as before. Accordingly "what the people think" about distributive justice has been changed.[2] As Michael Walzer correctly points out, "Justice is not likely to be achieved by the enactment of a single philosophy of justice, but rather of this philosophical view and then of that one, insofar as these views seem to the citizens to capture the moral realities of their common life."[3] Because of high taxation, the middle class grows weary of the problems of minorities and of other oppressed groups and begins to sermonize about self-reliance to victims of structural inequality. In this situation, the appeal to traditional justifications of welfare policies in terms of social justice is not connected with the popular vindication. Consequently traditional ideas of social justice and their policy implications have come under serious review.[4]

At this juncture, Michael Walzer's *Spheres of Justice: A Defense of Pluralism and Equality*(1983) has been attracted wide interest and stimulated much critical response. For he asserts that the theory of justice put forward in the book constitutes the most appropriate ethical standard for social justice in contemporary pluralistic societies.[5] And also he claims that the predicaments of welfare state can be overcome by "socializing the welfare state."[6] The gist of the book is summarized as follows:[7]

"Can we really have a society that is both equal and free, where individuals are both able to express their differences and free from the domination of privilege?

Michael Walzer, the distinguished political philosopher and author of the widely acclaimed *Just and Unjust War*(1977), believes that such a society is possible. In this powerful book, a vindication of both pluralism and equality, he offers a new account of distributive justice. Drawing on concrete contemporary and historical examples, Walzer examines how this society and others, too, distribute the full range of social goods — not only wealth and power but honor, work, education, free time, and even love. Each of these, he argues, generates its own "spheres of justice," with its own distributive rules rooted in the social meaning of the good at stake.

Justice, Walzer concludes, requires the autonomy of the spheres: a society in which no social good brings all the others in train, and in which no group of men and women — aristocrats, capitalists, state officials, or soldiers — can dominate their fellows. Autonomy makes for a lively and open egalitarianism, where people are equal without being identical and without having the same things, and where the price of this equality is the vigilance of ordinary citizens, not the surveillance of the central state."

There are many kinds of equality and many reasons for being concerned with it. In the literature, the essential issue is presented by a question of "equality of what: welfare, resources, or capabilities?"[8] Partially touching on this issue, Walzer characterizes his own egalitarianism as complex equality in contrast with simple equality.[9] In this paper, I will elaborate upon the epochal significance and meanings of Walzer's complex equality and trace its possible philosophic origins. In search of the origins, I'll show that his complex equality has a strong affiliation with Boethius' Goddess of Philosophy and Pythagorean cosmic justice. And finally I'll show that complex equality eventually leads to the *Luo Shu* (洛書). For the symbolic meaning of complex equality is best represented by the *Luo Shu*. It is probably the most ancient magic square, which appeared in China almost 4,000 years ago.

Usually Walzer's theory has been classified as a communitarianism in contrast with liberalism. His position is, more exactly, a sort of liberal communitarianism or communitarian liberalism in the sense that he offers communitarian critique of liberalism but not communitarianism as an alternative to liberalism and also in the sense that "there is no community and no common good without social justice."[10] His theory of distributive justice has been regarded as the second one of the two major approaches — universalistic and pluralistic — in the principles of justice proposed in the recent American political philosophy.[11] The other, first approach has been initiated by John Rawls' *A Theory of Justice*(1971).[12] In this book, he proposed "a new liberal paradigm" in order to overcome the then ruling theory of utilitarianism. This new liberal paradigm assumed the existence of universally valid general principles of justice. It was a deontological and a right-based approach constructed in contractual and individualistic terms. He called his theory "justice as fairness."[13] According to justice as fairness, the most reasonable principles of justice are those that would be the object of mutual agreement made in fair conditions, i.e., in the veil of ignorance. In the veil of ignorance, we have no specific knowledge about our own life plans, interests, or personalities. We know, however, that when we are to achieve our life plans, we would need certain "primary social goods," including rights and liberties, opportunities and powers, income and wealth, and the social bases of self-respect.[14] We would choose principles, which, if they were widely accepted, would be most likely to help us fairly obtain the primary goods. Justice as fairness is a theory of justice from the idea of a fair social contract. The principles it articulates affirm a broadly liberal conception of basic right and liberties, and the fair equality of opportunities and powers, and the permission of inequalities in wealth and income that would be to the advantage of the least well off. These are the principles that would be selected:[15]

"Each person is to have an equal right to the most extensive total system of equal basic liberties compatible with a similar system of liberty for all. Social and economic inequalities are to be arranged so that they are both: (a) to the greatest benefit of the least advantaged ⋯ and (b) attached to offices and positions open to all under conditions of fair equality of opportunity."

The first principle is the principle of great equal liberty. And the second principle consists of the difference principle and the principle of fair equality of opportunity. These principles are lexically arranged. The first principle is prior to the second principle and, in turn, the principle of fair equality of opportunity is prior to the difference principle. Consequently Rawls thinks that his theory of justice is a philosophical "reconciliation of liberty and equality."[16)]

The overall appreciation of Rawls and Walzer is well captured in Judith Shklar's observation:[17)]

"I am so sure that along with John Rawls, Michael Walzer is by far the most important, the most original, and the most intelligent political theorist in America. And one of the many reasons for the distinction of Rawls and Walzer is that both write about concrete phenomena in a language that is clear and open to any careful reader. Walzer's range is also extraordinary. He has written about Puritan revolutionaries, political obedience, just war theory, justice and equality, about interpretation, and in short about every significant place where personal moral experience and politics meet."

In *Spheres of Justice*, Walzer employed a double-barreled criticism against Rawls' liberal distributive paradigm that assumed the universal primary social goods and the existence of universally valid general principles of justice. First, it was said to be methodologically deficient and practically undemocratic, since justice was relative to the shared social meanings of the goods to be distributed in the community. Thus, for Walzer, "there is no single set of primary or basic goods conceivable across all moral and material worlds."[18)] He argues that distributive criterion is intrinsic to the meaning of each social good: "If we understand what it is, what it means to those for whom it is good, we understand how, by whom, and for what reasons it ought to be distributed."[19)] Second, it was normatively flawed, because it failed to recognize that within contemporary societies justice requires not a simple principle but plural principles for complex equality. In this regard, Walzer criticizes Rawls' famous difference principle. For it requires the least advantaged person's expectation as the single distributive criterion in the various domains of inequality.[20] Furthermore, difference principle requires continuous state intervention and it has another danger of tyranny of political power.[21]

In the same vein, Walzer argues against simple equality of dominant goods such that "we know that money equally distributed at twelve noon of a Sunday will have been unequally redistributed before the week is out."[22] According to Walzer, "equality literally understood is an ideal ripe for betrayal."[23] In order to sustain simple equality in society, continuous state intervention is required and it has another danger of tyranny of political power.[24] Simple equality had been employed in the communist societies. As Walzer's worry, all the communist societies had lapsed into the dictatorship of communist party.

Complex equality, therefore, requires us to regulate the distribution of different goods by sphere-specific norms, such as diverse need, merit, or free exchange and so on. Furthermore, none of those goods should be allowed to become dominant. In this connection, he makes the distinction between monopoly and dominance. Monopoly describes a way of unequally owning or controlling social goods in a certain sphere. "Dominance describes a way of using social goods that isn't limited by their intrinsic meanings or that shapes those meanings in its own image."[25] He is more concerned about dominance than about monopoly.

If there are autonomous and well-defended spheres and we can prevent dominance and conversion of dominant goods in one sphere into other spheres, inequalities in the various spheres are not a serious problem. In this regard, Walzer makes clear that in complex egalitarian society, "[t]hough there will be many small inequalities, inequalities will not be multiplied through the conversion process."[26] For inequalities in plural spheres overall strike a balance and eventually will achieve "a society of equals."[27] This idea of complex equality, i.e., a society of equals bears such a pivotal theoretical and practical standing, on which I will mainly focus in this paper. As already indicated, the Goddess of Philosophy, the Pythagorean *Virgin Sophia*, the Pythagorean Magic Square, and the legacy of the *Luo Shu* are all related with this standing. In connection with Walzer's complex equality as a society of equals, I will trace its ancient philosophical origins.

From a substantive point of view, Walzer distinguishes 11 distributive spheres.[28] The spheres identified are those (1) of membership and citizenship, two goods to be distributed only on the basis of the consensus of the possessors; (2) of social security and health care, where the relevant criterion is need; (3) of money and commodities, where free exchange is made; (4) of public office, governed by the principle of merit; (5) of hard work, regulated through strict equality; (6) of free time and leisure, regulated through a mix of free exchange and need, (7) of education, where a minimal provision is ensured through strict equality and where additional education opportunities are distributed a mix of market and merit; (8) of family and love, governed by altruism and free exchange of mutual affections; (9) of religious grace, distributed by a free pursuit and devotion, (10) of recognition, ruled by free exchange; and (11) of the sphere of political power, governed by democratic persuasion.

Justice is, therefore, achieved through a system of blocked exchanges between these spheres. For example, an indulgence, nepotism, marriage of convenience, prostitution, bribery, and simony are all wrong in this sense. The autonomy of each sphere must be kept. According to Walzer, "Good fences makes just societies."[29] Injustice is generated by dominance and tyranny of one sphere over the other spheres. Two most significant cases of injustice in contemporary society are libertarian dominance of money and the simple egalitarian tyranny of political power. Thus his theory of complex equality is a very intrigue and ingenious escape strategy between the two dilemmatic horns of libertarian economic dominance and egalitarian political tyranny. Through complex equality, the cherished dream of liberal or social democratic politics, i.e., the reconciliation of liberty and equality may come true.[30] And also, in the regime of complex equality, the autonomy of the spheres and the social meanings of the goods can be the radical and critical principles of society.[31]

Admittedly, all the theories of distributive justice presuppose a certain theory of goods. For "distribution of what?" is a basic question for the theories. Without a proper theory of substantial goods, distributive justice theories become void and merely formal. Walzer's theory of goods is as follows:[32] "1. All the goods with which distributive justice is concerned are social goods." "2. Men and women take on concrete identities because of the way they conceive and create, and then possess and employ social goods." "3. There is no single set of primary or basic goods conceivable across all moral and material worlds — or, any such set would have to be conceived in terms so abstract that they would be of little use in thinking about particular distributions." "4. It is the meaning of goods that determines their movement. Distributive criteria and arrangements are intrinsic not to the good-in-itself but to the social good." "5. Social meanings are historical in character; and so distributions, and just and unjust distributions, change over time." "6. When meanings are distinct, distributions must be autonomous. Every social good or set of goods constitutes, as it were, a distributive sphere within which only certain criteria and arrangements are appropriate. ⋯ What happens in one distributive sphere affects what happens in the others; we can look, at most, for relative autonomy. But relative autonomy, like social meaning, is a critical principle — indeed ⋯ a radical principle."

Walzer summarizes these methodological criteria such that "the principles of justice are themselves pluralistic in form; that different social goods ought to be distributed for different reasons, in accordance with different procedures, by different agents; and that all these differences derive from different understandings of social goods themselves — the inevitable product of historical and cultural particularism."[33] If there is a general principle of justice in his complex equality, it is as follows.[34]

"The critique of dominance and domination points toward an open-ended distributive principle: *No social goods x should be distributed to men and women who possess some other good y merely because they possess y and without regard to the meaning of x.*"

Finally, the social arrangements that Walzer's theory of justice requires are those of the followings.[35]

"The appropriate arrangements in our own society are those, I think, of decentralized democratic socialism; a strong welfare state run, in part at least, by local and amateur officials; a constrained market; an open and demystified civil service; independent public schools; the sharing of hard work and free time; the protection of religious and familial life: a system of public honoring and dishonoring free from all considerations of rank or class; worker's control of companies and factories; a politics of parties, movements, meetings, and public debate."

In view of the above passages, it is not difficult to understand why Walzer has been classified as a left liberal — or social democratic — communitarian.

Concerning Walzer's pluralistic and particularistic approach to the theory of social justice, it is pertinent to mention briefly his view of Wittgenstein. In *Interpretation and Social Criticism*(1987), Walzer says that the discovery of transcendental religious and philosophical truth is "at least heroic as climbing the mountain or marching into the desert."[36] In "Philosophy and Democracy," Walzer criticizes heroic philosophy because of its radical detachment. More specifically, he classifies philosophical radical detachment into the two forms. The first form is contemplative and analytic. The second is heroic. According to Walzer, philosophers engaged in the first form "take no interest in changing the community whose ideas they study."[37] Here, for a critical purpose, Walzer cites Wittgenstein's words that "Philosophy leaves everything as it is."[38] And also he criticizes Wittgenstein's saying that "The philosopher is not a citizen of any community of ideas. That is what makes him into a philosopher."[39] So "Wittgenstein is asserting a more radical detachment."[40] In sum, philosophers, including Wittgenstein, are "a separatist in thought, a conformist in practice."[41] Walzer's observation is basically correct. In the age of the so-called meta-ethics or analytic ethics, it was generally believed that ethical statements have nothing to do with any normative moral judgments, including those on social justice. They were regarded as having only emotive or expressive, and subjective meanings. According to Brian Barry, this is "the strange death of political philosophy" under the heavy influences of emotivism in ethics.[42] Indeed, Rawls initiated the revival of normative ethics and political philosophy. And Walzer followed Rawls' initiation.[43]

Walzer's criticisms of Wittgenstein here mainly focus upon Wittgenstein's view on the nature of philosophical analysis. It is, however, also true that Walzer's pluralistic and particularistic theory of justice relying on the shared social meanings of the goods to be distributed might have relevance to Wittgenstein's views on language games, ordinary language, and also the grammar and forms of life.

260

For Walzer says that "A given society is just if its substantive life is lived in a certain way — that is, in a way faithful to the shared understandings of the members."[44] And also Walzer's attendant interpretive social criticism such that moral philosophy is best approached through the interpretation of shared meanings, might have relevance with Wittgenstein's later philosophy. According to Walzer, "we need to construct an account or a model of some existing morality that gives us a clear and comprehensive view of the critical force of its own principles."[45] Through this interpretation of existing morality, we can reveal critically "the possibility of contraction (between principles and practices) as well as ··· incoherence (among everyday practices)."[46] Here, Walzer clearly indicates that "the primary or natural language of criticism is that of the folk; the best critics simply take hold of that language and raise it to a new pitch of intensity and argumentative power."[47] It is a well-known fact that because of his methodology, Walzer has been criticized as a relativist, or a conventionalist, or a conservative. In this regard, Hanna Pitkin's observation is noteworthy. Pitkin makes it clear that acknowledging the Wittgensteinian equation of meaning with use need not generate historicism and relativism, as many have charged.[48] Using a term like justice, says Pitkin, in a whole entanglement of various overlapping and complicated ways limits the political manipulation of the terms and always leaves open the possibility of critical evaluation of a particular substantive use. Detailed discussions of these topics involved with the relationship between Walzer and Wittgenstein will be for my future inquiries.[49]

2. Philosophical Origins of Complex Equality: Ariadne's Thread from the Goddess of Philosophy in Boethius to the *Virgin Sophia* in Pythagoras

Curiosity about the philosophical sources of Walzer's idea of complex equality has captured me for a long time. Since my first reading of his *Spheres of Justice*, I have had a suspicion that his complex equality might have some relation with the Goddess of Philosophy in Boethius' *Consolation of Philosophy*.50) In spite of Walzer's seemingly unique and original theory of justice, many commentators have provided him with "classical sources of inspiration."51) For instance, Kant, Mill, Hegel, Dewey, even Quine and Davidson are on the list.52) Walzer himself refers Pascal and Marx as the two classical sources of his complex equality.53) In the case of contemporary thinkers, he points out that he shares the basic idea of complex equality partially with Bernard Williams, William Galston, and Nicholas Rescher in various ways.54) And also he specifies Aristotelian politics and medieval Jewish communities in connection with some crucial aspects of complex equality.55)

In Boethius' *Consolation of Philosophy*, the Goddess of Philosophy, or the Lady Philosophy eloquently preaches at him about consolation deriving from complex mixture and entanglement of our happiness and unhappiness. Here the Goddess of Philosophy consoles Boethius for his misfortune from the wisdoms catched by the Goddess of Fortune, or the Lady of Fortune.56) As it is a well-known fact, he was involved in religious as well as in political conflict and eventually he was accused of treason and sacrilege. He was sentenced to death and jailed by the ruthless order of Roman Emperor Theodoric. While awaiting the execution already directed against him, he composed his masterpiece. I claim that the gist of the Book II, the Book on the Fortune is as follows:57)

"No one is so completely happy that he does not have to endure some loss. Anxiety is the necessary condition of human happiness since happiness is never completely achieved and never permanently kept. *The man who enjoys great wealth may be scorned for his low birth; the man who is honored for his noble family may be oppressed by such poverty that he would rather be unknown. Someone else may enjoy both wealth and social position, but be miserable because he is not married. Still another may be happily married but have no children to inherit his fortune. Others have children, only to be saddened by their vices.* Therefore, no one is entirely satisfied with his lot; each finds something lacking, or something which gives pain."

Traditionally the gist of the consolation from the Goddess of Philosophy has been interpreted in a slight different manner. "The pain of loss is made endurable by a psychological process of adjusting oneself to accept with resignation what cannot be changed." And "a wise person knows that in death all human beings are equal."58) Usually in view of the Christian tradition, there are two major perspectives in the book. They are the human and the divine. The former perspective gives us the idea of "fortune," the latter the idea of "providence." "These two perspectives are perhaps the most important legacy of Boethius bequeaths to the history and the Western concept of history and time."59)

These interpretations rely heavily upon the pessimistic and fatalistic resignation made along with Stoic themes. They seem to be pressing in view of Boethius' imminent death penalty. The Goddess of Philosophy solaces Boethius that "death is contemptuous of such glory and treats the humble and proud in the same manner. Death equalizes the high and the low."60) Another translation of the same passages is more touching: "High Glory is despised by Death. Death covers poor and mighty skulls alike and levels low and lofty things."61) However, if Boethius was a faithful Neo-Platonist and Pythagorean, consolation might come from his strong belief of transmigration. I will not pursue this problem here anymore.

Broadly speaking in Walzer's terminology, death makes for simple equality. Walzer's major concern is not about a deathbed consolation, but about the problems of pluralistic distributive justice. So, Walzer definitely does not appeal to simple equality of death, but rather to complex equality of our superior and inferior positions in various distributive spheres. In other words, if consolation is aiming not just for a prisoner facing an imminent death penalty, but aiming for a generalized philosophical comfort for the living people who have many years to live. Here it is not the case that "art is long, life is short"; but the very reverse: "life is long, art is short." In this regard, Walzer points out that "there will certainly be compensating effects in a system of complex equality," that is "possession of this good compensating for deprivation of that one."62) In this sense, Walzer's theory of justice is a contemporary incarnation or resurrection, not of *Justitia* imaged as the goddess of visual ignorance (because she reminds him of Rawls' veil of ignorance, which Walzer abhors), but of the goddess of Philosophy, who really gives us consolation in face of our precarious fate controlled by the Goddess of Fortune (represented by the Wheel of *Fortuna*. The motto of *Fortuna* is "*Fortune rota volvitur*"; The wheel of Fortune turns).[63]

In the following passage, we can find a surprising similarity between Boethius and Walzer. Walzer says as follows:[64]

"Complex of equality is matched (not only to a differentiation of goods but also) to a differentiation of persons and then of qualities, interests, and capacities within persons. ⋯ The range of qualities, interests, and capacities is very wide, and I don't know of any evidence — certainly my own experience provides no evidence — of any radical clustering of positive or negative versions of these in particular individuals. *This brilliant mathematician is a political idiot. This talented musician doesn't have the faintest idea about how to deal with other people. This skillful and loving parent has no business sense. This adventurous and successful entrepreneur is a moral coward. This beggar on the street or criminal in prison is a competent craftsman, or a secret poet, or a superb orator.*"

Walzer's observation here on complex mixture and entanglement of human capacities and incapacities bears a close parallel to the Goddess of Philosophy's complex mixture and entanglement of our happiness and unhappiness.[65] For me, these passages are Ariadne's tread, which will guide us to the escape from the labyrinth of complex equality and then lead us to the Goddess of Philosophy in Boethius and eventually to the *Virgin Sophia* in Pythagoras.

Now, Walzer, who is a well-known public, practical, and engaged philosopher, appears to us as a "cracker-barrel philosopher."[66] Then, the life with that philosopher under complex equality appears comfortable. Indeed, the life does not measure up to such a high communitarian standard that "All fortune, good and bad is to be shared in common by the community as a whole."[67] Nonetheless, "the contract is moral bond. It connects the strong and the weak, the lucky and the unlucky, the rich and the poor, creating a union that transcends all differences of interest, drawing its strength from history, culture, religion, language, and so on."[68] What a great union! According to this union, "Mutual respect and a shared self-respect are the deep strengths of complex equality, and together they are the source of its possible endurance."[69] The only price for this wonderful "brave new world" is the vigilance of ordinary citizens for the boundary defense of the autonomy of the various spheres of justice and the continuous complaints about injustice by kibitzers.[70]

A really interesting clue in the cited passages from Walzer is specially to be noted here. I mean the last passage, "this ⋯ criminal in prison is a secret poet, or a superb orator." Whom does really Walzer have in mind? Are they playing the prisoner's dilemma game? Are they plotting a prison riot? Who are they? My conjecture is that the first might be Boethius and the second, Socrates. This is really a self-referential clue! Is it a mere coincidence that Plato's *Crito* and

Boethius' *Consolation of Philosophy* have a direct relation with philosophers in prison, Plato's Socrates and Boethius himself?

Here it is pertinent to find the final and ultimate source of the philosophical consolation from Boethius. In *Routledge Encyclopedia of Philosophy*, it reads that "the recognition of the religious and moral mandates of the Pythagorean life and of its eschatological meaning constituted wisdom (*Sophia*) and the lover of such a life was *philosophos*, a term that in this sense, as traditions report, was first coined in Pythagorean circles."[71]

This is not a place for a detailed discussion of Pythagoras and Pythagoreanism. The point here is that the love of wisdom was personified as the *Virgin Sophia*. The archetype or primordial personification of the Goddess of Philosophy originated from the *Virgin Sophia*. At the first glance, Boethius recognizes Her and says that "Mistress of all virtues, ⋯ why have you come, leaving the arc of heaven, to this lonely desert of our exile? Are you a prisoner, too, charged as I am with false accusations?" She answers that "We fought against such rashness and folly long ago, even before the time of our disciple Plato."[72] The *locus classicus* of the origin of the Goddess of Philosophy is clearly certified by Boethius' own notice. In his defense against the charge of sacrilege, Boethius maintains that "your sprit, alive with me, had driven from my soul all sordid desire for earthly success, and those whom you protect do not commit sacrilege. You have daily reminded me of Pythagoras' saying: 'Follow God' (*deum sequere*; ἕπου θ ᾦ)."[73] The philosophical heritage of Boethius owes Pythagoras very much.[74] This aphorism of Pythagoras is originally featured in Imblichus' *The Life of Pythagoras*: "More over, all these precepts are based on one single underlying principle, the end of divinity, so that the whole of every life may result in following God, which is the principle and doctrine of philosophy."[75] I feel confident that the *Virgin Sophia* is an embodiment of Pythagorean wisdom and deity. It is beautifully recited in Hobart Huson's *Pythagoron*:[76]

God only is wise: Men at their best are merely
lovers of wisdom.
The Kosmos is a living thing, filed with intelligence,
And intelligence is the governing principle of things.
Learning, knowledge and wisdom, are the three
divisions of instruction.
Learning is shallow, and consists of those things we
memorize and are told.
Knowledge is substantial, and consists of those things
we know, and not merely the things we assume to believe.
Knowledge is Power: for weal or woe.
Wisdom excels all, being the potent essence
compressed from experience.
Through Wisdom we understand all things: by
Wisdom are all things healed.
Wisdom alone is the *Virgin Sophia*, ever bringing
forth yet ever virgin.

In "the Golden Verses," Pythagoras enlightened us that "Reflect that the goods of fortune are uncertain, and that as they are acquired so they may likewise be lost."[77] In a similar vein, it reads as follows:

"Whatever sorrow the fate of the Gods may here send us, Bear, whatever may strike you, with patience unmurmuring." And also Pythagoras worried about us that "Few know how to help themselves in misfortune. That is the Fate that blinds humanity; in circles, Hither and yon they run in endless sorrows."[78]

3. Complex Equality as an Overall Literal Equality and the Pythagorean Cosmic Justice Symbolized by the Magic Square

Twenty years after the publication of *Spheres of Justice*, Walzer recapitulates his original idea of "a society of equals" as follows.[79] It is relatively long, but it gives us the gist of the whole idea.[80]

"We have expanded the ancient understanding of citizenship and brotherhood, abolishing class and gender barriers, incorporating women, slaves, and workers, producing the modern, inclusive *demos*. All the people, every man and woman, are or are supposed to be equal participants in all the spheres of justice, sharing, as members, in the distribution of welfare, security, wealth, education, office, political power, and so on — and also joining in the debates about what that sharing involves and how it ought to be managed.

It was the argument of my book *Spheres of Justice* that this participation (with a little luck!) would give rise to a "complex equality" of members. Not that all goods would be distributed equally to all members: given the nature, that is, the social meaning and customary use, of the goods, equal distribution is neither desirable nor possible.

Rather, different goods would be distributed for different reasons by different agents to different people — so that no single group of people would be dominant across the spheres; nor would the possession of one good, like wealth or power or familiar reputation, bring all the others in train. People who fared badly in one distributive sphere would do better in another, and the result would be a horizontal and socially extended version of Aristotle's "ruling and being ruled in turn." No one would rule or be ruled all the time and everywhere. No one would be radically excluded.

But this is an ideal picture, a critical standard, describing how things would turn out if people actually joined in the distributive work and successfully defended the autonomy of the spheres."

From the above passages, we clearly understand that Walzer's idea of a society of equals or complex equality is an ideal picture generated after the elimination of dominance and the establishment of the autonomy of the various spheres. It is not a mere descriptive phenomenon of any society as it is now. The idea originally proposed in the last page of *Spheres of Justice*:[81]

"What a larger conception of justice requires is not that citizens rule and are ruled in turn, but that they rule in one sphere and are ruled in another — where 'rule' means not that they exercise power but they enjoy a greater share than other people of whatever good is being distributed. The citizens cannot be guaranteed a 'turn' everywhere. I suppose, in fact, that they cannot be guaranteed anywhere. But the autonomy of spheres will make for a greater sharing of social goods than will any other conceivable arrangement."

David Miller interprets Walzer's "society of equals" as "equality of status" or "an idea of equal citizenship."[82] He notes that "Walzer's overarching notion of complex equality, the idea that in a society in which different people succeed in different spheres, their relationships overall can manifest a certain kind of equality."[83] And also Miller observes that complex equality cannot generate spheres of justice; it is better understood as a "by-product" of the guaranteed autonomy of each distributive sphere.[84] "It is equality that comes through many separate inequalities, canceling or offsetting one another in such a way that no one can be picked out as an all-round winner."[85] Walzer clarifies that "a society of equals" is only "a lively possibility if dominance were eliminated, the autonomy of the spheres established."[86] And also he emphasizes that complex equality is descriptively matched to "a fairly radical scattering of talents and qualities across individuals."[87] Accordingly, he argues that "Both history and everyday life, it seems to me, suggest a fairly radical scattering of talents and qualities across individuals."[88] Therefore, complex equality and the radical scattering human talents are mutually supportive and reinforcing. In this sense, complex equality is involved with a sort of the virtuous hermeneutical circularity.[89]

Only relying upon these observations, we can correctly figure out whether complex equality is an ideal societal configuration, or whether it is a procedural termination obtained from the elimination of dominance and the establishment of the autonomy of the spheres, and or whether it requires a phenomenological presupposition of the radical scattering human talents. In sum, complex equality bears all of these three facets. So Miller's characterization of complex equality as only a "by-product" might be philosophically a naive terminology. Probably Korean-American analytic philosopher Jaegwon Kim's superb notion of supervenience relation between mind and body might be helpful.[90] But I am not going to pursue this matter anymore here. As we'll see shortly, the match between complex equality and human talents is a sort of the Pythagorean match between inner space cosmos and outer space cosmos in general.[91] And also we'll see in the next section that complex equality can be interpreted as a kind of an emergent system property according to complex systems and chaos theory.

Whereas Miller assigns such "a pivotal role" to complex equality as equality of status, he never suggests it as "a supreme principle in the traditional sense."[92] I'll, however, show that it is the supreme principle of the universe found in the whole human civilizations. Miller makes it a proviso that it cannot be directly applied to any distributive sphere and that it only works as a tiebreaker in case of conflict between first-order criteria.[93] In this regard, Richard Arneson criticizes that "Complex equality cannot be recommended a genuine egalitarian ideal in its own right" and so that "complex equality is only contingently egalitarian."[94] And Govert den Hartogh criticizes Miller in the same vein: Miller's relegation of complex equality to a tiebreaker "only succeeds in reducing the scope of the egalitarian concern without changing its basic character."[95]

Walzer implicitly accepted Miller's interpretation of complex equality as equality of status. But he is more inclined to a negative account: "nor will winning ever lose its sweetness, or losing its bitterness. But ⋯ winning doesn't breed arrogance and domination and losing doesn't breed servility and subjection, and in which winners and losers can imagine themselves in each other's places."96) I suppose that this negative account is better consonant with the Goddess of Philosophy's consolation deriving from the incompleteness of our happiness and also from the complex mixture and entanglement of fortunes and misfortunes. Actually this "equality of status" is not an identical equality of social status, that is, position, or privilege, and or office. It is rather engendering equal respect for the manifold talents human beings possess as a whole or in the society as a whole.97) It also works as the multiple solutions for the problems arisen from such issues involved in stability, envy, and self-respect among social members of the community.

Adam Swift reads Walzer's society of equals as a version of equality of condition, which holds that people are equal when they have, or have access to, bundles of goods that are, overall, equally good.98) Simply put, "to the extent that it approaches a condition in which everybody holds high status in one respect and low status in another, it approaches equality in the distribution of unequal positions."99) In detail, he clams that Walzer's complex equality is best understood as "*complex reduction of social inequalities*" achieved in the Eastern European socialist society.100) Swift requires that the general status of a group or individual be treated as "the weighted average of the positions it occupies in *various of social differentiation*."101) He is actually trying to set up a social arithmetic, the total balance between individuals' standings in various spheres. "Having weighted the particular positions, one can speak of levelling of social inequalities in the sense that the averages of the positions in the population, that is general statuses, do not have large differences among themselves. It is possible to attain such a state of affairs *not only through simple reduction of inequalities* in the particular spheres of social differentiation, but also by combing high positions with low positions."[102]

In response to Swift's sociological observation, Walzer answers that we do not need to bother with this sort of social arithmetic and that we can have some compensation effects only in self-appraisal. So he claims as follows.[103]

"Complex equality is not best measured, as Adam Swift suggests, by some kind of 'weighted averaging' (of the relative standing of individuals *vis-à-vis* the different social goods). I find it as difficult as he does to image non-tyrannical political arrangement that would meet the requirement this procedure suggests: that *all the pluses and minus of all the distributions to all individuals add up to, or even come close to, a literal equality on some overall scale — possession of this good compensating for deprivation of that one.* There will certainly compensating effects in a system of complex equality, though these will probably be realized most clearly in self-appraisals."

If Walzer accepts Swift's proposal of social arithmetic for the overall literal equality and he is willing to do it, how does it turn out? Is the overall literal equality merely a form of simple equality?[104] I conjecture boldly here that complex equality as the overall literal equality is best symbolized by the Pythagorean Magic Square. The

Square is also known as the Egyptian Square.[105] In the case of the Square with 9-cell, the configuration is that of {(8, 1, 6), (3, 5, 7), (4, 9, 2)}. There are three Pythagorean Magic Squares. Each has 9, 16, and 25 cells respectively. These squares are magic because of each row, each column, and each diagonal, add up to the same number. In other word, the common character of the Pythagorean Magic Squares is that if we add up in vertical, horizontal, and diagonal directions, all leads to the literally equal number (15, 34, 65 respectively). Here, we can immediately understand that the Pythagorean Magic Square is the very dream of Adam Swift's social arithmetic.

I surmise that the Pythagorean Magic Square was originally a symbol for his conception of "natural or cosmic Justice." The natural or cosmic justice is "a principle preserving proportion and isonomy, preventing one of the warring natural forces from establishing a tyranny over the rest."[106] For Walzer's theory of complex equality, tyranny is defined as follows: "Social goods have social meanings, and we find our way to distributive justice through an interpretation of those meanings. We search for principles internal to each distributive sphere. ⋯ [T]he disregard of these principles is tyranny. To convert one good into another, where there is no intrinsic connection between the two, is to invade the sphere where another company of men and women properly rules. ⋯ [T]he use of political power to gain access to other goods is a tyrannical use."[107] And also, for Walzer, "Dominance describes a way of using social goods that isn't limited by their intrinsic meanings or that shapes those meanings in its own image."[108]

We can find the exact textual evidence of natural or cosmic justice from "The Golden Verses of Pythagoras" as follows:[109)

Surely, I swear it by him who into our souls has transmitted the Sacred Quaternary[the *Tetractys*],

The spring of eternal Nature.

Never start on your task until you have implored the blessing of the Gods.

If this you hold fast, soon will you recognize of Gods and mortal men

The true nature of existence, how everything passes and returns.

Then will you see what is true, *how Nature in all is almost equal,*

So that you hope not for what has no hope, nor that anything should escape you.

Even though it is reconstructed, the following quotation also reveals well the gist of Pythagoras' natural or cosmic justice:[110)

God teaches us to account that which is Just equal,
and not that which is equal Just;

For that equality which many affect, (being often the greatest injustice), God, as much as possible, taketh away;

And useth that proportion which respects every man's deserts, geometrically defining it to Law and Reason.

It is inconceivable that God could have brought the Kosmos into Being,

And at the same time failed to provide an enforceable System of *Natural Justice to keep all things in Balance*;

By which evil might be punished and good rewarded.

Nor has He failed to do so:

He hath instituted Retributive Law as a Divine Force

of the Kosmos, as real as any that sustains the universe.

Divine Justice is ever present in this life and is not

postponed to a future world.

The first and second lines could be interpreted according to Walzer's distinction between simple and complex equality. In sum, I conclude that his complex equality as the overall literal equality is best symbolized by the Pythagorean Magic Square of natural or cosmic justice. Needless to say, the Goddess of Philosophy's consolation deriving from complex mixture and entanglement of human happiness and unhappiness can be symbolized in the same way.

4. Complex Equality and the Supreme Principles of the Universe: Interface Between Microcosm and Macrocosm, Homogeneity and Isotropy of the Universe, Complex Systems Theory, Chaos, and Emergence

As mentioned, Miller made it clear that equality of status is not "a supreme principle in the traditional sense."[111] Miller might suspect that something big is behind, but he couldn't figure it out. So it is not surprising to find Walzer's lamentation that "[t]he claim of the philosopher ⋯ is that he knows 'the pattern' set up in the heavens."[112] For him, "my 'defense of pluralism and equality' is only one reading of American political culture; there are many possible readings, none of which, mine included, is a blueprint for the heavenly city."[113) But now it is clear that Walzer's complex equality could be affiliated with Pythagorean heavenly cosmology. In Rawlsian term, the Pythagorean Magic Square is a fabulous symbolic 'device of representation' for 'complex equality of members.'[114)

Walzer's observation on the match of the inner space of the personal talents with the outer space of the distributive spheres is a typical tenet of Pythagoreanism. Walzer draws attention to the fact that "[c]omplex equality is matched (not only to a differentiation of goods but also) to a differentiation of persons and then of qualities, interest, and capacities within persons."[115) He claims that "[b]oth history and everyday life ⋯ suggest a fairly radical scattering of talents and qualities across individuals."[116) And again and again, he emphasizes that "[i]f individual men and women were not *complexly* constituted, divided selves, then complex equality would be an example of bad utopianism."[117)

The match can be expanded indefinitely in both ways. It is a perfect match between microcosms and macrocosms. For Pythagoreans, "by assimilation to the divine cosmos the self would come to reflect the cosmic order and harmony."[118) In the scientific literature, this is "Inner Space Outer Space: The Interface between Cosmology and Particle Physics."[119) Pythagoras' interface was critically discussed in Cicero's *De Natura Deorum*, Book I, Section 11): "Pythagoras, who believed that soul is diffused throughout the substance of the entire universe and that our individual souls are fragments of it, fails to reflect that such dismemberment of the world soul among individuals would be a tearing of God to pieces; moreover when our individual souls are unhappy, as happens to most of us, then the condition of God would be unhappy too."[120]

Even though Walzer's interface is between the entire mapping out of our social world and the highly divided self, the following passage might be an excellent evidence for his particle physic of the self:[121]

"There is no linearity, then, and no hierarchy. The order of the self is better imagined as a thickly populated circle, with me in the center surrounded by my self-critics who stand at different temporary and spatial removes (but don't necessarily stand still)."

Can't we see clearly in this portrait of the self that electrons are rapidly moving around atomic nucleus (protons + neutrons)? Walzer advances his own version of the self, i.e., the divided self, which is suitable for his politics of difference in the multicultural world.[122] As we'll see shortly, not only his conception of the divided self, but also complex equality is a complex system according to complex systems theory. If this interface between microcosm and macrocosm is combined with the eternal recurrence, it becomes is an "*ouroboros*."[123] The intimate connection between the inner space of the subatomic world and the outer space of the cosmos is illustrated by it. It is "the emblematic serpent of ancient Egypt and Greece, represented with its tail in its mouth continually devouring itself and being reborn from itself ⋯ [I]t expresses the unity of all things, material and spiritual, which never disappear but perpetually change form in an eternal cycle of destruction and re-creation."[124] Walzer ends with the following statement in his article, "The Communitarian Criticism of Liberalism": "Communitarian criticism is doomed — it probably is not a terrible fate — to eternal recurrence."[125] In a similar vein, Walzer insists that there can never be a definite full stop in the procedure of political contention. And even though the contention is not philosophically un-controlled, "[h]ow much equality is appropriate to each sphere is a difficult question, for it depends on interpretations that lack certainty and on decisions that lack finality."[126]

According to the Big Bang theory, the universe was burst out from one particular point. So whichever location and direction we pass through the universe, we'll approximately meet (not exactly the same stars but) the same density of the stars and the similar constellations of the stars. Therefore, universe is homogeneous and isotropic. Together, they are the concept of the homogeneous, isotropic, expand-ing universe.[127] The Big Bang theory and the homogeneity and iso-tropy of the universe are, broadly speaking, a modern physical and mathematical sophistication of the Pythagorean reconciliation of one and plurality, and also the scientific embodiment of the Pythagorean Magic Square, the same sum at every directions. The Pythagorean Magic Square is still meaningful and it reflects the "heavenly vault" or "visible universe" (*ouranos*) of Pythagoras.[128] Aristotle recorded that "The Pythagoreans affirms the existence of a void, explaining that it comes into the 'visible universe' out of limitless breath."[129]

According to the homogeneity of the universe, "the matter in the universe is distributed very unevenly on small scales. However the universe is uniform on big scales."[130] The most conspicuous clusters and superclusters are concentrated on our own galaxy, but "on large scales the amplitude of inhomogeneities is much less than unity."[131] Simply put, "apart from some local concentrations [and voids], we find that galaxies are distributed roughly uniformly throughout space."[132] In modern physical cosmology, the cosmological principle, which supports the standard model of modern cosmology, is as follows:[133]

"The Cosmological principle is the notion that the distribution of matter in the universe is homogeneous and isotropic when viewed on a large enough scale, since the forces are expected to act uniformly throughout universe, and should, therefore, produce no observable irregularities in the large scale structuring over the course of evolution of the matter field that was initially laid down by the Big Bang."

The two testable structural consequences of the cosmological principle are homogeneity and isotropy:[134]

"Homogeneity means that the same observational evidence is available to observe at different locations in the universe ("the part of the universe which we can see is fair sample"). Isotropy means that the same observational evidence is available by looking in any direction in the universe ("the same physical laws apply throughout"). The principles are distinct but closely related, because a universe that appears isotropic from any two (for a spherical geometry, three) locations must be homogeneous."

Astronomer William Keel explains philosophical relevance that "This amounts to the strongly philosophical statement that the part of the universe which we can see is a fair sample, and that the same physical laws apply throughout."[135]

Walzer uses the very term cluster in such a similar way that "The range of qualities, interests, and capacities ⋯ is very wide, and I don't know any evidence — certainly my own experience provides no evidence — of any radically *clustering* of positive or negative versions of these in particular individuals."[136] In this regard, we easily understand the reason why Walzer wants "the long list" of human talents and human goods."[137]

I am not unaware of the fact that there is the counterargument against the homogeneity thesis. It holds that "the fractal distribution observed on smaller scales continues to the largest observed scales, and that there is no evidence for homogeneity on any scale."[138] Then, the Pythagorean Magic Square and the Walzerian long list of human talents are in side with the homogeneity and isotropy hypotheses of the universe. These hypotheses are for the cosmological principle. The question, "Is the universe homogeneous on large scales?" is corresponding with an issue that "Both history and everyday life, it seems to me, suggest a fairly radical scattering of talents and qualities across individuals. I wonder if people who imagine a radical concentration are not thinking too narrowly of themselves."[139]

And there is another corresponding issue that "This is a complex egalitarian society. Though there will be many small inequalities, inequalities will not be multiplied through the conversion process."[140]

Here, Walzer's main concern is about the dominance and conversion, not about simple equality and monopoly. The only magic, he admits, is that of dominance: "a dominant good is converted into another good, into many others, in accordance with what often appears to be a natural process but is in fact magical, a kind of social alchemy."[141] Now Walzer had better think that he has his own magic, and that his magic of complex equality is nobler and superior to the magic of dominance and conversion.

Now, it is time to fathom out the apparent conceptual linkages between complex equality and the other frontline scientific theories, e.g., complex systems theory, chaos theory, and emergence thesis. Complex systems theory is a new field of science studying how parts of a system give rise to the collective behavior of the system, and how the system interacts with its environment. According to complex systems theory, a complex system consists of a large number of interconnected or interacting elements. Simple system can have many elements, but they are not interconnected or interacting.[142] Usually, complex systems are defined as follows: "Critically interacting components self-organize to form potentially evolving structures exhibiting a hierarchy of emergent system properties."[143] And also it is now believed that the basic character of complex systems is nonlinearity in the sense of not having or not being a response of output that is directly proportional to the input. There are many properties of complex system. In general, central properties of complex systems are listed as the followings: multiplicity and autonomy of elements, interdependence or interactions between elements, undecidability or unpredictability of overall or partial operations, absence of simple and centralized control over elements, multiple level of structure and responses, self-organization, environmental adaptation, emerging collective properties, and the large amount of theoretical information necessary to describe a system.[144] But I am able to mention only a few of them in connection with Walzer's complex equality. My agenda here is to understand a couple of questions, i.e., "How much complex is it?" and "How complex are complex systems?"[145] in connection with Michael Walzer's complex equality?

As mentioned above, Walzer states his concept of the divided self such that "there is no linearity, then, and no hierarchy."[146] And also his distinction of simple and complex equality is matched well with the distinction of simplicity and complexity in complex systems theory. He indicates that the distributions autonomously made in the 11 spheres of justice will give rise to "'complex equality' of members. Not that all goods would be distributed equally to all members."[147] So, he points out that "equal distribution is neither desirable and nor possible. Rather different goods would be distributed for different reasons by different agents to different people."[148] His complex equality against simple equality of a dominant good or all goods means that "different people will be unequal in different ways, but these inequalities will not be generalized across the spheres: all social goods won't come in train to the same people."[149] In view of these statements, we can understand easily that his distributive theory is a typical case of complex social systems. According to complex systems theory, market, government, family, corporation, control system, culture, and civilization are regarded as typical examples of complex social systems. His 11 spheres of justice — including money and commodities of market, kinship and love of family, office and political power of government — have at least 11 elementary parameters and also the more complex distributive apparatuses: "the principles of justice are themselves pluralistic in form; that different social goods ought to be distributed for different reasons, in accordance with different procedures, by different agents; and that all these differences derive from different understandings of the social goods themselves — the inevitable product of historical and cultural particularism."[150]

Walzer's complex equality is a complex system of complex distributive spheres. Complex equality is, says Walzer, made from "radically dispersed and disaggregated inequalities."[151] He explicitly indicates that his idea of the 11 spheres of justice and the art of separation "is not rooted in or warranted by individual separateness (which is biological, not a social, phenomenon); it is rooted in and warranted by social complexity."[152] He definitely observes that "what happens in one distributive sphere affects what happens in the others; we can look, at most, for a relative autonomy."[153] For example, he posits membership in the first distributive sphere and also regards as the most primary and basic social good. And then, he argues that "The theory of distributive justice begins ⋯ with an account of membership rights" and that "For it is only as members somewhere that men and women can hope to share all the other social goods — security, wealth, honor, office, and power — that communal life makes possible."[154]

One of his crucial arguments against simple equality is that "simple equality would require continual state intervention to break up or constrain incipient monopolies and to repress new forms of dominance. But then state power itself will become the central object of competitive struggles."[155] In other words, Walzer believes that simple equality eventually leads to a simple control system of tyranny. In this regard, we can see clearly why he requires the multiple distributive agents of local and amateur officials through "socializing the welfare state," that is, "increasing the number of distributors" and "a transformation in the relations of distribution" in order to prevent the condescending attitude of distributive agents and the laziness and passivity of welfare recipients.[156] But this does not mean that his distributive system lacks any kind of control hierarchy. In this regard, he speaks about that "political power is always dominant — at the boundaries [of distributive spheres], but not within them. The central problem of political life is to maintain that crucial distinction between 'at' and 'in.' But this is a problem that cannot be solved given the imperatives of simple equality."[157]

Complex equality as "the resulting distributions"[158] or "a by-product"[159] arisen after the establishment of the autonomy of the spheres is very similar with the emergence in the complex systems theory. The most important feature of complex systems is "the appearance of what are called emergent properties."[160] Emergence is a system property. When a series of parts are connected into various configurations, the resultant system no longer solely exhibits the collective properties of the parts themselves. Instead any additional property attributed to the system is an example of an emergent system property.

286

It is the appearance of a property or feature not previously observed as a functional characteristic of the system. Generally, higher level properties are regarded as emergent. Accordingly, complex equality is a system property and it is emergent among various distributive spheres. In this regard, Arneson correctly points out that the complex equality as "the ideal of equality of status applies rather to the society as whole" and that "complex equality emerges as a by-product of autonomous distribution in a society of separate spheres."[161]

Another interesting observation is that, for Walzer, "the actual boundary revision [of the spheres of justice], when it comes, is likely to come suddenly" and "the social world will one day look different from the way it does today, and distributive justice will take on a different character than it has for us."[162] "Isn't this his version of emergence, or catastrophe theory, which deals with the sudden changes that take place in the natural and social systems?"[163]

Complex systems theory is also related with chaos theory. For complexity is generally regarded as "the emerging science at the edge of order and chaos."[164] In this regard, we can find Walzer's relevant statement that "Justice is not an instant and exact order."[165] A striking feature of chaos or fractal is that it generates very complex system from simple rules and patterns. "This encourages us to seek simplicity with apparently complex data."[166] In virtue of this encouragement, I can infer that his complex equality is a symbolic, societal representation of the chaotic pattern of universal simplicity emergent from his complex distributive system, i.e., the 11 distributive spheres of justice. I am not unaware here that Walzer emphasizes rather the unpredictability of chaotic feature of his complex equality. He observes as follows.[167]

> "We hardly reach to the real *complexity* of individual men and women, for each of whom we could put together a long list not only of different but also of contradictory qualities, interests, and capacities. That is why the outcome of autonomous distributions is so utterly *unpredictable*, at least regard with to individuals."

He also mentions unpredictability another place that "it may also be a result of *complexity* that people just won't bother with this sort of social arithmetic."[168] Here I just refer to a pertinent statement for — or against — Walzer: "It is sometimes argued that chaotic systems are unpredictable, but this is not strictly true."[169] Surely they are unpredictable, but the patterns in the systems might be determinable. For "complexity is neither complete order nor complete disorder."[170] All the philosophical conjectures made in this paper rely upon *idée fixe* that we can find a universal simplicity in the higher pattern from the real complexity in Walzer's distributive spheres system.

5. The *Luo Shu* as a Symbolic Representation of Complex Equality

Now I turn to tracing the utmost origin of complex equality furthermore. Probably the most ancient magic square is one of the third order derived from the nine digits known as the *Luo Shu* (洛書:

Luo River Writing).[171] It is an upside-down matrix of the Pythagorean Magic Square with nine digits. The configuration is {(4, 9, 2), (3, 5, 7), (8, 1, 6)}. The 8 sums of the numbers in the horizontal 3 rows, 3 vertical columns, and 2 main diagonals are all equal. Their common sum, the constant magic number is 15. It dates back to Emperor Yü (禹王, c. 2200-2101 BC), who reigned over *Hsia* (夏) Dynasty for 45 years. It was supposed to had been borne out of the ⌐*Luo* river on the back of a sacred tortoise when Emperor Yü was struggling with draining off the great flood. It bore the strange device and the numbers were figurative, that is, expressed by complex patterns of lines, dots and circles. An interesting mythical version of the story is as follows:[172]

"In ancient time of China, there was a huge flood. The people tried to offer to the 'river god' of one of the flooding rivers, the *Luo* river, to calm his anger. However, every time a turtle came from the river and walked around sacrifice. The river god didn't accept the sacrifice until one time, a child noticed the curious figure on the turtle shell. Hence they realized the correct amount of sacrifice to make 15."

This is the so-called the Later Heaven (asymmetrical) arrangement of the 8 trigrams of the *I Ching* (*The Book of Changes*). It is usually believed that the Earlier Heaven arrangement (先天八卦) refers to the archetypal order of things before creation, whereas the Later Haven arrangement (後天八卦) refers to the order of change in the manifest world. Both are combined into the 64 hexagrams of the *I Ching*.

Especially the Later Heaven arrangement combined with the Supreme one (太極: *Tai Chi*) in the center is called the "Nine Halls" (九宮: *Chiu Kung*).[173] Only in view of the Pythagorean Magic Squares, we cannot decide whether there should be 9, 16, or 25 spheres-squares-of justice for Walzer. Now with the help of the Nine Halls, I might suggest in a sense that there should be 9 spheres in Walzer's complex equality. Unfortunately I do not have a slight idea of how to reduce 11 spheres to 9 ones.

John Schaar probably has a wonderful idea. But he mistakenly counts Walzer's spheres as 10 and then suggests 9 spheres. His suggestion is as follows:[174]

"These are the spheres of justice, and in our society there are ten[*sic*] of them. Each gets a chapter in the book: Membership, Security and Welfare, Money and Commodities, Office, Hard Work, Free Time, Education, Kinship and Love, Divine Grace, Recognition, and Political Power. Hard Work seems to heterogeneous in this list, more likely a social bad than a social good. It could, perhaps, have been better treated as an asteroid within the sphere of Recognition, along with punishments. Doing so would have the great advantage of reducing the number of social spheres to nine, and thus mirror the heavenly spheres. Phenomenology would recapitulate cosmology — a consummation philosophers have sought since Plato."

Concerning hard work, Schaar probably doesn't know Rawls' statement that the principles of justice are "the appropriate distribution of the benefits and *burdens* of social cooperation."[175]

290

However, there is an opposite tendency too: "In the Walzer literature we often find discussions of the question whether some goods or cluster of actual objects of distribution (e.g., law, legal aid, health care provisions, information, pollution rights) should be seen as constituting a separate sphere."[176] In this regard, I am not unaware of Walzer's strong disclaimer as follows:[177]

> "What is complex equality? It has to do with the autonomy of the spheres of justice, but the story is complicated. 'Spheres' is metaphor; I can't provide a diagram nor decide upon a definitive number (my own list was never meant to be exhaustive). There isn't one social good to each sphere, or one sphere for each good. Efforts to construct a systematic account along these lines quickly produce *nonsense* — so even minimally generous critics ought to notice that I neither offer nor endorse any such account."

This kind of disclaimer was originally made in his *Spheres of Justice*:[178]

> "But we can only talk of a regime of complex equality when there are many boundaries to defend; and what the right number is cannot be specified. There is no right number. Simple equality is easier: One dominant good widely distributed makes an egalitarian society. But complex is hard: how many goods must be autonomously conceived before the relations they mediate can become the relations of equal men and women? There is no certain answer and hence no ideal regime."

The same disclaimer was also made to Ronald Dworkin's charge that Walzer's 11 spheres are set up on the ground of Platonic transcendentalism. Dworkin gave a very sharp critical bite to Walzer: Walzer is "bewitched by the music of his own Platonic spheres."[179] More exactly, Dworkin's charge was made in Pythagorean term. He might have a hunch that some thing bigger is behind Walzer. But, Dworkin couldn't figure it out. Indeed, I have claimed throughout this paper that I can figure it out.

But, a serious problem remains here. Pythagorean and the *Luo Shu* cosmic justice symbolized by the magic square seems to presuppose a cardinal, interval or ratio, and interpersonal measurement of well-being. It is usually believed that Pythagorean distributive justice requires a geometric (not arithmetic) proportion (that is a cardinal ratio measurement): Huson reformulates it beautifully in a poetic locution that "And useth that proportion which respects every man's deserts, *geometrically* defining it to Law and Reason."[180] Complex equality as an overall literal equality requires precisely that a criterion of geometric proportion be able to make aggregative judgments as to individuals' overall positions. I should admit here that I have no idea of how to solve the recalcitrant problems of intra — or interpersonal measurements and comparisons, and of the commensurability of various social goods.[181]

Miller, who proposed the interpretation of complex equality as equality of status, acknowledges that according to one reading, complex equality might be a literal equality, that is "summing up advantages across all spheres, each citizen achieves roughly the same total."[182] Indeed, he does not think that the literal equality is a simple equality.[183] But he rejects this reading because this requires the commensurability of actual distributive goods. Simply put, he believes the incommensurability of various goods:[184]

"Although Walzer sometimes uses language which suggests this reading, it does not seem consistent with his underlying contention that the goods in question are fundamentally different in kind. For the latter implies incommensurability: If money and political power, say, represent two radically different currencies, no conversion between them will be possible."

However, Walzer doesn't want to argue for the radical incommensurability either. Walzer clearly indicates as follows:[185]

"I don't want to argue, as David Miller does, for the radical incommensurability of goods like money, prestige, excitement, leisure, and leadership, though the necessary weighing, once we turn from self- to social appraisal, will certainly make for fierce disagreements. Perhaps the disagreements themselves will have an egalitarian effect: if two people dispute the relative value of money and leisure, say, then it doesn't matter if each of them produces an overall ranking, for there won't be any *commonly recognized* overall ranking."

In this regard, Hartogh criticizes that Walzer's response is a paradoxical claim. For he supposes that "some people who happen to subscribe to the correct theory of justice are able to verify the radical inegalitarian character of requirements, which only fail to be implemented on account of widespread ignorance. From which point of view are they supposed to be so happy with this situation?"[186] They must be very much confused and disappointed! At this juncture, Arneson distinguishes complex equality as equality of status into two kinds.[187] First, "equality of status can obtain in a society because there is a consensual society-wide prestige ranking, and everyone's score is the same." Second, "equality of status can also obtain if there are several dimensions of status or spheres in which status rankings occur but no society-wide consensual prestige ranking weighing the scores in separate spheres, so that, except when some score higher than others in every sphere, no one's overall prestige ranking is determinately higher or lower than anyone else's." In view of the cited passages, Walzer's case is the second: His maxim is therefore "*Jack of all trades, and master of none!*" It is pertinent to give notice that Walzer points out elsewhere that "An entirely individualized valuation, a private language of goods, is, of course, impossible."[188] Walzer seems to be on the hedge between incommensurability and commensurability of social goods and values.[189]

Setting aside of the problems of interpersonal comparisons and weighted averaging, what I am trying to do is to make a conjecture that the Pythagorean Magic Square and the *Luo Shu* are the perfect symbol of harmonious cosmic or social order, and that Walzer's idea of complex equality is best captured by that symbol. Only in virtue of this conjecture, I could ask meaningfully which sphere among Walzer's 11 distributive spheres should be placed in the center, number 5 site, i.e., in the Supreme one site in the Nine Halls. According to the traditional interpretation, that is political power. In the Nine Halls, the center is the central palace (中宮) for the emperor — or the central prosperity of China (中華). There is a danger lest the secret of the Heaven should leak out.[190] I do not want to commit a sacrilege, the stealer of sacred things (*sacrilegium*) as Boethius was charged with.

Now I move to feudalistic implications of complex equality. Arneson dissatisfies with Walzer's complex equality such that "complex equality is cannot be recommended as a genuine egalitarian ideal in its own, but at most as an institutional means to realize some literal, old-fashioned ideal of equality that has not yet been specified."[191] Hence, "complex equality is only equality in a Pickwickian sense."[192] Along with this suspicion of complex equality as the old-fashioned ideal of equality, he strongly believes that Walzer's complex equality of status is quite compatible with the Christian feudal and hierarchical society, in which "all the members regarded themselves as children of God and so fundamentally equal in God's eye."[193] Here Rawls' general observation on feudal societies is relevant and instructive:[194]

"In a feudal or in a caste system each person is believed to have his allotted situation in the natural order of things. His comparisons are presumably confined to within his own estate or caste, these ranks becoming in effect so many noncomparing groups established independently of human control and sanctioned by religion and theology. Men resign themselves to their position should it ever occur to them to question it; and since all may view themselves as assigned their vocation, everyone is held to be equally fated and equally noble in the eyes of providence. This conception of society solves the problem of social justice by eliminating in thought the circumstances that give rise to it. ⋯ On this view, it misconceives men's place in the world to suppose that the social order should match principles which they would as equals consent to."

In a similar vein, Rosenblum argues against Walzer that "our minds and moral sensibilities are not for feudalistic and respectful of turf; we inevitably allow the spheres to overlap."[195] Overall, Arneson's and Rosenblum's criticisms against Walzer might be right. For Walzer has been generally criticized by liberals because of his relativistic statement that "Justice is relative to social meaning" and also that "In a society where social meanings are integrated and hierarchical, justice will come to the aid of inequality."[196]

Their criticisms might be well captured by a murmur of Anatole France: "Justice is made to give every one his due: to the rich his richness, to the poor his poverty." Hence Ronald Dworkin's review title of Walzer's *Spheres of Justice* is in this exact sense, "To Each His Own."[197] In this regard, Walzer's complex equality is an ingenious modern embodiment of the timehonored principle of justice: "Indeed, the relativity of justice follows from the classical non-relative definition, giving each person his due."[198] According to Justinian I's maxim, "Justice is the constant and perpetual wish to render to every one his due." That is *"suum cuique tribuere*/rendering to each his own

296

due." Simply put, to each his or her own (*suum cuique*)!

Pythagorean Magic Square, the Chinese Later Heaven Nine Halls, and the Christian ideal of equality before God might be all the symbolic embodiment of the ancient and medieval feudal societies. Broadly speaking, they are all related with a certain kind of providence theory. The only difference is whether the embodied order of the providence is cosmic, social, or religious one. It is, therefore, not too much to say that Walzer's complex equality of status is a kind of providence and fatality theory. But I want to make it clear that his providence and fatality theory is not a descriptive presupposition of complex equality. It is not supposed to be merely given. His overarching literal equality of status is the artificially and carefully arranged product of complex equality. Hence, complex equality has an important proviso that the elimination of dominance and tyranny (of any one sphere over the other spheres) and also the autonomy (of the distributive spheres) be accomplished beforehand.[199] By this proviso, he can defend the democratic implications of complex equality against liberal charge of his relativistic implications in the feudal and caste societies.[200]

6. The Future of the Past: Walzerian Eternal Recurrence of Complex Equality

It is significant to find out that James Young, one of Walzer's faithful commentators, makes this observation: "Those who search for greater precision will doubtless be unsatisfied by these arguments [of

Walzer], but since twenty-five hundred years of theorizing has not established secure foundational positions, perhaps it is time to look elsewhere for our standards of justice."[201] Elsewhere? Definitely Young means Walzer's position here. As mentioned, his idea of complex equality dates back to almost 4,000 years ago in China. The place he is repatriated is not only the primordial *locus in quo* of Western philosophy, where Pythagorean cosmic *harmonia* emerged, but also the most ancient legendary venue of Chinese civilization, where the *Luo Shu* appeared. Unwillingly and unwittingly, Walzer's complex equality as an overall liberal equality of status among persons illuminates a modern or postmodern reincarnation of the most timehonored supreme principle of the universe, that is natural and cosmic justice in the Eastern and Western civilizations.[202] As we have already seen, in the domain of cosmology, it is a cosmological supreme principle of homogeneous and isotropic universe:[203]

Walzer himself indicates that the art of separation of, and the autonomy of various distributive spheres, which are required for complex equality, are basically the modern, liberal achievement.[204] Several commentators try to demonstrate that his complex equality is a postmodern embodiment of pluralistic and particularistic social differentiation after "the increasing unpersuasiveness" of, or "the death of metnarratives," e.g., Marxist revolutionary emancipation and liberal enlightenment of personal liberty.[205] Here I rather clam that his complex equality has a strong implication for a premodern embodiment of cosmic and social *harmonia* in Greek and Chinese civilizations.[206] It is now a well-known fact that the similarities between Pythagorean and early Chinese beliefs are striking.[207] In Walzer's complex equality, the ancient *harmonia* is expressed both in the descriptive phenomena (in terms of a fairly radical scattering of human talents and the divided multiple self) as well as in the prescriptive stipulations (in terms of the blockage of unjust exchanges of money, and of unjust uses of power, i.e., the elimination of dominance and the establishment of the autonomy of the distributive spheres by the vigilance of ordinary citizens). In sum, Walzer's complex equality bears a double-barreled conception of justice. That is descriptive and natural justice as well as prescriptive and artificial justice.[208]

For the first time in the whole human histories, through Walzer's ingenious lifetime endeavors, the supreme principle of the cosmic and societal *harmonia* of the overall equality is now liberated from its magical world of supernatural divination, the orphic mysticism, superstitious and shamanic *Feng Shui* (風水), its fatalistic acquiescence, recreational curiosity, and also from divine or numerological gibberish. As Schubert correctly indicates, "the problems of magic square are playful puzzles, invented as it seems for mere past time and sport. But there is a deeper problem underlying all these little riddles, and this deeper problem is of a sweeping significance. It is the philosophical problem of the world-order."[209] The supreme principle finally obtains its transparent symbolic social guidance for distributive justice and also its ideal blueprint for the human dignity embodied in Walzer's complex equality of status. At this juncture, let us pay attention to Walzer's paper, "On the Role of Symbolism in Political Thought."[210]

"It is necessary to say something about the function of symbolism in political thought. For the old cosmology and theology provided not a set of propositions from which a political theory might be deduced, but rather a series of images and analogues out of which a theory might be fashioned."

We have already mentioned that for Walzer, "'spheres' is a metaphor."[211] Needless to say, it was Pythagoras who first used "the Music of the Spheres" as the symbol of cosmic and natural justice.[212]

"Our heirs, whatever or whomever they may be, will explore magic squares to degrees we cannot fathom. They will discover that magic squares are a symphony of patterns played in many keys. There are infinite harmonies to explore."[213] Now I pronounce with a strong conviction that "the 4,000 years search for the meaning of the magic square of order three" illustrated in the *Luo Shu* and Pythagorean cosmic justice has culminated in Walzer's insightful, inspiring, and fabulous idea of complex equality.[214] For the constancy of magic sum finds its clear social meaning in the overall literal equality between persons in various distributive spheres. Simply put, "being relatively disadvantage in one sphere (money and commodities, say) is compensated for by being relatively advantaged in another sphere (public office, say) so that summing up advantages across all spheres, each citizen achieves roughly the same total."[215]

However, it should be noted that the connection between magic square and Walzer's complex equality relies upon only one connective reading of them. That is, their crucial, common property is the constancy of the magic sum and, of the overall literal equality. Needless to say, there are many other possible readings of magic squares as well as of Walzer's complex equality.216) As we have already mentioned, Walzer does not endorse the interpretation of his complex equality as an overall literal equality. Walzer characterizes his "society of equals" as follows:217)

> "This is a complex egalitarian society. Though there will be many small inequalities, inequalities will not be multiplied through the conversion process. Nor will it be summed across different goods, because the autonomy of distributions will tend to produce a variety of local monopolies, held by different groups of men and woman."

The reason why I stick to my interpretation of complex equality as magic square against Walzer's own wish is that, without that interpretation, there is no egalitarian guarantee of complex equality. That is, without it, complex equality could lapse into "the danger of complex inequality."218) Many egalitarians have showed this kind of worry about Walzer's complex equality.219) They also worry about the possibility of severe inequalities in each distributive sphere — especially in the sphere of money and commodities, i.e., market — to which, they believe, Walzer does not pay proper attention. For Walzer's main concern is about dominance and conversion of a dominant good into other spheres: "Monopoly is not inappropriate within the spheres."220); "Though there will be many small inequalities, inequality will not be multiplied through the conversion process" or "Nor will it be summed across different goods."221); "It just doesn't matter from the standpoint of complex equality, that you have a yacht and I don't, or that the sound system of her hi-fi set is greatly superior to his."222) But Walzer takes seriously egalitarians' charge later and blurs the sharp distinction of his theoretical concern between monopoly and dominance:223)

"Dominance, I now see, is not produced only by the multiple conversions of a single good (though that is how it is commonly produced today) but also, more simply, by the possession of all the most valued goods, however they come to be possessed. Complex equality is the opposite of both these conditions, its egalitarianism manifest in a radical decline in the dominance of some people over others."

Whereas Walzer confidently proposes "an egalitarianism that is consistent with liberty," he still strongly believes that "The appeal of equality is not explained by its literal meaning."224) My magic square version of complex equality as the overall literal equality, therefore, still betrays Walzer's strong belief. Indeed, the literal meaning of the overall equality does not make sense in the first-order distributive spheres. But, as shown according to complex systems theory, it can make sense in the emergent second-order of complex distributive system as a whole. For him, we might use the magic square symbolism as an amulet to avert the possibility of complex inequality of dominance as well as of simple inequality of monopoly. As we have seen in the homogeneity of the universe, "the matter in the universe is distributed very unevenly on small scales. However the universe is uniform on big scales."[225] Conceptually, overall uniformity and homogeneity on the big scales corresponds well with Walzer's societal complex equality. In a sense, while he can sustain the distinction between monopoly and dominance, he should still meet the egalitarian demand through the magic square proviso of the constancy of the overall sum.

I think that, because of the egalitarian worries and demands, Walzer would accept my magic square version of complex equality as a characterization of his complex equality. I hope that he doesn't take my metaphysical imaginations just as nonsense and hallucination. In connection with the egalitarian guarantee, it has been exciting to pursue the conceptual linkages between the constant magical (Pythagorean and the *Luo Shu*) sum of complex equality and the frontline scientific theories (homogeneity and isotropy of universe, complex systems theory, chaos theory, and emergence). I am so confident that complex equality is, symbolically, the chaotic but simple pattern in the overall literal equality among persons in the (autonomous and full-blown) pluralistic and differentiated modern (or postmodern) societies.

If the Pythagorean and the *Luo Shu* origins would be convincing in a sense, Walzer has no reason to rebut. For Pythagoreans always sought "the true nature of existence, how everything passes and returns."[226] Therefore "nothing is new" and "eternal recurrence" are heads and tails of the same coin. According to his own philosophic point of view, "there is nothing new under the sun."[227] As he admits in the case of "communitarian criticism of liberalism," because liberal society has always a tendency of social fragmentations, "communitarian criticism is doomed — it probably is not a terrible fate — to eternal recurrence."[228] In the same vein, his fabulous idea of complex equality, which is actually the most primordial idea of human civilizations, is doomed — it is not a terrible fate — to eternal recurrence whenever and wherever egalitarianism is in jeopardy.

Walzer has always emphasizes methodologically that he is seeking for what we already have: "Our purpose now is not invention *de novo*; rather, we need to construct an account or a mode of some existing morality that gives us a clear and comprehensive view of the critical force of its own principles, without the intervening confusion of prejudice or self-interest."[229] I think that his lifetime endeavors for complex equality well deserve to have the most timehonored and the most sacred symbolic treasure of all human civilizations. I understand that he regards himself as "a philosopher today — a practical and engaged philosopher."[230] And also I am not unaware that he is not jettisoning philosophy *tout à fait*, but that he is seeking "another way of doing philosophy."[231] If we are charmed by the constant magic sum of Walzer's complex equality, we would be able to see clearly and to act with dignity from the following point of view: "Mutual respect and a shared self-respect are the deep strengths of complex equality, and together they are the source of its possible endurance."[232]

The competence of mankind's struggle against the predicaments of injustice might be invigorated by the truly identified Walzerian liberal communitarian philosophy of justice. If Walzerian Pythagorean cosmic justice of *harmonia* and the *Luo Shu* Magic Square version of *harmo-*

mia are sublimated and symbolically well dovetailed into his complex equality, his complex equality will be able to appeal to everyone in the global era of post-communism. I hope his odyssey for American liberal communitarian justice will be praised for its contribution, negatively as an ethics of consolation or a doctor of modern political and economic injustice, whereas positively it will be praised as an ethics of human dignity and harmonious flourishing in the free and equal societies far beyond the postmodern age.

In conclusion, Walzer's complex equality strengthened and elaborated by the philosophic origins will contribute to the relatively long survival of the otherwise ephemeral human species on this tiny and fragile planetary earth in the infinite time and vast space of the universe.

후 주

서문

1) 우리말 번역본으로는 로버트 노직, 남경희 옮김, 『아나키에서 유토피아로: 자유주의 국가의 철학적 기초』(서울: 문학과지성사, 1983) 참조.

2) "Michael Walzer"(Wikipedia), p.2.

3) 우리말 번역본으로는 마이클 월쩌, 정원섭 외 옮김, 『정의와 다원적 평등: 정의의 영역들』(서울: 철학과현실사, 1999) 참조.

4) 마이클 월저(Michael Walzer)의 우리말 표기는 그동안 인문사회학계에서 'Michael'은 '마이클'로 모두 동일하게 표기하여 문제가 없었으나 'Walzer'는 '왈쩌', '왈처', '왈저', '월저' 등으로 다양하게 표기되어 왔다. 국제음성기호 [wɔːlzər]("Michael Walzer"(Wikipedia))에 의거하면 '월저'로 표기하는 것이 외래어 표기법에 맞는다. 외래어 표기법은 국립국어원 웹사이트에서 참조. 월저가 자신의 이름을 말하고 있는 것은 "Michael Walzer: The Free Market and Morality," in YouTube. 기왕에 나온 책이나 논문에서 다르게 표기한 것은 그대로 인용하였고, 본문이나 후주에서 논의될 때는 모두 '월저'로 하였다. Cf. 박정순, 『마이클 샌델의 정의론, 무엇이 문제인가』(서울: 철학과현실사, 2016), 제2장, 후주 149, p.455. 또한 외래어 표기법에 의거하여 '존 롤스(John Rawls)', '매킨타이어(A. MacIntyre)'로 각각 표기한다.

5) 본서 제4장 1절에서 논의된 단순평등과 복합평등의 대비 참조.

6) 아리스토텔레스, 강상진 · 김재홍 · 이창우 옮김, 『니코마코스 윤리학』(서울: 도서출판 길, 2011), 제5권, 1131a 20, p.169. "사실 당사자들이 동등함에도 불구하고 동등하지 않은 몫을, 혹은 동등하지 않은 사람들이 동등한 몫을 갖게 되면, 바로 거기서 싸움과 불평이 생겨난다." 포도원 주인은 두 번째 사항에 해당된다.

7) 같은 책, 제5권, 1131b 10, p.170. 아리스토텔레스의 정의론에 대한 논의는 박정순, 「철학 용어 해설: 정의」, 『철학과 현실』(1992년 여름호), pp.354-363 참조.

8) 정확하게 인용을 하지는 않고 요약적으로 서술했지만 번역과 해설은 다음을 참조. 도설천하 국학서원계열 편집위원회 엮음, 안희진 옮김, 『莊子』(서울: 시그마북스, 2013), 「천지(天地)」, pp.159-162.

9) 장자, 김학주 옮김, 『장자』(서울: 연암서가, 2010), p.295.

10) 같은 곳.

11) 장자, 안병주 · 전호근 옮김, 『역주 장자 2』(서울: 전통문화연구소, 2004), p.163.

12) A. 보에티우스, 박병덕 옮김, 『철학의 위안』(서울: 육문사, 1990), 제2권 p.63. 강조 부가.

13) 본서 제4장 2절 참조.

14) Michael Walzer, *Spheres of Justice: A Defence of Pluralism and Equality* (New York: Basic Books, 1983), front flap(책 앞날개).

15) Walzer, "Exclusion, Injustice, and the Democratic State," *Dissent*(Winter, 1993), p.55.

16) 같은 곳.

17) 같은 논문, p.62. 강조 부가.

18) 마이클 월저의 개인적 신상과 학문적 업적에 대해서는 월저가 명예교수로 속해 있는 미국 뉴저지주 프린스턴시 소재 고등학술연구소(Institute for Advanced Study) 사회과학부(School of Social Science) 웹사이트의 월저의 이력서를 참조했다. 그리고 "Michael Walzer"(Wikipedia), pp.1-5 참조.

19) "Institute for Advanced Study"(Wikipedia), p.2.

20) Walzer, "Pluralism and Social Democracy," *Dissent*(Winter, 1998), p.47. "I want to talk as a philosopher today — a practical and engaged philosopher."

21) Walzer, "The Travail of the U.S. Communist," *Dissent*(Fall, 1956), pp.406-410.

22) 이 문단 전체는 김홍우, 「마이클 왈저의 민주사회주의」, 『미국학』, 21권 (1998), pp.203-216 중 pp.203-205를 요약 정리하였다. 이 논문은 같은 제명

으로 미국학연구소 편, 『미국 사회의 지적 흐름: 정치 · 경제 · 사회 · 문화』(미국학 총서 1, 서울대학교 출판부, 1998, pp.69-88)에 전재되었다. 우리나라에서 월저의 초기 입장에 대한 유일하면서도 본격적인 논문이다.

23) "사회민주주의"(21세기 정치학대사전, 네이버 지식백과), p.1.

24) "사민당"(두산백과, 네이버 지식백과), p.1.

25) Michael Walzer, *Just and Unjust Wars: A Moral Argument with Historical Illustrations*(New York: Basic Books, 1977), Ch. 12. Terrorism 참조. 우리말 번역본은 마이클 월저, 권영근 · 김덕현 · 이석구 옮김, 『마르스의 두 얼굴: 정당한 전쟁 · 부당한 전쟁』(서울: 연경문화사, 2007).

26) Michael Walzer, *Spheres of Justice: A Defence of Pluralism and Equality*(New York: Basic Books, 1983). 우리말 번역본은 마이클 왈쩌, 정원섭 외 옮김, 『정의와 다원적 평등: 정의의 영역들』(서울: 철학과현실사, 1999).

27) 전미영 기자, "[화제의 인물] 미국 고등학술연구소 객원교수로 초빙된 박정순 연세대 교수," 『교수신문』, 2001년 7월 24일자.

28) 저자의 졸고, 박정순, 「다원주의와 복합평등론에 기반한 분배적 정의」, 『연세춘추』, 2001년 10월 15일자, 11면.

29) 본서 제1장, 후주 75 참조. 그리고 제4장 2절 참조.

30) 본서 제4장 2절 참조.

31) 특히 흄은 관념 연합의 원리를 논하고 거기에는 세 가지가 있다고 주장하였다. 즉, 유사성, 시공간적 근접성, 그리고 인과성이 그것이다. 윤선구, 흄 『인간지성에 관한 탐구』(해제)(서울대학교 철학사상연구소, 2005), pp.95-98. 데이비드 흄, 김성숙 옮김, 『인간이란 무엇인가: 오성 · 정념 · 도덕』(서울: 동서문화사, 1994), 제1부 "4. 관념들의 연관, 또는 연관에 관하여," pp.29-33. 흄이후 연상심리학이 발전된 것은 우연이 아니다.

32) "Institute for Advanced Study"(Wikipedia), pp.1-6. 프린스턴 고등학술연구소 웹사이트 www.ias.edu 중 Mission & History와 Ideas 참조.
아인슈타인을 위시한 20여 명의 천재 과학자들의 프린스턴 고등학술연구소에서의 연구와 삶에 관한 흥미진진한 일대기는 에드 레지스(Ed Regis), 김동광 옮김, 『누가 아인슈타인의 연구실을 차지했을까』(고양: 지호출판, 2005)가 있다. 역시 아인슈타인의 연구소 생활의 편린을 볼 수 있는 영화는 팀 로빈스, 맥 라이언, 월터 매튜(아인슈타인 역)가 열연하는 「아이큐(I.Q.)」(미국, 1994)가 있다.

33) "Eric Maskin," and "Mechanism design"(Wikipedia). "메커니즘 디자인은 경제학과 게임이론의 한 분야로서 게임 참여자들이 합리적으로 행동하는 전략적 구도 속에서 얻고자 하는 욕구의 대상이 되는 목표들을 성취하기 위한

경제적 메커니즘 혹은 유인을 디자인하는 공학적 접근 방식이다.”

34) 본서 제4장 1절에서 요약 정리. 원래는 본서 부록 1절을 참고해서 답변했음.

35) Walzer, *Spheres of Justice*, p.318. Cf. 박정순, 「공동체주의 정의관의 본질과 그 한계」, 『철학』, 제61집(1999), p.279에서 발췌.

36) 월저의 복합평등에 대한 심층적 논의와 비판과 아울러 월저의 답변은 David Miller and Michael Walzer, ed., *Pluralism, Justice, and Equality*(Oxford: Oxford University Press, 1995) 참조. 특히 Michael Walzer, "Response," pp.281-297 참조.

37) 중국 하락문화는 하도(河圖)와 낙서(洛書)에 기반한 주역(周易)의 문화로서 하도는 선천 팔괘, 낙서는 후천 팔괘의 원형이다. 낙서는 마방진의 원형이다.

38) Jacob Needleman and David Appelbaum, ed., *Real Philosophy: An Anthology of The Universal Search for Meaning*(London: Arkana, Penguin Books, 1990).

39) 본서 제4장 2절, p.161에서 발췌. 비슷한 내용은 제1장 5절, p.62 참조. 본서는 5장으로 이루어져 있으므로, 각 장은 제1장, 제2장 등으로 표기한다. 각 장의 내용 분류는 1절, 1)항 등으로 표기한다.

제1장 마이클 월저의 공동체주의

1) 월저는 "자유주의를 그것의 기본강령으로부터 급속하게 퇴각하는 자유주의자들로부터 옹호하는 것이 중요하다"고 생각한다. 또한 자신의 공동체주의는 "전근대적인 혹은 반자유주의적 공동체가 도래할 것을 기다리는" 반동적인 공동체주의는 아니며, "자유주의(혹은 사회민주주의) 정치 속에서 화합"될 수 있는 유형의 공동체주의라고 밝힌다. 그리고 그는 공동체주의는 자유주의에 대한 "재발적 교정"이지 전면적인 대체는 아니라고 지적한다. Michael Walzer, *Radical Principles*(New York: Basic Books, 1980), p.302; Walzer, "Communitarian Critique of Liberalism," *Political Theory*, Vol. 18(1990), pp.6-23. '자유주의 대 공동체주의 논쟁'에서 월저의 위상은 엄정식, 「월저의 자유주의적 공동주의」, 『철학과 현실』, 통권 51호(2001년 겨울호), pp.108-122 참조.

2) 그는 1950년대 브랜다이스대학교를 졸업하고 하버드대학교 대학원을 다닌 뒤, 1961년 하버드대학교 정치학과에서 박사학위를 받는다. 이후 프린스턴대학교(1962-1966)와 하버드대학교(1966-1980)에서 교편을 잡았다. 그리고 1980년 이후 프린스턴 고등학술연구소 사회과학부 종신 석좌교수로 있다.

3) 정치비평가로서의 월저는 김홍우, 「마이클 왈저의 민주사회주의」, 미국학 연

구소 편, 『미국사회의 지적 흐름』(서울대학교 출판부, 1998), pp.69-88; 김경
희, 『공론장 이론의 정치적 이해: 아렌트, 하버마스, 왈쩌를 중심으로』(서울:
서울대학교 대학원 정치학과 석사학위논문, 1996) 참조.

4) 월저의 자세한 학문적 이력과 저서 및 논문 목록은 프린스턴 고등학술연구
   소 사회학부 홈페이지 참조. http://www2.admin.ias.edu/ss/home/walzer.html.

5) James P. Young, *Reconsidering American Liberalism*(Boulder, Colorado:
   Westview Press, 1996), p.308. 급진적 재구성 불가능 민주주의자는 민주주
   의를 의사결정 절차로만 인정하는 슘페터식의 수정민주주의를 거부한다는
   의미로 월저 스스로 사용한 말이다. 월저의 *Radical Principles*의 부제는
   "Reflections of An Unreconstructed Democrat"이다.

6) Michael Walzer, *Spheres of Justice: A Defense of Pluralism and Equality*
   (New York: Basic Books, 1983). 국내 번역본은 정원섭 외 옮김, 『정의와
   다원적 평등: 정의의 영역들』(서울: 철학과현실사, 1999).

7) 이것은 개인의 권리 자체를 거부하는 것이 아니고, 그것의 내용과 범위는 오
   직 공동체의 구성원 자격을 통해서만 최종적으로 확정된다는 것을 의미한다.
   Walzer, *Spheres of Justice*, p.204. 월저를 공동체주의 사상을 통해서 논구하
   고 있는 논문은 저자의 졸고, 박정순, 「공동체주의 정의관의 본질과 그 한계」,
   『철학』, 제61집(1999), pp.277-279 참조. 그리고 이지헌, 『공동체, 교육 2. 자
   유주의, 공동체주의, 사회주의』(서울: 교육과학사, 1997), 제3장 참조.

8) Walzer, *Spheres of Justice*, p.29.

9) 같은 책, p.63, p.303.

10) 같은 책, p.xiv. 이것은 플라톤의 동굴의 비유와 니체의 차라투스트라를 역으
    로 희화화한 것이다. 플라톤의 동굴의 비유는 플라톤의 『국가』, 제7권에 나
    온다. 플라톤, 박종현 역주, 『국가 · 정체』(서울: 서광사, 1997), pp.448-457
    (514a-519a). 차라투스트라는 "10년 동안 산 속에서 고독한 성찰을, 자신의
    깨달음을 사람들에게 전파하기 위해 하산한다." 프리드리히 니체, 두행숙 옮
    김, 『차라투스트라는 이렇게 말했다』(서울: 부북스, 2011), p.510.

11) Walzer, "Philosophy and Democracy," *Political Theory*, Vol. 9(1981),
    pp.379-399.

12) Walzer, "Justice Here and Now," Frank S. Lucash, ed., *Justice and
    Equality Here and Now*(Ithaca: Cornell University Press, 1986), pp.136-
    150.

13) John Rawls, *A Theory of Justice*(Cambridge: Harvard University Press,
    1971); Chantal Mouffe, "American Liberalism and Its Critics: Rawls,
    Taylor, Sandel, and Walzer," *Praxis International*, Vol. 8(1988), p.201.

14) Walzer, *Spheres of Justice*, p.79. 아울러 월저는 하버마스(Jürgen Habermas) 의 이상적 담화 상황, 법학자 애커만(Bruce Ackerman)의 중립적 대화 모형 등도 거부한다. 아그나포스(Marcus Agnafors)는 월저의 사회비판의 방법론 은 롤스의 '반성적 평형론'을 원용하고 있다는 흥미 있는 주장을 하고 있다. Marcus Agnafors, "Reassessing Walzer's Social Criticism," *Philosophy and Social Criticism*, Vol. 39(2012), pp.917-937. 롤스는 『정의론』에서 '반성적 평형론'에 대해 이렇게 말한다. "이러한 상태를 나는 반성적 평형이라고 부르 기로 한다. 그것을 평형이라고 하는 것은 최종적으로 우리의 원칙과 판단들 이 서로 들어맞았기 때문이며, 그것을 반성적이라고 하는 것은 우리의 판단 이 따를 원칙이 무엇이며 판단이 도출될 전제조건이 무엇인가를 우리가 알고 있기 때문이다." 존 롤스, 황경식 옮김, 『정의론』(서울: 이학사, 2003), p.56.

15) Walzer, *Spheres of Justice*, p.6.

16) Stephen Mulhall and Adam Swift, *Liberals and Communitarians*(Oxford: Blackwell, 1992), Ch. 4. "Walzer: Justice and Abstract," pp.127-156 중 p.128. 우리말 번역본은 스테판 물홀 · 애덤 스위프트, 김해성 · 조영달 옮김, 『자유주의와 공동체주의』(서울: 한울, 2001), 제4장 "월쩌: 정의와 추상," pp.176-209.

17) Walzer, *Spheres of Justice*, p.7, p.313.

18) 같은 책, p.312.

19) 같은 책, pp.8-9.

20) 같은 책, pp.7-10.

21) 같은 책, p.10.

22) 같은 책, p.9.

23) 같은 책, p.10.

24) 같은 책, p.9.

25) 같은 책, p.17.

26) 같은 책, pp.10-11.

27) 월저는 개인 혹은 정치적 권력이 화폐를 통해서 구매할 수 없는 '봉쇄된 교 환(blocked exchanges)'의 예로 14가지를 든다(같은 책, pp.100-103). (1) 인 신매매, (2) 정치적 권력과 영향력, (3) 형법적 정의, (4) 언론 · 출판 · 종교 · 집회의 자유, (5) 결혼과 생식 · 출산권, (6) 정치적 공동체에서의 이민의 자 유, (7) 군복무 · 배심원 의무 면제, (8) 정치적 공직, (9) 경찰의 보호와 초중 등 교육, (10) 자포자기적인 절망적 교환(최소임금, 8시간 근무제, 건강과 안 전 규제 포기 등), (11) 상과 명예, (12) 신의 은총, (13) 사랑과 우정, (14) 살인청부, 장물취득, 마약과 같은 불법적 거래. 그리고 '권력 사용의 봉쇄

(blocked uses of power)'의 예로 9가지를 들고 있다(같은 책, pp.283-284). (1) 국민의 노예화와 인신구속, (2) 봉건적 후견권과 결혼의 간섭, (3) 처벌을 정치적 압박 수단으로 사용 금지, (4) 특정한 정책의 경매 금지, (5) 법 앞에서의 평등 파괴 금지, (6) 자유재산에 대한 자의적 침해 금지, (7) 종교 영역 침입 금지, (8) 교권의 침해 금지, (9) 언론 · 집회 · 결사의 자유 침해 금지.

28) Walzer, *Spheres of Justice*, p.15.

29) 같은 책, p.74; Robert Nozick, *Anarchy, State, and Utopia*(New York: Basic Books, 1976). 로버트 노직, 남경희 옮김, 『아나키에서 유토피아로』(서울: 문학과 지성사, 1983).

30) Walzer, *Spheres of Justice*, p.20.

31) 같은 책, p.17.

32) 같은 책, p.19.

33) Nancy Rosenblum, "Moral Membership in a Postliberal State," *World Politics*, Vol. 96(1984), p.581, p.591.

34) Walzer, "Liberalism and the Art of Separation," *Political Theory*, Vol. 12 (1984), pp.315-330.

35) Walzer, *Spheres of Justice*, p.318.

36) 같은 책, p.68.

37) 사회민주주의는 자유민주주의의 논리를 전통적 자유주의자들이 사적 영역으로 간주하여 민주적 원리들이 적용되지 않는다고 보는 경제 영역, 가정 등에 확대 적용한다. Walzer, "Socializing the Welfare State," Amy Gutmann, ed., *Democracy and the Welfare State*(Princeton: Princeton University Press, 1988), pp.13-26. 월저는 자유주의의 진정한 실현은 사회민주주의로의 이행을 의미한다고 주장한다. 그러나 미국적 상황에서는 좌파 자유주의와 사회민주주의는 현실적으로 동일한 것으로 본다. 그는 자유주의에 대한 공동체주의적 교정은 전통적 삶의 방식에 따른 유구한 불평등을 강화할 수도 있고, 아니면 자유시장과 관료주의 국가에서의 새로운 불평등에 대항하는 방식을 취할 수도 있다고 구분하고, 자기는 후자의 입장임을 분명히 한다. Walzer, "Liberalism and Art of Separation," p.323; Walzer, "The Communitarian Critique of Liberalism," p.17, p.22.

38) 저자의 졸고, 박정순, 「공동체주의 정의관의 본질과 그 한계」, "3. 왈쩌: 평등주의적 다원론적 정의," pp.277-279 참조.

39) James Young, *Reconsidering American Liberalism*, p.318.

40) Georgia Warnke, "Social Interpretation and Political Theory: Walzer and His Critics," *Philosophical Forum*, Vol. 21(1989-90), p.204.

41) Ronald Dworkin, "To Each His Own," *The New York Review of Books* (April 14, 1983), pp.4-6; James S. Fishkin, "Defending Equality: A View from Cave," *Michigan Law Review*, Vol. 82(1984), pp.755-760.

42) Alan Gilbert, *Democratic Individuality*(Cambridge: Cambridge University Press, 1990), p.90.

43) Rosenblum, "Moral Membership in a Postliberal State," p.596.

44) Alessandro Ferrara, "Universalisms: Procedural, Contextualist and Prudential," *Philosophy and Social Criticism*, Vol. 14(1988), p.254. 더 강한 주장은 월저가 전통적인 철학적 진리관과 자유주의적 보편주의를 그대로 가정하고 있다는 것이다. William Galston, "Community, Democracy, Philosophy: The Political Thought of Michael Walzer," *Political Theory*, Vol. 17 (1989), pp.119-130.

45) Robert B. Thigpen and Lyle A. Downing, "Liberalism and the Communitarian Critique," *American Journal of Political Science Review*, Vol. 31 (1987), p.650; Joshua Cohen, "Book Review of Walzer's *Spheres of Justice*," *The Journal of Philosophy*, Vol. 83(1986), p.458.

46) Walzer, *Spheres of Justice*, p.90, p.120, p.318.

47) 같은 책, pp.148-154.

48) David Miller, "Introduction," David Miller and Michael Walzer, ed., *Pluralism, Justice, and Equality*(Oxford: Oxford University Press, 1995), p.5. 이 책은 월저의 공동체주의 정의론에 대한 본격적인 비판적 논의로 11개의 논문과 월저의 응답이 실려 있다.

49) Will Kymlicka, "Community," Robert E. Goodin and Philip Pettit, ed., *A Companion to Contemporary Political Philosophy*(Oxford: Basil Blackwell, 1993), p.369.

50) Richard Bellamy, *Liberalism and Modern Society*(Oxford: Polity Press, 1992), p.242.

51) Cohen, "Book Review of Walzer's *Spheres of Justice*," p.464.

52) Mulhall and Swift, *Liberals and Communitarians*, pp.152-153.

53) Fishkin, "Defending Equality: A View from Cave," p.757.

54) Miller, "Introduction," Miller and Walzer, ed., *Pluralism, Justice, and Equality*, p.14.

55) Walzer, *Spheres of Justice*, p.15.

56) Andrew Williams, "Review of *Pluralism, Justice, and Equality*. Ed. by David Miller and Michael Walzer," *The Philosophical Quarterly*, Vol. 48

(1998), p.397. 롤스의 사회적 기본가치의 목록은 본서 제2장, p.71, 제4장, pp.162-163 참조.

57) Walzer, *Spheres of Justice*, p.17.

58) Williams, "Review of *Pluralism, Justice, and Equality*. Ed. by David Miller and Michael Walzer," p.397.

59) David Ingram, *Reason, History, and Politics*(Albany: State University of New York Press, 1995), p.138. 월저는 선거 캠페인 자금이 공공지원을 통해 후보자들 사이에 공평하게 지원되어야 한다고 생각한다. Walzer, "On Campaign Finance Reform," *Dissent*(Summer, 1997), pp.4-6.

60) Miller, "Introduction," Miller and Walzer, ed., *Pluralism, Justice, and Equality*, p.12.

61) Michael Walzer, *Interpretation and Social Criticism*(Cambridge: Harvard University Press, 1987), p.24. 우리말 번역본은 마이클 왈쩌, 김은희 옮김, 『해석과 사회비판』(서울: 철학과현실사, 2007) 참조. 이러한 최소한의 기준은 살인, 사기, 그리고 극심한 잔인성에 대한 금지이며, 또한 최소한의 공정성과 상호성이다. 이러한 최소한의 기준은 기초적 도덕(thin morality)이고, 한 사회의 역사적 특수성을 포함하는 구체적인 도덕은 본격적 도덕(thick morality)이 된다. Michael Walzer, *Thick and Thin: Moral Argument at Home and Abroad*(Notre Dame: University of Notre Dame, 1994) 참조.

62) Michael Walzer, *The Company of Critics: Social Criticism and Political Commitment in the Twentieth Century*(New York: Basic Books, 1988), p.232.

63) Susan Moller Okin, *Justice, Gender, and the Family*(New York: Basic Books, 1989), p.64.

64) Walzer, *Spheres of Justice*, p.12.

65) 같은 책, p.9.

66) Walzer, *Interpretation and Social Criticism*, pp.40-41. 월저는 이미 잠재적이고 전복적인 의미(latent and subversive meanings)를 *Spheres of Justice*, pp.8-9에서 언급한 바 있다.

67) Walzer, *The Company of Critics*, pp.233-234.

68) Georgia Warnke, *Justice and Interpretation*(Cambridge: The MIT Press, 1993) 참조.

69) Walzer, "Response," Miller and Walzer, ed., *Pluralism, Justice, and Equality*, p.282.

70) 같은 논문, p.284.

71) 같은 논문, p.283, p.290, p.292.

72) 같은 논문, p.284. 그리고 Michael Walzer, *Obligations: Essays on Disobedience, War, and Citizenship*(Cambridge: Harvard University Press, 1970), Ch. 11. "A Day in the Life of a Socialist Citizen" 참조.

73) Walzer, *Spheres of Justice*, p.70.

74) 같은 책, p.21.

75) 월저는 복합평등의 선구자로 파스칼과 마르크스를 들고 있으나(같은 책, p.18), 어떤 면에서 운명 자체의 복합평등을 논한 보에티우스가 더 중요할지도 모른다. "어떤 사람의 경우는 부유하기는 하되 천민 태생임을 수치로 여겨 불만이며, 또 어떤 사람은 태생은 고귀하되, 자기 가문의 가난함 때문에 널리 알려지는 것을 달가워하지 않는다. 어떤 사람들은 부와 고귀한 태생의 축복을 받았지만 아내가 없기 때문에 불행하고, 또 어떤 사람들은 행복한 결혼을 했지만 자식이 없으므로 자기의 핏줄이 아닌 상속자를 위해 그들의 돈을 절약하는 셈이 되며, 또 어떤 사람은 자식을 두는 축복을 받았지만 자식들의 나쁜 행위 때문에 눈물을 흘린다. 운명의 여신이 자기에게 내려 준 운명을 받아들이기란 누구에게 있어서나 용이한 일은 아니다." A. 보에티우스, 박병덕 옮김, 『철학의 위안』(서울: 육문사, 1990), p.63. 복합평등한 모든 사람의 인생 자체는 궁극적으로 죽음을 통해서 단순평등을 실현할 것이다.

76) Walzer, "Response," Miller and Walzer, ed., *Pluralism, Justice, and Equality*, p.284.

77) Walzer, *Spheres of Justice*, back flap.

78) 같은 책, p.318.

79) Walzer, *Obligations*, p.238; Walzer, *Interpretation and Social Criticism*, p.61.

80) Rosenblum, "Moral Membership in a Postliberal State," p.593.

81) Stephen K. White, "Justice and the Postmodern Problematic," *Praxis International*, Vol. 7(1987-1988), pp.223-245; Rosenblum, "Moral Membership in a Postliberal State," p.590.

82) Walzer, "Socializing the Welfare State," Amy Gutmann, ed., *Democracy and the Welfare State*, pp.13-26.

83) 최정훈, 「복의 구조: 한국인의 행복관」, 『계간사상』(1990년 여름호), pp.186-188. 오복은 유교에서 이르는 다섯 가지의 복이다. 오래 사는 수(壽), 부유하게 사는 부(富), 건강하게 사는 강녕(康寧), 덕을 좋아하고 베푸는 유호덕(攸好德), 깨끗한 죽음을 맞이하는 고종명(考終命)을 이른다. 유호덕과 고종명 대신에 귀(貴)함과 자손의 중다(衆多)함 혹은 다남자(多男子)를 꼽기도 한다.

간단한 설명은 "오복"(위키백과, 국어사전, 네이버 사전) 참조.

84) 산업민주주의(industrial democracy)는 노동자 자주관리제도 등처럼 정치적 민주주의를 경제와 산업으로 확장하려는 사회민주주의적 시도이다. Walzer, "Justice Here and Now," p.148.

85) Robert Mayer, "Michael Walzer, Industrial Democracy, And Complex Equality," *Political Theory*, Vol. 29(2001), pp.237-261; S. C. Kolm, "Multidimensional Egalitarianism," *Quarterly Journal of Economics*, Vol. 91(1977), pp.1-13.

86) Samuel Huntington, *Political Order in Changing Societies*(New Haven: Yale University Press, 1967), pp.344-345

87) 월저에 대한 이러한 우호적 해석은 Young, *Reconsidering American Liberalism*, pp.307-325 참조.

88) 이러한 논쟁에 대한 월저의 최근 입장은 Mikael Carleheden and René Gabriëls, "An Interview with Michael Walzer," *Theory, Culture & Society*, Vol. 14(1997), pp.113-130 참조. 걸프 전쟁과 보스니아 사태로 월저의 저서 *Just and Unjust Wars: A Moral Argument with Historical Illustrations*(New York: Basic Books, 1977) 출간 20주년을 기념하는 5개의 논문과 월저의 응답으로 이루어진 특집이 *Ethics and International Affairs*, Vol. 11(1997)에 실렸다. 우리말 번역본은 마이클 월저, 권영근 · 김덕현 · 이서구 옮김, 『마르스의 두 얼굴: 정당한 전쟁 · 부당한 전쟁』(서울: 연경문화사, 2007). 월저의 관용사회는 Michael Walzer, *On Toleration*(New Haven: Yale University Press, 1997) 참조. 우리말 번역본은 마이클 왈쩌, 송재우 옮김, 『관용에 대하여』(서울: 미토, 2004). 월저는 다섯 가지 관용의 제도를 『관용에 대하여』 제2장에서 언급하고 있는데, 관용의 연구에 중요한 논의라고 생각된다. 그것들은 다민족 제국, 국제사회, 연방, 민족국가, 이민자 사회이다.

제2장 공동체주의적 사회비판의 가능성

1) 본서 제2장 1절과 2절은 월저의 공동체주의적 방법론과 복합평등에 대한 기본적 설명에서 제1장과 중복되는 부분들이 있다. 제2장은 월저의 공동체주의적 사회비판론과 복합평등론에 의거한 사회비판론에 관련된 방법론적 실질적 논란을 집중적으로 다루었다.

2) Leo Strauss, *Natural Right and History*(Chicago: University of Chicago Press, 1953), p.3.

3) Stephen Mulhall and Adam Swift, *Liberals and Communitarians*(Oxford: Blackwell, 1992), pp.vii-xiv; Michael Walzer, "The Communitarian

Critique of Liberalism," *Political Theory*, Vol. 18(1990), p.21.

4) Alasdair MacIntyre, *After Virtue*(Notre Dame: University of Notre Dame Press, 1981); MacIntyre, *The Lindley Lecture at University of Kansas* (Lawrence: University of Kansas, 1984), pp.12-13(인용).

5) Roberto Mangabeira Unger, *Knowledge and Politics*(New York: The Free Press, 1975), p.287.

6) Jon Rawls, *A Theory of Justice*(Cambridge: The Belknap Press of Harvard University Press, 1971). 우리말 번역본은 존 롤즈, 황경식 옮김, 『정의론』 (서울: 이학사, 2003)으로, 이 책은 1999년 발행된 수정판(Revised Edition) 의 번역본이다. Michael Walzer, *Spheres of Justice: A Defense of Pluralism and Equality*(New York: Basic Books, 1983). 우리말 번역본은 마이클 왈쩌, 정원섭 외 옮김, 『정의와 다원적 평등: 정의의 영역들』(서울: 철학과현실 사, 1999).

7) Walzer, *Spheres of Justice*, pp.9-10.

8) Jon Mandle, *What's Left of Liberalism?*(Lanham: Lexington Books, 2000), Ch. 4. "Communitarianism and Conservatism."

9) Michael Walzer, *Interpretation and Social Criticism*(Cambridge: Harvard University Press, 1987), p.64; Walzer, *The Company of Critics: Social Criticism and Political Commitment in the Twentieth Century*(New York: Basic Books, 1988); Walzer, *Thick and Thin: Moral Argument at Home and Abroad*(Notre Dame: University of Notre Dame, 1994), p.41.

10) Georgia Warnke, *Justice and Interpretation*(Cambridge: The MIT Press, 1993), pp.1-12.

11) 논쟁의 전말은 황경식, 「자유주의와 공동체주의」, 『개방사회의 사회윤리』 (서울: 철학과현실사, 1995); 박정순, 「자유주의 대 공동체주의 논쟁의 방법론적 쟁점」, 『철학연구』, 제33집(1993), pp.33-62 참조.

12) Chantal Moufe "American Liberalism and Its Critics: Rawls, Taylor, Sandel, and Walzer," *Praxis International*, Vol. 8(1988), p.201.

13) Michael Sandel, *Liberalism and the Limits of Justice*(Cambridge: Cambridge University Press, 1982), p.32. 우리말 번역본은 마이클 샌델, 이양수 옮김, 『마이클 샌델, 정의의 한계』(고양: 멜론, 2012).

14) Michael Walzer, ed., *Towards A Global Society*(New York: Berghahn Book, 1995), p.3.

15) Mouffe, "American Liberalism and Its Critics," p.201.

16) Walzer, *Spheres of Justice*, p.79. Cf. Rawls, *A Theory of Justice*, pp.17-21.

월저는 하버마스(Jürgen Habermas)의 이상적 담화 상황, 애커만(Bruce Ackerman)의 중립적 대화 모형도 거부한다. Walzer, *Thick and Thin*, pp.12-13; Walzer, "A Critique of Philosophical Conversation," *Philosophical Forum*, Vol. 21(1989-1990), pp.182-196. 월저와 롤스의 방법론 비교에 대한 포괄적 논의는 김은희, 「나의 학위논문. 롤즈와 왈저의 정치철학 비교연구: 방법론과 정치관을 중심으로」, 『철학과 현실』, 통권 제86호(2010년 가을호), pp.307-309. 그리고 김은희, 『롤즈와 왈저의 정치철학 비교연구』(서울: 서울대학교 대학원 박사학위논문, 2008) 참조. 월저의 사회비판에 관한 간략하면서도 명료한 논의는 유홍림, 『현대 정치사상 연구』(고양: 인간사랑, 2003), pp.145-156.

17) Walzer, *Spheres of Justice*, p.xiv.

18) Rawls, *A Theory of Justice*, p.92.

19) Walzer, *Spheres of Justice*, p.8. 월저의 이러한 비판에 대한 논의는 본서 제4장 1절, 후주 6, 7, 8 번호가 있는 본문 pp.162-163에서 전개될 것이다.

20) 같은 책, p.6.

21) 같은 책, p.7, p.313.

22) 같은 책, p.312.

23) 같은 책, pp.8-9.

24) 같은 책, p.29.

25) 같은 책, p.10.

26) 같은 책, p.17.

27) 같은 책, p.15.

28) 같은 책, pp.10-11.

29) Mulhall and Swift, *Liberals and Communitarians*, p.148. 자세한 논의는 박정순, 「마이클 왈쩌의 공동체주의」, 『철학과 현실』, 통권 제41호(1999년 여름호), pp.175-216; 박정순, 「특별대담. 미국 정치철학자 마이클 왈쩌 교수: 자유주의의 공동체주의적 보완과 다원적 평등사회로의 철학적 선도」, 『철학과 현실』, 통권 제45호(2000년 여름호), pp.136-179.

30) Walzer, *Spheres of Justice*, p.20.

31) 같은 책, p.9, p.19.

32) 같은 책, p.17.

33) 같은 책, p.19.

34) Walzer, "Liberalism and the Art of Separation," *Political Theory*, Vol. 12 (1984), pp.315-330.

35) Walzer, *Spheres of Justice*, p.318.

36) 같은 책, p.9, p.10.

37) 같은 책, p.10.

38) 같은 책, p.319.

39) 같은 책, pp.100-103, pp.282-284.

40) 같은 책, p.9.

41) 같은 책, p.10. 월저는 6단계의 가치론을 전개하고 있는데, 사회적 의미 기준은 5단계까지이고, 영역 자율성 기준은 6단계에서 도출된다. 같은 책, pp.6-10. 자세한 논의는 박정순, 「마이클 왈쩌의 공동체주의」, pp.178-180.

42) Susan Moller Okin, *Justice, Gender and the Family*(New York: Basic Books, 1989), p.68; Richard Bellamy, "Justice in the Community: Walzer on Pluralism, Equality and Democracy," David Boucher and Paul Kelly, ed., *Social Justice: From Hume to Walzer*(London: Routledge, 1998), p.160.

43) Walzer, *Spheres of Justice*, p.318.

44) Walzer, *Interpretation and Social Criticism*, p.61; Michael Walzer, *Obligations: Essays on Disobedience, War, and Citizenship*(Cambridge: Harvard University Press, 1970), p.238.

45) Walzer, *Spheres of Justice*, p.39; Walzer, *The Company of Critics*, p.57.

46) Walzer, "A Response: Shared Meanings in a Poly-Ethnic Democratic Setting," *Journal of Religious Ethics*, Vol. 22(1994), p.405.

47) Walzer, *Spheres of Justice*, p.9.

48) 같은 책, p.308; Walzer, *The Company of Critics*, p.12. 월저는 사회비판이 "고도의 철학적 신학적 논변"이라기보다는 일상 시민의 "공통적 불평"이라고 생각한다. Walzer, *Thick and Thin,* p.51. Walzer, *The Company of Critics*, p.16.

49) Walzer, *Spheres of Justice*, p.20.

50) 같은 책, pp.26-28.

51) 같은 책, p.27.

52) 같은 책, p.313.

53) 같은 책, p.315, p.314.

54) 같은 책, p.313.

55) Ronald Dworkin, "To Each His Own," *The New York Review of Books* (April 14, 1983), pp.4-6; Will Kymlicka, "Community," Robert E. Goodin and Philip Pettit, ed., *A Companion to Political Philosophy*(Oxford: Basil Blackwell, 1993), p.369; James S. Fishkin, "Defending Equality: A View from The Cave," *Michigan Law Review,* Vol. 82(1984), pp.755-760. 김은

희는 월저의 사회비판이론에서 상대주의와 보수주의의 문제를 자세히 천착하고 있다. 김은희, 「월저의 반이상주의 정치철학: 상대주의와 보수주의 반론에 답하기」, 『철학』, 제110집(2012), pp.195-229.

56) Georgia Warnke, "Social Interpretation and Political Theory: Walzer and His Critics," *Philosophical Forum*, Vol. 21(1989-1990). p.204.

57) Dworkin, "To Each His Own," p.6; Tyler T. Roberts, "Michael Walzer and the Critical Connections," *Journal of Religious Ethics*, Vol. 22(1994), p.335; Ian Shapiro, *Political Critics*(Berkeley: University of Chicago Press, 1990), pp.75-82. 포괄적 논의는 Amy Gutmann and Dennis Thomson, *Democracy and Disagreement*(Cambridge: Harvard University Press, 1996) 참조.

58) Dworkin, "To Each His Own," pp.4-6; Fishkin, "Defending Equality: A View from The Cave," pp.755-760.

59) Alan Gibert, *Democratic Individuality*(Cambridge: Cambridge University Press, 1990), p.90. Cf. Walzer, *Spheres of Justice*, pp.61-62, p.320.

60) Walzer, *Spheres of Justice*, p.314. 월저의 관용론은 Michael Walzer, *On Toleration*(New Haven: Yale University Press, 1997). 우리말 번역본은 마이클 왈쩌, 송재우 옮김, 『관용에 대하여』(서울: 미토, 2004). 본서 제1장, 후주 88 참조. 월저의 관용론에 대한 논의는 구승회, 「차이의 문명화로서의 관용」, 『철학연구』, 제48집(2000), pp.181-203 참조.

61) Nancy Rosenblum, "Moral Membership in A Postliberal State," *World Politics*, Vol. 3(1984), p.596. Cf. Walzer, *Spheres of Justice*, p.27, p.313.

62) Alessandro Ferrara, "Universalisms: Procedural, Contextual, and Prudential," *Philosophy and Social Criticism*, Vol. 14(1988), p.254. 월저가 전통적인 철학적 진리관과 자유주의적 보편주의를 그대로 견지하고 있다는 주장은 William Galston, "Community, Democracy, Philosophy: The Political Thought of Michael Walzer," *Political Theory*, Vol. 17(1989), pp.119-130. 월저가 해석학적 혹은 다른 자유주의적 보편주의를 수용하고 있다는 주장은 다음을 참조. Rainer Frost, *Contexts of Justice*(Berkeley: University of California Press, 2002); Glen Stassen, "Michael Walzer's Situated Justice," *Journal of Religious Ethics*, Vol. 22(1994), pp.375-399.

63) Robert B. Thigpen and Lyle A. Downing, "Liberalism and the Communitarian Critique," *American Journal of Political Science*, Vol. 31(1987), pp.650; Joshua Cohen, "Book Review of Walzer's *Spheres of Justice*," *The Journal of Philosophy*, Vol. 83(1986), p.458.

64) Cohen, "Book Review of Walzer's *Spheres of Justice*," pp.464-465. Cf. Walzer, *Spheres of Justice*, p.90, p.120, p.318.

65) Ronald Dworkin, "*Spheres of Justice*: An Exchange," *The New York Review of Books*(1983), p.46; Cohen, "Book Review of Walzer's *Spheres of Justice*," p.464. Cf. Walzer, *Spheres of Justice*, pp.148-154.

66) David Miller, "Introduction," David Miller and Michael Walzer, ed., *Pluralism, Justice, and Equality*(Oxford: Oxford University Press, 1995), p.5.

67) Will Kymlicka, "Community," Robert E. Goodin and Philip Pettit, ed., *A Companion to Political Philosophy*(Oxford: Basil Blackwell, 1993), p.15.

68) Richard Bellamy, *Liberalism and Modern State*(Oxford: Polity Press 1992), p.242; Warnke, *Justice and Interpretation*, pp.22-31; Brian Orend, *Michael Walzer on War and Justice*(Montreal: McGill-Queen's University Press, 2000), p.42.

69) 코헨(Cohen)에 대한 논의는 황경식, 「자유주의와 공동체주의」, p.214.

70) Cohen, "Book Review of Walzer's *Spheres of Justice*," p.464.

71) Okin, *Justice, Gender, and the Family*, pp.63-68.

72) Bellamy, "Justice in the Community: Walzer on Pluralism, Equality and Democracy," p.161.

73) Mulhall and Swift, *Liberals and Communitarians*, pp.152-153.

74) Fishkin, "Defending Equality," p.757.

75) Miller, "Introduction," Miller and Walzer, ed., *Pluralism, Justice, and Equality*, p.14.

76) Cf. Walzer, *Spheres of Justice*, p.15.

77) 이것은 월저 자신도 인정한 것이다. Walzer, "Liberalism and the Art of Separation," *Political Theory*, Vol. 12(1984), p.151, n.2. 그러나 월저는 이러한 정치와 경제의 구분만으로는 불충분하다고 생각한다.

78) Bellamy, "Justice and Community," pp.167-172.

79) Cf. Walzer, *Spheres of Justice*, p.17.

80) Andrew Williams, "Review of *Pluralism, Justice, and Equality*. Ed. by David Miller and Michael Walzer," *The Philosophical Quarterly*, Vol. 48 (1998), p.397.

81) Miller, "Introduction," Miller and Walzer, ed., *Pluralism, Justice and Equality*, p.12.

82) Mandle, *What's Left of Liberalism?*, p.177; Warnke, "Social Interpretation and Political Theory: Walzer and His Critics," pp.219-221.

83) Walzer, *Spheres of Justice*, p.6.

84) 같은 책, p.xiv.

85) 같은 책, p.312.

86) Walzer, *Thick and Thin*, p.26.

87) 같은 곳.

88) Walzer, *Interpretation and Social Criticism*, p.24.

89) 월저가 정의로운 전쟁론에서 언급한 생명과 자유의 권리도 포함된다. Michael Walzer, *Just and Unjust Wars: A Moral Argument with Historical Illustrations*(New York: Basic Books, 1977), p.xiv.

90) Walzer, *Interpretation and Social Criticism*, p.24; Walzer, *Thick and Thin*, p.10, p.27

91) Walzer, *Thick and Thin*, p.5, p.51.

92) 같은 책, p.27.

93) 같은 곳.

94) 자세한 논의는 Orend, *Michael Walzer on War and Justice*, p.55; Lyle A. Downing and Robert B. Thigpen, "Beyond Shared Understandings," *Political Theory*, Vol. 14(1986), p.458.

95) Walzer, *Thick and Thin*, p.4, p.50.

96) 같은 책, p.4.

97) 통상적 이행 관계에 의거해서 월저를 해석한 이진우에 대한 비판은 문성원, 「자유주의와 정의의 문제」, 『시대와 철학』, 제12집(2001), p.288. Cf. 이진우. 「민주적 공동체의 관계적 이성: 왈쩌와 하버마스를 중심으로」, 『철학연구』, 제49집(2000), p.149.

98) Walzer, *Thick and Thin*, p.4, p.18.

99) 같은 책, p.7, p.10. 월저는 반복적 보편주의(reiterative universalism)를 정초주의적인 포괄법칙적 보편주의(covering-law universalism)와 대비시킨다. Michael Walzer, "Nation and Universe," *The Tanner Lectures on Human Values*, ed. Grethe B. Peterson, Vol. 11(Salt Lake City: University of Utah Press, 1990), p.513.

100) Walzer, *Thick and Thin*, p.4.

101) 같은 책, pp.2-3, pp.59-60, p.52.

102) 같은 책, p.6.

103) 같은 책, p.6.

104) 같은 책, p.61.

105) 같은 책, p.41.

106) Walzer, *Interpretation and Social Criticism*, p.3.

107) Walzer, *The Company of Critics*, p.ix.

108) Walzer, *Thick and Thin*, p.41.

109) 같은 책, pp.32-38. Cf. Walzer, *Spheres of Justice*, p.90, p.120, p.318.

110) Walzer, *Interpretation and Social Criticism*, pp.3-18.

111) 같은 책, p.22.

112) Walzer, *The Company of Critics*, p.232.

113) 같은 책, p.64; Walzer, *Thick and Thin*, p.41.

114) Walzer, *Thick and Thin*, pp.48-49.

115) Walzer, *Interpretation and Social Criticism*, pp.40-43. 자유와 평등에 대한 급진적인 재해석을 통해 부르주아 도덕성을 비판했던 그람시에 대한 월저의 구체적 논의는 *The Company of Critics*, Ch. 5 참조. 여기서 월저는 그람시가 결국 공산주의적 교조주의에 빠졌다고 비판한다. 그람시와 월저에 대한 총괄적 논의는 Bellamy, "Gramsci and Walzer on the Intellectual as Social Critics," *The Philosophical Forum*, Vol. 29(1998), pp.138-159.

116) Walzer, *Interpretation and Social Criticism*, p.29; Walzer, *Thick and Thin*, p.47.

117) Walzer, *Thick and Thin*, p.47.

118) 같은 책, p.45.

119) 같은 책, p.27.

120) Dworkin, "*Spheres of Justice*: An Exchange," p.45. Cf. Walzer, *Thick and Thin*, p.48.

121) 여기서 월저는 소위 심의민주주의(deliberative democracy)에 대한 회의의 눈초리를 보낸다. 그 이유는 심의적 민주주의가 갈등의 편재를 무시하고, 부정의한 불평등을 옹호하는 경향이 있기 때문이다. 월저는 데모, 동원, 캠페인 등 숙고 이외의 다양한 정치적 활동을 들고 있다. 마이클 왈쩌, 김용환 · 박정순 · 윤형식 · 정원섭 옮김, 『자유주의를 넘어서: 자유주의의 한계와 그 보완의 과제』(서울: 철학과현실사, 2001), 제2강좌 "토론정치와 그 한계" 참조. 영어 제목은 "Deliberation and What Else?"이다. 이 논문은 원래 Michael Walzer, "Deliberation and What Else?" Stephen Macedo, ed., *Deliberative Politics: Essays on Democracy and Disagreement*(New York: Oxford University Press, 1999), pp.58-69에 수록되었다. 또 Michael Walzer, *Thinking Politically: Essays in Political Theory*, ed. and Introduction by David Miller(New Haven: Yale University Press, 2007)에도

수록되었는데, 이 책의 우리말 번역본은 마이클 왈저, 최홍주 옮김, 『마이클 왈저, 정치철학 에세이』(서울: 모티브북, 2009).

122) Walzer, *Interpretation and Social Criticism*, p.28, p.88.

123) 같은 책, p.49.

124) Walzer, "Justice Here And Now," Frank S. Lucash, ed., *Justice and Equality Here And Now*(Ithaca: Cornell University Press, 1986), p.149.

125) Walzer, "*Spheres of Justice*: An Exchange," *The New York Review of Books*(1983), p.43.

126) Walzer, *The Company of Critics*, p.234.

127) Michael Walzer, *Universalism and Jewish Values*(New York: Carnegie Council, 2001), p.20.

128) Walzer, "A Particularism of My Own," *Religious Studies Review*, Vol. 16 (1990), p.196. 강조 부가.

129) Walzer, *Thick and Thin*, p.5.

130) Rawls, *A Theory of Justice*(1971), p.302. 서구의 정치문화에 내재한 직관적 신념을 기초로 다양한 교설들 사이의 정치적인 중첩적 합의를 추구하는 John Rawls, *Political Liberalism*(New York: Columbia University Press, 1993) 이후 롤스가 취한 철학적 방법론이 월저의 특수주의적인 공동체주의와 접근하고 있다는 주장은 다음과 같다. 우선 우리말 번역본은 존 롤즈, 장동진 옮김, 『정치적 자유주의』(서울: 동명사, 1998) 참조. Rainer Frost, *Contexts of Justice*(Berkeley: University of California Press, 2002), p.173; Georgia Warnke, "Walzer, Rawls, and Gadamer: Hermeneutics and Political Theory," Kathleen Wright, ed., *Festivals of Interpretation* (Albany: State University of New York Press, 1990), p.145; Warnke, *Justice and Interpretation*, pp.vii-viii 참조.

131) 롤스는 분배적 정의에서 자신의 입장을 민주주의적 평등이라고 밝힌 바 있다. 존 롤즈, 황경식 옮김, 『정의론』, p.111.

132) Walzer, "Response," Miller and Walzer, ed., *Pluralism, Justice, and Equality*, p.282.

133) 신분의 평등은 David Miller, "Complex Equality," Miller and Walzer, ed., *Pluralism, Justice, and Equality*, p.204. '처지의 평등'이라는 해석은 구승회, 「마이클 테일러의 정의사회에의 비전: 존 롤즈, 마이클 왈처와의 비교」, 『국민윤리연구』, 제46집(2001), p.298.

134) Walzer, "Response," Miller and Walzer, ed., *Pluralism, Justice, and Equality*, p.284.

135) 같은 논문, p.283; Walzer, "Exclusion, Injustice, and the Democratic State," *Dissent*(Winter, 1993), p.61.

136) Walzer, "Exclusion, Injustice, and the Democratic State," p.62; Walzer, "Response," Miller and Walzer, ed., *Pluralism, Justice, and Equality*, p.292.

137) Steven Kautz, *Liberalism and Community*(Ithaca: Cornell University Press, 1995), p.199.

138) Chris Armstrong, "Philosophical Interpretation in the Work of Michael Walzer," *Politics*, Vol. 20(2000), p.87; Sheila Briggs, "The Politics of Identity and the Politics of Interpretation," *Union Seminary Quarterly Review*, Vol. 43(1989), p.177.

139) Bellamy, "Justice in the Community: Walzer on Pluralism, Equality and Democracy," p.175.

140) Walzer, *Thick and Thin*, pp.50-51; Walzer, "The Politics of Difference: Statehood and Toleration in a Multicultural World," *Ratio Juris*, Vol. 10 (1997), pp.165-176.

141) Bellamy, "Gramsci and Walzer on the Intellectual as Social Critics," p.143.

142) Walzer, *Interpretation and Social Criticism*, p.27; Walzer, "Exclusion, Injustice, and the Democratic State," pp.55-64.

143) Cf. Walzer, *The Company of Critics*, p.5.

144) Joseph Raz, "Morality as Interpretation," *Ethics*, Vol. 101(1991), p.398.

145) Dworkin, "*Spheres of Justice*: An Exchange," p.45; Shapiro, *Political Criticism,* pp.75-82.

146) 인용과 보편적인 원칙 필요성 모두 Rawls, *Political Liberalism*, p.44. 그리고 p.44, 47n; p.46, 49n 참조.

147) Walzer, "The Politics of Difference," pp.165-176.

148) Bellamy, "Justice in the Community: Walzer on Pluralism, Equality and Democracy," p.169; Richard Arneson, "Against 'Complex' Equality," Miller and Walzer, ed., *Pluralism, Justice, and Equality*, p.233.

149) 월저는 복합평등이 모든 사회계층을 통해서 달성되기보다는 3분의 2 이상의 계층에서 달성되며, 나머지 3분의 1은 기본적으로 실직 상태에 있으며 생산과 분배 영역들에서 제외되고 있다고 인정한다. Walzer, "Pluralism and Social Democracy," *Dissent*(Winter, 1998), p.49.

150) Walzer, "Response," Miller and Walzer, ed., *Pluralism, Justice, and*

Equality, p.284; Walzer, *Think and Thin*, p.35.

151) Walzer, "Exclusion, Injustice, and the Democratic State," p.62.

152) Emily R. Gill, "Walzer's Complex Equality," *Polity*, Vol. 20(1987), p.47. Cf. Walzer, *The Company of Critics*, p.16.

153) Walzer, *Thick and Thin*, p.2

154) 같은 책, p.27; Walzer, "The Communitarian Critique of Liberalism," p.21.

155) Walzer, *The Company of Critics*, pp.12-16, p.17.

156) Wanke, "Walzer, Rawls, and Gadamer," p.137.

157) Nozick, *Anarchy, State, and Utopia* ; Warnke, "Walzer, Rawls, and Gadamer," pp.152-153.

158) David Miller, "Two Ways to Think about Justice," *Politics, Philosophy & Economics*, Vol. 1(2002), p.25.

159) Walzer, "A Response: Shared Meanings in a Poly-Ethnic Democratic Setting," p.405.

160) Walzer, *Universalism and Jewish Values*, p.12.

161) 월저의 최소적 보편주의와 최대적 특수주의를 '아시아적 가치 논쟁'에 적용 하려는 시도는 Joseph Chan, "Thick and Thin Accounts of Human Rights: Lessons from the Asian Values Debate," M. Jacobsen and O. Bruun, ed., *Human Rights and Asian Values*(Richmond: Curzon, 2000), pp.59-73 참 조.

162) 박정순, 「특별대담. 미국 정치철학자 마이클 왈쩌 교수: 자유주의의 공동체 주의적 보완과 다원적 평등사회로의 철학적 선도」, 『철학과 현실』, 통권 제 45호(2000년 여름호), pp.153-155; Walzer, *Thick and Thin*, pp.58-61, p.67.

163) Walzer, "Liberalism and the Art of Separation," p.315-330.

제3장   마이클 월저의 정의전쟁론

1) 인용은 B. H. Hart, *Strategy*, 2nd rev. ed.(New York: Praeger Publisher, 1974), p.339. 서두의 관점은 Paul Ramsey, *The Just War*(New York: Charles Scribner's Sons, 1968), p.503.

2) Inis L. Claude, Jr., "Just Wars: Doctrine and Institutions," *Political Science Quarterly*, Vol. 95(1980), p.87. 전쟁 양 교전 당사자에 대한 정의 여부 판 정론은 "just and unjust half-war doctrine"이라고 명명된다. 월저의 경우는 어느 한 당사자만이 정당하거나 혹은 두 당사자 모두 부정의하다는 입장을

취하는 것으로 해석된다. Brian Orend, *Michael Walzer on War and Justice* (Montreal: McGill-Queen's University press, 2000), p.93. 국내에서 정의전 쟁론(just war theory or doctrine)은 정전론(正戰論), 정당전쟁론, 의로운 전 쟁론, 정의로운 전쟁론 등으로 다양하게 번역되고 있다. 여기서는 편의상 상 황에 따라 정의전쟁론 혹은 정의로운 전쟁, 부당한 전쟁, 부정의한 전쟁이라 는 용어를 사용하였다.

3) Josef L. Kunz, "Bellum Justum and Bellum Legale," *The American Journal of International Law*, Vol. 45(1951), p.528.

4) Claude, "Just Wars: Doctrine and Institutions," p.88; Nicholas Rengger, "On Just War Tradition in the Twenty-First Century," *International Affairs*, Vol. 78(2002), pp.353-354.

5) Gary Wills. "What is a Just War?" *The New York Review of Books*(Nov. 18, 2004), p.5.

6) Michael Walzer, *Just and Unjust Wars: A Moral Argument with Historical Illustrations*(New York: Basic Books, 1977), p.xiv. 이후 제4판까지 출간된 다. 본장에서는 제1판인 1977년판을 기본적 전거로 하였다. 우리말 번역본 은 마이클 월저, 권연근 · 김덕현 · 이석구 옮김, 『마르스의 두 얼굴: 정당한 전쟁 · 부당한 전쟁』(서울: 연경문화사, 2007). 정의전쟁론에 대한 저자의 졸 고 이외에 정의전쟁론에 대한 광범위하고도 심층적인 논의는 정태욱, 『자유 주의 법철학』(파주: 한울아카데미, 2007), 제6장 "정전론과 월저의 이론," pp.155-189 참조. 특히 3절 "월저의 정전론의 사상론적 기초"를 저자의 졸고 와 비교하면서 읽으면 많은 도움을 받을 것으로 사료된다. 그리고 4절에서 "월저의 선제 방어전쟁론"을 다루고 그것을 비판적으로 고찰하고 있는 점이 돋보인다. 이 논문은 정태욱, 「마이클 월저의 정전론(正戰論)에 대한 소고」, 『법철학연구』, 제6권 1호(2003), pp.157-184를 전재한 것이다.

7) Rengger는 "명확하게 정의전쟁론의 전통에 대한 최근의 가장 중요한 학문적 재고찰"이라는 찬사를 던진다. Rengger, "On Just War Tradition in the Twenty-First Century," p.535. 그리고 Elshtain은 "비신학자에 의해서 전개 된 정의전쟁론에 대한 가장 명석한 현대적 고찰"이라고 평가한다. Jean B. Elshtain, "Reflections On War and Political Discourse," *Political Theory*, Vol. 13(1985), p.46.

8) Walzer, *Just and Unjust Wars*, p.xiv; Elshtain, "Reflections On War and Political Discourse," p.46.

9) Walzer, *Just and Unjust Wars*, p.15, p.xv.

10) 같은 책, p.xvi.

11) Walzer, "Preface to the Second Edition, *Just and Unjust Wars*, 2nd

ed.(1992); Walzer, "*The Triumph of Just War Theory and the Dangers of Sucess,*" *Social Research*, Vol. 69(2002), pp.925-943.

12) David Ahrens, *Christian Contribution to Just War Theory*(U.S. Army War College, 1999), p.6; 강사문, 「정당전쟁론에 대한 성서적 해석」, 『기독교 사상』, 제35권, 제4호(1991), p.45.

13) Walzer, "*The Triumph of Just War Theory and the Dangers of Sucess,*" p.925.

14) 같은 논문, p.926에서 재인용. Francisco de Vitoria, *Political Writings*, ed. Anthony Pagden and Jeremy Lawrence(Cambridge: The University Press, 1991), pp.302-304.

15) Walzer, "*The Triumph of Just War Theory and the Dangers of Sucess,*" p.926.

16) 같은 논문, p.926.

17) 니콜로 마키아벨리, 신동준 옮김, 『마키아벨리 군주론』(고양: 인간사랑, 2014).

18) Walzer, "*The Triumph of Just War Theory and the Dangers of Success,*" p.927.

19) 같은 논문, p.928.

20) 같은 논문, p.930.

21) 같은 논문, p.932.

22) Walzer, "Preface to the Third Edition," *Just and Unjust Wars*, 3rd ed. (2000), p.xi. 9 · 11 테러 사건 이후 미국의 군사 대응 작전명은 '무한 명분 작전(Operation Infinite Cause)'이었다. 이슬람 진영에서는 오직 알라신만이 무한 명분을 보장할 수 있다고 반박했다. 그 이후 작전명은 아무튼 '지속 평화 작전(Operation Enduring Freedom)'으로 변경되었다. 자세한 논의는 Netha C. Crawford, "Just War Theory and the U.S. Counterterror War," *Perspectives On Politics*, Vol. 1(2003), pp.12-14,

23) Walzer, "The Triumph of Just War Theory and The Dangers of Success," p.942; Walzer, "Preface to the Second Edition," *Just and Unjust Wars*, 2nd ed.(1992), p.xii. 이러한 월저의 주장은 그의 사회비판이론에 근거한다. 이러한 비판 가능성은 '해석적인 내재적 혹은 연관적 비판'으로 지배세력의 보편적 위장의 자기 전복적 요소와 공언된 이상과 현실 사이의 모순을 적나라하게 밝혀낼 수 있다는 신념에서 나온다. 월저의 사회비판이론은 Walzer, *Interpretations and Social Criticism*(Cambridge: Harvard University Press, 1987). 마이클 왈쩌, 김용환 · 박정순 · 윤형식 · 정원섭 옮김, 『자유주의를 넘어서: 자유주의의 한계와 그 보완의 과제』(서울: 철학과현실사, 2001), 제2강

연 "토론정치와 그 한계," pp.70-118 참조. 그리고 저자의 졸고, 박정순, 「마이클 왈쩌의 공동체주의」, 『철학과 현실』, 통권 제41호(1999년 여름호), pp.175-198; 박정순, 「공동체주의적 사회비판의 가능성: 마이클 왈쩌의 논의를 중심으로」, 『범한철학』, 제30집(2003년 가을호), pp.211-247. 저자의 졸고 두 논문은 본서 제1장과 제2장에 수록되었다.

24) Crawford, "Just War Theory and the U.S. Counterterror War," p.20.

25) 입문용 논문으로는 홍창의, 『마이클 왈쩌(Michael Walzer)의 전쟁론 연구와 비판적 고찰』(서울: 중앙대학교 대학원 석사학위논문, 2013) 참조.

26) Walzer, *Just and Unjust Wars*, p.15, p.44, p.xvi.

27) 같은 책, p.21.

28) 같은 책, p.xvi, p.54.

29) 같은 책, pp.12-14.

30) 같은 책, p.64, p.301.

31) Walzer, "Preface to the Third Edition," *Just and Unjust Wars*(2000), p.vi; Walzer, *Just and Unjust Wars*, p.301.

32) Walzer, *Just and Unjust Wars*, p.63.

33) 같은 책, p.16.

34) Michael Walzer, *Thick and Thin: Moral Argument at Home and Abroad* (Notre Dame: Notre Dame University Press, 1994), p.4, p.50. 자세한 논의는 저자의 졸고 박정순, 「공동체주의적 사회비판의 가능성: 마이클 월저를 중심으로」, pp.228-229 참조. 본서 제2장에 수록됨.

35) Walzer, *Just and Unjust Wars*, p.15.

36) 같은 책, p.44.

37) Orend, *Michael Walzer on War and Justice*, p.61. Orend의 저작은 월저의 정의전쟁론에 관한 가장 포괄적인 비판적 논의를 제공하고 있다. 또 다른 포괄적 논의로서는 월저의 정의론에 관한 Dixon의 박사학위논문을 들 수 있을 것이다. James Burrell Dixon, *A Critical Analysis of Michael Walzer's Just War Theory*(Ph. D. Dissertation. University of Arizona, 1980). 국내 논문으로는 이미 언급한 월저의 정의전쟁론을 선제 방어전쟁을 중심으로 다룬 정태욱의 논문이 있다. 그리고 월저의 정의전쟁론의 역사적 배경과 현대적 전개를 논의한 김태현, 『정전론 연구: 그 역사적 배경과 현대적 전개를 중심으로』(서울대학교 대학원 정치학 석사학위논문, 1983) 참조. 그리고 이 책에서는 두세 편만 언급하고 구체적으로 다루지 못했지만 *Philosophy and Public Affairs*(1980)와 *Ethics & International Affairs*(1997)에 월저의 정의전쟁론에 대한 특집이 있다. 이러한 특집에는 월저의 답변도 전개된다. 걸프 전쟁

과 보스니아 사태로 월저의 *Just and Unjust Wars: A Moral Argument with Historical Illustrations*(New York: Basic Books, 1977) 출간 20주년을 기념하는 5개의 논문과 월저의 응답("A Response," pp.99-104)으로 이루어진 특집이 *Ethics and International Affairs*, Vol. 11(1997)에 실렸다. 1개의 소개 논문과 4개의 비판 논문은 다음과 같다. Terry Nardin, "*Just and Unjust Wars* Revisited," pp.1-1; Michael Joseph Smith, "Growing Up With *Just and Unjust Wars*: An Appreciation," pp.3-18; David C. Hendrickson, "In Defence of Realism: A Commentary on *Just and Unjust Wars*," pp.19-53; Theodore J. Koontz, "Noncombatant Immunity in Michael Walzer's *Just War and Unjust Wars*," pp.55-82; Joseph Boyle, "*Just and Unjust Wars*: Casuistry and Boundaries of the Moral World," pp.83-98. 그 외 저널에 많은 리뷰를 찾아볼 수 있다. 그리고 월저의 정의전쟁론 출간 35년을 기념하여 Gabriella Blum and J. H. H. Weiler, ed., *Just and Unjust Warriors: Marking the 35th Anniversary of Walzer's Just and Unjust Wars*, *European Journal of International Law*, Vol. 24, No. 1(Feb., 2013) 특집이 있다.

38) Walzer, *Just and Unjust Wars*, p.xv.

39) 같은 책, P.5.

40) 같은 책, p.xvi.

41) 같은 책, p.45.

42) Hedley Bull, "Recapturing the Just War for Political Theory," *World Politics*, Vol. 15(1979), p.596; Joseph Boyle "*Just and Unjust Wars*: Casuistry and Boundaries of the Moral World," *Ethics & International Affairs*, Vol. 11(1997), pp.83-98.

43) Rengger, "On Just War Tradition in the Twenty-First Century," p.360. Rengger는 Albert Jonson and Stephen Toulmin, *The Abuse of Casuistry: A History of Moral Reasoning*(Berkeley: University of California Press, 1988)의 저작에 의거하여 이러한 주장을 펼친다. 앨버트 존슨 · 스티븐 툴민, 권복규 · 박인숙 옮김, 『결의론의 남용: 도덕추론의 역사』(서울: 이화여자대학교 생명의료법연구소, 2011). 그리고 Claude, "Just Wars: Doctrines Institutions," p.87 참조.

44) Claude, "Just Wars: Doctrines and Institutions," p.87; 문시영, 「집단행동의 사회윤리학적 과제, 의로운 전쟁론에서 본 의사파업」, 『한국 기독교 신학논총』(2001), p.138.

45) 이러한 관점에서 포션은 정의전쟁론에서 전쟁 개시의 정의와 전쟁 수행의 정의에서 그 복수적 원칙들이 어떤 중요한 방식으로 순서가 매겨져 있지 않다는 것을 지적한다. 따라서 정의전쟁론은 구체적인 상황에서 합의가 도출되

도록 특별히 고안된 것이 아니라고 본다. 니콜라스 포션, 「전쟁에 대한 세 가지 접근법: 평화주의, 현실주의, 정의전쟁론」, 앤드류 볼즈 엮음, 김한식 · 박균열 옮김, 『국제정치에 윤리가 적용될 수 있는가』(서울: 철학과현실사, 2004), pp.81-82. 물론 그러한 원칙들은 하나의 이론체계로 볼 것인가, 체크리스트로 볼 것인가, 그리고 어느 때 필요조건, 충분조건, 필요충분조건이 되는가에 대한 많은 논란이 제기된 것도 사실이다. 월저는 전쟁 개시의 정의에 관련해서 '정당한 명분(just cause)'을 중시하고, '비례성'과 '최후의 수단'은 경시하는 입장을 보인다. Walzer, "Preface to the Second Edition," *Just and Unjust Wars*(1992), p.xiii.

46) Walzer, *Just and Unjust Wars*, p.21.

47) 포션, 「전쟁에 대한 세 가지 접근법: 평화주의, 현실주의, 정의전쟁론」, p.68.

48) Walzer, *Just and Unjust Wars*, p.3.

49) Claude, "Just Wars: Doctrines and Institutions," p.84.

50) Orend, *Michael Walzer on Just War and Justice*, p.4. Orend는 세 가지로 정리했으나, 네 번째 명제는 누락되었으므로 본서의 저자가 추가한 것이다.

51) 이와 관련하여 정의전쟁론이 성가를 드높였던 16세기에서 17세기 사이의 전쟁은 인류 역사상 가장 잔인하고 참혹한 전쟁들이 발발했다는 역사적 주장이 제기되기도 한다. Robert L. Holmes, "Can War Be Morally Justified? The Just War Theory," Jean B. Elshtain, ed., *Just War Theory*(New York: New York University Press, 1992), p.198. 그러나 이것은 원인과 결과를 혼동하는 '마차를 말 앞에 놓는 오류'가 될 수도 있다. 우리는 참혹한 전쟁을 제어하기 위해서 정의전쟁론이 성행했다고 해석할 수도 있기 때문이다. 정의와 참혹한 전쟁의 발생에 대한 전반적인 논의는 David A. Welch, *Justice and the Genesis of War*(Cambridge: Cambridge University Press, 1993).

52) Walzer, *Just and Unjust Wars*, p.110.

53) Elshtain, "Epilogue: Continuing Implications of the Just War Tradition," Jean B. Elshtain, ed., *Just War Theory*, p.328. Cf. Walzer, *Just and Unjust Wars*, p.253.

54) Walzer, *Just and Unjust Wars*, p.122; Walzer, "Preface to the Second Edition," *Just and Unjust Wars*(1992), p.xvii.

55) Walzer, "Preface to the Second Edition," *Just and Unjust Wars*(1992), pp.xi-xii; Walzer, "The Triumph of Just War Theory and The Dangers of Sucess," p.926, p.942.

56) "Just War Tradition," *The Pew Forum On Religion & Public Life*(2000), p.1. http://pewforum.org/just-war/

57) Orend, *Michael Walzer on War and Justice*, p.69.

58) Walzer, *Just and Unjust Wars*, p.252. 칸트는 "당위는 가능성을 함축한다" 는 윤리학의 기본 원칙을 *Religion Within the Boundaries of Moral Reason*, 6: 50과 *Critique of Pure Reason*, A548/B576에서 제시했다. "Ought implies can"(Wikipedia) 참조. 저자의 졸저, 박정순, 『마이클 샌델의 정의론, 무엇이 문제인가』(서울: 철학과현실사, 2016), 제2장, 후주 107, p.449 참조.

59) Orend, *Michael Walzer on War and Justice*, p.70.

60) "Just War Tradition," *The Pew Forum On Religion & Public Life*, p.1; Claude, "Just Wars: Doctrines and Institutions," p.96.

61) Walzer, *Just and Unjust Wars*, p.332. 월저는 걸프 전쟁과 관련하여 사담 후세인의 이라크와 같은 국가의 침략을 용인하는 것은 '반평화주의적 결과' 를 가져올 것이라고 지적한다. Walzer, "Preface to the Second Edition," *Just and Unjust Wars*(1992), p.xvi.

62) Walzer, *Just and Unjust Wars*, p.333.

63) 같은 책, pp.334-335. 월저의 평화주의에 대한 보다 자세한 비판은 Orend, *Michael Walzer on War and Justice*와 정태욱, 「마이클 월저의 정전론에 대 한 소고」 참조.

64) 자유주의라는 해석은 Bull, "Recapturing the Just War for Political Theory," p.597. 월저 자신은 개인적 집단적 권리론의 근거로서 사회계약론을 든다. Walzer, *Just and Unjust Wars*, p.54.

65) Walzer, *Just and Unjust Wars*, p.xvi.

66) 같은 책, p.129.

67) 같은 책, p.135, p.231.

68) 같은 책, p.xvi, p.230.

69) 같은 책, pp.228-232.

70) 같은 책, pp.263-268.

71) 가장 큰 스캔들과 비일관성으로 보는 것은 Orend, *Michael Walzer on War and Justice*, p.80; Bull, "Recapturing the Just War for Political Theory," p.148; Dixon, "A Critical Analysis of Michael Walzer's Just War Theory," p.160.

72) Walzer, *Just and Unjust Wars*, p.228.

73) 같은 책, p.232.

74) 같은 책, p.xvi.

75) 정의전쟁론의 도덕철학적 기초로서 공리주의에 대한 논의는 이민수, 『전쟁 과 도덕: 도덕적 딜레마의 해결방안 모색』(서울: 철학과현실사, 1998)과

Nick Fotion, Bruno Coppieters, and Ruben Apressyan, "Introduction," Bruno Coppieters and Nick Fotion, ed., *Moral Constraints on War: Principles and Cases*(Lanham: Lexington Books, 2002), pp.23-25 참조. 정의전쟁론의 원칙들 속에는 비례성의 원칙, 승리 가능성의 원칙 등 공리주의적 고려를 필요로 하는 원칙들이 있으므로 정의전쟁론에서 공리주의가 완전히 배제되기는 어려울 것이다. 신원하, 『전쟁과 정치: 정의와 평화를 향한 기독교 윤리』, p.201. 월저도 이 점을 인정하고 있지만, 이 두 가지 원칙만 가지고는 인권의 침해에 대한 보장이 되기 어렵다고 본다. Walzer, *Just and Unjust Wars*, p.231.

76) Walzer, *Just and Unjust Wars*, p.xvi.

77) 같은 곳.

78) Bull, "Recapturing the Just War Theory for Political Theory," p.599.

79) Nick Fotion, Bruno Coppieters, and Ruben Apressyan, "Introduction," p.18.

80) Walzer, *Just and Unjust Wars*, p.21.

81) 같은 책, pp.231-232. 전쟁 자체 혹은 개시의 정의를 위하여 전쟁 수행의 정의를 압도할 수밖에 없는 상황을 월저는 '전쟁의 딜레마(dilemmas of war)'라고 명명한다. 그의 논란이 많은 '극도의 비상상황론'도 이러한 관점에서 나온 것이다. Walzer, *Just and Unjust Wars*, Part IV "Dilemmas of War". 현대 정의전쟁론의 부활이 본질적으로 전쟁 개시의 정의의 부활이라고 보는 것은 Rengger, "On Just War Tradition in the Twenty-First Century," p.358; Claude, "Just Wars: Doctrines and Institutions," p.88. 우리가 본장 1절에서 언급했던 국가이성에 따른 전쟁의 개시를 국가의 주권적 권리로 보는 현실주의의 경우는 국가는 무제약적 전쟁 개시의 정당성을 갖는다. 흔히 이러한 관점에서 전통적 정의전쟁론은 전쟁 자체의 정의를 판정할 수 있는 차별적 전쟁관으로, 그리고 현실주의는 전쟁 자체의 정의 여부를 판정할 수 없는 무차별적 전쟁관으로 구분되며, 후자는 오히려 전쟁 수행의 정의에 중점을 둔다. Claude, "Just Wars: Doctrines and Institutions," p.980. 무차별적 전쟁관은 임덕규, 『국제법상의 정전론』(서울대학교 대학원 법학 박사학위논문, 1985), pp.60-62 참조. 월저도 무차별적 전쟁관의 편린을 보인다. 즉, 전쟁 개시의 정의로 볼 때 정의로운 전쟁이나 부정의한 전쟁에 참여하는 병사는 전쟁 수행의 정의의 관점에서 볼 때 모두 '도덕적 동등성'을 갖는다. Walzer, *Just and Unjust Wars*, p.34, p.127.

82) Orend, *Michael Walzer on War and Justice*, p.4, p.87; 포션, 「전쟁에 관한 세 가지 접근법: 평화주의, 현실주의, 정의전쟁론」, pp.70-76.

83) Walzer, *Just and Unjust Wars*, p.71, p.129; Walzer, "Preface to the Second Edition," *Just and Unjust Wars*(1992), pp.xvi-xviii. 여기서 월저는 미국의

걸프 전쟁 참전이 비록 중동에서의 세력 확장과 석유 자원 확보라는 제국주의적 동기와 경제적 목표가 감추어져 있더라도, 후세인의 침략을 물리칠 능력이 없는 쿠웨이트를 위해 지원 전쟁을 한 것은 정당하다고 본다. 그리고 최후의 수단 원칙은 정당한 개입을 반대하는 국가들의 구실로 사용되었으며 결국 전쟁을 불가능하게 만든다고 본다. 아울러 비례성의 원칙은 그 계산 가능성의 난점과 불가통약성으로 말미암아 엄밀히 시행되기 힘들다고 본다. 만약 전쟁의 사상자만을 가지고 따진다면 현대전은 언제나 손실이 이득보다 큰 것처럼 보인다는 것이다. 그러나 이라크의 침략을 용인했을 때 오는 '반평화주의적 결과'는 너무나도 엄청날 것이라고 주장한다. Walzer, "Preface to the Third Edition," *Just and Unjust Wars*(2000), p.xvi.

84) Walzer, *Just and Unjust Wars*, p.107.

85) 같은 책, p.67. 이것은 크고 힘 센 국가가 언제나 전쟁에 승리하는 것은 아니라는 속설을 반영한 것이지만, 유화책에 대한 월저의 적극적 반대에서도 드러난다. 러시아와 핀란드 전쟁의 결과는 러시아로부터 유화책으로 제안받은 것보다 더 나쁜 것으로 판명되었다. 핀란드의 대응은 결국 영토도 줄어들고, 양측에 많은 사상자를 발생시켰다. 그러나 월저는 핀란드의 독립이 지켜졌다는 것은 다른 어떤 손실과도 대비할 수 없는 소중한 것이라고 강조한다. 같은 책, p.107. 그리고 정태욱, 「마이클 월저의 정전론에 대한 소고」, p.178 참조.

86) Walzer, *Just and Unjust Wars*, pp.51-52.

87) 같은 책, p.53.

88) 같은 책, p.xvi.

89) 같은 책, p.91.

90) 같은 책, p.58, p.54.

91) Lucinda Peach, "An Alternative to Pacifism?: Feminism and Just-War Theory," *Hypatia*, Vol. 9(1994), p.161; David Luban, "The Romance of Nation-State," *Philosophy and Public Affairs*, Vol. 9(1980), p.392; Gerald Doppelt, "Statism without Foundations," *Philosophy and Public Affairs*, Vol. 9(1980), p.398.

92) Walzer, "Moral Standing of the State," *Philosophy and Public Affairs*, Vol. 9(1980). p.211.

93) Michael Walzer, *Spheres of Justice: A Defence of Pluralism and Equality* (New York: Basic Books, 1983), p.31. 월저의 공동체주의 사상과 분배적 정의는 본서 제1장 "마이클 월저의 공동체주의"와 제4장 "복합평등의 철학적 기원" 참조.

94) Walzer, *Just and Unjust Wars*, p.254.

95) 같은 책, p.325.

96) 같은 책, p.59. 본장인 제3장, 후주 2에서 언급한 것처럼 월저는 전쟁의 양 당사자 모두 부정의한 경우도 지적한다. 그러한 경우는 귀족주의적 기사들의 자의적인 쟁투, 마르크스가 언급한 제국주의적 세력 확장을 위한 전쟁 등이 있다. 같은 책, p.26, p.60.

97) Walzer, *Just and Unjust Wars*, pp.61-62. 법리주의 모형에 대한 자세한 논 의는 김태현, 『정전론 연구: 그 역사적 배경과 현대적 전개를 중심으로』, pp.59-64 참조.

98) Walzer, *Just and Unjust Wars*, p.72.

99) 같은 책, p.253.

100) 같은 책, p.85.

101) 같은 책, p.81.

102) 같은 책, p.82. 이러한 관점에서 선제공격은 선제공격적 방어전쟁이라고 좀 더 자세히 표기될 수 있다. 정태욱, 「마이클 월저의 정전론에 대한 소고」는 월저의 선제공격적 방어전쟁론을 주제적으로 다루고 있다.

103) Walzer, *Just and Unjust Wars*, p.90.

104) 같은 책, pp.96-99. 월저는 미국의 베트남 전쟁 참전을 월맹의 월남 침략에 대항하는 국제법의 강제 구현으로서의 지원 전쟁이 아니며, 오히려 내전 상황에 관련된 역개입으로 해석한다. 같은 책, p.97. 월남 정부에 대한 각 종 전복 활동, 테러, 베트콩 게릴라전 지원 등의 은밀한 군사작전을 편 월 맹의 부당한 개입에 대한 미국의 역개입은 그렇지만 자조적 능력과 합법성 을 결여한 월남 정부에 대한 지원이었으므로 부당한 역개입이었다고 해석 한다. 같은 책, p.79. 그런데 한국전쟁에서 미국과 국제연합의 참전 결정은, 남한에서 좌익 전복 활동이 내전이 될 정도로 전개된 것이 아니고, 또한 남한 정부는 상당한 지지를 통해 합법성을 가지고 있었으므로, 북한의 침 략에 맞서는 남한의 정당한 방어전쟁을 돕는 국제법의 강제 실현을 위한 지원 전쟁에 해당한다고 해석한다. 이것은 법리주의 모형 네 번째 원칙에 해당한다. 같은 책, p.100.

105) 같은 책, pp.101-108.

106) 같은 책, pp.121-122; Walzer, "Preface to the Third Edition," *Just and Unjust Wars*(2000), p.xvii

107) 허용 범위가 넓다는 비판은 Stanley Hoffmann, *Duties Beyond Boarders: On the Limits and Possibilities of Ethical International Politics*(Syracuse: Syracuse University Press, 1981), p.147. 허용 범위가 좁다는 비판은

Dixon, *A Critical Analysis of Michael Walzer's Just War Theory*, p.185.

108) Charles R. Beitz, "Nonintervention and Community Integrity," *Philosophy and Social Criticism*, Vol. 9(1980), pp.358-391.

109) Walzer, "Moral Standing of States," pp.211-212.

110) Walzer, *Thick and Thin*, p.10, p.50.

111) 같은 책, p.50. 인권에 관한 논의는 졸고 박정순, 「공동체주의적 사회비판의 가능성: 마이클 왈쩌를 중심으로」, pp.228-229. 본서 제2장에 수록됨. 그리고 박정순, 「인권 이념의 철학적 고찰」, 『철학과 현실』, 통권 68호(2006년 봄호), pp.34-62.

112) 통상적으로 전쟁 수행의 정의는 비전투원을 배제하는 차별성의 원칙, 제한된 목표물, 비례적 수단 사용 등의 원칙이 있다. 신원하, 『전쟁과 정치』, p.207; 포션, 「전쟁에 대한 세 가지 접근법」, p.76. Orend는 월저가 세 가지 원칙을 제시했다고 해석한다. (1) 무해한 비전투원인 일반시민들은 전투 행위의 직접적 공격 대상이 되어서는 안 된다. (2) 전투 행위에서 이득과 손실의 비례가 달성되도록 고려되어야 한다. (3) 인류의 도덕적 양심을 경악시키는 사악한 무기나 방법이 사용되어서는 안 된다. 그 예는 강간이나 핵무기 사용 등이다. Orend, *Michael Walzer on War and Justice*, p.5.

113) Walzer, *Just and Unjust Wars*, p.44, p.127.

114) 같은 책, p.21, p.127. 본장, 후주 81 참조.

115) 같은 책, p.58, p.127.

116) 같은 책, p.289, p.304.

117) 같은 책, p.127.

118) 같은 책, p.135.

119) 같은 책, p.138.

120) 임종식은 '이중효과의 원리'보다는 '이중결과의 원리'로 번역되는 것이 더 적절하다고 주장한다. 이중결과의 원리는 행동의 결과적 측면을 통해 도덕적 옳고 그름을 판결하는 원칙이라는 관점에서 그러하다는 것이다. 임종식, 『생명의 시작과 끝: 생명의료입문서』(서울: 도서출판 로뎀나무, 1999), p.72.

121) Walzer, *Just and Unjust Wars*, p.153.

122) 같은 곳.

123) Alison MacIntyre, "Doing Away with Double Effect," *Ethics*, Vol. 111 (2001), p.220; 임종식, 『생명의 시작과 끝』, p.84.

124) Walzer, *Just and Unjust Wars*, p.155.

125) 같은 책, p.156.

126) Orend, *Michael Walzer on War and Justice*, pp.120-121.

127) Walzer, *Just and Unjust Wars*, p.229.

128) 같은 책, p.170.

129) 같은 책, p.198.

130) 같은 책, p.229.

131) 같은 책, p.239, p.252.

132) 같은 책, p.253.

133) 같은 책, p.261.

134) 같은 책, p.228.

135) 같은 책, pp.270-271.

136) 같은 책, p.282.

137) 신원하, 『전쟁과 정치』, p.218.

138) Laurie Calhoun, "The Metaethical Paradox of Just War Theory," *Ethical Theory and Moral Practice*, Vol. 4(2001), pp.41-58.

139) Orend, *Michael Walzer on War and Justice*, p.80; Elshtain, "Epilogue: Continuing Implications of the Just War," p.328.

140) Robert Holmes, "Can War Be Morally Justified? The Just War Theory," p.198; William O'Brien and John Langan, ed., *The Nuclear Dilemma and The Just War Tradition*(Lexington, MA: Lexington Books, 1986).

141) Orend, *Michael Walzer on War and Justice*, p.6.

142) Walzer, *Just and Unjust Wars*, pp.121-122.

143) 같은 책, p.288.

144) 같은 책, p.292.

145) 같은 책, p.301.

146) Walzer, "Preface to the Third Edition," *Just and Unjust Wars*(2000), p.xvi.

147) Walzer, *Just and Unjust Wars*, p.309.

148) 같은 책, p.323. 월저는 일찍이 정치 지도자의 '더러운 손'의 문제를 제기하고 천착한 바 있다. Walzer, "Political Action: The Problems of Dirty Hands," *Philosophy and Public Affairs*, Vol. 2(1973), pp.160-180.

149) Walzer, "Preface to the Third Edition," *Just and Unjust Wars*(2000), p.xvi; Walzer, "The Triumph of Just War Theory and the Dangers of Sucess," p.941; Michael Walzer, *Thinking Politically: Essays in Political Theory*, ed. and Introduction by David Miller(New Haven: Yale University Press, 2007). 우리말 번역본은 마이클 왈저, 최홍주 옮김, 『마이클 왈

저, 정치철학 에세이』(서울: 모티브북, 2009). 특히 14장 "인도적 개입에 대한 논쟁", 15장 "인도적 개입을 넘어: 지구촌 사회에서의 인권" 참조.

150) Walzer, "The Politics of Rescue," *Social Research*, Vol. 62(1995), pp.153-161; Walzer, *Just and Unjust Wars*, p.104.

151) Walzer, "The Triumph of Just War Theory and The Dangers of Sucess," p.940.

152) Michael Walzer, *Arguing About War*(New Haven: Yale University Press, 2004). 우리말 번역본은 마이클 왈저, 유홍림 외 옮김, 『전쟁과 정의』(고양: 인간사랑, 2009).

153) Walzer, "The Four Wars of Israel/Palestine," *Dissent*(Fall, 2002), pp.26-33.

154) Walzer, "An Interview with Michael Walzer," *Imprints*, Vol. 7(2003), p.5.

155) Walzer, "Excusing Terror: The Politics of Ideological Apology," *The American Prospect*, Vol. 12(2001), pp.16-17; Walzer, "Five Questions about Terrorism," *Dissent*(Winter, 2002), pp.5-10.

156) Walzer, "Can There Be a Decent Left?" *Dissent*(Fall, 2002). 월저의 이 논문에 대한 반론은 Paul Street, "Toward A 'Decent Left'?" *Z Magazine*, Vol. 15(2002), pp.1-9.

157) Claude, "Just Wars: Doctrines and Institutions," p.84.

158) Walzer, "An Interview with Michael Walzer," p.6.

159) Walzer, "Preface to the Third Edition," *Just and Unjust Wars*(2000), p.xx; Walzer, "The Triumph of Just War Theory and The Dangers of Sucess," p.931.

160) Walzer, "So Is This a Just War?" *Dissent*(Spring, 2003), p.21.

161) Walzer, "An Interview with Michael Walzer," p.2.

162) Walzer, "So Is This a Just War?" p.21.

163) 정태욱, 「마이클 월저의 정전론에 대한 소고」, p.182; 신원하, 『전쟁과 정치』, p.215, pp.218-219.

164) Walzer, *Just and Unjust Wars*, p.72, p.80.

165) Walzer, "No Strikes: Inspectors Yes, War No," *The New Republic*(Sept., 2002), p.21.

166) Walzer, *Just and Unjust Wars*, p.101.

167) Crawford, "Just War Theory and the U.S. Counterterror War," p.13. 미국 정부가 정의전쟁론을 원용하고 있는 실태는 특히 pp.12-14 참조.

168) Walzer, "Excusing Terror: The Politics of Ideological Apology," p.17;

Walzer, "An Interview with Michael Walzer," p.4.

169) Walzer, "No Strikes: Inspector Yes, War No," p.22.

170) 두 체제의 차이에 대한 논의는 Kunz가 고전적 전거이다. Josef L. Kunz, "Bellum Justum and Bellum Legale," *The American Journal of International Law*, Vol. 45(1951), pp.528-534.

171) Wills는 이것을 가장 큰 공헌으로 꼽는다. Gray Wills, "What is a Just War?" *The New York Review of Books*(Nov. 18, 2004), p.7. 월저도 이것을 강조한다. Walzer, "Preface to the Third Edition," *Just and Unjust Wars*(2000), p.xvi.

172) Crawford, "Just War Theory and the U.S. Counterterror War," p.21.

173) Orend, *Michael Walzer on War and Justice*, p.69. 평화주의에는 비폭력 저항주의만이 아니라 다른 다양한 유형들이 있다. 즉, 절대적 평화주의, 기술발전론적 평화주의, 핵위협 평화주의, 환경론적 평화주의, 실용주의적 평화주의 등이다. Duane L. Cady, "Pacifism," Donald A. Wells, ed., *An Encyclopedia of War and Ethics*(West Port: Greenwood, 1996), pp.375-378.

174) Elshtain, "Epilogue: Continuing Implications of the Just War Tradition," p.328.

175) Peach, "An Alternative to Pacifism?" p.161.

176) 포션, 「전쟁에 관한 세 가지 접근법」, p.83.

177) Peach, "An Alternative to Pacifism?" p.158.

178) Walzer, "Preface to the Third Edition," p.xi; Walzer, "The Triumph of Just War Theory and The Dangers of Sucess," p.926.

179) 이러한 관점에서 사례중심적 결의론의 오용을 논한 것은 본장인 제3장, 후주 43 참조.

180) Claude, "Just Wars: Doctrines and Institutions," pp.87-88; Rengger, "On Just War Tradition in the Twenty-Frist Century," p.360; Crawford, "Just War Theory and U.S. Counterterror War," p.6; 문시영, 「집단행동의 사회윤리적 과제」, p.138.

181) David P. Gushee, "Just War Divide: One Tradition, Two Views," *Christian Century*(August, 2002), p.14.

182) Bull, "Recapturing the Just War for Political Theory," p.596.

183) Walzer, *Just and Unjust Wars*, p.122; Walzer, "Preface to the Third Edition," *Just and Unjust Wars*(2000), p.vii.

184) Walzer, *Just and Unjust Wars*, p.253.

185) Walzer, "The Triumph of Just War Theory and Dangers of Success," p.931.

186) Carla Power, "The New Crusade," *Newsweek*(Nov. 8, 2004), pp.16-19.

187) Walzer, *Just and Unjust Wars*, pp.230-231.

188) 같은 책, p.228, p.254.

189) I. 칸트, 이규호 옮김, 『도덕형이상학/영구평화론』(서울: 박영사, 1974), p.195. 이러한 관점에서 Orend는 칸트처럼 전쟁의 개시, 수행, 종결의 정의에서 공히 의무론적 도덕률을 적용해야 한다고 주장한다. Orend, *Michael Walzer on War and Justice*, p.121.

190) 참전 군인들의 도덕성에 관한 조사에서 부정적 상호성 혹은 보복의 윤리 (negative reciprocity or retaliatory ethic)도 무시할 수 없게 작용하고 있다는 점이 밝혀졌다. Howard Tamashiro, Gregory B. Brunk, and Donald Secrest, "The Underlying Structure of Ethical Beliefs Toward War," *Journal of Peace Research*, Vol. 26(1989), pp.139-152.

191) Walzer, *Just and Unjust Wars*, p.110; Claude, "Just Wars: Doctrines and Institutions," p.90

192) Claude, "Just Wars: Doctrine and Institutions," p.90.

193) Walzer, *Just and Unjust Wars*, p.xv; Walzer, "The Triumph of Just War Theory and Dangers of Success," p.942.

194) Walzer, "An Interview with Michael Walzer," p.8.

195) Walzer, *Just and Unjust Wars*, p.301.

196) Gregory D. Foster, "Just War Doctrine in an Age of Hyperpower Politics," *Humanist*(2004), pp.23-25.

197) 국제연합과 같은 집단 정의전쟁 체제는 Claude, "Just War: Doctrines and Institutions," pp.92-94 참조. 임덕규는 국제연합에 기반한 현대 정의전쟁 체제의 현실적 한계점도 지적하고 있다. 임덕규, 『국제법상의 정전론』, pp.88-90. 월저는 국제연합의 역할에 관해서는 유보적인 태도를 취한다. 그는 국제연합에서의 합의는 보다 민주적이고 포괄적인 국제적 지지에 근거하고 있다는 점에서 중요하다는 점은 인정한다. 그러나 캄보디아나 우간다 사태처럼 결코 국제연합의 합의를 기대할 수 없는 상황도 있으며, 또 그것이 시의적절하게 이루어진다는 보장도 없다고 생각한다. 따라서 월저는 국제연합의 합의에 의거하지 않는 단독 국가 혹은 일군의 국가들에 의한 정당한 인도주의적 개입이 신속하게 요구될 때도 있다고 주장한다. 그는 미국의 스페인 치하에서의 쿠바 개입, 그리고 인도의 방글라데시 개입 등을 다루고 있다. Walzer, *Just and Unjust Wars*, p.107; Walzer, "Preface to

the Third Edition," *Just and Unjust Wars*(2000), pp.xiii-xvi.

198) Walzer, "The Triumph of Just War Theory and The Dangers of Success," p.935. 월저는 도덕적 논증과 동기가 전쟁 담론에서 유일무이한 것이 아니라는 것을 인정한다. 그는 설령 정의전쟁론이 정부 지도자들에게 수용된다고 해도, 전쟁에 관한 담론은 여전히 정치적 경제적 군사적 필요성에 대한 고려를 배제하지 못한다고 생각한다. Walzer, "An Interview with Michael Walzer: Words of War: Challenges to the Just War Theory," *Harvard International Review*(Spring, 2004), p.38.

199) Walzer, "Preface to the Third Edition," *Just and Unjust Wars*(2000), p.xvi.

200) Mark Douglas, "Changing The Rules: Just War in the Twenty-First Century," *Theology Today*, Vol. 59(2003), p.529; 신원하, 『전쟁과 정치』, p.196.

201) Walzer, "The Triumph of Just War Theory and The Dangers of Success," p.934.

202) 같은 논문, p.933, p.937.

203) Walzer, "Preface to the Third Edition," *Just and Unjust Wars*(2000), p.xi.

204) Walzer, "The Triumph of Just War Theory and the Dangers of Success," p.940.

205) 같은 논문, p.936.

206) Crawford, "Just War Theory and the U.S. Counterterror War," pp.14-20.

207) Kunz, "Bellum Justum and Bellum Legale," p.531.

208) 정의전쟁론에서 종교적 문명적 측면을 강조하는 논구는 Simeon O. Ilesanmi, "Just War Theory in Comtemporary Perspectives," *Journal of Religious Ethics*, Vol. 28(2000), pp.139-155.

209) Rengger, "On the Just War Tradition in the First-First Century," p.353; Crawford, "Just War Theory and the U.S. Counterterror War," p.6.

210) 토마스 홉스, 진석용 옮김, 『리바이어던 1』(서울: 나남, 2008), 제1부 제13장, p.172.

제4장 복합평등의 철학적 기원

1) 복합평등은 본서 제1장과 제2장에서 이미 다루었으므로 본장인 제4장 1절에서의 복합평등에 대한 기본적 설명에는 앞의 두 장과 중복되는 부분들이 있다. 제4장에서는 복합평등의 철학적 기원에 대한 문제를 집중적으로 논의하

였다. 본장 3절은 새로 증보한 것이다.

2) Norman Daniels, "Equality of What: Welfare, Resources, or Capabilities?" *Philosophy and Phenomenological Research*, Vol. 50(1990), pp.273-296.

3) John Rawls, *A Theory of Justice*(Cambridge: The Belknap Press of Harvard University, 1971). 특별한 언급이 없는 한 본장에서는 1971년판을 가리킨다. 우리말 번역본은 존 롤즈, 황경식 옮김, 『정의론』(서울: 이학사, 2003)으로, 이 번역본은 1999년 개정판을 번역한 것이다. Michael Walzer, *Spheres of Justice: A Defence of Pluralism and Equality*(New York: Basic Books, 1983). 우리말 번역본은 마이클 왈쩌, 정원섭 외 옮김, 『정의와 다원적 평등: 정의의 영역들』(서울: 철학과현실사, 1999) 참조.

4) Walzer, S*pheres of Justice*, pp.9-10.

5) 같은 책, p.xiv.

6) Walzer, "Justice Here And Now," Frank S. Lucash, ed., *Justice and Equality Here And Now*(Ithaca: Cornell University Press, 1986), pp.136-150.

7) Rawls, *A Theory of Justice*, p.92.

8) 같은 책, p.90.

9) Walzer, *Spheres of Justice*, p.8.

10) 같은 책, p.6.

11) 같은 책, p.313.

12) 같은 책, p.312.

13) 같은 책, pp.8-9.

14) 같은 책, p.29.

15) 같은 책, p.10.

16) 같은 책, p.20.

17) 같은 책, p.9, p.19.

18) 같은 책, p.15.

19) 같은 책, pp.10-11.

20) Stephen Mulhall and Adam Swift, *Liberals and Communitarians*(Oxford: Blackwell, 1992), p.148.

21) 월저는 화폐의 봉쇄된 교환의 예로 14가지를 들고 있고, 권력 사용의 봉쇄의 예로 9가지를 들고 있다. 본서 제1장, 후주 27 참조.

22) Walzer, *Spheres of Justice*, p.17.

23) 같은 책, p.19.

24) 같은 책, p.9, p.10.

25) 같은 책, p.319.

26) 같은 책, pp.100-103, pp.283-284.

27) 같은 책, p.9.

28) Walzer, "Exclusion, Injustice, and the Democratic State," *Dissent*(Winter, 1993), pp.55-56.

29) Walzer, "Liberalism and the Art of Separation," *Political Theory*, Vol. 12 (1984), pp.315-330.

30) Walzer, *Spheres of Justice*, p.318.

31) 월저의 공동체주의적 복합평등론과 사회비판이론에 대한 구체적인 논의는 저자의 졸고, 박정순, 「마이클 왈쩌의 공동체주의」, 『철학과 현실』, 통권 제 41호(1999년 여름호), pp.175-216; 박정순, 「공동체주의적 사회비판의 가능성: 마이클 왈쩌의 논의를 중심으로」, 『범한철학』, 제30집(2003년 가을호), pp.211-247 참조. 본서 제1장과 제2장임.

32) Walzer, "Exclusion, Injustice, and the Democratic State," p.62.

33) Michael Walzer, *Thick and Thin: Moral Argument at Home and Abroad* (Notre Dame: Notre Dame University, 1994), pp.34-35.

34) Walzer, "Response," David Miller and Michael Walzer, ed., *Pluralism, Justice, and Equality*(Oxford: Oxford University Press, 1995), p.292.

35) 같은 논문, pp.290-292.

36) Walzer, "Exclusion, Injustice, and the Democratic State," p.62. 강조 부가.

37) Walzer, "Response," Miller and Walzer, ed., *Pluralism, Injustice, and Equality*, p.284; Michael Walzer, *Obligations: Essays on Disobedience, War, and Citizenship*(Cambridge: Harvard University Press, 1970). Ch. 11. "A Day in the Life of a Socialist Citizen."

38) Walzer, *Spheres of Justice*, p.70.

39) 같은 책, p.321.

40) 같은 책, pp.82-83.

41) Walzer, "Response," Miller and Walzer, ed., *Pluralism, Justice, and Equality*, p.284.

42) Walzer, *Obligations*, Ch. 11. "A Day in the Life of a Socialist Citizen."

43) 월저는 (1) 사회적 가치들의 고유한 작동 영역과 그 사회적 의미에 따른 분배 원칙의 설정, (2) 한 영역에서의 분배 원칙을 무시하는 전제에 대한 비판이라는 두 가지 관점에서 파스칼과 마르크스를 복합평등론의 사상적 선구자로 지목한다. Walzer, *Spheres of Justice*, pp.18-19. 월저는 또한 현대 평등 사상을 정립했던 윌리엄스(Bernard Williams), 갤스톤(William Galston), 레

서(Nicholas Rescher) 등도 복합평등론의 단초를 제공한 것으로 언급한다. 같은 책, p.xviii. 그 외 월저가 들고 있는 사상적 선구로서는 서로 돌아가면서 통치하는 아리스토텔레스적인 순환적 귀족정체, 공동체주의적 상호 부조를 실현했던 고대 그리스 사회와 중세 유대인 사회 등이 있다. Walzer, "Exclusion, Injustice, and the Democratic State," pp.55-56. Orend는 월저의 사회철학적 사상사적 혹은 방법론적 선구로서 칸트, 밀, 듀이, 콰인, 데이비슨 등도 언급한다. Briend Orend, *Michael Walzer on War and Justice* (Montreal: McGill-Queen's University Press, 2000), Introduction and Ch. 1. "Interpretation: The Method of Walzer's General Theory of Justice."

44) A. 보에티우스, 박병덕 옮김 『철학의 위안』(서울: 육문사, 1990), 제2권, p.63. 강조 부가. 복합평등한 모든 사람의 인생 자체는 궁극적으로 죽음을 통해서 단순평등을 실현할 것이다. "영예의 오만함을 멸시하는 평등주의자인 죽음은 신분의 높고 낮음을 무시하고 모든 것들을 똑같이 격하시키며, 힘 있는 자들이나 미천한 자들이나 모든 것들을 똑같이 격하시킨다."(같은 책, p.82) 운명의 수레바퀴는 같은 책, p.52, 그리고 운명의 변덕스러운 가변성은 p.50 참조. 제2권의 제목을 "The Vanity of Fortune's Gifts(행운의 [여신이 주는] 선물의 허망함)"으로 붙인 것은 Boethius, *The Consolation of philosophy*, trans. H. R. James(New York: Barnes & Nobles, 2005), p.20. '철학의 여신(Goddess of Philosophy)'은 『철학의 위안』에서 '철학의 여인(Lady Philosophy)', 혹은 보에티우스의 '유모'로서 의인화된 의미에서 '철학'이라고 언급되었지만(보에티우스, 박병덕 옮김, 『철학의 위안』, 제1권, p.20, p.25), 문학과 예술을 관장하는 뮤즈의 여신과 운명의 여신이라는 용어가 『철학의 위안』 자체와 번역에서 사용된 것으로 볼 때 '철학의 여인'을 '철학의 여신'으로 격상하는 것이 좋다는 생각이 들어 그렇게 하였다. 단테(Dante)는 1290년 베아트리체(Beatrice)의 죽음 이후 그의 『향연(*Convivio, The Banquet*)』(1304-1307)에서 새로운 사랑의 대상으로서 철학의 여인을 흠모하면서 그녀를 "우주의 황제의 가장 아름답고 위엄 있는 딸(the most beautiful and dignified daughter of the Emperor of the Universe)"이라고 불렀다. "Convivio"(Wikipedia), p.1 참조. 철학의 여신은 그리스 신화에서 지혜와 전쟁의 여신인 아테네 여신(Goddess of Athēnē, Athena)으로 간주되기도 하며, 또한 로마 신화에서 지혜의 여신으로서 예술, 무역, 전략을 관장하는 미네르바 여신(Goddess of Minerva)으로 간주되기도 한다. 헤겔은 『법철학』 서문에서 "미네르바의 부엉이는 황혼이 깃들 무렵에야 비로소 날기 시작한다"고 말함으로써 미네르바 여신을 철학을 시사하는 은유로서 사용하였다. G. W. F. 헤겔, 임석진 옮김, 『법철학』(서울: 한길사, 2008), 서문, p.54, p.54, 각주 44 참조.

중세시대에 철학은 수하에 7개의 자유교양 학문들을 거느리고 있는 만학의 여왕으로 간주되기도 하였다. 7개의 자유교양 학문은 기초적 학문인 3과(the trivium), 문법, 수사학, 변증법(논리학)과 본격적 학문인 4과(the quadrivium), 음악, 산수, 기하학, 천문학이다. 4과의 정립과 용어 사용은 보에티우스가 노력한 바가 크다. A. 보에티우스, 이세운 옮김, 『철학의 위안』(서울: 필로소픽, 2014), p.15. '철학과 7개의 자유교양 학문들' 그림은 Hohenburg Abbey(대수도원) 소속의 가톨릭 수녀원장인 Herrad of Landsberg(c. 1130-1195)에 의해서 쓰인 채식(彩飾)된 삽화가 들어간 백과사전으로 1167년에 시작해 1185년에 완성된 *Hortus deliciarum*에 나온다. 그 뜻은 환희의 정원(the Garden of delights)인데, 진리를 찾는 학문적 환희를 나타낸 것이다. "*Hortus deliciarum*"(Wikipedia), pp.1-2; "Herrad of Landsberg"(Wikipedia), pp.1-4 참조.

그리고 중세 독일의 유명한 화가 알브레히트 뒤러(Albrecht Dürer, 1471-1528)는 보에티우스의 『철학의 위안』에서 영감을 받아 만학의 여왕으로서 의인화된 「철학(Philosophia)」(1502)을 목판화로 그렸다. 뒤러가 본서의 논의와 더 관련이 있는 것은 그의 유명한 그림인 「멜랑콜리아 I(Melancolia I)」(1514)에서 4행 4열 4차 마방진이 등장한다는 것이다. 그리고 제4행의 제2열과 제3열에서 합하면 제작년도가 되는 15와 14가 있다는 것은 매우 흥미로운 점이다.

뮤즈의 여신은 보에티우스, 이세운 옮김, 『철학의 위안』, 제1권, p.28 참조. 『철학의 위안』, 제1권에서 철학의 여신이 뮤즈 여신을 꾸짖고 추방하며, 철학적 뮤즈 여신들에게 위안을 맡긴다고 말한 것이 있다. 뮤즈 여신들은 서정시, 서사시, 비극 등 문학과 예술, 음악을 관장한다. 나중에는 역사, 철학, 천문학 등 광범위한 지적 활동을 하고 모든 것을 기억하는 여신이 된다. 『철학의 위안』, 제1권에서 철학의 여신의 가호를 받는 뮤즈 여신들은 두 번째 의미의 뮤즈 여신들이다. 운명의 여신은 보에티우스, 박병덕 옮김, 『철학의 위안』, 제1권, p.42, 제2권, p.50, p.53, p.57. 운명의 여신 혹은 행운의 여신은 '눈 먼 신의 두 얼굴(the two-faced nature of this blind goddess)'이라고 묘사된다. 보에티우스, 이세운 옮김, 『철학의 위안』, 제2권, p.61, n.8 참조. 영어 인용은 Boethius, *The Consolation of philosophy*, Richard Green, trans. (New York: Macmillan Publishing Co. 1962), Book II, p.22. 운명의 여신의 삽화를 보면 두 얼굴은 행복과 불행의 양면을 나타내며, 눈이 멀었다는 것은 실제가 아니라 비유적인 것으로서 인간의 행운과 불행의 변덕스러운 가변성을 사람들에게 숨기고 있는 것을 말하며, 동시에 사람들은 운명의 여신의 가변적 본성을 알아차리기 어렵다는 것을 말한다.

저자가 인용한 부분은 『철학의 위안』, 제2권인데 운명의 여신의 지혜를 빌려 철학의 여신은 운명의 법칙과 본성을 이해함으로써 보에티우스를 슬픔 속에서 벗어나게 하고 있다. 이것은 철학의 여신이 보에티우스에게 쓴 순한 치료약이며, 강한 치료약은 "세계가 무계획적인 우연을 위해서가 아니라 신(神)의 이성에 의해 다스려진다는 것에 대한 너의 참된 믿음 속에 너의 건강이 회복될 수 있다는 우리의 가장 큰 희망이 있는 것이다"에서 명시되어 있다. 보에티우스, 박병덕 옮김, 『철학의 위안』, 제1권, p.46. 순한 약, 강한 약의 구분은 같은 책, p.42. 순한 약, 강한 약의 구분에 대한 논의는 이창우, 「보에티우스의 『철학의 위안』: 플라톤적 요소와 反 플라톤적 요소」, 『철학사상』, Vol. 8(1998), pp.45-65 참조. 그리고 Donald F. Diclow, "Perspective and Therapy in Boethius's Consolation of Philosophy," *The Journal of Medicine and Philosophy*, Vol. 4(1979), pp.334-343 참조.

45) 본장은 운명의 여신의 지혜를 빌려 철학의 여신이 말한 이 구절이 복합평등을 표현하는 것으로 해석하고, 또 그것을 매개로 하여 피타고라스와 마방진과 낙서로 연계적으로 소급되는 구조를 가지고 있다. 그러나 이 구절은 결코 월저가 말하는 복합평등을 나타내는 표현으로 간주될 수 없으므로 이 논문의 기본적 전제가 잘못되어 있다는 지적이 있었다. 이러한 지적은 인간의 행복과 불행이 다양하게 서로 착종되어 있다는 다원적 사실 자체가 복합평등을 나타내는 것은 아니라는 지적으로 해석될 수 있을 것이다. 이 구절은 원래 호레이스(Horace)의 *Odes*의 "모든 점에서 행복할 수 없다(*Nihil est ab omni parte beatum*, Nothing is from every portion happy)"는 구절에서 유래했다. Boethius, *The Consolation of Philosophy*, Translated and Introduction and Notes by P. G. Walsh(Oxford: Oxford University Press, 1999), p.126. 인간이 모든 점에서 행복할 수 없다는 것은 인간이 어쩔 수 없이 당면하는 불행에 대한 하나의 스토아적인 위안으로 작동할 수 있을 것이다. 이 구절을 월저의 복합평등론적으로 해석하면, 인간은 모든 분배 영역에서 우위를 점할 수 없다는 것이 될 것이다. 월저는 "어떠한 일련의 사람들도 모든 분배 영역에 걸쳐 우세한 위치를 점할 수 없다(No single group of people would be dominant across the spheres)"고 강조한다. 또한 "어떤 하나의 사회적 가치, 예를 들면 돈, 혹은 권력, 혹은 가족적 명망을 갖는다고 다른 사회적 가치들을 연이어 갖는 것은 아니다(Nor would the possession of one good, like wealth or power or familial reputation, bring all the others in train)." Walzer, "Exclusion, Injustice, and the Democratic State," p.55. 또한 "모든 사회적 선이 어떤 동일한 사람들에게 연이어 주어지는 것은 아니다(All social goods won't come in train to the same people)"라고 강조한다. Walzer, "Pluralism and Social Democracy," *Dissent*(Winter, 1998), p.49. 월저의 복합평등론은 "사람은 모두 장점과 단점을 동시에 가지고 있어서 신

은 공평하다"고 하는 인류의 일상적 신조와 일맥상통한다. 이러한 관점에서 월저는 복합평등한 사회의 가장 중요한 특성을 이렇게 지적한다. "이러저러한 가치들에 대해서 사람들은 우수한 혹은 열등한 위치를 점하므로, 어떠한 사람도 모든 영역에서 우위를 점하거나 하위를 점하는 일은 없을 것이다 (Individuals are up or down with reference to this or that good, but no one is up or down everywhere)." Walzer, "Pluralism and Social Democracy," p.48. 한 영역에서 불리한 위치에 있는 사람은 다른 영역에서 유리한 위치를 통해서 보상적 효과를 가질 수 있으므로 복합평등은 철학적 위안의 기제로서 작동할 수 있는 것이다. 즉, 봉급은 적지만 하는 일이 중요하거나 흥미가 있거나, 혹은 많은 여가 시간을 주는 것처럼, 어떤 한 영역에서의 우월한 입지가 다른 영역에서의 열등한 입지를 보상할 수 있다. Walzer, "Response," Miller and Walzer, ed., *Pluralism, Justice, and Equality*, p.284. 물론 인간의 능력과 재능이 다양하게 분산되어 있고, 인간의 행복과 불행이 다양한 방식으로 서로 착종되어 있다고 하더라도 그것이 복합평등을 결과한다고 단언할 수는 없을 것이다. 그러나 월저는 만약 다양한 분배 영역에서의 인간의 상대적 위치가 충분히 '긴 목록(a long list)' 속에서 기술된다면, 결국 복합평등으로 귀착될 것으로 본다. Walzer, "Exclusion, Injustice, and Equality," p.62. 즉, 월저는 복합평등이 "철저하게 분산되고 개별화된 불평등(radically dispersed and disaggregated inequalities)"으로부터 도출되어 나온다고 생각한다. Walzer, "Pluralism and Social Democracy," p.49. 이러한 관점은 Swift에 의해서도 주장된다. Adam Swift, "The Sociology of Complex Equality," Miller and Walzer, ed., *Pluralism, Justice, and Equality*, pp.253-280. 본장의 후주 161과 후주가 있는 본문 p.192 참조. 월저는 복합평등이 모든 사회계층을 통해서 달성되기보다는 3분의 2 이상의 계층에서 달성되며, 나머지 3분의 1은 기본적으로 실직 상태로서 생산과 분배 영역들에서 제외되고 있다고 인정한다. Walzer, "Pluralism and Social Democracy," p.49.

46) 보에티우스, 박병덕 옮김, 『철학의 위안』, 제1권, p.37.

47) "The Life of Pythagoras by Iamblichus of Chalcis," David Fideler, ed., *The Pythagorean Sourcebook and Library*(Grand Rapids: Phanes Press, 1988), p.79.

48) 존 스트로마이어 · 피터 웨스트브룩, 류영훈 옮김, 『인류 최초의 지식인간 피타고라스를 말하다』(서울: 통큰, 2005), p.69.

49) Sarah Pessin, "Hebdomads: Boethius Meets the Neopythagoreans," *Journal of the History of Philosophy*, Vol. 37(1999), pp.29-48. 피타고라스학파에서 중시되었던 산술, 음악, 기하학, 천문학이라는 4과(quadrivium) 교과과정을 체계적으로 분류하여 중세시대에 성행하도록 한 사람이 바로 보에티우스이

다. 그리고 보에티우스는 음악에 대한 피타고라스의 접근방식을 궁극적으로 자신의 『음악론(De Musica)』에서 집대성했다. 존 스트로마이어 · 피터 웨스트브룩, 류영훈 옮김, 『인류 최초의 지식인간 피타고라스를 말하다』, p.90, p.106.

50) 보에티우스, 박병덕 옮김, 『철학의 위안』, 제2권, p.66.

51) Philip Wheelwright, ed., *The Presocratics*(New York: The Odyssey Press, 1966), "Pythagoreanism: From the Golden Verses," pp.55-56. 『황금시편』에 대한 우리말 번역으로 존 스트로마이어 · 피터 웨스트브룩, 류영훈 옮김, 『인류 최초의 지식인간 피타고라스를 말하다』를 참조하기는 했으나 번역은 저자의 번역임.

52) Pythagoras, "The Golden Verses," Fideler, ed., *The Pythagorean Source-book and Library*, pp.163-164.

53) J. L. Stocks, "Plato and the Tripartite Soul," *Mind, New Series*, Vol. 24 (1915), p.207.

54) 보에티우스, 박병덕 옮김, 『철학의 위안』, 제2권, p.84.

55) Walzer, *Spheres of Justice*, p.19.

56) 같은 책, pp.10-11.

57) Pythagoras, "The Golden Verses," p.164. 강조 부가.

58) 전용훈, 「수학사의 미스터리 마방진: 숫자 속에 숨겨진 우주의 질서」, 『과학동아』, 제14권, 제7호(1999년 7월), p.69. 마방진의 보다 자세한 논의는 안소정, 『우리 겨레 수학 이야기』(서울: 산하, 1996), "5. 신비한 마방진 이야기," pp.90-115 참조.

59) Clifford A. Pickover, *The Zen of Magic Squares, Circles, and Stars* (Princeton: Princeton University Press, 2002), pp.207.

60) Hobart Huson, *Pythagoron: The Religious, Moral and Ethical Teachings of Pythagoras*, Reconstructed and Edited(Refugio, Texas, 1947), p.214.

61) 『주역』, 「계사전」 상, 11장.

62) Frank J. Swetz, *Legacy of the Luoshu: The 4,000 Year Search for the Meaning of the Magic Square of Order Three*(Chicago: Open Court, 2002), "Introduction."

63) 문재곤, 「하도 낙서의 형성과 개탁」, 『중국철학』, 제2권(1991), pp.123-159.

64) 서정기 역주, 『새시대를 위한 주역』(上)(서울: 다락방: 1999), p.29.

65) 서정기, 「禮節文化再建의 시대적 과제」, 『세종문화회관 대강연집: 예절부흥으로 새시대를 열자』(서울: 동양문화연구소, 2000), p.8.

66) 동양 사상에 관련하여 낙서뿐만 아니라 복합평등은 '대동사회론(大同社會

論)'과도 어떤 관련이 있을 것으로 사료된다. 중국 고대적 이상사회관의 총체적 반영인 대동사회는 『예기(禮記)』, 「예운(禮運)」편에 나와 있다. 대동사회에서 추구되는 가치인 공(公)의 개념, 동(同)의 개념, 친애(親愛)의 개념은 월저의 복합평등이 공동적 복지를 추구하고 11가지의 분배 영역들을 넓게 보면 모든 사람은 동일하다고 생각한다는 점에서 일맥상통하다고 볼 수 있다. 그리고 대동사회와 대비되는 소강사회(小康社會)는 가족적 이기주의, 그리고 왕실의 세습적 사유를 기반으로 하는 사회이다. 이 문제를 본격적으로 다루려면 상당한 시간과 노력이 필요하므로 여기서 그치겠다. 김수중·남경희, 「대동사회와 유토피아」, 『철학연구』, 제38집, 1호(1996), pp.1-31 참조.

67) David Miller, "Introduction," Miller and Walzer, ed., *Pluralism, Justice, and Equality*, p.13. 본장, 후주 181 참조.

68) Walzer, "Philosophy and Democracy," *Political Theory*, Vol. 9(1981), p.383.

69) Walzer, "A Particularism of My Own," *Religious Studies Review*, Vol. 16 (1990), p.197.

70) 재현의 도구라는 개념은 롤스에게서 빌려 왔다. John Rawls, *Political Liberalism*(New York: Columbia University Press, 1993), p.25, p.75. Cf. Walzer, "Exclusion, Injustice, and the Democratic State," p.55.

71) Walzer, "Exclusion, Injustice, and the Democratic State," p.62.

72) Walzer, "Response," Miller and Walzer, ed., *Pluralism, Justice, and Equality*, p.292.

73) Walzer, "Exclusion, Injustice, and the Democratic State," p.62. 강조 부가.

74) Hermann S. Schibli, "Pythagoreanism," *Routledge Encyclopedia of Philosophy*(London: Routledge, 1998), p.860.

75) Edward W. Kolb et al., *Inner Space Outer Space: The Interface Between Cosmology and Particle Physics*(Chicago: The University of Chicago Press, 1986); John D. Barrow, *Between Inner Space and Outer Space: Essays on Science, Art, and Philosophy*(Oxford: Oxford University Press, 1999); Joseph Campbell, *The Inner Reaches of Outer Space: Metaphor as Myth and as Religion*(Novato, California: New World Library, 1986, 2002).

76) Wheelwright, *The Presocratics*, p.227; Cicero, *De Natura Deorum*(45 BC).

77) Michael Walzer, *Thick and Thin: Moral Argument at Home and Abroad* (Notre Dame, University of Notre Dame, 1994), p.98. 인간의 사회적 세계에 대해서는 Walzer, *Spheres of Justice*, p.3 참조.

78) Walzer, "The Politics of Difference: Statehood and Toleration in a

Multicultural World," *Ratio Juris*, Vol. 10(1997), pp.165-176; Walzer, *Thick and Thin*, Ch. 5. "The Divided Self," pp.85-104.

79) "Ouroboros"(Wikipedia), p.1. "Oroboros"라는 용어도 사용됨.

80) Martin Rees, *Just Six Numbers: The Deep Forces That Shape the Universe* (New York: Basic Books, 2000), pp.8-9. 번역은 본서 저자가 한 것임. 이 인용은 원저의 저자가 『브리태니커 백과사전』을 인용한 것으로, 원저의 저자는 ouraborus라는 용어를 사용하였다. "The Ouraborus," Figure 1. p.9 참조. 우리말 번역본은 마틴 리스, 김혜원 옮김, 『여섯 개의 수: 마틴 리스가 들려주는 현대 우주론의 세계』(서울: 사이언스북스, 2006), 그림 1. "오우라보루스," p.27.

81) Walzer, "The Communitarian Critique of Liberalism," *Political Theory*, Vol. 8(1990), p.22.

82) Walzer, "Justice Here And Now," Frank S. Lucash, ed., *Justice and Equality Here And Now*(Ithaca: Cornell University Press, 1986), p.149.

83) "Big Bang"(Wikipedia), p.1.

84) 김충섭, "[물리산책] 빅뱅우주론의 두 가지 문제: 우주의 인플레이션"(네이버 캐스트), pp.3-4. 이것은 우주의 지평선 문제(horizon problem)이라고 하는데 우주의 인플레이션 이론으로 해결되었다. 같은 글, p.4. 그리고 "급팽창 이론"(위키백과), p.1. 그리고 "우주론" 중 "우주의 팽창"(네이버 지식백과, 천문우주지식정보: 천문학습관), p.2.

85) 빅뱅 이론을 강력하게 옹호하는 우주배경복사가 당면한 문제는 "우주 곳곳에서 빛의 속도로 날아오는 복사선의 세기가 어떻게 모두 똑같을 수 있느냐" 하는 것이다. "우주론" 중 "우주의 팽창"(네이버 지식백과, 천문우주지식정보: 천문학습관), p.2. 그 문제는 우주의 균일성과 등방성 원리가 우주배경복사에 의해서 증명된다는 것을 의미한다.

86) "우주 마이크로파 배경"(위키백과), p.1.

87) "빅뱅 우주를 살려낸 인플레이션 우주: 가장 먼 우주 끝 은하 포착 그리고 여전한 우주 생성의 미스터리"(네이버 블로그).

88) 김충섭, "[물리산책] 빅뱅우주론의 두 가지 문제: 우주의 인플레이션." 인용은 p.4. 그리고 김충섭, "[물리산책] 잡음에서 찾아낸 열쇠: 우주배경복사"(네이버캐스트), pp1-5 참조. 이것을 정식화한 것은 "Ehlers-Geren-Sachs theorem"(Wikipedia)이다. 우주 내에서 어느 위치에서 관측하더라도 모든 관측자들은 우주배경복사가 모든 방향에서 균일하게 뿜어져 나오는 것을 관측한다. 즉, 우주배경복사는 등방적이고 균일한 것으로 관측된다. 그렇다면 우주는 등방적이고 균일한 것으로 FLRW 시공간 개념을 만족시킨다. 이것은 지

구가 특별한 장소(우주의 중심)에 있지 않다면 우주배경복사의 등방성은 우주의 균일성도 의미한다. "우주론" 중 "균일등방한 우주모형(프리드먼 모형)"(네이버 지식백과, 천문우주지식정보: 천문학습관), p.2. FLRW는 우주의 균일등방과 우주의 팽창 혹은 수축을 말하는 근대 우주론의 표준적 모형(the Standard Model)으로 Friedmann-Lemaître-Robertson-Walker metric을 말한다. "Friedmann-Lemaître-Robertson-Walker metric"(Wikipedia), p.1. 그리고 "프리드만-르메트르-로버트슨-워커 계량"(위키백과), pp.1-3.

89) I. D. Novikov, *Evolution of The Universe*, trans. M. M. Basko(Cambridge: Cambridge University Press, 1983), Ch. I. sec. 1. "팽창하는 우주: 우주의 거대 규모의 균일성과 등방성(The Large-scale Homogeneity and Isotropy of the Universe)"; Martin Rees, *Perspectives in Astrophysical Cosmology* (Cambridge: Cambridge University Press, 1995), pp.2-4; *New Perspectives in Astrophysical Cosmology*, 2nd ed.(Cambridge: Cambridge University Press, 2000), pp.1-4.

90) Wheelwright, *The Presocratics*, p.216. Cf. Michael Rowan-Robinson, *Cosmology*, 3rd ed.(Oxford: Clarendon Press, 1996), Ch. 1. "가시적 우주 (The Visible Universe)." Ouranos는 천구과 같이 생긴 하늘을 의미한다. 다른 표기로는 Uranus로도 쓴다. Cf. "Uranus(Mythology)"(Wikipedia), p.1.

91) Wheelwright, *The Presocratics*, p.216. 인용은 아리스토텔레스의 *Physica*, 213b 24에 발췌.

92) 김충섭, "[물리산책] 빅뱅우주론의 두 가지 문제: 우주의 인플레이션," p.3.

93) "관측 가능한 우주"(위키백과), p.1; "Observable universe"(Wikipedia), p.1.

94) "Observable universe"(Wikipedia), p.1. 가시적 우주와 관찰 가능한 우주의 구분은 광자(photon, 光子)를 통해서 이루어진다. 광자는 파동과 입자의 성질을 모두 가진 빛의 입자를 말하며 광양자(light quantum, 光量子)라고도 한다. 광자는 기본 입자의 일종으로 빛과 그 외의 모든 전자기파의 양자이자 전자기력의 매개 입자이다. "광자"(위키백과), p.1. 재결합은 우주가 탄생한 이후, 어지럽게 마구 돌아다니던 전자들과 양성자들이 서로 붙잡혀 중성수소를 형성하게 된 시기를 말한다. 곧이어 광자들이 우주의 물질들을 분해하였고 그 이후 광자는 물질과 상호작용을 하지 않으면서 자유롭게 우주 공간을 이동했다. 광자가 우주를 자유롭게 이동하면서 방출한 빛이 우주배경복사로 관측되는 것이다. 재결합은 우주 탄생 이후 약 378,000년 뒤에 발생했으며, 재결합 이전의 우주는 투명하지 않았기 때문에 광자를 확인할 수 없었고, 관측을 통해서 바라볼 수도 없었다. 가시적 우주는 광자가 재결합 시기 이후 떨어져 나와 자유롭게 이동하면서 방출된 신호만을 포착하는 것이다. 반면에 관찰 가능한 우주는 빅뱅과 급팽창에서 시작된 우주의 팽창 이후 신호를 모

두 포착하는 것이다. "Observable universe"(Wikipedia), p.1; "재결합"(위키
백과), p1; "Recombination(Cosmology)"(Wikipedia).

95) "Observable universe"(Wikipedia), p.1. 만약에 우주가 등방적이라는 것을
가정한다면, 관찰 가능한 우주의 가장자리까지의 거리는 대략적으로 거의 모
든 방향에서 같다.

96) A. D. Dolgov, *Basics of Modern Cosmology*(Cedex: Editions Frontières,
1990), p.13.

97) 초은하단은 수백 개의 은하단이 모인 집단으로 그 크기는 1억 6천만 광년쯤
된다. 우리 은하계는 처녀자리 초은하단(Virgo Supercluster)에 속한다. 처녀
자리 초은하단은 그보다 더 큰 라니아케아 초은하단의 일부이다. "처녀자리
초은하단"(위키백과), p.1.

98) Rees, *Perspectives in Astrophysical Cosmology*, p.3. Cf. Novikov, *Evolution
of Universe*, p.8. "우주의 관측적인 기본적 특징은 소규모의 우주에서는 균
일하지 않지만 거대 규모의 우주에서는 아주 완벽한 균일성을 가지고 있다
는 것이다(One of the basic observational features of the Universe is its in-
homogeneous structured appearance on small scale, and quite perfect ho-
mogeneity on large scale)."

99) Stephen Hawking, *The Universe in a Nutshell*(New York: Bantam Books,
2001), p.72.

100) 1922년 러시아 천문학자 알렉산더 프리드먼(Alexander Friedmann)은 빅뱅
이론이 널리 수용되기 이전 우주의 균일성과 등방성을 주장하는 '프리드먼
모델'을 제시했다. 프리드먼 방정식(Friedmann Equations)은 균일등방한
우주의 팽창과 수축을 나타내는 미분방정식이다. "Friedmann Equations"
(Wikipedia), p.1; "프리드만 방정식"(위키백과). 이 모델과 방정식은 1920
년대와 1930년대에 다른 세 사람의 천문학자들과 개별적인 연구와 합쳐져
서 Friedmann-Lemaître-Robertson-Walker metric이 된다. "Friedmann-
Lemaître-Robertson-Walker metric"(Wikipedia), p.1. 이 계량법(metric)은
근대 우주론의 표준적 모형(the Standard Model)으로 널리 인정되었다. 정
상우주론(Steady State theory)은 우주는 시간과 공간에 관계없이 항상 변
하지 않으며 우주가 시작도 끝도 없이 영원히 존재하지만 그 안에서 새로
운 물질이 만들어지고 부분적으로 팽창한다는 주장이다. 아인슈타인과 프
리드먼을 포함한 세 명도 정상우주론을 신봉했다. 그러나 우주 마이크로파
배경복사의 관측과 함께 정상우주론은 사장되었다. 우주 마이크로파 배경
복사는 대폭발(Big Bang)의 가장 중요한 증거로서 우주 초기의 초고온 고
밀도 상태에서 유출된 빛이 오늘날에 관찰되는 것이다. "Steady State
theory"(Wikipedia), p.1; "정상우주론"(위키백과), p.1. 그리고 "균일등방한

우주모형(프리드먼 모형)"(네이버 지식백과, 천문우주지식정보: 천문학습관), p.2; "우주 마이크로파 배경"(위키백과), p.1. 정상우주론은 우주의 진화에 관련해서 빅뱅 모형에 대한 하나의 대안이다. 정상우주론에 따르면 팽창하는 우주에서 물체의 밀도는 변함없이 유지된다. 그 이유는 물체가 계속해서 생겨나기 때문이다. 정상우주론은 곧 언급할 균일등방성에 관한 우주론의 공간 원리에다가 시간 요소를 합친 '완전 우주론의 원리', 즉 우리가 관측 가능한 우주는 어느 위치나 방향에서나 어느 시간에서나 기본적으로 동일하다는 주장을 신봉한다. "Steady State theory"(Wikipedia), p.1; "Perfect Cosmological theory"(Wikipedia), p.1.

101) "Cosmological principle"(Wikipedia), p.1.

102) 같은 곳.

103) William C. Keel, *The Road to the Galaxy Formation*, 2nd ed.(Berlin: Springer-Praxis, 2007), p.2. "Cosmological principle"(Wikipedia), p.1에서 재인용.

104) Walzer, "Exclusion, Injustice, and the Democratic State," p.62.

105) 같은 곳.

106) "Cosmological principle"(Wikipedia), p.4. Helge Kragh, "The most philo-sophically of all the sciences," "Karl Popper" and "Physical cosmology" (Wikipedia)에서 재인용.

107) Marc Davis, "Is the Universe Homogeneous on Large Scales?" Neil Turok, ed., *Critical Dialogues in Cosmology*(New Jersey: World Scienti-fic, 1997), p.13, "1. Two Competing Visions." Cf. "Criticism," in "Cos-mological principle"(Wikipedia), pp.3-4. 우주의 균일성과 등방성에 기반한 우주론의 원리를 가장 위협하는 증거로 우주의 거대 구조에서 균일성의 동일한 평균값을 유지할 수 없을 정도로 큰 성군(星群)들이 발견되고 있다는 점이다. "Cosmological principle"(Wikipedia), p.4; "우주 최대 은하핵 발견, 지름이 무려 40억 광년,"『전자신문』, 2013년 1월 21일자(연합뉴스 전재). 2012년 무려 40억 광년에 걸쳐 있는 방대한 퀘이사(Quasar), 즉 준성(準星), 즉 준항성상 전체가 발견되어 화제이다. 준성은 블랙홀이 주변을 집어삼키는 에너지에 의해 형성되는 거대 발광체이다. 우주론의 원리에 의하면 크기가 12억 광년 이상인 구조는 발견될 수 없다. 이 엘큐지(LQG: 거대 퀘이사 그룹)는 지구에서 약 90억 광년 거리의 73개의 퀘이사가 운집한 무리로 그 지름이 무려 40억 광년이나 됐기 때문에 천체물리학자, 천문학자들을 괴롭히고 있다.
자연 속의 숨은 질서라고도 말해지고 있는 프랙털(fractal)은 부분과 전체가 크기만 다를 뿐 똑같은 모양이 무한한 계속성을 가지는 자기유사성을 가진

기하학적 구조를 말한다. 우주가 국부적 영역과 거대한 영역에서도 물질에 대한 프랙털적 분배를 가진다면 거대한 구조에서 균일성을 찾기 어려울 것이다. 프랙털은 자연과 현실세계에서 매우 불규칙한 형상을 가진 물체들을 표현하기 위해서 쓰일 수도 있다. 이러한 측면은 프랙털이 카오스와 연결되게 만든다. 카오스의 한 측면은 불규칙하고 예측 불가능한 현상이다. "프랙털"(위키백과), p.1. 프랙털에 대한 다른 설명은 정갑수, "세상을 움직이는 물리: 불규칙하고 예측 불가능한 현상, 카오스," p.3. 그리고 우주의 균등성과 등방성 원리는 우주의 지평선 안에서만 작용하며 그 너머도 그러하다는 결론을 내릴 수 없다는 비판도 있다. "균일등방한 우주모형(프리드먼 모델)"(네이버 지식백과, 천문우주지식정보: 천문학습관), p.2. 그러나 이러한 반론은 우주의 균등성과 등방성 원리가 관측 가능한 우주에서만 적용되더라도 큰 의미를 가질 수 있다는 사실까지 무화시키는 것은 아니다. Cf. "Observable universe"(Wikipedia), p.1.

108) "균일등방한 우주모형(프리드먼 모델)"(네이버 지식백과, 천문우주지식정보: 천문학습관), p.2, "우주원리라는 이름의 가설."

109) Walzer, "Response," Miller and Walzer, ed., *Pluralism, Justice, and Equality*, p.292.

110) Walzer, *Spheres of Justice*, p.17.

111) 같은 책, p.11.

112) "물신숭배"(철학사전, 두산백과, 네이버 지식백과).

113) 정갑수, "세상을 움직이는 물리: 불규칙하고 예측 불가능한 현상, 카오스," p.1.

114) John L. Casti, *Complexification*(New York: HarperPerennial, 1994), "One: The Simple and The Complex," p.1.

115) http://www.calresco.org/sos/sosfaq.htm. "Self-Organizing Systems: Definitions of Complexity Theory."

116) M. Mitchell Waldrop, *Complexity: The Emerging Science at the Edge of Order and Chaos*(New York: A Touchstone Book, 1992), "Visions of the Whole," pp.9-13. 평이한 설명으로는 Michel Baranger, "Chaos, Complexity, and Entropy: A Physics Talk for Non-Physicists" 참조. http://necsi.org/projects/baranger/cce.ptml.

117) Herbert A. Simon, "How Complex are Complex Systems?" *Proceedings of the Biennial Meeting of the Philosophy of Science Association*, Vol. 2 (1976), pp.507-522.

118) 정갑수, "세상을 움직이는 물리: 불규칙하고 예측 불가능한 현상, 카오스,"

p.1.

119) Walzer, *Thick and Thin*, p.98.

120) 정갑수, "세상을 움직이는 물리: 불규칙하고 예측 불가능한 현상, 카오스," p.2.

121) Walzer, "Exclusion, Injustice, and the Democratic State," p.55.

122) 같은 곳.

123) Walzer, "Pluralism and Social Democracy," p.49.

124) Walzer, *Spheres of Justice*, p.6.

125) Walzer, "Pluralism and Social Democracy," p.49.

126) Walzer, "Liberalism and the Art of Separation," p.325.

127) Walzer, *Spheres of Justice*, p.10.

128) 같은 책, p.63.

129) 같은 곳.

130) 같은 책, p.15.

131) Walzer, "Socializing the Welfare State," Amy Gutmann, ed., *Democracy and the Welfare State*(Princeton: Princeton University Press, 1988), pp.13-26.

132) Walzer, *Spheres of Justice*, p.15, n. 경계들 사이와 경계들 속의 두 구분에 대한 구체적인 논의는 Margo Trappenburg, "In Defence of Pure Pluralism: Two Readings of Walzer's Spheres of Justice," *Political Theory*, Vol. 8(2000), pp.343-362 참조.

133) Walzer, "Pluralism and Social Democracy," p.49.

134) Miller, "Introduction," Miller and Walzer, ed., *Pluralism, Justice, and Equality*, p.3.

135) James Trefil, ed., *Encyclopedia of Science and Technology*(New York: Routledge, 2001), "Chaos and Complexity," p.99.

136) "창발"(위키백과), p.1.

137) Richard Arneson, "Against 'Complex' Equality," Miller and Walzer, ed., *Pluralism, Justice, and Equality*, pp.241-242.

138) Walzer, *Spheres of Justice*, p.319.

139) "Complex Systems" and "Emergence"(Wikipedia), p.1.

140) Waldrop, *Complexity: The Emerging Science at the Edge of Order and Chaos* 참조.

141) Walzer, "Justice Here and Now," p.149.

142) 존 카스터, 김동광 · 손영란 옮김, 『복잡성 과학이란 무엇인가』(서울: 까치, 1997), 제7장, pp.303-324.

143) John Gribbin, *A Brief History of Science*(London: Weldenfeld & Nicholson, 1998), p.49, Ch. 1. "The Simple and the Complex," and Ch. 7. "The Simply Complex"; Casti, *Complexification*.

144) Walzer, "Exclusion, Justice, and the Democratic State," p.62. 강조 부가.

145) Walzer, *Pluralism, Justice, and Equality*, p.285. 강조 부가. 사회적 계산법은 애덤 스위프트(Adam Swift)가 주장했다. 본서 제4장, pp.192-194.

146) Trefil, ed., *Encyclopedia of Science and Technology*, "Chaos and Complexity," p.98.

147) Richard Solé and Brian Goodwin, *Signs of Life: How Complexity Pervades Biology*(New York: Basic Books, 2000), p.33

148) 정갑수, "세상을 움직이는 물리: 불규칙하고 예측 불가능한 현상, 카오스," p.2.

149) Casti, *Complexifcation* 참조.

150) Nancy Rosenblum, "Moral Membership in a Postliberal State," *World Politic*, Vol. 36(1984), p.593; Mark Lilla, "The Phantom of Democratic Socialism," *The Public Interest*, Vol. 73(1983), pp.125-133.

151) Miller, "Introduction," Miller and Walzer, ed., *Pluralism, Justice, and Equality* 참조.

152) Walzer, "Liberalism and the Art of Separation."

153) Walzer, *Spheres of Justice*, p.6.

154) 김재범, 『주역사회학』(서울: 예문서원, 2001), p.252.

155) 존 롤즈, 황경식 옮김, 『정의론』(서울: 이학사, 2003), p.700. 롤즈의 이러한 비판은 월저의 복합평등론 자체에 대해서 제기된 것은 아니지만 복합평등론에 대한 마방진적 해석이 지닌 봉건주의적 함축성에 대한 비판으로 원용될 수 있을 것이다. 월저의 복합평등론에 대해서 그것이 "모든 사회구성원들이 자신들을 신의 자식이라고 생각하므로 근본적으로 신의 관점에서는 동등하다고 간주한다"는 고색창연한 봉건주의적 평등감에 근거하고 있다는 비판은 Arneson, "Against 'Complex' Equality," p.241.

156) 존 롤즈, 황경식 옮김, 『정의론』(2003), p.699. 강조 부가.

157) Nancy Rosenblum, "Moral Membership in a Postliberal State," *World Politic*, Vol. 36(1984), p.593.

158) Sheila Briggs, "The Politics of Identity and The Politics of Interpretation," *Union Seminary Quarterly Review*, Vol. 43(1989), p.177.

159) 복합평등론이 하나의 현실적인 분배적 정의론으로 작동하기 위해서는 개인
이 향유하는 사회적 가치와 복지에 대한 측정과 개인 간 비교가 필연적으
로 요청될 것이다. 그리고 복합평등을 마방진으로 해석하는 것은 그중 가
장 엄밀한 측정과 비교, 즉 서수적(ordinal)이 아니라 기수적(cardinal)인 측
정을 요구하게 될 것이다. 또한 복합평등을 마방진으로 해석하는 것은 복
합평등을 기회나 조건의 평등이 아니라 결과의 평등으로 보는 것을 의미하
며, 또한 결과의 평등에 대한 확인 절차로서 개인적 복지의 측정과 개인
간 비교가 요청될 것이다. 개인적 복지의 측정과 비교에 관련된 문제에 대
해서는 Jon Elster and John E. Roemer, ed., *Interpersonal Comparisons of
Well-Being*(Cambridge: Cambridge University Press, 1991) 참조.

복합평등에 대한 서수적 측정마저 불가능한 것은 아니다. 우선 월저가 제
시하는 11가지의 분배 영역들 중 각 개인들이 자신들에게 가장 관련이 있
는 9개의 분배 영역만을 고른다. 이어서 처지와 상황이 가장 좋은 영역부
터 가장 나쁜 영역을 9에서 1까지 서수적으로 표시하면 그 합은 45가 된
다. 모든 사람에게 9가지 분배 영역의 순서는 천차만별로 다르지만 결과적
합은 똑같을 것이다.

160) Arneson, "Against 'Complex' Equality," p.234.

161) Adam Swift, "The Sociology of Complex Equality," Miller and Walzer,
ed., *Pluralism, Justice, and Equality*, pp.254-255.

162) Arneson, "Against 'Complex' Equality," p.233. 월저가 복합평등이 3분의
2 이상의 상층부에서 가능하다는 것을 인정한 것은 본서 제2장, 후주 149
참조.

163) David Miller, "Complex Equality," Miller and Walzer, ed., *Pluralism,
Justice, and Equality*, p.205.

164) Walzer, *Spheres of Justice*, p.6.

165) 같은 곳.

166) Miller, "Complex Equality," p.204. 신분 혹은 자격의 평등을 '처지의 평
등'으로 해석하는 것은 구승회, 「마이클 테일러의 정의사회에서의 비전: 존
롤즈, 마이클 왈처와의 비교」, 『국민윤리연구』, 제46집(2001), pp.277-296
참조. 이러한 관점에서 구승회는 밀러에 동조한다. "분배의 영역이 다양하
게 분리되어 있는 사회에서 … 그들이 향유하는 선들은 서로 다르기 때문
에, 전체적인 면을 비교해서 이들 개인들의 서열을 매기는 것은 불가능하
다. 개인들에 대한 전체적인 평가가 불가능한 한, 개인의 지위는 한 사회의
성원 자격(membership)이라는 공통의 지위(common position)만 가질 뿐이
다. 그들이 살아가는 사회의 공공 제도에 의해 평등하다고 정의된다면, 이
처지는 평등한 처지이다."(같은 논문, p.289)

167) Miller, "Introduction," Miller and Walzer, ed., *Pluralism, Justice, and Equality,* p.13.

168) Walzer, *Spheres of Justice*, p.63.

169) Walzer, "Response," Miller and Walzer, ed., *Pluralism, Justice, and Equality,* p.285.

170) 같은 논문, p.284.

171) Govert den Hartogh, "The Architectonic of Michael Walzer's Theory of Justice," *Political Theory*, Vol. 27(1999), p.521.

172) Walzer, "Spheres of Justice," p.20. by-product는 Miller, "Introduction" Miller and Walzer, ed., *Pluralism, Justice, and Equality*, p.3.

173) 이러한 관점에서 밀러는 복합평등은 일차적인 어느 한 분배 영역에 직접적으로 적용될 수 없고, 일차적인 기준들 사이에 상충이 있을 경우의 최종 조정자(tiebreaker)의 역할을 한다고 주장한다. Miller, "Introduction," Miller and Walzer, ed., *Pluralism, Justice, and Equality*, pp.13-15. 그러나 복합평등의 역할을 최종 조정자로만 국한하는 것은 복합평등의 평등주의적 함축성을 크게 약화시킨다는 비판이 제기된다. Arneson, "Against 'Complex' Equality," p.234; Hartogh, "The Architectonic of Michael Walzer's Theory of Justice," p.521.

174) Walzer, "Response," Miller and Walzer, ed., *Pluralism, Justice, and Equality*, pp.284-285.

175) 복합평등의 마방진적 해석의 서수적인 복지 비교의 가능성은 본장, 후주 159 참조.

176) Walzer, "On the Role of Symbolism in Political Thought," *Political Science Quarterly*, Vol. 82(1967), pp.194-195.

177) 본장의 이러한 주제적 입론이 기본적인 혼동으로 말미암은 것이라는 지적이 있었다. 즉, 그것은 규범철학과 이론철학의 혼동이라는 것이다. 보에티우스나 피타고라스, 낙서 등에서 제시된 조화사상은 우주와 현실이 조화를 이루고 있다는 기술적 주장이고, 월저의 주장은 사회 속에 그러한 조화가 이루어지도록 노력해야 한다는 당위적 주장이라는 것이다. 월저의 사상에는 우주와 사회가 실질적으로 그러한 조화를 이루고 있다는 것에 대한 시사는 전혀 없다는 것이다. 이러한 지적은 기본적으로 이론철학과 실천철학, 더 나아가서 존재와 당위에 대한 이분법적 사고에 근거하고 있다. 그러나 보에티우스, 피타고라스, 낙서 등에 제시된 조화사상은 우주와 자연에 관한 이론철학적 기술로서만 해석될 수 있는 것이 아니고, 인간사회의 실천철학적인 당위적 지침으로도 해석될 수 있을 것이다. 즉, 그러한 조화사상

은 이론철학적인 조화와 질서를 인간의 행위와 사회에서 실현하도록 하는 당위적 지침, 즉 인간의 도덕철학적 사회철학적 이상으로서 작동하였기 때문이다. 우주의 조화로운 질서에 부응하기 위해서 영혼의 정화를 위한 엄격한 생활신조와 규율을 철저히 지켰던 피타고라스학파의 철학적 공동체, 천하를 다스리는 규범적 대법(大法)으로서의 낙서는 그러한 실천철학적인 측면을 잘 나타내 주고 있다. 특히 보에티우스는 철학의 여신의 의복에 새겨진 Θ(Theta), Π(Pi)에 대한 언급을 통해서 이론철학(theoretical philosophy)과 실천철학(practical philosophy)의 통합을 모색하고 있다. 보에티우스, 박병덕 옮김, 『철학의 위안』, 제1권, p.21. 월저의 경우를 보면, 복합평등론은 하나의 사회적 이상과 비판적 기준으로서 아직 그러한 사회는 존재한 적이 없다고 한 점에서 그것은 분명히 당위적인 주장이라고 할 수 있을 것이다. Walzer, "Exclusion, Injustice, and the Democratic State," p.56. 그러나 월저는 자신의 복합평등론은 복합평등을 가능케 하는 일련의 사회학적 사실에 대응하며, 그러한 대응이 없다면 복합평등론은 "실현 가능성이 없는 허무맹랑한 유토피아주의(bad utopianism)"에 불과할 것이라는 점도 강조하고 있다. 즉, "복합평등은 (사회적 가치의 상이성뿐만 아니라 또한) 인간의 상이성과 아울러 인간들 사이의 다양한 자질, 관심, 능력 등의 상이성에 대응한다"는 것이다. 같은 논문, p.62.

178) Herman Schubert, *Mathematical Essays and Recreations*(Chicago: Open Court Publishing Company, 1898), p.63.

179) Michael Walzer, *Interpretation and Social Criticism*(Cambridge: Harvard University Press, 1987), p.16. 우리말 번역본은 마이클 왈쩌, 김은희 옮김, 『해석과 사회비판』(서울: 철학과현실사, 2007) 참조.

180) "팔방미인은 다방면으로 잘하는 소질을 가졌지만 그 어떤 것도 통달한 것이 없다(Jack-of-all trades, but a master of none)"는 말은 복합평등의 일면을 드러낸다. 그리고 "인생만사 새옹지마(人生萬事 塞翁之馬)"도 모든 것은 변화가 무쌍하여 인생의 길흉화복을 예측할 수 없다는 것을 말해 준다. 전화위복(轉禍爲福)일 수도 있고 그 반대일 수도 있다. 인생의 부침(浮沈)과 영고성쇠(榮枯盛衰), 즉 인생이나 사물의 번성함과 쇠락함이 서로 바뀜을 심층적 차원에서 포착한 불교의 제행무상(諸行無常)이나 인생무상(人生無常)은 인생에서 변하지 않는 것은 없으므로 인생은 덧없음을 말한다. 사람마다 장점과 단점이 골고루 섞여 있으므로 신은 공평하다고 말해진다. 삼인삼색(三人三色), 각인각색(各人各色), 각인각양(各人各樣), 더 나아가 천차만별(千差萬別)은 사람마다 각기 다르다는 것을 말한다. "춘란추국구불가폐(春蘭秋菊俱不可廢)"는 봄의 난초와 가을의 국화는 각각 특색이 있어 모두 버릴 수 없음을 말한다. 장애인을 보살폈던 세종대왕은 맹인은 앞

을 보지 못하지만 잘 들을 수 있으므로 버릴 수 없다고 말했다. 날카로운 뿔이 있는 짐승은 날카로운 이빨이 없다는 "각자무치(角者無齒)"와 미인은 흔히 불행하거나 병약하여 일찍 죽는다는 일이 많다는 "미인박명(美人薄命)"은 인생의 행불행의 이면과 반면을 잘 나타낸다. 본서 서문에서『장자』에 관련하여 언급한 것처럼, 아들이 많아지면 근심이 많고, 부유해지면 귀찮은 일이 많아지고, 오래 살면 욕된 일이 많아진다고 할 수 있다.『주역』에 나오는 "물극필반(物極必反)"은 어떤 사물이 극한 지점에 이르면 반드시 반대 방향으로 나아간다는 것을 말한다. 이것은 행운이 다하면 불행해지며, 불행이 다하면 행운이 오는 이치이다. 태평한 마음으로 제 분수를 지키며 만족할 줄 아는 안분지족(安分知足)과 가난한 중에서도 편한 마음으로 도를 즐기는 안빈낙도(安貧樂道)는 불행 중 다행스러운 측면도 있음을 말한다.

위에서 언급한 모든 경구들은 모두 그 일면에서 복합평등적인 인간의 다원적 현상과 철학적 위안의 기제를 담고 있는 것으로 해석될 수 있을 것이다.

181) 밀러는 월저의 복합평등론이 '전통적인 의미에서의 궁극적 원리'로서 제시된 것이 아니라고 해석하지만, 복합평등에 대한 우리의 철학적 기원 탐구는 복합평등을 충분히 그러한 궁극적 원리로서 해석할 수 있게 만든다. 본장, 후주 67과 본문 p.174 참조. Cf. Miller, "Introduction," Miller and Walzer, ed., *Pluralism, Justice, and Equality*, p.13. "In assigning equal citizenship such a pivotal role within Walzer's thought, I am not, then, suggesting that we should see it as a supreme principle in the traditional sense — a basic axiom from which other more specific principles of justice might be derived."

제5장 마이클 월저와의 특별대담

1) 마이클 월저 교수와의 특별대담은 1999년 10월 29일 오전 열 시부터 열두 시까지, 서울 그랜드 하얏트호텔 라운지에서 이루어졌다.

2) 마이클 월저는 1999년 10월 말 제3회 '다산기념 철학강좌'에 초빙되어 네 차례의 강연을 했다. 그 강연록은 마이클 왈쩌, 김용환·박정순·윤형식·정원섭 옮김,『자유주의를 넘어서: 자유주의의 한계와 그 보완의 과제』(서울: 철학과현실사, 2001) 참조.

3) 엄정식,「철학자 순례 – 월저의 자유주의적 공동주의」,『철학과 현실』, 통권 제51호(2001년 겨울호), pp.108-122 참조.

4) 이 인터뷰는 9·11 테러 1주년에 즈음하여 행해진 것이다. 이 인터뷰의 축약본은『중앙일보』특집기사, "9·11 테러 1년: 뉴욕 출신 세계 석학 2인에

듣는다"에 수록되었다(『중앙일보』, 2002년 9월 11일자, 국제면). "마이클 왈처: 美 고통은 왜 망각. 연세대 철학 박정순 교수 이메일 인터뷰"; "이매뉴엘 월러스틴: 美 우월주의 만연. 경남대 사회학 이수훈 교수 이메일 인터뷰."

5) 이것은 '정의로운 전쟁을 위한 서명 운동(Just War Signature Campaign)'으로 전개되었으며 관련된 선언서들은 다음 사이트에서 찾아볼 수 있다. http://www.americanvalues.org/html/follow-up.html.

부록(Appendix)   The Philosophical Origins of Complex Equality

* Jung Soon Park is a Professor of the Department of Philosophy at Wonju Campus of Yonsei University in the Republic of Korea. Abridged version of this article was published in Ch. 12. "The Philosophical Origins of Complex Equality," *Philosophy and Culture*, Vol. 4(2008), *Practical Philosophy*(Seoul: Seoul National University Press, 2008), pp.135-160.

1) Henk Overbeek, ed., *Restructuring Hegemony in The Global Political Economy: The Rise of Transnational Neo-Liberalism in the 1980s*(London: Routledge, 1993).

2) David Miller, "Distributive Justice: What the People Think," *Ethics*, Vol. 102(1992), pp.555-593.

3) Walzer, "Justice Here and Now," Frank S. Lucash, ed., *Justice and Equality Here and Now*(Ithaca: Cornell University Press, 1986), p.149.

4) David Boucher and Paul Kelly, ed., *Social Justice: From Hume to Walzer* (London: Routledge, 1998).

5) Michael Walzer, *Spheres of Justice: A Defense of Pluralism and Equality* (New York: Basic Books, 1983).

6) Walzer, "Socializing the Welfare State," Amy Gutmann, ed., *Democracy and the Welfare State*(Princeton: Princeton University Press, 1988), pp.13-26.

7) Walzer, *Spheres of Justice*, book flaps.

8) Norman Daniels, "Equality of What: Welfare, Resources, or Capabilities?" *Philosophy and Phenomenological Research*, Vol. 50(1990), pp.273-296.

9) Even though Walzer criticizes Rawlsian resourcism in the sense that "there is no single set of primary or basic goods conceivable across all moral and material worlds"(Walzer, *Spheres of Justice*, p.8), his position is a sort of resourcism, i.e., cultural-specific-sphere-bound-plural-set of social goods.

362

Later I will deal with Miller's characterization of complex equality as equality of status and Arneson's characterization of it as equality of condition.

10) Walzer, "The Communitarian Critique of Liberalism," *Political Theory,* Vol. 18, No. 1(1990), p.15, p.22 and Michael Walzer, ed., *Toward A Global Civil Society*(New York: Berghahn, 1995), "Introduction," p.3.

11) Robert B. Thigpen, "Two Approaches to the Principles of Justice in Recent American Political Philosophy," *Journal of Thought*, Vol. 21(1986), pp.118-126.

12) John Rawls, *A Theory of Justice*(Cambridge: The Belknap Press of Harvard University Pres, 1971).

13) Ibid., p.11.

14) Ibid., p.92.

15) Ibid., p.302.

16) Ibid., p.204.

17) Judith N. Shklar, *Political Thought and Political Thinkers*, ed. Stanley Hoffman(Chicago: University of Chicago Press, 1998), Ch. 21. "The Work of Michael Walzer," p.376.

18) Walzer, *Spheres of Justice*, p.8.

19) Ibid., p.9.

20) Ibid., p.6.

21) Ibid., p.16.

22) Ibid., p.xi.

23) Ibid.

24) Ibid., p.16.

25) Ibid., pp.10-11.

26) Ibid., p.17.

27) Ibid., p.20.

28) Ibid. From Ch. 2. "Membership," to Ch. 12. "Political Power."

29) Ibid., p.319.

30) Ibid., p.xiv.

31) Ibid., p.10.

32) Ibid., pp.6-10.

33) Ibid., p.6.

34) Ibid., p.20. emphasis original.

35) Ibid., p.318.

36) Michael Walzer, *Interpretation and Social Criticism*(Cambridge: Harvard University Press, 1987), p.5.

37) Walzer, "Philosophy and Democracy," *Political Theory*, Vol. 9(1981), p.380.

38) Ibid. The passage is quoted from L. Wittgenstein, *Philosophical Investigation*, trans. G. E. M. Anscombe(New York: Macmillan, 1958), para. 124.

39) Walzer, "Philosophy and Democracy," p.380. The quotation is from L. Wittgenstein, *Zettel*, ed. G. E. M. Anscombe and G. H. von Wright (Berkeley: University of California Press, 1970), no. 455.

40) Walzer, *Interpretation and Social Criticism*, p.379.

41) Ibid., p.380.

42) Brian Barry, *Democracy and Power: Essays in Political Theory I*(Oxford: Clarendon Press, 1989), Ch. 1. "The Strange Death of Political Philosophy."

43) Walzer definitely criticizes emotivism, see Michael Walzer, *Just and Unjust Wars: A Moral Argument with Historical Illustrations*(New York: Basic Book, 1977), p.xii.

44) Walzer, *Spheres of Justice*, p.313.

45) Walzer, *Interpretation and Social Criticism*, p.16.

46) Ibid., p.29.

47) Michael Walzer, *The Company of Critics: Social Criticism and Political Commitment in the Twentieth Century*(New York: Basic Books, 1988), p.9.

48) Hanna F. Pitkin, *Wittgenstein and Justice*(Berkeley: University of California Press, 1972), pp.175-176.

49) Cf. Richard Eldridge, "The Normal and The Normative: Wittgenstein's Legacy, Kripke, and Cavell," *Philosophical and Phenomenological Research*, Vol. 48(1986), pp.555-575. And also James Tully, "Wittgenstein and Political Philosophy," *Political Theory*, Vol. 18(1989), pp.177-204.

50) Boethius, *The Consolation of Philosophy*, trans. Richard Green(New York: Macmillan Publishing Company, 1962). Original work written in 524 A.D.

51) Brian Orend, *Michael Walzer on War and Justice*(Montreal: McGill-Queen's University Press, 2000), p.183.

52) Ibid., pp.183-188.

53) Walzer, *Spheres of Justice*, p.18. Walzer refers Pascal and Marx as the

predecessors of complex equality, for they mentioned independent spheres of justice and also tyranny as a breach of the principles internal to each distributive sphere.

54) Ibid., p.9, p.xviii.

55) Ibid., p.320, p.71.

56) Boethius, *The Consolation of Philosophy,* trans. Richard Green, Book II, prose 1, p.21. "What is it, my friend, that has thrown you into grief and sorrow? Do you think that you have encountered something new and different? You are wrong if you think that Fortune has changed toward you. This is her nature, the way she always behaves." H. R. James named Book II as "The Vanity of Fortune's Gifts." Boethius, *The Consolation of Philosophy*, trans. H. R. James(New York: Banes & Noble, 2005).

57) Boethius, *The Consolation of Philosophy*, trans. Richard Green, Book II, prose 4, pp.28-29. emphasis mine. According to P. G. Walsh's note, the various categories of distress that follow echo Aristotle's list in *Nichomachean Ethics*, 1099B. "Further, derivation of certain [externals] — e.g., good birth, good children, beauty mars our blessedness." Aristotle, *The Nicomachean Ethics*, trans. Terence Irwin(Indianapolis, Indiana: Hackett Publishing Company, 1985); Boethius, *The Consolation of Philosophy*, trans. P. G. Walsh(Oxford: Oxford University Press, 1999), p.126. Explanatory Notes for Book II, Chapter 4, line 12-14, p.26.

58) Henry Chardwick, "Boethius," Edward Craig, ed., *Routledge Encyclopedia of Philosophy*(New York: Routledge, 1998), p.809.

59) Richard Hooker, http://www.wsu.edu:8000/~dee/CHRIST/BOETHIUS.HTM.

60) Boethius, *The Consolation of Philosophy*, trans. Richard Green, Book I, poem 7, p.39.

61) Boethius, *The Consolation of Philosophy*, trans. Joel C. Relihan(Indianapolis: Hackett Publishing, 2001), Book II, meter 7, p.45.

62) Walzer, "Response," David Miller and Michael Walzer, ed., *Pluralism, Justice, and Equality*(Oxford: University Press, 1995), p.264.

63) "*Rota Fortunae*"(Wikipedia), p.5. English translation of the Latin poem is that "The Wheel of Fortune turns; I go down, demeaned; another is carried to the height; far too high up sits the king at the summit — let him beware ruin! for under the axis we read: Queen Hecuba. The wife of King Priam of Troy, Queen Hecuba had 19 children. She had been considered as the

most fortuneless and tragic figure during and after the Trojan war. We don't have an detailed information about all of the 19 children. But it was known that she lost her husband, three sons (Hector, Paris, Polydorus) and two daughters (Cassandra, Polyxena) very tragically in the War. So, she cried bitter tears and barked like a dog and became insane for the unbearable misfortune and sorrow. Later Gods turned her into a dog, allowing her to escape from the bad fortune anymore. See Homer, *Iliad* and *Odyssey*. See also "Hecuba"(Wikipedia), pp.1-4.

64) Walzer, "Exclusion, Injustice, and the Democratic State," *Dissent*(Winter, 1993), p.62. emphasis mine.

65) Ibid. The mixture of human happiness and unhappiness mentioned by the Goddess of Philosophy might be interpreted as the concept of reflective equilibrium. The concept of reflective equilibrium is borrowed from Rawls, *A Theory of Justice*, p.20.

66) Walzer, "Flight from Philosophy: Review of *The Conquest of Politics: Liberal Philosophy in Democratic Times* by Benjamin Barber," *The New York Review of Books*(Feb. 2, 1989), p.44.

67) Walzer, *Spheres of Justice*, p.70.

68) Ibid., pp.82-83.

69) Ibid., p.321.

70) Ibid., p.318. Also see Michael Walzer, *Obligations: Essays on Disobedience, War, and Citizenship*(Cambridge: Harvard University Press, 1970), p.238 and *Interpretation and Social Criticism*, p.61.

71) Hermann S. Schibli, "Pythagoreanism," *Routledge Encyclopedia of Philosophy*(London: Routledge, 1998), p.860.

72) Boethius, *The Consolation of Philosophy*, trans. Richard Green, Book I, prose 3, p.7.

73) Ibid., prose 4, p.13.

74) See Sarah Pessin, "Hebdomads: Boethius Meets the Neopythagoreans," *Journal of the History of Philosophy*, Vol. 37(1999), pp.29-48.

75) David Fideler, ed., *The Pythagorean Sourcebook and Library*(Grand Rapids: Phanes Press, 1987), p.79.

76) Hobart Huson, *Pythagoron: The Religious, Moral and Ethical Teachings of Pythagoras*, Reconstructed and Edited(Refugio, Texas, 1947), p.4. emphasis mine.

77) Philip Wheelwright, ed., *The Presocratics*(New York: The Odyssey Press, 1966), "Pythagoreanism: From the Golden Verses," p.229.

78) Pythagoras, "The Golden Verses," Fideler, ed., *The Pythagorean Sourcebook and Library*, pp.163-164.

79) Walzer, *Spheres of Justice*, p.20, p.xiii.

80) Walzer, "Exclusion, Injustice, and the Democratic State," pp.55-56. emphasis original.

81) Walzer, *Spheres of Justice*, p.321.

82) David Miller, "Introduction" and "Complex Equality," Miller and Walzer, ed., *Pluralism, Justice, and Equality*, p.3, p.12, p.204.

83) Miller, "Introduction," Miller and Walzer, ed., *Pluralism, Justice, and Equality*, p.12.

84) Ibid. p.3.

85) Ibid. p.12.

86) Walzer, *Spheres of Justice*, p.20.

87) Walzer, "Exclusion, Injustice, and the Democratic State," p.62.

88) Walzer, "Response," Miller and Walzer, ed., *Pluralism, Justice, and Equality*, p.292.

89) In general, see Ronald Bontekoe, *Dimensions of the Hermeneutic Circle* (New Jersey: Humanities Press, 1996), p.5.

90) Jaegwon Kim, *Supervenience and Mind*(New York: Cambridge University Press, 1993). He has argued for a non-reductive version of physicalism, which relied heavily on the supervenience relation. "Jaegwon Kim" (Wikipedia), p.2. In his case, mind supervenes body. "In philosophy, supervenience is an ontological relation that is used to describe cases where (roughly speaking) the upper-level properties of a system are determined by its lower level properties." "Supervenience"(Wikipedia), p.1.

91) Edward W. Kolb et al., *Inner Space Outer Space: The Interface Between Cosmology and Particle Physic*(Chicago: The University of Chicago Press, 1986). Also see John D. Barrow, *Between Inner Space and Outer Space: Essays on Science, Art, and Philosophy*(Oxford: Oxford University Press, 1999); Joseph Campbell, *The Inner Reaches of Outer Space: Metaphor as Myth and as Religion*(Novato, California: New World Library, 1986, 2002).

92) Miller, "Introduction," Miller and Walzer, ed., *Pluralism, Justice, and Equality*, p.13. The supreme principle in the traditional sense is "a basic

axiom from which other more specific principles of justice might be derived."

93) Ibid. p.13, p.15.

94) Richard Arneson, "Against 'Complex' Equality," Miller and Walzer, ed., *Pluralism, Justice, and Equality*, p.234.

95) Govert den Hartogh, "The Architectonic of Michael Walzer's Theory of Justice," *Political Theory*, Vol. 27(1999), p.521, n.38.

96) Walzer, "Justice Here and Now," p.145. Cf. Walzer "Response," Miller and Walzer, ed., *Pluralism, Justice, and Equality*, p.25. Originally this idea was developed in *Spheres of Justice*, p.xii

97) Richard Bellamy, "Justice in the Community: Walzer on Pluralism, Equality and Democracy," David Boucher and Paul Kelly, ed., *Social Justice: From Hume to Walzer*(London: Routledge, 1998), p.168 and also Arneson, "Against 'Complex' Equality," p.242.

98) Adam Swift, "The Sociology of Complex Equality," Miller and Walzer, ed., *Pluralism, Justice, and Equality*, p.258.

99) Ibid., p.255.

100) Ibid. emphasis original.

101) Ibid., p.254. emphasis original.

102) Ibid., pp.254-255. emphasis original.

103) Walzer, "Response," Miller and Walzer, ed., *Pluralism, Justice, and Equality*, p.284. emphasis mine.

104) See Arneson, "Against 'Complex' Equality," p.251. He regards the overall literal equality as simple equality. But I do not think that complex equality interpreted as the overall literal equality is a mere simple equality. For simple equality is concerned only with a dominant good, whereas complex equality is concerned with the results from the various autonomous distributive goods. Miller correctly points out that "This is not simple equality, the sort that might obtain if people had equal amounts of property, or income." Miller, "Introduction," Miller and Walzer, ed., *Pluralism, Justice, and Equality*, p.12. I'll deal with complex equality in view of the emergent system property in this Appendix, Section 4. Complex Equality and the Supreme Principles of the Universe.

105) Huson, *Pythagoron*, p.214. Huson mentions that the Pythagorean, or Egyptian Square is reproduced from "Magic Square," *Encyclopaedia*

Britannica, Vol. 14, p.627. Probably it was the 10th ed.(New York: 1878-89). It is, however, generally believed that magic square was unknown to Pythagoras. See Frank J. Swetz, *Legacy of the Luoshu: The 4,000 Years Search for the Meaning of the Magic Square of Order Three* (Chicago: Open Court, 2002), p.82. Swetz writes the same argument in his 2nd ed. of the book. *Legacy of the Luoshu*(Wellesley, Massachusetts: A. K. Peters, Ltd., 2008). I presuppose that Pythagoras might learn the magic square from Egypt during his stay there. Cf. Peter Gorman, *Pythagoras: A Life*(London: Routledge & Kegan Paul, 1979). For the ubiquity of magic square in the civilizations of almost every period and continent, see Clifford A. Pickover, *The Zen of Magic Squares, Circles, and Stars*(Princeton: Princeton University Press, 2002), p.11.

106) J. L. Stocks, "Plato and the Tripartite Soul," *Mind, New Series*, Vol. 24 (April, 1915), p.207.

107) Walzer, *Spheres of Justice*, p.19.

108) Ibid., pp.10-11.

109) Fideler, ed., *The Pythagorean Sourcebook and Library*, p.164. emphasis mine. The Sacred Quaternary, i.e., the *Tetractys* is an equilateral triangle figure consisting of the ten points arranged in four rows: one, two, three, four points in each row. This is a mystic symbol of Pythagoreanism, for the sum of the first 4 numbers is the perfect number 10, and there are four seasons which are represented by the fourth triangular number. "Tetractys"(Wikipedia), p.1.

110) Huson, *Pythagoron*, p.142. emphasis mine.

111) Miller, "Introduction," Miller and Walzer, ed., *Pluralism, Justice, and Equality*, p.13. Cf. endnote 92 in this Appendix.

112) Walzer, "Philosophy and Democracy," *Political Theory*, Vol. 9(1981), p.383.

113) Walzer, "A Particularism of My Own," *Religious Studies Review*, Vol. 16 (1990), p.197.

114) The idea of the device of representation is borrowed from John Rawls, *Political Liberalism*(New York: Columbia University Press, 1993), p.25, p.75. Cf. Walzer, "Exclusion, Injustice, and the Democratic State," p.55.

115) Walzer, "Exclusion, Injustice, and the Democratic State," p.62.

116) Walzer, "Response," Miller and Walzer, ed., *Pluralism, Justice, and*

Equality," p.292.

117) Walzer, "Exclusion, Injustice, and the Democratic State," p.62. emphasis mine.

118) Schibli, "Pythagoreanism," *Routledge Encyclopedia of Philosophy*, p.860.

119) Kolb et al., *Inner Space Outer Space: The Interface Between Cosmology and Particle Physic*. Also see Barrow, *Between Inner Space and Outer Space: Essays on Science, Art, and Philosophy*. And Joseph Campbell, *The Inner Reaches of Outer Space: Metaphor as Myth and as Religion*. See endnote 91 in this Appendix.

120) Wheelwright, *The Presocratics*, p.227; Cicero, *De Natura Deorum*(45 BC).

121) Michael Walzer, *Thick and Thin: Moral Argument at Home and Abroad* (Notre Dame, University of Notre Dame, 1994), p.98. In case of social world, see Walzer, S*pheres of Justice*, p.3.

122) Walzer, "The Politics of Difference: Statehood and Toleration in a Multicultural World," *Ratio Juris*, Vol. 10(1997), pp.165-176.

123) "Ouroboros"(Wikipedia), p.1.

124) Martin Rees, *Just Six Numbers: The Deep Forces That Shape the Universe*(New York: Basic Books, 2000), p.8. In this book, author uses ouraborus instead of ouroboros, pp.8-9. The Ouraborus, Figure 1. p.9.

125) Walzer, "The Communitarian Critique of Liberalism," *Political Theory*, Vol. 8(1990), p.22.

126) Walzer, "Justice Here And Now," p.149.

127) I. D. Novikov, *Evolution of The Universe*, trans. M. M. Basko(Cambridge: Cambridge University Press, 1983), Ch. I. sec. 1. "The Expanding Universe: The Large-scale Homogeneity and Isotropy of the Universe." And also Martin Rees, *Perspectives in Astrophysical Cosmology*(Cambridge: Cambridge University Press, 1995), pp.2-4. Also see Rees, *New Perspectives in Astrophysical Cosmology*, 2nd ed.(Cambridge: Cambridge University Press, 2000), pp.1-4.

128) Wheelwright, *The Presocratics*, p.216. Cf. Michael Rowan-Robinson, *Cosmology*, 3rd ed.(Oxford: Clarendon Press, 1996), Ch. 1. "The Visible Universe." Ouranos means sky or heaven. For a different spelling, Uranus. Cf. "Uranus(Mythology)"(Wikipedia), p.1.

129) Wheelwright, *The Presocratics*, p.216. The quotation is originally made

from Aristotle, *Physica*, 213b 24.

130) A. D. Dolgov, *Basics of Modern Cosmology*(Cedex: Editions Frontières, 1990), p.13. Cf. "Observable universe"(Wikipedia), p.1. "Assuming the universe is isotropic, the distance to the edge of the observable universe is roughly the same in every direction."

131) Rees, *Perspectives in Astrophysical Cosmology*, p, 3. Cf. Novikov, *Evolution of Universe*, p.8. "One of the basic observational features of the Universe is its inhomogeneous structured appearance on small scale, and quite perfect homogeneity on large scale."

132) Stephen Hawking, *The Universe in a Nutshell*(New York: Bantam Books, 2001), p.72.

133) "Cosmological principle"(Wikipedia), p.1. This kind of universe (without Big Bang theory, even though it admits expanding or extracting universe) is proposed by Alexander Friedmann and his "Friedmann equations." "Friedmann equations"(Wikipedia). This model is sometimes call "the Standard Model of modern cosmology" and it was developed independently by three other cosmologists in the 1920s and 1930s. It is Friedmann-Lemaître-Robertson-Walker metric or model. "Friedmann-Lemaître-Robertson-Walker metric"(Wikipedia). In addition, "Steady State theory" has a relation with "the Standard Model of modern cosmology," for it claims that "as an alternative to Big Bang theory, the density of the matter in expanding universe remains unchanged due to a continuous creation of matter." But "Steady State theory" is now rejected by the vast majority of cosmologists, astrophysicists, and astronomers who supports the Big Bang theory. "Steady State theory"(Wikipedia), p.1.

134) Ibid.

135) William C. Keel, *The Road to the Galaxy Formation*, 2nd ed.(Berlin: Springer-Praxis, 2007), p.2. Requote from "Cosmological principle" (Wikipedia), p.1.

136) Walzer, "Exclusion, Injustice, and the Democratic State," p.62. emphasis mine.

137) Ibid.

138) Marc Davis, "Is the Universe Homogeneous on Large Scales?" Neil Turok, ed., *Critical Dialogues in Cosmology*(New Jersey: World Scientific, 1997), p.13. "1. Two Competing Visions." Cf. "Criticism," in "Cosmological principle"(Wikipedia), pp.3-4. The most serious problem

about homogeneity and isotropy of the universe is continuous discoveries of the new structures which are bigger than upper limits of homogeneity scale and, therefore, are inconsistent with the cosmological principle.

139) Walzer, "Response," Miller and Walzer, ed., *Pluralism, Justice, and Equality*, p.292.

140) Walzer, *Spheres of Justice*, p.17.

141) Ibid., p.11.

142) John L. Casti, *Complexification*(New York: HarperPerennial, 1994), "One: The Simple and The Complex," p.1.

143) http://www.calresco.org/sos/sosfaq.htm. "Self-Organizing Systems: Definitions of/Complexity Theory."

144) In general, see M. Mitchell Waldrop, *Complexity: The Emerging Science at the Edge of Order and Chaos*(New York: A Touchstone Book, 1992), "Visions of the Whole," pp.9-13. For a plain explanation, see Michel Baranger, "Chaos, Complexity, and Entropy: A Physics Talk for Non-Physicists," http://necsi.org/projects/baranger/cce.ptml.

145) Herbert A. Simon, "How Complex are Complex Systems?" *Proceedings of the Biennial Meeting of the Philosophy of Science Association*, Vol. 2 (1976), pp.507-522.

146) Walzer, *Thick and Thin*, p.98.

147) Walzer, "Exclusion, Injustice, and the Democratic State," p.55.

148) Ibid.

149) Walzer, "Pluralism and Social Democracy," *Dissent*(Winter, 1998), p.49.

150) Walzer, *Spheres of Justice*, p.6.

151) Walzer, "Pluralism and Social Democracy," p.49.

152) Walzer, "Liberalism and the Art of Separation," *Political Theory*, Vol. 12 (1984), p.325.

153) Walzer, *Spheres of Justice*, p.10.

154) Ibid., p.63.

155) Ibid., p.15.

156) Walzer, "Socializing the Welfare State," Amy Gutmann, ed., *Democracy and the Welfare State*(Princeton: Princeton University Press, 1988), pp.13-26.

157) Walzer, *Spheres of Justice*, p.15n. Full discussion for distinction between 'at' and 'in' is Margo Trappenburg, "In Defence of Pure Pluralism: Two

Readings of Walzer's *Spheres of Justice*," *Political Theory*, Vol. 8 (2000), pp.343-362.

158) Walzer, "Pluralism and Social Democracy," p.49.

159) Miller, "Introduction," Miller and Walzer, ed., *Pluralism, Justice and Equality*, p.3.

160) James Trefil, ed., *Encyclopedia of Science and Technology*(New York: Routledge, 2001), "Chaos and Complexity," p.99.

161) Arneson, "Against 'Complex' Equality," p.242, p.241.

162) Walzer, *Spheres of Justice*, p.319.

163) "Emergence" and "Catastrophe theory"(Wikipedia).

164) Waldrop, *Complexity: The Emerging Science at the Edge of Order and Chaos*.

165) Walzer, "Justice Here and Now," p.149.

166) John Gribbin, *A Brief History of Science*(London: Weldenfeld & Nicholson, 1998), p.49.

167) Walzer, "Exclusion, Justice, and the Democratic State," p.62. emphasis mine.

168) Walzer, *Pluralism, Justice, and Equality*, p.285. emphasis mine.

169) Trefil, ed., *Encyclopedia of Science and Technology*, "Chaos and Complexity," p.98.

170) Richard Solé and Brian Goodwin, *Signs of Life: How Complexity Pervades Biology*(New York: Basic Books, 2000), p.33.

171) For a comprehensive, probably the most serious, study, see Frank J. Swetz, *Legacy of the Luoshu: The 4,000 Years Search for the Meaning of the Magic Square of Oder Three*. See endnote 105 in this Appendix.

172) Suzanne Alejandre's "Magic Squares," from http://mathforum.org/alejandre/magic.square/loshu.htm.

173) Fu Yu-Lan, *History of Chinese Philosophy,* Vol. II(Princeton: Princeton University Press, 1953), p.101.

174) John H. Schaar, "The Question of Justice," *Raritan*, Vol. 3(Fall, 1983), p.109.

175) Rawls, *A Theory of Justice*, p.4. emphasis mine.

176) Govert den Hartogh, "The Architectonic of Michael Walzer's Theory of Justice," p.501.

177) Walzer, "Response," Miller and Walzer, ed., *Pluralism, Justice, and*

Equality, p.282. emphasis mine.

178) Walzer, *Spheres of Justice*, p.28. emphasis original.

179) For the continuous debate between them, see Walzer, "Spheres of Justice: An Exchange(with Ronald Dworkin)," *The New York Review of Books* (July 21, 1983), pp.43-44.

180) Huson, *Pythagoron*, p.142. emphasis mine. Distinction between arithmetical and geometrical proportion was clearly made later by Aristotle, *Nichomachean Ethic*, Book V, 1131b 15 and 1132b 5. Arithmetical proportion is for commutative justice and punitive justice, whereas geometrical proportion is for distributive justice.

181) In general, see Jon Elster and John Roemer, ed., *Interpersonal Comparisons of Well-Being*(Cambridge: Cambridge University Press, 1991).

182) Miller, "Introduction," Miller and Walzer, ed., *Pluralism, Justice, and Equality*, p.205.

183) Ibid., p.12.

184) Ibid., p.205. For the general discussion of the idea that incommensurability brings a kind of equality, see Daniel Statman, *Moral Dilemma* (Amsterdam: Editions Rodopi, 1984), "3.1. Incommensurability and Rough Equality."

185) Walzer, "Response," Miller and Walzer, ed., *Pluralism, Justice, and Equality*, p.284. emphasis original.

186) Hartogh, "The Architectonic of Michael Walzer's Theory of Justice," p.521, n.41.

187) Arneson, "Against 'Complex' Equality," p.242, n.17.

188) Walzer, *Spheres of Justice*, p.327, n.15.

189) Walzer seems to admit a certain kind of objectivity of values, see his "Objectivity and Social Meaning," Martha Nussbaum and Amartya Sen, ed., *The Quality of Life*(Oxford: Clarendon Press, 1993), pp.165-184.

190) Swetz, *Legacy of the Luoshu*, pp.20-27.

191) Arneson, "Against 'Complex' Equality," p.234.

192) Ibid., p.233.

193) Ibid., p.241.

194) John Rawls, *A Theory of Justice, Revised Edition*(Cambridge: The Belknap Press of Harvard University Press, 1999), p.479.

195) Nancy Rosenblum, "Moral Membership in a Postliberal State," *World*

Politic, Vol. 36(1984), p.591.

196) Walzer, *Spheres of Justice*, p.312, p.313.

197) Dworkin, "To Each His Own," *The New York Review of Books*(April 14, 1983).

198) Walzer, *Spheres of Justice*, p.312.

199) Ibid., p.20.

200) Ibid., pp.312-313, pp.26-28.

201) James P. Young, *Reconsidering American Liberalism*(Boulder, Westview Press, 1996), p.321.

202) For the interpretation of Walzer as a postmodern thinker, see Michael Rustin, "Equality in Post-modern Times," *Pluralism, Justice, and Equality*, pp.17-44 and Stephen White, "Justice and Postmodern Problematic," *Praxis International*, Vol. 7(1987/8), pp.306-319.

203) "Cosmological principle"(Wikipedia), p.1.

204) Even though he tries to radicalize liberal democratic tradition, he admits that the art of separation is basically the liberal achievement. Walzer, "Liberalism and the Art of Separation," *Political Theory*, Vol. 12(1984), pp.315-330. and also Walzer, "Response," Miller and Walzer, ed., *Pluralism, Justice, and Equality*, p.296.

205) White, "Justice and the Postmodern Problematic," p.308.

206) For the concept of *harmonia*, see Fideler, *The Pythagorean Sourcebook and Library*, pp.20-28.

207) Fung, Yu-Lan, *History of Chinese Philosophy*, Vol. II, pp.92-96. and also Nathan Sivin, *Medicine, Philosophy and Religion in Ancient China* (Aldershot: Variorum, 1995), Ch. 1. "Comparing Greek and Chinese Philosophy and Science," pp.1-11.

208) For Walzer's methodological mixture of descriptive and prescriptive conceptions, see Orend, *Michael Walzer on War and Justice*, pp.41-46.

209) Hermann Schubert, *Mathematical Essays and Recreation*(Chicago: Open Court Publishing Company, 1898), p.63.

210) Walzer, "On the Role of Symbolism in Political Thought," *Political Science Quarterly*, Vol. 82(June, 1967), pp.194-195.

211) Walzer, "Response," Miller and Walzer, ed., *Pluralism, Justice, and Equality*, p.282.

212) Fideler, *The Pythagorean Sourcebook and Library*, p.28. Walzer indicates

that "Complex equality might look more secure if we could describe it in terms of the harmony, rather than the autonomy, of spheres." But he concludes that "The principles appropriate to the different spheres are not harmonious with one another." Walzer, *Spheres of Justice*, p.318.

213) Pickover, *The Zen of Magic Squares Circles, and Star*, p.372.

214) This is the subtitle of Swetz's *Legacy of the Luoshu*.

215) Miller, "Complex Equality," p.205.

216) For various interpretations of complex equality, see the numerous articles in David Miller and Michael Walzer, ed., *Pluralism, Justice, Equality*. Especially Swift classifies the interpretations of complex equality into 4 categories in his article, "The Sociology of Complex Equality," *Pluralism, Justice, and Equality*, pp.256-258.

217) Walzer, *Spheres of Justice*, society of equals in p.20. Quotation in p.17.

218) Walzer, "Response," Miller and Walzer, ed., *Pluralism, Justice, and Equality*, p.290.

219) Arneson, "Against 'Complex' Equality," pp.226-252; Bellamy, "Justice in the Community," pp.157-180; Michael Ignatieff, "Book Review of *Spheres of Justice* by Michael Walzer," *The Political Quarterly*, Vol. 56 (1985), pp.91-93.

220) Walzer, *Spheres of Justice*, p.19.

221) Ibid., p.17.

222) Ibid., pp.107-108.

223) Walzer, "Response," Miller and Walzer, ed., *Pluralism, Justice, and Equality*, p.283.

224) Walzer, *Spheres of Justice*, p.xiv, p.xi.

225) A. D. Dolgov, *Basics of Modern Cosmology*(Cedex: Editions Frontières, 1990), p.13. Cf. "Observable universe"(Wikipedia), p.1.

226) Fideler, *The Pythagorean Sourcebook and Library*, p.164.

227) *Old Testament*, "Ecclesiastes," 1:9.

228) Walzer, "Communitarian Critique of Liberalism," p.22.

229) Walzer, *Interpretation and Social Criticism*, p.16. emphasis original.

230) Walzer, "Pluralism and Social Democracy," p.47.

231) Walzer, *Spheres of Justice*, p.xiv.

232) Ibid., p.321.

참고문헌

1. 마이클 월저 원저의 번역서

Michael Walzer. *Just and Unjust Wars: A Moral Argument with Historical Illustrations*. New York: Basic Books, 1977.

마이클 월저. 권영근·김덕현·이서구 옮김. 『마르스의 두 얼굴: 정당한 전쟁·부당한 전쟁』. 서울: 연경문화사, 2007.

____. *Spheres of Justice: A Defense of Pluralism and Equality*. New York: Basic Books, 1983.

마이클 왈쩌. 정원섭 외 옮김. 『정의와 다원적 평등: 정의의 영역들』. 서울: 철학과현실사, 1999.

____. *Interpretation and Social Criticism*. Cambridge: Harvard University, 1987.

마이클 월쩌. 김은희 옮김. 『해석과 사회비판』. 서울: 철학과현실사, 2007.

____. *On Toleration*. New Haven: Yale University Press, 1997.

마이클 왈쩌. 송재우 옮김. 『관용에 대하여』. 서울: 도서출판 미토, 2002.

____. *The Exclusions of Liberal Theory: The Limits of Liberalism and*

Their Correction. The 3rd Dasan Memorial Lectures in Seoul(1999), 2001.

마이클 왈쩌. 김용환·박정순·윤형식·정원섭 옮김. 『자유주의를 넘어서: 자유주의의 한계와 그 보완의 과제』. 서울: 철학과현실사, 2001.

____. *Arguing About War*. New Haven: Yale University Press, 2004.

마이클 왈저. 유홍림 외 옮김. 『전쟁과 정의』. 서울: 인간사랑, 2009.

____. *Thinking Politically: Essays in Political Theory*. New Haven: Yale University Press, 2007.

마이클 왈저. 최홍주 옮김. 『마이클 왈저, 정치철학 에세이』. 서울: 모티브 북, 2009.

2. 국내 논저

강사문. 「정당전쟁론에 대한 성서적 해석」. 『기독교 사상』. 제35권. 제4호. 1991. pp.40-53.

구승회. 「차이의 문명화로서의 관용」. 『철학연구』. 제48집. 2000. pp.181-203.

____. 「마이클 테일러의 정의사회에서의 비전: 존 롤즈, 마이클 왈처와의 비교」. 『국민윤리연구』. 제46집. 2001. pp.277-296.

김경희. 『공론장 이론의 정치적 이해: 아렌트, 하버마스, 왈쩌를 중심으로』. 서울: 서울대학교 대학원 정치학과 석사학위논문, 1996.

김수중·남경희. 「대동사회와 유토피아」. 『철학연구』. 제38집. 1996. pp.1-31.

김은희. 『롤즈와 왈저의 정치철학 비교연구』. 서울: 서울대학교 대학원 박사학위논문, 2008.

____. 「나의 학위논문. 롤즈와 왈저의 정치철학 비교연구: 방법론과 정치 관을 중심으로」. 『철학과 현실』. 통권 제86호. 2010년 가을호. pp.307-309.

____. 「왈저의 반이상주의 정치철학: 상대주의와 보수주의 반론에 답하기」. 『철학』. 제110집. 2012. pp.195-229.

김재범. 『주역사회학』. 서울: 예문서원, 2001.

김충섭. "[물리산책] 빅뱅우주론의 두 가지 문제: 우주의 인플레이션"(네이버캐스트). pp.1-5.

____. "「물리산책」 잡음에서 찾아낸 열쇠: 우주배경복사"(네이버캐스트). pp.1-5.

김태현.『정전론 연구: 그 역사적 배경과 현대적 전개를 중심으로』. 서울대학교 대학원 정치학 석사학위논문, 1983.

김홍우.「마이클 왈저의 민주사회주의」. 미국학 연구소 편.『미국사회의 지적 흐름』. 서울: 서울대학교 출판부, 1998. pp.69-88.

노직, 로버트. 남경희 옮김.『아나키에서 유토피아로』. 서울: 문학과지성사, 1983.

니체, 프리드리히. 두행숙 옮김.『차라투스트라는 이렇게 말했다』. 서울: 부북스, 2011.

롤즈, 존. 황경식 옮김.『정의론』. 서울: 이학사, 2003(1999 개정판 번역).

롤즈, 존. 장동진 옮김.『정치적 자유주의』. 서울: 동명사, 1998.

리스, 마틴. 김혜원 옮김.『여섯 개의 수: 마틴 리스가 들려주는 현대 우주론의 세계』. 서울: 사이언스북스, 2006.

마키아벨리, 니콜로. 신동준 옮김.『마키아벨리 군주론』. 고양: 인간사랑, 2014.

문성원.「자유주의와 정의의 문제」.『시대와 철학』. 제12집. 2001. pp.277-301.

문시영.「집단행동의 사회윤리적 과제: 의로운 전쟁론에서 본 의사파업」. 『한국기독교 신학논총』. 2001. pp.135-159.

문재곤.「하도 낙서의 형성과 개탁」.『중국철학』. 제2권. 1991. pp.123-159.

뮬홀, 스테판·스위프트, 애덤. 김해성·조영달 옮김.『자유주의와 공동체주의』. 서울: 한울, 2001. pp.176-209.

박정순.『마이클 샌델의 정의론, 무엇이 문제인가』. 서울: 철학과현실사, 2016.

____.「자유주의 대 공동체주의 논쟁의 방법론적 쟁점」.『철학연구』. 제33집. 1993. pp.33-62.

____.「공동체주의 정의관의 본질과 그 한계」.『철학』. 제61집. 1999. pp.268-292.

____.「마이클 왈쩌의 공동체주의」.『철학과 현실』. 통권 제41호. 1999년

여름호. pp.175-216.

____. 「특별대담: 미국의 정치철학자 마이클 왈쩌 교수: 자유주의의 공동체주의적 보완과 다원적 평등사회로의 철학적 선도」. 『철학과 현실』. 통권 제45호. 2000년 여름호. pp.136-179.

____. 「공동체주의적 사회비판의 가능성: 마이클 왈쩌의 논의를 중심으로」. 『범한철학』. 제30집. 2003. pp.211-247.

____. 「마이클 왈쩌의 정의전쟁론: 그 이론적 구성 체계와 한계에 대한 비판적 고찰」. 『철학연구』. 제68권. 2005년 봄. pp.77-142.

____. 「9·11 테러 사건 1주년에 즈음한 '정의로운 전쟁론'의 대가 마이클 월쩌 교수와의 특별대담: '테러와의 전쟁'과 '정의로운 전쟁론', 그리고 미국 좌파의 향방」. 『철학연구』. 제68권. 2005년 봄. pp.121-127.

____. 「인권 이념의 철학적 고찰」. 『철학과 현실』. 통권 68호. 2006. pp.34-62.

____. 「복합평등의 철학적 기원」. 『철학연구』. 제76권. 2007. pp.93-117.

보에티우스, A. 박병덕 옮김. 『철학의 위안』. 서울: 육문사, 1990.

보에티우스, A. 이세운 옮김. 『철학의 위안』. 서울: 필로소픽, 2014.

샌델, 마이클. 이양수 옮김. 『마이클 샌델, 정의의 한계』. 고양: 멜론, 2012.

서정기 역주. 『새시대를 위한 주역 上』. 서울: 다락방: 1999.

서정기. 「禮節文化再建의 시대적 과제」. 『세종문화회관 대강연집: 예절부흥으로 새시대를 열자』. 서울: 동양문화연구소, 2000.

스트로마이어, 존·웨스트브룩, 피터. 류영훈 옮김. 『인류최초의 지식인간 피타고라스를 말하다』. 서울: 통큰, 2005.

신원하. 『전쟁과 정치: 정의와 평화를 향한 기독교 윤리』. 서울: 대한기독교서회, 2003.

안소정. 『우리 겨레 수학 이야기』. 서울: 산하, 1996.

엄정식. 「왈저의 자유주의적 공동주의」. 『철학과 현실』. 통권 제51호. 2001년 겨울호. pp.108-122.

왈저, 마이클. 최홍주 옮김. 『마이클 왈저, 정치철학에세이』. 서울: 모티브북, 2009.

왈저, 마이클. 유홍림 외 옮김. 『전쟁과 정의』. 고양시: 인간사랑, 2009.

왈쩌, 마이클. 정원섭 외 옮김. 『정의와 다원적 평등: 정의의 영역들』. 서

울: 철학과현실사, 1999.

왈쩌, 마이클. 김용환·박정순·윤형식·정원섭 옮김. 『자유주의를 넘어서: 자유주의의 한계와 그 보완의 과제』. 서울: 철학과현실사, 2001.

왈쩌, 마이클. 송재우 옮김. 『관용에 대하여』. 서울: 미토, 2004.

왈쩌, 마이클. 김은희 옮김. 『해석과 사회비판』. 서울: 철학과현실사, 2007.

월저, 마이클. 권영근·김덕현·이서구 옮김. 『마르스의 두 얼굴: 정당한 전쟁·부당한 전쟁』. 서울: 연경문화사, 2007.

유홍림. 『현대 정치사상 연구』. 고양: 인간사랑, 2003. pp.145-156.

이민수. 『전쟁과 윤리: 도덕적 딜레마와 해결방안의 모색』. 서울: 철학과현실사, 1998.

이지헌, 『공동체, 교육 2. 자유주의, 공동체주의, 사회주의』. 서울: 교육과학사, 1997. 제3장 "월쩌의 공동체주의."

이진우. 「민주적 공동체의 관계적 이성: 왈쩌와 하버마스를 중심으로」. 『철학연구』. 제49집. 2000. pp.133-154.

이창우. 「보에티우스의 『철학의 위안』: 플라톤적 요소와 反 플라톤적 요소」. 『철학사상』. Vol. 8. 1998. pp.45-65.

임덕규. 『국제법상의 정전론(正戰論)』. 서울대학교 대학원 법학 박사학위논문, 1985.

임종식. 『생명의 시작과 끝: 생명의료입문서』. 서울: 도서출판 로뎀나무, 1999.

전용훈, 「수학사의 미스터리 마방진: 숫자속에 숨겨진 우주의 질서」, 『과학동아』. 제14권. 제7호. 1999년 7월.

정갑수. "세상을 움직이는 물리: 불규칙하고 예측 불가능한 현상, 카오스" (네이버 지식백과). pp.1-3.

정태욱. 『자유주의 법철학』. 파주시: 한울아카데미, 2007. pp.155-189.

____. 「마이클 월저의 정전론(正戰論)에 대한 소고: 선제방어전쟁(Pre-emptive War)론 중심으로」, 『법철학연구』. 제6권 1호. 2003. pp.157-184.

존슨, 앨버트·툴민, 스티븐. 권복규·박인숙 옮김. 『결의론의 남용: 도덕추론의 역사』. 서울: 이화여자대학교 생명의료법연구소, 2011.

최정훈. 「복의 구조: 한국인의 행복관」. 『계간사상』. 1990년 여름호. pp.163-210.

카스터, 존. 김동광·손영란 옮김. 『복잡성 과학이란 무엇인가』. 서울: 까치, 1997.

칸트, I. 이규호 옮김. 『도덕형이상학원론/영구평화론』. 서울: 박영사, 1974.

포션, 니콜라스 「전쟁에 대한 세 가지 접근법: 평화주의, 현실주의, 정의전쟁론」. 앤드류 볼즈 엮음. 김한식·박균열 옮김. 『국제정치에 윤리가 적용될 수 있는가』. 서울: 철학과현실사, 2004. pp.55-86.

플라톤. 박종현 역주. 『국가·정체』. 서울: 서광사, 1997.

헤겔, G. W. F. 임석진 옮김. 『법철학』. 서울: 한길사, 2008.

홉스, 토마스. 진석용 옮김. 『리바이어던 1』. 서울: 나남, 2008.

홍창의. 『마이클 왈쩌(Michael Walzer)의 정전론 연구와 비판적 고찰』. 서울: 중앙대학교 대학원 석사학위논문, 2013.

황경식. 「자유주의와 공동체주의」. 『개방사회의 사회윤리』. 서울: 철학과현실사, 1995. pp.170-264.

"관측 가능한 우주"(위키백과). pp.1-2.

"광자"(위키백과). pp.1-2.

"급팽창 이론"(위키백과). pp.1-6.

"빅뱅우주를 살려낸 인플레이션 우주: 가장 먼 우주 끝 은하 포착 그리고 여전한 우주 생성의 미스터리"(네이버 블로그).

"우주 마이크로파 배경"(위키백과). pp.1-10.

"우주 최대 은하핵 발견, 지름이 무려 40억 광년." 『전자신문』. 2013년 1월 21일자.

"우주론" 중 "균일등방한 우주모형(프리드먼 모형)."(네이버 지식백과, 천문우주지식정보: 천문학습관).

"우주론" 중 "우주의 팽창"(네이버 지식백과, 천문우주지식정보: 천문학습관).

"재결합"(위키백과). pp.1-2.

"정상우주론"(위키백과). pp.1-2.

"창발"(위키백과). pp.1-11.

"처녀자리 초은하단"(위키백과). pp.1-5.

"프랙털"(위키백과). pp.1-5.

"프리드만 방정식"(위키백과). pp.1-2.

"프리드만-르메트르-로버트슨-워커 계량"(위키백과). pp.1-3.

3. 국외 논저

Agnafors, Marcus. "Reassessing Walzer's Social Criticism." *Philosophy and Social Criticism*. Vol. 39. 2012. pp.917-937.

Ahrens, David. *Christian Contribution to Just War Theory*. U.S. Army War College, 1999.

Armstrong, Chris. "Philosophical Interpretation in the Work of Michael Walzer." *Politics*. Vol. 20. 2000. pp.87-92.

Arneson, Richard. "Against 'Complex' Equality." David Miller and Michael Walzer. ed. *Pluralism, Justice, and Equality*. Oxford: Oxford University Press, 1995. pp.222-252.

Baranger, Michael. "Chaos, Complexity, and Entropy: A Physics Talk for Non-Physicists." http://necsi.org/projects/baranger/cce.ptml.

Beitz, Charles R. "Nonintervention and Community Integrity." *Philosophy and Public Affairs*. Vol. 9. 1980. pp.385-391.

Bellamy, Richard. *Liberalism and Modern Society*. Oxford: Polity Press, 1992.

_____. "Justice in the Community: Walzer on Pluralism, Equality and Democracy." David Boucher and Paul Kelly. ed. *Social Justice: From Hume to Walzer*. London: Routledge, 1988. pp.157-180.

_____. "Gramsci and Walzer on the Intellectual as Social Critics." *The Philosophical Forum*. Vol. 29. 1998. pp.138-159.

Blum, Gabriella. and J. H. H. Weiler. ed. *Just and Unjust Warriors: Marking the 35th Anniversary of Walzer's Just and Unjust Wars*. *European Journal of International Law*. Vol. 24. No. 1. Feb. 2013.

Boethius. *The Consolation of Philosophy*. trans. Richard Green. New York: Macmillan Publishing Co. 1962.

_____. *The Consolation of Philosophy*. translated and introduction and notes. P. G. Walsh. Oxford: Oxford University Press, 1999.

_____. *The Consolation of Philosophy*. trans. H. R. James. New York: Barnes & Nobles, 2005.

Boyle, Joseph. "*Just and Unjust Wars*: Casuistry and Boundaries of the Moral World." *Ethics & International Affairs*. Vol. 11. 1997. pp.83-98.

Briggs, Sheila. "The Politics of Identity and The Politics of Interpretation." *Union Seminary Quarterly Review*. Vol. 43. 1989. pp.163-180.

Bull, Hedley. "Recapturing the Just War for Political Theory." *World Politics*. Vol. 15. 1979. pp.589-599.

Cady, Duane L. "Pacifism." Donald A. Wells. ed. *An Encyclopedia of War and Ethics*. West Port: Greenwood. 1996. pp.375-378.

Calhoun, Laurie. "The Metaethical Paradox of Just War Theory." *Ethical Theory and Moral Practice*. Vol. 4. 2001. pp.41-58.

Campbell, Joseph. *The Inner Reaches of Outer Space: Metaphor as Myth and as Religion*. Novato: California, New World Library, 1986, 2002.

Carleheden, Mikael. and René Gabriëls. "An Interview with Michael Walzer." *Theory, Culture & Society*. Vol. 14. 1997. pp.113-140.

Casti, John L. *Complex-ification*. New York: HarperPerennial, 1994.

Chan, Joseph. "Thick and Thin Accounts of Human Rights: Lessons from the Asian Values Debate." M. Jacobsen and O. Bruun. ed. *Human Rights and Asian Values*. Richmond: Curzon, 2000. pp.59-73.

Claude, Jr. Inis L. "Just Wars: Doctrines and Institutions." *Political Science Quarterly*. Vol. 95. 1980. pp.83-96.

Cohen, Joshua. "Book Review of Walzer's *Spheres of Justice*." *The Journal of Philosophy*. Vol. 83. 1986. pp.457-468.

Crawford, Neta C. "Just War Theory and the U.S. Counterterror War." *Perspectives On Politics*. Vol. 1. 2003. pp.5-25.

Daniels, Norman. "Equality of What: Welfare, Resources, or Capabilities?" *Philosophy and Phenomenological Research*. Vol. 50. 1990. pp.273-296.

Dante. *Convivio(The Banquet)*. 1304-1307.

Davis, Marc. "Is the Universe Homogeneous on Large Scales?" Neil Turok. ed. *Critical Dialogues in Cosmology*. New Jersey: World Scientific, 1997. pp.13-23.

Diclow, Donald. F. "Perspective and Therapy in Boethius's Consolation of Philosophy." *The Journal of Medicine and Philosophy*. Vol. 4. 1979. pp.334-343.

Dixon, James Burrell. *A Critical Analysis of Michael Walzer's Just War Theory*. Ph.D. Dissertation. University of Arizona, 1980.

Dolgov. A. D. *Basics of Modern Cosmology*. Cedex: Editions Frontières, 1990.

Doppelt, Gerald. "Statism without Foundations." *Philosophy and Public Affairs*. Vol. 9. 1980. pp.398-403.

Douglas, Mark. "Changing The Rules: Just War in the Twenty-First Century." *Theology Today*. Vol. 59. 2003. pp.529-545.

Downing, Lyle, A. and Robert B. Thigpen. "Beyond Shared Understandings." *Political Theory*. Vol. 14. 1986. pp.451-472.

Dworkin, Ronald. "*Spheres of Justice*: An Exchange." *The New York Review of Books*. July 21, 1983. pp.44-46.

_____. "To Each His Own." *The New York Review of Books*. April 14, 1983. pp.4-6.

Elshtain, Jean B. "Reflections On War and Political Discourse." *Political Theory*. Vol. 13. 1985. pp.39-57.

_____. "Epilogue: Continuing Implications of the Just War Tradition." Jean B. Elshtain. ed. *Just War Theory*. New York: New York University Press, 1992. pp.323-333.

Elster, Jon and John E. Roemer. ed. *Interpersonal Comparisons of Well-Being*. Cambridge: Cambridge University Press, 1991.

Ferrara, Alessandro. "Universalisms: Procedural, Contextual, and Prudential." *Philosophy and Social Criticism*. Vol. 14. 1988. pp.243-269.

Fideler, David. ed. *The Pythagorean Sourcebook and Library*. Grand Rapids: Phanes Press, 1988.

Fishkin, James S. "Defending Equality: A View from Cave." *Michigan Law Review*. Vol. 82. 1984. pp.755-760.

Foster, Gregory D. 2004. "Just War Doctrine in an Age of Hyperpower

Politics." *Humanist*. pp.23-25.

Fotion, Nick., Bruno Coppieters, and Ruben Apressyan. "Introduction." Bruno Coppieters and Nick Fotion. ed. *Moral Constraints on War: Principles and Cases*. Lanham: Lexington Books, 2002. pp.1-19.

Frost, Rainer. *Contexts of Justice*. Berkeley: University of California Press, 2002.

Galston, William. "Review of Michael Walzer's *Spheres of Justice*." *Ethics*. Vol. 94. 1984. pp.329-334.

____. "Community, Democracy, Philosophy: The Political Thought of Michael Walzer." *Political Theory*. Vol. 17. 1989. pp.119- 130.

Gibert, Alan. *Democratic Individuality*. Cambridge: Cambridge University Press, 1990.

Gill, Emily R. "Walzer's Complex Equality." *Polity*. Vol. 20. 1987. pp.32-56.

Gribbin, John. *A Brief History of Science*. London: Weldenfeld & Nicholson, 1998.

Gushee, David P. "Just War Divide: One Tradition, Two Views." *Christian Century*. August, 2002. pp.14-27.

Gutmann, Amy and Dennis Thomson. *Democracy and Disagreement*. Cambridge: Harvard University Press, 1996.

Hart, B. H. Liddell. *Strategy*. 2nd. rev. ed. New York: Praeger Publisher, 1974.

Hartogh, Govert den. "The Architectonic of Michael Walzer's Theory of Justice." *Political Theory*. Vol. 27. 1999. pp.491-522.

Hawking, Stephen. *The Universe in a Nutshell*. New York: Bantam Books, 2001.

Hendrickson, David C. "In Defence of Realism: A Commentary on *Just and Unjust Wars*." *Ethics & International Affairs*. Vol. 11. 1997. pp.19-53.

Hoffmann, Stanley. *Duties Beyond Borders: On the Limits and Possibilities of Ethical International Politics*. Syracuse: Syracuse University

Press, 1981.

Holmes, Robert L. "Can War Be Morally Justified? The Just War Theory." Jean B. Elshtain. ed. *Just War Theory*. New York: New York University Press, 1992. pp.197-233.

Huntington, Samuel. *Political Order in Changing Societies*. New Haven, Yale University Press, 1967.

Huson, Hobart. *Pythagoron: The Religious, Moral and Ethical Teachings of Pythagoras: Reconstructed and Edited*. Refugio: Texas, 1947.

Ilesanmi, Simeon. "Just War Theory in Comparative Perspectives." *Journal of Religious Ethics*. Vol. 28. 2000. pp.139-155.

Ingram, David. *Reason, History, and Politics*. Albany: State University of New York Press, 1995.

John D. Barrow. *Between Inner Space and Outer Space: Essays on Science, Art, and Philosophy*. Oxford: Oxford University Press, 1999.

Jonson, Albert and Stephen Toulmin. *The Abuse of Casuistry: A History of Moral Reasoning*. Berkeley: University of California Press, 1988.

Kautz, Steven. *Liberalism and Community*. Ithaca: Cornell University Press, 1995.

Keel, William C. *The Road to the Galaxy Formation*. 2nd ed. Berlin: Springer-Praxis, 2007.

Kolb, Edward W. et al. *Inner Space Outer Space: The Interface Between Cosmology and Particle Physic*. Chicago: The University of Chicago Press, 1986.

Kolm, S. C. "Multidimensional Egalitarianism." *Quarterly Journal of Economics*. Vol. 91. 1977. pp.1-13.

Koontz, Theodore J. "Noncombatant Immunity in Michael Walzer's *Just War and Unjust Wars*." *Ethics & International Affairs*. Vol. 11. 1997. pp.55-82.

Kunz, Josef L. "Bellum Justum and Bellum Legale." *The American Journal of International Law*. Vol. 45. 1951. pp.528-534.

Kymlicka, Will. "Community." Robert E. Goodin and Philip Pettit. ed. *A*

Companion to Political Philosophy. Oxford: Basil Blackwell, 1993. pp.366-377.

Lilla, Mark. "The Phantom of Democratic Socialism." *The Public Interest*. Vol. 73. 1983. pp.125-133.

Luban, David. "The Romance of the Nation-State." *Philosophy and Public Affairs*. Vol. 9. 1980. pp.392-397.

MacIntyre, Alasdair. *After Virtue*. Notre Dame: University of Notre Dame Press, 1981.

____. *The Lindley Lecture at University of Kansas*. Lawrence: University of Kansas, 1984.

MacIntyre, Alison. "Doing Away with Double Effect." *Ethics*. Vol. 111. 2001. pp.219-255.

Mandle, Jon. *What's Left of Liberalism?* Lanham: Lexington Books, 2000.

Mayer, Robert. "Michael Walzer, Industrial Democracy, And Complex Equality." *Political Theory*. Vol. 29. 2001. pp.237-261.

Miller, David and Michael Walzer. ed. *Pluralism, Justice, and Equality*. Oxford: Oxford University Press, 1995.

Miller, David. "Complex Equality." David Miller and Michael Walzer. ed. *Pluralism, Justice, and Equality*. Oxford: Oxford University Press, 1995. pp.197-225.

____. "Introduction," David Miler and Michael Walzer, ed. *Pluralism, Justice, and Equality*. Oxford: Oxford University Press, 1995. pp.1-16.

____. "Two Ways to Think about Justice." *Politics, Philosophy & Economics*. Vol. 1. 2002. pp.5-25.

Mouffe, Chantal. "American Liberalism and Its Critics: Rawls, Taylor, Sandel, and Walzer." *Praxis International*. Vol. 8. 1988. pp.193-206.

Mulhall, Stephen and Adam Swift. *Liberals and Communitarians*. Oxford: Blackwell, 1992.

Nardin, Terry. "Just and Unjust Wars Revisited." *Ethics & International Affairs*. Vol. 11. 1997. pp.1-1.

Novikov, I. D. *Evolution of The Universe.* trans. M. M. Basko. Cambridge: Cambridge University Press, 1983.

Nozick, Robert. *Anarchy, State, and Utopia.* New York: Basic Books, 1975.

O'Brien, William and John Langan. ed. *The Nuclear Dilemma and The Just War Tradition.* Lexington, MA: Lexington Books, 1986.

Okin, Susan Moller. *Justice, Gender and the Family.* New York: Basic Books, 1989.

Orend, Brian. *Michael Walzer on War and Justice.* Montreal: McGill-Queen's University Press, 2000.

Peach, Lucinda. "An Alternative to Pacifism?: Feminism and Just-War Theory." *Hypatia.* Vol. 9. 1994. pp.152-172.

Pessin, Sarah. "Hebdomads: Boethius Meets the Neopythagoreans." *Journal of the History of Philosophy.* Vol. 37. 1999. pp.29-48.

Pickover, Clifford A. *The Zen of Magic Squares, Circles, and Stars.* Princeton: Princeton University Press, 2002.

Power, Carla. "The New Crusade." *Newsweek.* Nov. 8, 2004. pp.16-19.

Ramsey, Paul. *The Just War.* New York: Charles Scribner's Sons, 1968.

Rawls, John. *A Theory of Justice.* Cambridge: The Belknap Press of Harvard University Press, 1971; Revised Edition. 1999.

_____. *Political Liberalism.* New York: Columbia University Press, 1993.

Raz, Joseph. "Morality as Interpretation." *Ethics,* Vol. 101. 1991. pp.392-405.

Rees, Martin.. *Perspectives in Astrophysical Cosmology.* Cambridge: Cambridge University Press, 1995.

_____. *New Perspectives in Astrophysical Cosmology.* 2nd ed. Cambridge: Cambridge University Press, 2000.

_____. *Just Six Numbers: The Deep Forces That Shape the Universe.* New York: Basic Books, 2000.

Rengger, Nicholas. "On Just War Tradition in the Twenty-First Century." *International Affairs.* Vol. 78. 2002. pp.353-363.

Roberts, Tyler T. "Michael Walzer and the Critical Connections." *Journal of Religious Ethics*. Vol. 22. 1994. pp.333-353.

Rosenblum, Nancy. "Moral Membership in a Postliberal State." *World Politic*. Vol. 36. 1984. pp.581-595.

Rowan-Robinson, Michael. *Cosmology*. 3rd ed. Oxford: Clarendon Press, 1996.

Sandel, Michael. *Liberalism and the Limits of Justice*. Cambridge: Cambridge University Press, 1982.

Schibli, Hermann S. "Pythagoreanism." *Routledge Encyclopedia of Philosophy*. London: Routledge, 1998.

Schubert, Herman. *Mathematical Essays and Recreations*. Chicago: Open Court Publishing Company, 1898.

Shapiro, Ian. *Political Criticism*. Berkeley: University of Chicago Press, 1990.

Simon. Herbert A. "How Complex are Complex Systems?" *Proceedings of the Biennial Meeting of the Philosophy of Science Association*. Vol. 2. 1976. pp.507-522.

Smith, Michael Joseph. "Growing Up With *Just and Unjust Wars*: An Appreciation." *Ethics & International Affairs*. Vol. 11. 1997. pp.3-18.

Solé, Richard and Brian Goodwin. *Signs of Life: How Complexity Pervades Biology*. New York: Basic Books, 2000.

Stassen, Glen. "Michael Walzer's Situated Justice." *Journal of Religious Ethics*. Vol. 22. 1994. pp.375-399.

Stocks, J. L. "Plato and the Tripartite Soul." *Mind*. New Series. Vol. 24. 1915. pp.207-221.

Strauss, Leo. *Natural Right and History*. Chicago: University of Chicago Press, 1953.

Street, Paul. "Towards A 'Decent Left'?" *Z Magazine*. Vol. 15. 2002. pp.1-9.

Swetz, Frank J. *Legacy of the Luoshu: The 4,000 Year Search for the Meaning of the Magic Square of Order Three*. Chicago: Open Court,

2002.

Swift, Adam. "The Sociology of Complex Equality." David Miller and Michael Walzer. ed. *Pluralism, Justice, and Equality*. Oxford: Oxford University Press, 1995. pp.226-252.

Tamashiro, Howard., Gregory B. Brunk, and Donald Secrest. "The Underlying Structure of Ethical Beliefs Toward War." *Journal of Peace Research*. Vol. 26. 1989. pp.139-152.

Thigpen, Robert B. and Lyle A. Downing. "Liberalism and the Communitarian Critique." *American Journal of Political Science Review*. Vol. 31. 1987. pp.637-655.

Trappenburg, Margo. "In Defence of Pure Pluralism: Two Readings of Walzer's *Spheres of Justice*." *Political Theory*. Vol. 8. 2000. pp.343-362.

Trefil, James. ed. "Chaos and Complexity." *Encyclopedia of Science and Technology*. New York: Routledge, 2001.

Unger, Roberto Mangabeira. *Knowledge and Politics*. New York: The Free Press, 1975.

Vitoria, Francisco de. *Political Writings*. ed. Anthony Pagden and Jeremy Lawrence. Cambridge: The University Press, 1991.

Waldrop, M. Mitchell. *Complexity: The Emerging Science at the Edge of Order and Chaos*. New York: A Touchstone Book, 1992.

Walzer, Michael. *Obligations: Essays on Disobedience, War, and Citizenship*. Cambridge: Harvard University Press, 1970.

_____. *Just and Unjust Wars: A Moral Argument with Historical Illustrations*. New York: Basic Books, 1977.

_____. *Radical Principles*. New York: Basic Books, 1980.

_____. *Spheres of Justice: A Defense of Pluralism and Equality*. New York: Basic Books, 1983.

_____. *Interpretation and Social Criticism*. Cambridge: Harvard University Press, 1987.

_____. *The Company of Critics: Social Criticism and Political Commit-*

ment in the Twentieth Century. New York: Basic Books, 1988.

____. *Thick and Thin: Moral Argument at Home and Abroad*. Notre Dame: University of Notre Dame, 1994.

____. ed. *Towards A Global Society*. New York: Berghahn Book, 1995.

____. *On Toleration*. New Haven: Yale University Press, 1997.

____. *Universalism and Jewish Values*. New York: Carnegie Council, 2001.

____. *Arguing About War*. New Haven: Yale University Press, 2004.

____. *Thinking Politically: Essays in Political Theory*. ed. and Introduction by David Miller. New Haven: Yale University Press, 2007.

____. "On the Role of Symbolism in Political Thought." *Political Science Quarterly*. Vol. 82. 1967. pp.191-204.

____. "Political Action: The Problems of Dirty Hands." *Philosophy and Public Affairs*. 1973. pp.160-180.

____. "The Moral Standing of States." *Philosophy and Public Affairs*. Vol. 9. 1980. pp.209-229.

____. "Philosophy and Democracy." *Political Theory*. Vol. 9. 1981. pp.379-399.

____. "*Spheres of Justice*: An Exchange." *The New York Review of Books*. July 21, 1983. pp.43-44.

____. "Liberalism and the Art of Separation." *Political Theory*. Vol. 12. 1984. pp.315-330.

____. "Justice Here And Now." Frank S. Lucash. ed. *Justice and Equality Here And Now*. Ithaca: Cornell University Press, 1986. pp.136-150.

____. "Socializing the Welfare State." Amy Gutmann ed. *Democracy and the Welfare State*. Princeton: Princeton University Press, 1988. pp.13-26.

____. "A Critique of Philosophical Conversation." *Philosophical Forum*. Vol. 21. 1989-1990. pp.182-196.

____. "A Particularism of My Own." *Religious Studies Review*. Vol. 16. 1990. pp.193-197.

____. "Communitarian Critique of Liberalism." *Political Theory*. Vol. 18. 1990. pp.6-23.

____. "Nation and Universe." *The Tanner Lectures on Human Values*. ed. Grethe B. Peterson. Vol. 11. 1990. Salt Lake City: University of Utah Press, 1990. pp.507-556.

____. "Preface to the Second Edition." *Just and Unjust Wars*. 2nd Ed. New York: Basic Books, 1992.

____. "Preface to the Third Edition." *Just and Unjust Wars*. 3rd Ed. New York: Basic Books, 2000.

____. "Exclusion, Injustice, and the Democratic State." *Dissent*. Winter, 1993. pp.55-64.

____. "A Response: Shared Meanings in a Poly-Ethnic Democratic Setting." *Journal of Religious Ethics*. Vol. 22. 1994. pp.401-405.

____. "Response." David Miller and Michael Walzer, ed. *Pluralism, Justice, and Equality*. Oxford: Oxford University Press, 1995. pp.281-297.

____. "The Politics of Rescue." *Social Research*. Vol. 62. 1995. pp.153-161.

____. "A Response." *Ethics & International Affairs*. Vol. 11. 1997. pp.99-104.

____. "On Campaign Finance Reform." *Dissent*. Summer, 1997. pp.4-6.

____. "The Politics of Difference: Statehood and Toleration in a Multicultural World." *Ratio Juris*. Vol. 10, 1997. pp.165-176.

____. "Pluralism and Social Democracy." *Dissent*. 1998. pp.47-53.

____. "Deliberation and What Else?" Stephen Macedo. ed. *Deliberative Politics: Essays on Democracy and Disagreement*. New York: Oxford University Press, 1999. pp.58-69.

____. "Excusing Terror: The Politics of Ideological Apology." *The American Prospect*. Vol. 12. 2001. pp.16-17.

____. "The Triumph of Just War Theory and The Dangers of Success." *Social Research*. Vol. 69. 2002. pp.925-943.

_____. "No Strikes: Inspectors Yes, War No." *The New Republic*. Sept. 30, 2002. pp.19-22.

_____. "Can There Be a Decent Left?" *Dissent*. Spring, 2002. pp.19-23.

_____. "The Four Wars of Israel/Palestine." *Dissent*. Fall, 2002. pp.26-33.

_____. "Five Questions about Terrorism." *Dissent*. Winter, 2002. pp.5-10.

_____. "So Is This a Just War?" *Dissent*. Spring, 2003. pp.20-22.

_____. "An Interview with Michael Walzer." *Imprints*. Vol. 7. 2003. pp.1-20.

_____. "An Interview with Michael Walzer: Words of War: Challenges to the Just War Theory." *Harvard International Review*. Spring, 2004. pp.26-38.

Warnke, Georgia. *Justice and Interpretation*. Cambridge: The MIT Press, 1993.

_____. "Walzer, Rawls, and Gadamer: Hermeneutics and Political Theory." Kathleen Wright. ed. *Festivals of Interpretation*. Albany: State University of New York Press, 1990. pp.136-161.

_____. "Social Interpretation and Political Theory: Walzer and His Critics." *Philosophical Forum*. Vol. 21. 1989-1990. pp.204-226.

Welch, David A. *Justice and the Genesis of War*. Cambridge: Cambridge University Press, 1993.

Wheelwright, Philip. ed. *Presoratics*. New York: The Odyssey Press, 1966.

White, Stephen K. "Justice and the Postmodern Problematic." *Praxis International*. Vol. 7. 1987-1988. pp.223-245.

Williams, Andrew. "Review of *Pluralism, Justice, and Equality*. Ed. by David Miller and Michael Walzer." *The Philosophical Quarterly*. Vol. 48. 1998. pp.397-398.

Wills, Gary. "What is a Just War?" *The New York Review of Books*. Nov. 18, 2005. pp.1-10.

Young, James P. *Reconsidering American Liberalism*. Boulder, Colorado: Westview Press, 1996.

"Big Bang"(Wikipedia). pp.1-20.

"Complex Systems"(Wikipedia). pp.1-11.

"Cosmological principle"(Wikipedia). pp.1-4.

"Ehlers-Geren-Sachs theorem"(Wikipedia). pp.1-1.

"Emergence"(Wikipedia). pp.1-19.

"Friedmann equations"(Wikipedia), pp.1-7.

"Friedmann-Lemaître-Robertson-Walker metric"(Wikipedia). pp.1-8.

"Herrad of Landsberg"(Wikipedia). pp.1-4.

"Hortus deliciarum"(Wikipedia). pp.1-2.

"Just War Tradition." The Pew Forum On Religion & Public Life. 2000.
   http://pewforum.org/just-war/

"Observable universe"(Wikipedia). pp.1-12.

"Ouroboros"(Wikipedia). pp.1-8.

"Perfect Cosmological Theory"(Wikipedia). pp.1-1.

"Recombination(Cosmology)"(Wikipedia). pp.1-5.

"Steady State theory"(Wikipedia). pp.1-4.

"Uranus(Mythology)"(Wikipedia). pp.1-6.

4. 추가 참고문헌

(본서에서 논의되거나 인용되지 않은 국내 논저들)

김미영. 『현대공동체주의: 매킨타이어, 왈저, 바버』. 파주: 학술정보(주),
   2006. pp.131-232.

김미영. 「능력주의에 대한 공동체주의의 해체: 능력·공과·필요의 복합평
   등론」. 『경제와 사회』. 통권 제84호. 2009년 가을호. pp.271-274.

김민혁. 『마이클 왈저의 민주적 정치철학 연구: 정치평론의 이론적 논의와
   사례들』. 서울: 서울대학교 박사학위논문, 2011.

김명제 외. 『사회정의와 사회발전』. 광주: 전남대학교 출판부, 2001. pp.75-
   80.

김봉석. 『불평등과 공정성 이론들의 다차원성』. 서울: 성균관대학교 대학원
   박사학위논문, 2008.

김선구. 『공동체주의 교육론 연구』. 광주: 전남대학교 대학원 박사학위논문, 1998.

김재명. 『'정의의 전쟁' 이론에 대한 비판적 연구: 전쟁 종식의 정당성 논의를 중심으로』. 서울: 국민대학교 대학원 박사학위논문, 2007.

김정오. 「공동체주의와 법에 관한 연구」. 『법철학연구』. 제3권. 2000. pp.72-100.

김은희. 「왈저와 흄의 자연주의 정치철학: 이상주의 정치철학에 대한 두 가지 대응」. 『철학사상』. 제43권. 2012. pp.311-341.

문성훈. 「마이클 왈쩌의 '다원적 정의'와 현대 사회 비판」. 『범한철학』. 제70집. 2013. pp.391-421.

문정애. 「배려와 다문화 평등교육의 탐색: 왈쩌와 나딩스를 중심으로」. 『교육철학』. 58권. 2016. pp.33-56.

손중존. 「정의로운 교육기회 분배에 관한 논의」. 『교육사회학 연구』. 제9권. 1999. pp.121-142.

서영조. 「공동체주의의 자유주의 비판」. 『사회비평』. 제16호. 1996. pp.135-154.

서윤호. 「분배적 정의와 정치적 성원권: 왈쩌의 논의를 중심으로」. 『강원법학』. 제42권. 2014. pp.95-124.

설한. 「마이클 왈쩌(M. Walzer)의 정치철학: 정의의 영역과 사회비판」. 『한국정치학회보』. 37집. 2003. pp.27-48.

심지원. 『Michael Walzer의 다원주의적 평등론에 대한 비판적 고찰』. 서울: 동국대학교 대학원 석사학위논문, 2002.

윤진숙. 「마이클 왈쩌(Michael Walzer)의 다원적 정의론」. 『법학논총』. 제17집. 2007. pp.193-210.

이상호. 『M. Walzer의 복합평등론의 행정학적 함의』. 춘천: 강원대학교 대학원 석사학위논문, 2010.

이성한. 『M. Walzer의 복합평등론 연구』. 서울: 서울대학교 대학원 석사학위논문, 2000.

이혜민. 『마이클 월저(Michael Walzer)의 정전론의 재구성을 통해서 본 이라크전쟁 정당성 분석』. 대구: 경북대학교 대학원 석사학위논문, 2013.

임의영. 「사회적 형평성의 정의론적 논거 모색: M. Walzer의 '다원주의적 정의론'을 중심으로」. 『한국행정학보』. 43권. 2009. pp.1-18.

정현철. 「왈쩌의 공동체주의적 사회비판의 역동성과 전망」. 『가톨릭철학』. 제15호. 2010. pp.185-214.

정홍규. 「기업형 슈퍼마켓(SSM) 영업규제에 대한 소고: 마이클 왈쩌 (Michael Walzer)의 복합적 평등론의 관점에서」. 『연세 공공거버넌스와 법』. 제5권. 2014. pp.55-97.

최성환. 「다문화 시민교육의 이념: M. 왈쩌의 관용론과 M. 누스바움의 시민교육론을 중심으로」. 『다문화콘텐츠연구』. 제18집. 2015. pp.97-129.

최형찬. 『M. Walzer의 다원적 평등주의 연구: 정의의 영역들을 중심으로』. 전주: 전북대학교 대학원 석사학위논문, 2004.

킴리카, 윌. 장동진 외 옮김. 『현대 정치철학의 이해』. 서울: 동명사, 2006. pp.296-298.

한현지. 『마이클 왈쩌(Michael Walzer)의 정의론의 초등교육에의 함의』. 제주: 제주대학교 대학원 석사학위논문, 2016.

5. 부록(Appendix) The Philosophical Origins of Complex Equality 참고문헌(Bibliography)

Aristotle, *The Nicomachean Ethics*. trans. Terence Irwin. Indianapolis, Indiana: Hackett Publishing Company, 1985.

Arneson, Richard. "Against 'Complex' Equality." David Miller and Michael Walzer. ed. *Pluralism, Justice, and Equality*. Oxford: University Press, 1995. pp.226-252.

Barrow, John D. *Between Inner Space and Outer Space: Essays on Science, Art, and Philosophy*. Oxford: Oxford University Press, 1999.

Barry, Brian. *Democracy and Power: Essays in Political Theory I*. Oxford: Clarendon Press, 1989. Ch. 1. "The Strange Death of Political Philosophy."

Bellamy, Richard. "Justice in the Community: Walzer on Pluralism, Equality and Democracy." David Boucher and Paul Kelly. ed. *Social Justice: From Hume to Walzer*. London: Routledge, 1998. pp.157-180.

Boethius. *The Consolation of Philosophy*. trans. Richard Green. New York: Macmillan Publishing Company, 1962.

____. *The Consolation of Philosophy*. trans. P. G. Walsh. Oxford: Oxford University Press, 1999.

____. *The Consolation of Philosophy*. trans. Joel C. Relihan. Indianapolis: Hackett Publishing, 2001.

____. *The Consolation of Philosophy*. trans. H. R. James. New York: Banes & Noble, 2005.

Bontekoe, Ronald. *Dimensions of the Hermeneutic Circle*. New Jersey: Humanities Press, 1996.

Boucher, David and Paul Kelly, ed. *Social Justice: From Hume to Walzer*. London: Routledge, 1998.

Campbell, Joseph. *The Inner Reaches of Outer Space: Metaphor as Myth and as Religion*. Novato, California: New World Library, 1986, 2002.

Casti, John L. *Complex-ification*. New York: HarperPerennial, 1994.

Chardwick, Henry. "Boethius." Edward Craig. ed. *Routledge Encyclopedia of Philosophy*. New York: Routledge, 1998.

Daniels, Norman. "Equality of What: Welfare, Resources, or Capabilities?" *Philosophy and Phenomenological Research*. Vol. 50. 1990. pp.273-296.

Dolgov, A. D. *Basics of Modern Cosmology*. Cedex: Editions Frontières, 1990.

Dworkin, Ronald. "To Each His Own." *The New York Review of Books*. April 14, 1983. pp.4-6.

Eldridge, Richard. "The Normal and The Normative: Wittgenstein's Legacy, Kripke, and Cavell." *Philosophical and Phenomenological Research*. Vol. 48. 1986. pp.555-575.

Elster, Jon and John Roemer. ed. *Interpersonal Comparisons of Well-Being*. Cambridge: Cambridge University Press, 1991.

Fideler, David. ed. *The Pythagorean Sourcebook and Library*. Grand Rapids: Phanes Press, 1987.

Fung, Yu-Lan. *History of Chinese Philosophy*. Vol. II. Princeton: Princeton University Press, 1953.

Gorman, Peter. *Pythagoras: A Life*. London: Routledge & Kegan Paul, 1979.

Gribbin, John. *A Brief History of Science*. London: Weldenfeld & Nicholson, 1998.

Gutmann, Amy. ed. *Democracy and the Welfare State*. Princeton: Princeton University Press, 1988.

Hartogh, Govert den. "The Architectonic of Michael Walzer's Theory of Justice." *Political Theory*. Vol. 27. 1999. pp.491-522,

Hawking, Stephen. *The Universe in a Nutshell*. New York: Bantam Books, 2001.

Huson, Hobart. *Pythagoron: The Religious, Moral and Ethical Teachings of Pythagoras: Reconstructed and Edited*. Refugio: Texas, 1947.

Ignatieff, Michael. "Book Review of *Spheres of Justice* by Michael Walzer." *The Political Quarterly*. Vol. 56. 1985. pp.91-93.

Keel, William C. *The Road to the Galaxy Formation*. 2nd ed. Berlin: Springer-Praxis, 2007.

Kim, Jaegwon. *Supervenience and Mind*. New York: Cambridge University Press, 1993.

Kolb, Edward W. et al. *Inner Space Outer Space: The Interface Between Cosmology and Particle Physics*. Chicago: The University of Chicago Press, 1986.

Miller, David. "Distributive Justice: What the People Think." *Ethics*. Vol. 102. 1992. pp.555-593.

____. "Introduction." David Miller and Michael Walzer. ed. *Pluralism, Justice, and Equality*. Oxford: University Press, 1995. pp.1-16.

____. "Complex Equality." David Miller and Michael Walzer. ed. *Pluralism, Justice, and Equality*. Oxford: University Press, 1995. pp.197-225.

Miller, David and Michael Walzer. ed. *Pluralism, Justice, and Equality*.

Oxford: University Press, 1995.

Novikov, D. *Evolution of the Universe*. trans. M. M. Basko. Cambridge: Cambridge University Press, 1983.

Orend, Brian. *Michael Walzer on War and Justice*. Montreal: McGill-Queen's University Press, 2000.

Overbeek, Henk. ed. *Restructuring Hegemony in The Global Political Economy: The Rise of Transnational Neo-Liberalism in the 1980s*. London: Routledge,1993.

Park, Jung Soon. "The Philosophical Origins of Complex Equality." *Philosophy and Culture*. Vol. 4. 2008. *Practical Philosophy*. Seoul: Seoul National University Press, 2008. pp.135-160.

Pessin, Sarah. "Hebdomads: Boethius Meets the Neopythagoreans." *Journal of the History of Philosophy*. Vol. 37. 1999. pp.29-48.

Pickover, Clifford A. *The Zen of Magic Squares, Circles, and Stars*. Princeton: Princeton University Press, 2002.

Pitkin, Hanna F. *Wittgenstein and Justice*. Berkeley: University of California Press, 1972.

Rawls, John. *A Theory of Justice*. Cambridge: The Belknap Press of Harvard University Press, 1971; Revised Edition, 1999.

____. *Political Liberalism*. New York: Columbia University Press, 1993.

Rees, Martin. *Perspectives in Astrophysical Cosmology*. Cambridge: Cambridge University Press, 1995.

____. *New Perspectives in Astrophysical Cosmology*. 2nd ed. Cambridge: Cambridge University Press, 2000.

____. *Just Six Numbers: The Deep Forces at Shape the Universe*. New York: Basic Books, 2000.

Rosenblum, Nancy. "Moral Membership in a Postliberal State." *World Politic*. Vol. 36. 1984. pp.581-596.

Rowan-Robinson, Michael. *Cosmology*. 3rd ed. Oxford: Clarendon Press, 1994.

Rustin, Michael. "Equality in Postmodern Times." David Miller and

Michael Walzer. ed. *Pluralism, Justice, and Equality*. Oxford: University Press, 1995. pp.17-44.

Schaar, John H. "The Question of Justice." *Raritan*. Vol. 3. Fall, 1983. pp.109-122.

Schubert, Hermann. *Mathematical Essays and Recreations*. Chicago: Open Court Publishing Company, 1898.

Shibli, Hermann S. "Pythagoreanism." *Routledge Encyclopedia of Philosophy*. New York: Routledge, 1998.

Shklar, Judith N. *Political Thought and Political Thinkers*. ed. Stanley Hoffman. Chicago: University of Chicago Press, 1998. pp.376-381. Ch. 21. "The Work of Michael Walzer."

Simon, Herbert A. "How Complex are Complex Systems?" *Proceedings of the Biennial Meeting of the Philosophy of Science Association*. Vol. 2. 1976. pp.507-522.

Sivin, Nathan. *Medicine, Philosophy and Religion in Ancient China*. Aldershot: Variorum, 1995.

Solé, Richard and Brian Goodwin. *Signs of Life: How Complexity Pervades Biology*. New York: Basic Books, 2000.

Statman, Daniel. *Moral Dilemma*. Armsterdam: Editions Rodopi, 1984.

Stocks, J. L. "Plato and the Tripartite Soul." *Mind*, New Series. Vol. 24. April, 1915. pp.207-271.

Swetz, Frank J. *Legacy of the Luoshu: The 4,000 Year Search for the Meaning of the Magic Square of Order Three*. Chicago: Open Court, 2002.

_____. *Legacy of the Luoshu*. 2nd ed. Wellesley, Massachusetts: A. K. Peters, Ltd. 2008.

Swift, Adam. "The Sociology of Complex Equality." David Miller and Michael Walzer. ed. *Pluralism, Justice, and Equality*. Oxford: Oxford University Press, 1995. pp.226-252.

Thigpen, Robert B. "Two Approaches to the Principles of Justice in Recent American Political Philosophy." *Journal of Thought*. Vol. 21.

1986. pp.118-126.

Trappenburg, Margo. "In Defence of Pure Pluralism: Two Readings of Walzer's *Spheres of Justice.*" *Political Theory.* Vol. 8. 2000. pp.343-362.

Trefil, James. ed. *Encyclopedia of Science and Technology.* New York: Routledge, 2001.

Tully, James. "Wittgenstein and Political Philosophy." *Political Theory.* Vol. 18. 1989. pp.177-204.

Turok, Neil. ed. *Critical Dialogues in Cosmology.* New Jersey: World Scientific, 1997.

Waldrop, Mitchell M. *Complexity: The Emerging Science at the Edge of Order and Chaos.* New York: A Touchstone Book, 1992.

Walzer, Michael. *Obligations: Essays on Disobedience, War, and Citizenship.* Cambridge: Harvard University Press, 1970.

____. *Just and Unjust Wars: A Moral Argument with Historical Illustrations.* New York: Basic Book, 1977.

____. *Spheres of Justice: A Defense of Pluralism and Equality.* New York: Basic Books, 1983.

____. *Interpretation and Social Criticism.* Cambridge: Harvard University, 1987.

____. *The Company of Critics: Social Criticism and Political Commitment in the Twentieth Century.* New York: Basic Books, 1988.

____. *Thick and Thin: Moral Argument at Home and Abroad.* Notre Dame: University of Notre Dame, 1994.

____. "On the Role of Symbolism in Political Thought." *Political Science Quarterly.* Vol. 82. June, 1967. pp.191-204.

____. "Philosophy and Democracy." *Political Theory.* Vol. 9. 1981. pp.379-399.

____. "*Spheres of Justice*: An Exchange." *The New York Review of Books.* July 21, 1983. pp.43-44.

____. "Liberalism and the Art of Separation." *Political Theory.* Vol. 12.

1984. pp.315-330.

____. "Justice Here and Now." In Frank S. Lucash. ed. *Justice and Equality Here and Now*. Ithaca: Cornell University Press, 1986. pp.136-150.

____. "Socializing the Welfare State." Amy Gutmann. ed. *Democracy and the Welfare State*. Princeton: Princeton University Press, 1988. pp.13-26.

____. "Flight from Philosophy: Review of The Conquest of Politics: Liberal Philosophy in Democratic Times by Benjamin Barber." *The New York Review of Books*. Feb. 2, 1989. pp.42-44.

____. "A Particularism of My Own." *Religious Studies Review*. Vol. 16. 1990. pp.193-197.

____. "The Communitarian Critique of Liberalism." *Political Theory*. Vol. 18. 1990. pp.6-23.

____. "Exclusion, Injustice, and the Democratic State." *Dissent*. Winter, 1993. pp.55-64.

____. "Objectivity and Social Meaning." Martha Nussbaum and Amartya Sen. ed. *The Quality of Life*. Oxford: Clarendon Press, 1993. pp.165-184.

____. "Introduction." Michael Walzer. ed. *Toward A Global Civil Society*. New York: Berghahn, 1995. pp.1-4.

____. "Response." David Miller and Michael Walzer. ed. *Pluralism, Justice, and Equality*. Oxford: University Press, 1995. pp.281-297.

____. "The Politics of Difference: Statehood and Toleration in a Multicultural World." *Ratio Juris*. Vol. 10. 1997. pp.165-176.

____. "Pluralism and Social Democracy." *Dissent*. Winter, 1998. pp.47-53.

Waldrop, M. Mitchell. *Complexity: The Emerging Science at the Edge of Order and Chaos*. New York: A Touchstone Book, 1992.

Wheelwright, Philip. ed. *The Presocratics*. New York: The Odyssey Press, 1966.

White, Stephen. "Justice and Postmodern Problematic." *Praxis International*. Vol. 7. 1987/8. pp.306-319.

Wittgenstein, L. *Philosophical Investigation*. trans. G. E. M. Anscombe. New York: Macmillan, 1958.

Wittgenstein, L. *Zettel*. ed. G. E. M. Anscombe and G. H. von Wright. Berkeley: University of California Press, 1970.

Young, James P. *Reconsidering American Liberalism*. Boulder, Westview Press, 1996.

찾아보기

414

그림 1. 철학의 여신

그림 1. 철학의 여신

본서 제4장 "복합평등의 철학적 기원", 2절 "복합평등의 철학적 기원: 보에티우스, 철학의 여신, 피타고라스, 낙서"에서 논의된 보에티우스의 『철학의 위안』(AD 524)에 등장하는 철학의 여신이다. 본서 제4장 2절 본문과 후주 44 참조. 『철학의 위안』, 제1권에서 묘사된 대로 철학의 여신은 오른손에는 지혜의 상징인 책을, 왼손에는 권위의 상징인 왕홀(王笏)을 들고 있다. 철학의 여신의 옷이 찢어진 것처럼 보이는 것은 소크라테스 이후 여러 철학 학파들이 자신들이 옳다고 주장하면서 철학의 여신의 옷을 찢어가 버렸기 때문이다. 저자가 통상적으로 『철학의 위안』에서 '철학의 여인(Lady Philosophy)' 혹은 의인화된 철학(personified Philosophy)으로서 '철학'이라고 부르고 있는 것을 철학의 여신으로 격상하였다. 『철학의 위안』, 제1권에서 철학의 여인에 대한 묘사를 보면 철학의 여신으로 격상을 하여도 과언이 아니라는 생각이 들었다. "그녀는 경외심을 불러일으키는 모습을 하고 있었고, … 그녀는 나와 같은 시대의 사람이라고 생각할 수 없을 만큼 나이를 많이 먹었음에도 불구하고 생기 있는 혈색과 왕성한 활력을 가지고 있었다. … 또 어떤 때는 그녀의 머리는 하늘에 닿아 있는 것처럼 보였고, … 그래서 그녀가 보다 높이 몸을 일으키면, 그녀의 머리는 하늘을 뚫고 올라가 인간의 눈에는 보이지 않게 되었던 것이다." A. 보에티우스, 박병덕 옮김, 『철학의 위안』(서울: 육문사, 1990), 제1권, pp.20-21. 보에티우스는 철학의 여신의 의복에 새겨진 Θ(Theta), Π(Pi)에 대한 언급을 통해서 이론철학(theoretical philosophy)과 실천철학(practical philosophy)의 통합을 모색하고 있다.

보에티우스의 『철학의 위안』을 주제로 하는 이 그림은 Category: Cambridge, Trinity College, MS O.3.7 (1179)이라는 명칭으로 인터넷에서 검색하면 찾을 수 있다. 인터넷 화면에서 Trinity College를 클릭하면 The James Catalogue of Western Manuscripts가 나오고 보에티우스의 De Consolatione Philosophiae 스캔본이 뜬다. f00lr 페이지에 철학의 여신 그림 원본이 나온다. 이 그림은 c.970년에 제작되었다.

이 그림, 즉 The figure of Philosophy from Boethius' De Consolatione Philosophiae, Cambridge, Trinity College, MS O.3.7 (1179), fol I, c.970에 대한 전재는 저작권 소유자의 허락에 의한 것이다(Reproduction of the figure by the Permission from Copyright the Master and Fellows of Trinity College, Cambridge in January, 2017).

Boëce, dans sa prison, entre la Philosophie et la Poésie.
..... *Pourquoi, ô mes amis, m'avez-vous si souvent proclamé heureux ?*

그림 2. 철학의 여신과 뮤즈 여신

그림 2. 철학의 여신과 뮤즈 여신

본서 제4장 "복합평등의 철학적 기원", 2절 "복합평등의 철학적 기원: 보에티우스, 철학의 여신, 피타고라스, 낙서"에서 논의된 보에티우스의 『철학의 위안』(AD 524)에 등장하는 철학의 여신과 뮤즈 여신의 그림이다. 왼쪽에 수녀 복장을 한 여인이 철학의 여신이며, 오른쪽에 흰색 두건을 쓴 세 명의 여인들이 뮤즈(Muse) 여신들이다. 철학의 여신과 뮤즈 여신들은 사형을 앞두고 실의에 빠진 보에티우스를 위안하고 있다. 『철학의 위안』, 제1권에 철학의 여신이 뮤즈 여신을 꾸짖고 추방하며, 철학적 뮤즈 여신들에게 위안을 맡긴다고 말한 것이 있다. 뮤즈 여신들은 서정시, 서사시, 비극 등 문학과 예술, 음악을 관장한다. 나중에는 역사, 철학, 천문학 등 광범위한 지적 활동을 하고 모든 것을 기억하는 여신이 된다. 이 그림에 나오는 뮤즈 여신들은 두 번째 의미의 뮤즈 여신들이다. 본서 제4장 2절 본문과 후주 44 참조. 그림에 대한 프랑스어 설명은 다음과 같다. "Boëce dans sa prison, entre la Philosophie et la Poésie. Pourquoi, o mes amis, m'avez-vous si souvent proclamé heureux?(철학의 여신과 시의 여신[뮤즈 여신] 사이에 있는, 감옥에 수감된 보에스[보에티우스]. 보에스는 다음과 같이 말한다. 오 벗들이여, 왜 당신들은 나에게 그리도 자주 행복하다고 말하였는가?)"
이 그림은 *La Consolation Philosophique* De Boëce, Traduction nouvelle par Octave Cottreau(Paris: Maison Quantin, 1889), p.vii에 나온다. 이 책의 출판사는 1876년 설립되었고 1914년 문을 닫았다. 이 책은 현재 저작권이 소멸된 '공적 영역(the Public Domain)'에 있다. 이 책은 http://books.google.com에서 찾아 볼 수 있으며, 2015년 11월 29일 인터넷에 등재되었다. Book digitized by Google and uploaded by ARIMA(http://www.arima.net). 이 그림은 미국 프린스턴대학교 도서관 소장본에서 복사한 것을 사용하였다.

La Philosophie essuie les larmes de Boëce, pendant que la Fortune au double visage explique qu'en abandonnant son favori elle n'a fait qu'user de son droit et est restée conséquente avec elle-même.

그림 3. 철학의 여신과 운명의 여신

그림 3. 철학의 여신과 운명의 여신

본서 제4장 "복합평등의 철학적 기원", 2절 "복합평등의 철학적 기원: 보에티우스, 철학의 여신, 피타고라스, 낙서"에서 논의된 보에티우스의 『철학의 위안』(AD 524)에 등장하는 철학의 여신과 운명의 여신의 그림이다. 『철학의 위안』에서 운명의 여신 혹은 행운의 여신은 '눈 먼 신의 두 얼굴(the two-faced nature of this blind goddess)'이라고 묘사된다. 운명의 여신이 두 얼굴을 가졌다는 것은 행복과 불행의 양면을 나타내며, 눈이 멀었다는 것은 실제가 아니라 비유적인 것으로서 인간의 행복과 불행의 변덕스러운 가변성을 맹목적으로 수행하고, 운명과 운명의 여신의 진정한 정체가 베일에 가려진 것을 의미한다. 본서 제4장 2절 본문과 후주 44 참조. 그림에 대한 프랑스어 설명은 다음과 같다. "La philosophie essuie les larmes de Boëce, pendant que la Fortune au double visage explique qu'en abandonnant son favori, elle n'a fait qu'user de son droit et restée conséquente avec elle-même(이중의 얼굴을 지닌 운명의 여신이 보에스에 대한 총애를 거두어 가는 것은 자신의 권리를 정당히 사용하는 것일 뿐이며, 그러한 변덕스러운 행위를 하는 것은 그녀 자신에게 일관적인 것이라고 설명하는 동안 철학의 여신은 보에스의 눈물을 닦아 주었다)."

이 그림은 *La Consolation Philosophique* De Boëce, Traduction nouvelle par Octave Cottreau(Paris: Maison Quantin, 1889), p.22에 나온다. 이 책은 현재 저작권이 소멸된 '공적 영역(the Public Domain)'에 있다. 이 책은 http://books.google.com에서 찾아 볼 수 있으며, 2015년 11월 29일 인터넷에 등재되었다. Book digitized by Google and uploaded by ARIMA(http://www.arima.net). 이 그림은 미국 프린스턴대학교 도서관 소장본에서 복사한 것을 사용하였다.

그림 4. 운명의 수레바퀴를 돌리는 운명의 여신

그림 4. 운명의 수레바퀴를 돌리는 운명의 여신

본서 제4장 "복합평등의 철학적 기원", 2절 "복합평등의 철학적 기원: 보에티우스, 철학의 여신, 피타고라스, 낙서"에서 논의된 보에티우스의 『철학의 위안』(AD 524)에 등장하는 운명의 여신은 수레바퀴를 돌리는 것으로 유명하다. 『철학의 위안』, 제2권에서 철학의 여신은 운명의 여신의 본성을 보에티우스에게 설파하는 도중 "변덕스러움이야말로 나[운명의 여신]의 본질이다. 그것이 내가 나의 수레바퀴를 끊임없이 회전시키면서 그치지 않고 장난하는 놀이이다"라고 말한다. A. 보에티우스, 박병덕 옮김, 『철학의 위안』, 제2권, p.54. 본서 제4장 2절 본문과 후주 44 참조.

운명의 수레바퀴(Wheel of Fortune, *Rota Fortune*)를 돌리는 운명의 여신은 보에티우스의 『철학의 위안』, 제2권에서 언급된 이후 서양 중세에서 운명의 여신과 운명의 수레바퀴가 대중적 인기를 갖게 되는 기원이 된다. 1440년경 이탈리아에서 운명의 수레바퀴가 타로 카드에 삽입되었다. 1882년경에는 영국의 화가 에드워드 번 존스(Edward Burne-Jones)가 『운명의 수레바퀴』(c.1882)를 그렸다.

이 그림의 출처는 보카치오(Boccaccio)의 『유명인들의 운명(*On the Fates of Famous Men, De Casibus Viroum Illustrium*)』(c.1360)에 대한 파리 판본(1467)에서 '운명의 여신과 수레바퀴(Fortune and Her Wheel)'라는 명칭의 삽화로 원제작자는 15세기 프랑스 세밀 화가이다. 보카치오의 책의 라틴어명으로 인터넷을 검색하면 많은 그림들이 등재되어 있다.

이 그림은 저작권이 원제작자의 생전과 사후 70년간(혹은 그보다 짧은 기간) 존속하고 그 이후에는 저작권이 소멸되는 원제작자의 국가와 여타 국가들에서 '공적 영역(the Public Domain)'에 속한다. 우리나라도 "저작권 보호기간은 저작자가 생존하는 기간과 사망한 후 70년간 존속한다."(개정 2011. 6. 30)

그림 5. 만학의 여왕으로서의 철학과 7개의 자유교양 학문들

그림 5. 만학의 여왕으로서의 철학과 7개의 자유교양 학문들

이 그림은 본서 제4장 "복합평등의 철학적 기원", 2절 "복합평등의 철학적 기원: 보에티우스, 철학의 여신, 피타고라스, 낙서" 본문과 후주 44에서 논의했다. 만학의 여왕은 보에티우스의 『철학의 위안』에서 등장한 철학의 여신과 동일시된다. 이 그림의 제목은 'Hortus Deliciarum, Die Philosophie mit den siben freien Künsten'이다. 우리말로 번역하면 '환희의 정원, 철학과 7개의 자유교양 학문들'이다. Hortus Deliciarum은 환희의 정원(the Garden of Delights)이라는 뜻으로 Hohenburg Abbey(대수도원) 소속의 가톨릭 수녀원장인 란츠베르크의 헤라트(Herrad of Landsberg, c.1130-1195)에 의해서 쓰인 채식(彩飾)된 삽화가 들어간 백과사전이다. 1167년에 시작되어 1185년에 완성된 이 책은 대부분 중세 라틴어로 쓰였으나 주해는 독일어로 쓰였다.

이 그림은 'Hortus Deliciarum'이나 'Herrad of Landsberg'이라는 명칭으로 인터넷 검색을 하면 많은 그림들이 등재되어 있다. 이 그림에 대한 자세한 설명은 인터넷 그림과 문서에서 참조하였다. 만학과 진리의 여왕인 철학이 가운데 앉아 있고, 그 밑에 소크라테스와 플라톤이 있다. '신과 같은 철학(Godlike Philosophy)'으로부터 7개의 자유교양 학문들이 발생했다. 즉, 기초적 학문인 3과(the trivium), 문법, 수사학, 변증법(논리학)과 본격적 학문인 4과(the quadrivium), 음악, 수학, 기하학, 천문학이다. 7과를 마친 이후 철학을 공부한다. 철학의 범위를 벗어나는 사람들로서 시인과 마술사가 그림 맨 아래 있다.

이 그림에 대한 사진은 원래의 저작물에 대한 이차원적인 충실한 복제와 재생이므로 저작권이 소멸했거나 저작권을 주장할 수 없는 '공적 영역'에 속한다. 이러한 '공적 영역'은 저작권이 원저자의 생존과 사후 100년 혹은 그 미만인 원저자의 국가와 여타 국가에 전 세계적으로 적용된다.

그림 6. 알브레히트 뒤러의 만학의 여왕으로서의 철학

그림 6. 알브레히트 뒤러의 만학의 여왕으로서의 철학

중세 독일의 화가 알브레히트 뒤러(Albrecht Dürer, 1471-1528)는 보에티우스의 『철학의 위안』에서 영감을 받아 만학의 여왕, 진리와 지혜의 여왕으로서 의인화된 '철학'(*Philosophia*, 1514)을 목판화로 그렸다. 만학의 여왕으로서의 철학은 본서 제4장 "복합평등의 철학적 기원", 2절 "복합평등의 철학적 기원: 보에티우스, 철학의 여신, 피타고라스, 낙서", 후주 44에서 언급했다. 이 그림은 'Dürer, *Philosophia*'라는 제명으로 인터넷을 검색하면 많은 그림들이 등재되어 있다. 그림 설명의 기본적인 것은 인터넷 그림들 중에서 내용을 참조하였고, 나머지는 본서 저자가 그림을 보고 상세한 설명을 붙였다.

목판화 중앙에는 만학의 여왕으로서의 철학(Philosophy)이 앉아 있다. 원형 속에 있는 4명의 현인들은 플라톤(Platon), 프톨레미(Ptolemy), 키케로(Cicero)와 베르길리우스(Vergilius), 알베르투스 마그누스(Albertus [Magnus])로 '그리스 철학자들', '이집트 사제들', '로마 시인과 웅변가들', '독일 현인들'을 대변한다. 직사각형 구석에는 바람이 의인화되어 있는데, 동서남북에서 불어오는 바람과 계절의 신을 나타내며 그리스 신화에 의거한 것이다. 구체적으로 보면, 동(혹은 동남, 여름, Eurus), 서(봄, Zephir), 남(가을, Auster), 북(겨울, Boreas)을 나타낸다. 그리고 만물을 구성하는 불, 물, 흙, 공기의 4가지 요소와 이에 대응하는 담즙질, 점액질, 우울질, 다혈질 인간의 4가지 기질을 나타낸다.

이 그림의 원저자 뒤러가 1471년 5월 21일에 출생해서 1528년 4월 6일에 죽었고, 사진은 뒤러의 원래의 목판화에 대한 복제와 재생이므로 저작권이 소멸했거나 저작권을 주장할 수 없는 '공적 영역'에 속하며, 이러한 사항은 전 세계적으로 적용된다.

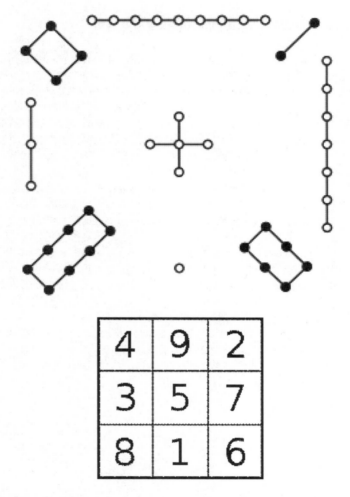

그림 7. 중국 낙서(洛書)의 전통적 숫자 기호와 마방진(魔方陣)

그림 7. 중국 낙서(洛書)의 전통적 숫자 기호와 마방진(魔方陣)

낙서의 전통적 표기와 현대적 표기는 본서 제4장 "복합평등의 철학적 기원", 2절 "복합평등의 철학적 기원: 보에티우스, 철학의 여신, 피타고라스, 낙서"에서 논의 했다. 인류 문명에서 최초로 등장한 마방진은 중국의 낙서(洛書)이다. 중국의 낙서는 3행 3열의 3차 마방진이다. 낙서는 하도(河圖)와 함께 주역의 근본 원리가 함축된 도서로 간주되고 있다. 낙서는 {(4, 9, 2), (3, 5, 7), (8, 1, 6)}으로 배열된 3행 3열의 3차 마방진으로서 그 상수(常數)적 합은 15이다. 즉, 상하(3), 좌우(3), 대각선(2) 총 8번의 합이 모두 일정하게 15가 된다. 중국 낙서의 전통적 숫자 기호는 1, 3, 5, 7, 9가 홀수로서 흰색 점으로 표시되는 양의 수를 나타낸다. 2, 4, 6, 8은 짝수로서 검은색 점으로 표시되는 음의 수를 나타낸다. 낙서는 지금으로부터 4천 년 전경 중국 하나라 우왕이 황하의 범람을 막기 위해 치수를 할 때 낙수에서 나타났던 거북의 등에 각인된 마방진이다. 우왕은 마방진인 낙서의 비밀을 풀고 15개의 제물을 바친 뒤 마방진의 배치상으로 볼 때 가장 높은 시점 북쪽 1에서 가장 낮은 종점 남쪽 9에 이르는 구궁도(九宮圖)의 경로를 따라 9개의 수로와 배수구를 만들어 치수에 성공했고, 이후 낙서를 천하를 다스리는 대법으로 삼았다고 전해 내려오고 있다. 마방진은 그 상수적 합의 일정성에서 감지되는 신비한 규칙성과 조화로 말미암아 인류의 모든 문명에서 하나의 질서정연한 우주적 자연적 사회적 체계를 상징하는 것으로 등장했다.

"낙서는 현실적으로 하나의 구조가 완벽하게 존재하기 위해서는 수량적으로 균형을 일정하게 유지해야 된다는 점을 밝히고 있다. 처음과 끝이 맞물리고, 위와 아래가 얽혀서 전후좌우가 서로 균형 있게 조화를 얻어야만 그 조직체가 제대로 유지되는 것임을 상징했다." 인용절은 본문 제4장 2절, pp.173-174 참조. 인용절의 출처는 본서 제4장, 후주 64 참조.

두 그림 모두 '낙서(洛書)'나 'Lo Shu' 혹은 'Luo Shu Magic Square'라는 명칭으로 인터넷에서 검색하면 많은 그림들이 등재되어 있다. 이 두 그림은 현재 저작권을 주장할 수 없는 '공적 영역'에 속하며, 이러한 사항은 전 세계적으로 적용된다.

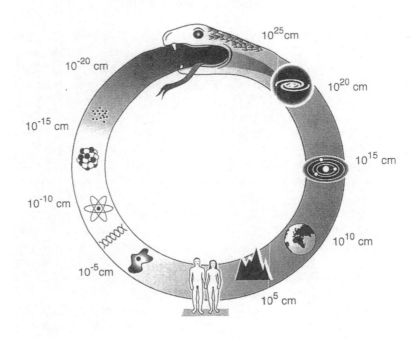

그림 8. 오우라보루스(Ouraborus): 미시세계, 인간세계,
그리고 거대우주의 상호 연결(Interface)

그림 8. 오우라보루스(Ouraborus): 미시세계, 인간세계, 그리고 거대우주의 상호 연결(Interface)

오우라보루스는 본서 제4장 "복합평등의 철학적 기원", 3절 "복합평등과 우주의 궁극적 원리들"에서 언급되었다. 제4장, p.176 참조. 그리고 후주 79와 80 참조. 인간세계를 가운데 두고 왼쪽은 미시세계이며, 오른쪽은 거시세계로 거대우주로까지 이어진다. 오우라보루스는 고대 이집트와 그리스의 상징적인 뱀으로 입에 꼬리를 물고 있는 형상을 나타낸다. 오우라보루스는 "물질적이든 영적이든 모든 사물의 조화를 표현하며, 결코 사라지지 않지만 파괴와 재창조라는 영원한 순환으로 끊임없이 형태를 변화시킨다." 마틴 리스, 김혜원 옮김, 『여섯 개의 수: 마틴 리스가 들려주는 현대 우주론의 세계』(서울: 사이언스북스, 2006), p.26. 오우라보루스의 설명은 이 책의 저자가 『브리태니커 백과사전』을 참조한 것이다. 오우라보루스 그림과 설명은 p.27에서 인용함.

이 그림과 설명의 원저는 Martin Rees, *Just Six Numbers: The Deep Forces That Shape the Universe*(New York: Basic Books, 2000), p.9이다. 오우라보루스는 위키피디아(Wikipedia)에서는 우로보로스(Ouroboros, 혹은 Oroboros)로 표기된다. 그림에서 인간의 오른쪽으로 가면 산, 지구, 태양계, 은하계(이후 초은하단)가 나온다. 인간의 왼쪽으로 가면 인간 세포, DNA 이중나선 구조, 원자핵과 전자, 원자핵(중성자와 양성자), 쿼크(quark) 등 소립자가 나온다. 인간세계를 중심으로 양쪽에서 점진적으로 커지거나 작아지는 두 세계는 상호 연결되어 있다고 볼 수 있다. 이 그림과 설명에 대한 전재는 이에 대한 저작권을 가지고 있는 Brockman Inc.의 허가에 의한 것이다(Reprinted by the Permission from Brockman Inc. in August, 2016).

그림 9. 우주배경복사(The Cosmic [Microwave] Background Radiation)와
우주의 균일성 원리와 등방성 원리

그림 9. 우주배경복사(The Cosmic [Microwave] Background Radiation)와 우주의 균일성 원리와 등방성 원리

이 그림(사진)은 본서 제4장 "복합평등의 철학적 기원", 3절 "복합평등과 우주의 궁극적 원리들"에서 논의했다. 제4장, pp.177-178 참조. 우주의 균일성 원리(the homogeneity principle of universe)는 우주가 국부적으로는 물질들이 균일하지 않지만 거대 구조에서 보면 물질들의 밀도와 분포는 전 우주에 걸쳐 균일하다는 것이다. 다시 말하면 우주의 상이한 위치들에서 관측한 결과는 동일한 관측적 증거를 갖는다는 것이다. 우주의 등방성 원리(the isotropy principle of universe)는 우주가 어떠한 방향에서 관측하더라도 동일한 관측적 증거를 갖는다는 것이다. 다시 말하면 동일한 물리법칙들이 전 우주에 걸쳐 적용된다는 것이다. 이 두 가지 원리를 합하여 우주론의 원리(the Cosmological Principle)가 된다. 우주배경복사는 우주의 균일성 원리와 등방성 원리를 증명하는 것으로 엄밀히 말하면 우주전자기파배경복사(cosmic microwave background radiation)이다. 우주배경복사는 전파 망원경을 통해서 관측 가능한 우주를 균일하게 가득 채우고 있는 마이크로파 열복사이다. 전파 망원경을 통해서 관찰하면 별이나 은하 등과 관련이 없이 배경복사가 우주의 모든 위치와 방향에서 균일하게 뿜어져 나오는 것을 확인할 수 있다. 복합평등의 마방진적 해석은 일차원의 11가지의 분배 영역에서는 분배가 균일하거나 등방적이지는 않지만, 이차원적 분배 결과로 보면 마치 우주배경복사에 의해서 우주가 균일하고 등방적이라는 것과 마찬가지임을 말한다.

이 사진은 'Cosmic microwave background'라는 명칭으로 인터넷에서 검색하면 많은 사진들이 등재되어 있다. 이 사진은 우주 관측 위성 WMAP가 9년 동안 관찰한 하늘의 모습으로 2012년 발표되었다. 흰색 부분은 원래 컬러 사진에서는 빨간색으로 높은 온도를 나타내고, 회색 부분은 원래 노란색과 연두색으로 중간 온도를 나타내고, 검은색 부분은 원래 파란색으로 낮은 온도를 나타낸다. 그러나 그 온도 차이는 매우 미세한 차이에 불과하다.

이 사진은 미국 NASA가 제공하였기 때문에 저작권으로 보호되지 않고 미국에서 '공적 영역'에 속하는 자료이며, 동시에 전 세계적으로도 '공적 영역'에 속하는 자료이다.

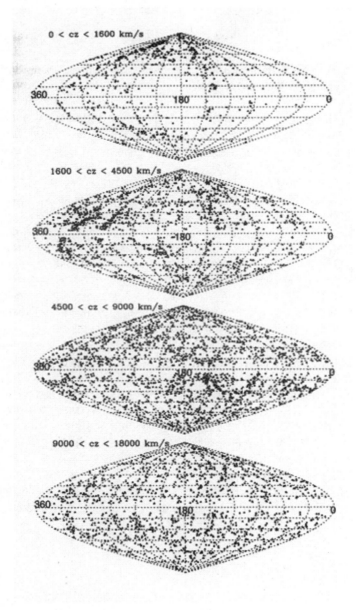

그림 10. 우주의 균일성 원리

그림 10. 우주의 균일성 원리

우주의 균일성 원리(the homogeneity principle of the universe)는 본서 제4장 "복합평등의 철학적 기원", 3절 "복합평등과 우주의 궁극적 원리들"에서 논의되었다. 제4장, pp.178-180 참조. 우주의 균일성 원리는 우주론의 원리(the Cosmological Principle)의 기본적 구성 원리로서 우주에서 물질의 분포와 그에 따른 밀도는 국부적으로는 균일하지 않지만 거대 구조의 관점에서 보면 균일하다는 것이다. 우주의 균일성 원리가 의미하는 것은 우주의 상이한 장소들에서 관측한 결과는 동일한 관측적 증거를 갖는다는 것이다. 이 원리는 복합평등의 마방진적 해석과 아울러 11가지의 분배 영역 내에서는 다양한 불평등이 존재하지만 분배 영역 전체를 통틀어 보면 복합평등이 결과하는 것과 같은 의미라고 볼 수 있다. 이 그림을 천문학과 천체물리학의 전공 영역과 수식을 논외로 하고 인문학적으로만 쉽게 해석한다면, 4개의 지도는 지구에서 은하계의 별들의 분포를 관찰한 것으로 우리 지구와 가까운 곳에서는 별들이 균일하지 않지만 거리를 점진적으로 늘렸을 때는 별들도 점진적으로 균일해진다는 것을 입증해 준다.

이 그림의 출처는 M. Davis, "Is the Universe Homogeneous in Large Scales?(우주는 거대 규모에서 볼 때 균일한가?)" Neil Turok, ed., *Critical Dialogues in Cosmology*(Singapore: World Scientific Publishing Co. 1997), p.19이다.

이 그림과 설명의 전재는 이에 대한 저작권을 가지고 있는 World Scientific Co.의 허가에 의한 것이다(Reprinted by the Permission from World Scientific Publishing Co. in August, 2016).

박정순 朴政淳

연세대학교 철학과를 졸업하고, 동대학원에서 석사학위를, 미국 에모리대학교 (Emory University) 대학원 철학과에서 철학박사학위를 받았다. 현대 영미 윤리학과 사회철학 전공이며, 현재 연세대학교 원주캠퍼스 인문예술대학 철학과 교수로 재직 중이다. 아인슈타인이 생전에 연구했던 세계적으로 저명한 연구기관인 미국 뉴저지주 프린스턴시 소재 고등학술연구소(Institute for Advanced Study)의 사회과학부(School of Social Science)에서 2001년 9월 초부터 2002년 8월 말까지 1년간 방문 연구원(Visiting Fellow)을 지냈다. 그 당시 연구소 사회과학부 종신 석좌교수로 있던 마이클 월저(Michael Walzer) 교수에게 사사하면서, 월저 교수의 복합평등론과 정의전쟁론, 그리고 사회비판론을 연구하였다. 1999년 10월 한국철학회의 제3회 '다산기념 철학강좌'에 월저 교수가 초빙되어 네 번의 강연을 했을 때 사회를 보고 통역을 하였다. 한국철학회의 세계 석학 초빙 강연인 '다산기념 철학강좌' 위원장을 5년간 역임했으며, 한국윤리학회 회장도 역임하였다.
2006년 한국윤리학회 회장 재임 시 국가청렴위원회의 연구 프로젝트를 한국윤리학회가 맡은 것이 인연이 되어 수년간 전국 관공서에 청렴 강연을 다니기도 했다. 2008년 서울에서 열린 '제22차 세계철학대회' 조직위원회의 홍보 분야에서 활동하면서 일반 대중들이 철학에 친숙하게 다가갈 수 있도록 하는 데 일조했다.
주요 저술과 논문으로 *Contractarian Liberal Ethics and The Theory of Rational Choice*(New York: Peter Lang, 1992), 『익명성의 문제와 도덕규범의 구속력』(2004), 『롤즈 정의론과 그 이후』(공저, 2009), 『마이클 샌델의 정의론, 무엇이 문제인가』(2016), 『인간은 만물의 척도인가』(역서, 1995), 『자유주의를 넘어서』(마이클 월저의 '다산기념 철학강좌', 공역, 1999), 「마이클 월저의 공동체주의」, 「공동체주의적 사회비판의 가능성: 마이클 월저를 중심으로」, 「마이클 월저의 정의전쟁론」, 「복합평등의 철학적 기원」, 「공동체주의 정의관의 본질과 그 한계」, 「존 롤즈의 관용론」 등이 있다.

마이클 월저의
사회사상과 철학적 깨달음
: 복합평등, 철학의 여신, 마방진

1판 1쇄 인쇄	2017년 1월 20일
1판 1쇄 발행	2017년 1월 25일

지은이	박 정 순
발행인	전 춘 호
발행처	철학과현실사

등록번호	제1-583호
등록일자	1987년 12월 15일

주소	서울특별시 종로구 동숭동 1-45
전화	(02) 579-5908
팩스	(02) 572-2830

ISBN 978-89-7775-797-4 93190
값 20,000원